Narrativas MÍTICAS

Dados Internacionais de Catalogação na Publicação (CIP)
(Câmara Brasileira do Livro, SP, Brasil)

Narrativas míticas : análise das histórias que as religiões contam / Emerson Sena da Silveira, Dilaine Soares Sampaio, (organizadores). – Petrópolis, RJ : Vozes, 2018.
  Vários autores.
  Bibliografia.
  ISBN 978-85-326-5846-3
  1. Religiões 2. Religiões – História I. Silveira, Emerson Sena da. II. Sampaio, Dilaine Soares.

18-17606   CDD-200.9

Índices para catálogo sistemático:
1. Religiões : História   200.9

Cibele Maria Dias – Bibliotecária – CRB-8/9427

EMERSON SENA DA SILVEIRA
DILAINE SOARES SAMPAIO
(ORGS.)

Narrativas
MÍTICAS

ANÁLISE DAS HISTÓRIAS QUE AS RELIGIÕES CONTAM

EDITORA
VOZES

Petrópolis

© 2018, Editora Vozes Ltda.
Rua Frei Luís, 100
25689-900 Petrópolis, RJ
www.vozes.com.br
Brasil

Todos os direitos reservados. Nenhuma parte desta obra poderá ser reproduzida ou transmitida por qualquer forma e/ou quaisquer meios (eletrônico ou mecânico, incluindo fotocópia e gravação) ou arquivada em qualquer sistema ou banco de dados sem permissão escrita da editora.

CONSELHO EDITORIAL

Diretor
Gilberto Gonçalves Garcia

Editores
Aline dos Santos Carneiro
Edrian Josué Pasini
Marilac Loraine Oleniki
Welder Lancieri Marchini

Conselheiros
Francisco Morás
Ludovico Garmus
Teobaldo Heidemann
Volney J. Berkenbrock

Secretário executivo
João Batista Kreuch

Editoração: Flávia Peixoto
Diagramação: Sheilandre Desenv. Gráfico
Revisão gráfica: Nilton Braz da Rocha / Nivaldo S. Menezes
Capa: Idée Arte e Comunicação

ISBN 978-85-326-5846-3

Editado conforme o novo acordo ortográfico.

Este livro foi composto e impresso pela Editora Vozes Ltda.

Sumário

Prefácio – Pistas abertas para a tradição e o devir, 7
Fátima Tavares (UFBA)

Introdução, 11
Emerson Sena da Silveira (UFJF)
Dilaine Soares Sampaio (UFPB)

Parte I – Narrativas dos monoteísmos e do espiritismo, 23

1 Glossolalias, justiça social e báculos episcopais – Narrativas míticas entre carismáticos, progressistas e conservadores, 25
Emerson Silveira (UFJF)

2 Uma cartografia mítica do protestantismo brasileiro – A laicização do Estado, 73
João Marcos Leitão Santos (UFCG)

3 *Istafti qalbak*: consulte seu coração, 104
Francirosy Campos Barbosa (USP)

4 As duas narrativas bíblicas do dilúvio – A função político-social do mito na Bíblia Hebraica, 117
Osvaldo Luiz Ribeiro (Faculdade Unida de Vitória)

5 Dimensões mitológicas da narrativa e cosmologia espírita, 138
Marcelo Camurça (UFJF)

Parte II – Narrativas nas religiões afro-indígenas, 161

1 Os *itans* e o porquê das coisas – A função do mito na tradição religiosa do Candomblé, 163
Volney Berkenbrock (UFJF)

2 Narrativas míticas da Casa das Minas e do Tambor de Mina do Maranhão, 194
Sergio F. Ferretti (UFMA)

3 Boto e Mãe d'Água na religião afro-brasileira do Maranhão, 215
Mundicarmo Maria Rocha Ferretti (UFMA)

4 Zés Pelintras: do sertão ao terreiro, 236
Lourival Andrade Júnior (UFRN)

5 Catimbó-Jurema: narrativas encantadas que contam histórias, 265
Dilaine Soares Sampaio (UFPB)

6 Narrativa indígena e aspectos do perspectivismo de integração entre humanos e natureza – A guarda das tradições indígenas como bases para um *ethos* da preservação amazônica, 291
Manoel Ribeiro de Moraes Júnior (Uepa)

Parte III – Narrativas nas religiões orientais e nas novas expressões religiosas, 307

1 O gigante *Pangu*: mito de origem e autorreferenciação daoista, 309
Matheus da Cruz e Zica (UFPB)

2 Matsyendra Nāta: o pescador do yoga na mitologia hindu e tibetana, 319
Maria Lucia Abaurre Gnerre (UFPB) e Gustavo Cesar Ojeda Baez (UFCG)

3 A orientalização das esperanças ocidentais: Contracultura e Seicho-no-ie, 342
Leila Marrach Basto de Albuquerque (Unesp)

4 Mito e rito: elementos para o agenciamento do transe na UDV, 364
Rosa Virginia Araújo de A. Melo (UnB)

5 Os mitos e os surgimentos dos deuses: a ressignificação de Eurínome pelo neopaganismo, 387
Silas Guerriero (PUC-SP) e Fábio L. Stern (PUC-SP)

Prefácio
Pistas abertas para a tradição e o devir

*Fátima Tavares**

Este é um livro sobre histórias das religiões num caminho de ida e volta, pois não se trata somente das religiões como objeto para historização nos nossos termos, mas das histórias que elas nos contam – sobre e para nós contemporâneos –, contribuindo para um mundo crescentemente povoado de sujeitos, identidades, diferenças. Penso mesmo que essa é uma tarefa crucial nos dias de hoje, em que outras narrativas podem ser inspiradoras para os desafios crescentes de tornar possível a convivência dos humanos no nosso pequeno planeta.

Basta uma primeira aproximação com o conteúdo deste livro, que o leitor logo irá notar que se trata de tradições que não estão entesouradas, mas sim em processo contínuo de se fazer. Essa é uma contribuição crucial para se pensar as relações entre religião e modernidade, não apenas enquanto objeto de estudo e discussão, mas também em termos do tipo de olhar (e lugar) com que devemos nos aproximar da religião. Seguindo o antropólogo Otávio Velho[1], que aponta ser esse segundo ponto mais fervilhante para as contribuições da antropologia no amplo debate das ciências da religião, nele se embaralham as diferenças entre teólogos e cientistas sociais na suspeição do "cristianismo

---

* Doutora em Ciências Humanas (IFCS/UFRJ). Professora titular do Departamento de Antropologia e da Pós-Graduação em Antropologia da UFBA.

1. VELHO, O. Religião e Modernidade: roteiro para uma discussão. *Anuário Antropológico*, 1994, 92, p. 75-87.

metropolitano", relativizando o holismo da transcendência e indicando a contingência da relação entre cristianismo e individualismo. Desse texto fica a inspiração de que é preciso desfazer velhas crenças entre nós para afinarmos os ouvidos para outras histórias. No entanto, ao contrário do que se poderia imaginar, essas suspeições nos levam no sentido oposto ao da relativização da verdade. Do *homo religiosus* de Mircea Eliade ao mundo multiplex, a proliferação das verdades, é o que se avizinha.

Então, se a verdade não é mais um empreendimento monolítico (no sentido das grandes narrativas apontadas por Jean-François Lyotard e a filosofia pós-moderna) e nem monoteísta (da Cristandade ocidental), que histórias, afinal, as religiões contam? Para apresentar este empreendimento desejante que o leitor tem agora em suas mãos, busco em Gilles Deleuze uma inspiração vivaz, especialmente a ousadia do seu empreendimento de pensar a "filosofia com" ao invés da "filosofia sobre", fazendo do objeto da filosofia não a reflexão sobre alguma coisa, mas o entrar em sintonia com as formas do existir, do surgir ou do aparecer, como não se cansam de nos mostrar as narrativas religiosas. Saímos da hierarquia de valores implicados na oposição entre conhecimento-ciência-verdade e mitologia-religião-cultura para possibilidades, simétricas, de aprendermos uns com os outros. Caminhando um tantinho mais no terreno da antropologia, podemos vislumbrar, como sugere Tim Ingold, com a compreensão encarnada da antropologia como "filosofia com gente dentro", que a simetria intrínseca às diferentes narrativas (religiosas e científicas) pode desenrolar-se em caminhos insuspeitos, colapsando-se em mútuas transformações. O pensamento, os conceitos e as verdades não mais como privilégio da filosofia ou da ciência, mas como potência de criação que atravessa diferentes modalidades de saber, são caminhos que este livro nos abre. Outras modalidades de criação; outras afetações efetuadas pelas narrativas religiosas.

São exatamente essas várias modalidades narrativas que organizam as três divisões das histórias contadas. Na primeira parte, narrativas que subvertem as grandes tradições monoteístas: as histórias dos catolicismos (carismático, conservadores e progressista); o mito político (liberdade, direito e democracia) do protestantismo brasileiro; a fé muçulmana encarnada no coração nas noites do Ramadan; a nova ordem político-social na narrativa do dilúvio; a cosmologia revelada do espiritismo brasileiro. Passando à segunda parte, as "pequenas narrativas" das religiões (re)nascidas nas terras daqui que vão enriquecer nossa compreensão das *performances* narrativas, não somente como história "contadas": a dimensão pedagógica das *itans* na tradição do candomblé; a mitologia presentificada na história dos iniciados da Casa das Minas jeje do Maranhão e que se estende também para as encantarias do boto e da Mãe d'Água; a sabedoria do Mestre Zé Pelintra e das cantigas do catimbó-jurema na tradição dos sertões nordestinos e disseminadas para outras regiões do país, assim como as cantigas que emergem na ritualidade ayahuasqueira. Por fim, na última parte, narrativas que chegam de longe e que nos transformam: os mitos do Gigante *Pangu*, as origens do mundo na tradição daoista, e de *Matsyendra Nāta*, o "senhor dos peixes" na tradição do Yoga e do Budismo *Vajrayāna*; as aproximações do vitalismo da Seicho-no-ie (em suas "versões" japonesa e brasileira) com a contracultura; o transe na UDV e as mediações do arcaico e do moderno; a deusa Eurínome entre os praticantes do neopaganismo.

Dessa diversidade narrativa poderíamos ser interpelados por argumentos contrários, fundamentados na convicção de que se tratam, afinal, de histórias sobre o mundo, apenas; que não se pode levar tudo ao pé da letra, pois, ao fim e ao cabo, são símbolos, apenas; que se deve ser respeitoso e que se pode levar a sério em certa medida, apenas; que ciência é outra coisa e não apenas mais uma narrativa sobre o mundo. Ao que retrucaria, acompanhando bons argumentos lançados por muitos pensadores, como, por exemplo, Bruno Latour, que em *Ciência em ação* descreve de bem pertinho o processo quente de feitura da ciência. Realidades não estão dadas, mas são alcançadas com muito esforço e cooperação entre humanos e não humanos para que possam emergir como tal. Isso vale tanto para a religião como para a ciência. Mas, afinal, isso já é uma outra história...

Introdução

Emerson Sena da Silveira
Dilaine Soares Sampaio

Novas condições foram colocadas para a subjetividade contemporânea que impactarão diretamente nas estruturas cosmológicas e míticas dos movimentos e expressões religiosas. A modernidade moderna está assentada em um tripé: mercado, tecnologia e individualismo, três componentes que fazem os tempos modernos diferirem dos tempos antigos e medievais (GHIRALDELLI, 2013). Criou-se um dilema: Como antigas memórias, ideias, símbolos e valores situam-se nesses novos tempos, cada vez mais acelerados, misturados midiáticos, consumeristas, tecnológios? O mercado, a tecnologia e o individualismo findaram os tempos em que os homens estavam integrados cosmologicamente à polis ou às obrigações da suserania feudal.

O homem construiu a cidade moderna baseada no mercado e na tecnologia, tornou-se um indivíduo, mas os tempos contemporâneos acrescentaram um quarto elemento nesse quadro: o consumo de massa (SLOTERDIJK, 2008). Com isso, a noção de indivíduo transformou-se, pois as mídias, antigas e novas, moldaram a forma como símbolos, ideias, valores e mensagens são apresentados, transmitidos, reproduzidos e metamorfoseados, incidindo diretamente sobre o grande patrimônio da identidade católica, que se formou por acumulação milenar, cheia de lutas, conflitos e memórias que se tornaram hegemônicas (HERVIEU-LÉGER, 1993, 1999). Por outro lado, ocorreu a derrocada da ideia de imutabilidade das tradições (HERVIEU-LÉGER, 1999; LIPOVETSKY, 2004). Por isso, não é possível pensar as cosmologias dos movimentos religiosos sem pensar a secularização, modernidade, racionalização e individualismo.

Mas, o que significa descrever as histórias que as religiões contam em tempos inquietos, midiáticos, mercadológicos? O que significa o mítico? Talvez signifique compreender que as histórias contadas pelas religiões e expressões religiosas são atravessadas por múltiplos esquecimentos e relembranças, forças sociais, políticas e culturais, em um jogo complexo entre lideranças leigas, religiosas e eclesiásticas, e os adeptos, fiéis (mais ou menos), transeuntes. Talvez signifique perceber que os discursos, os textos, as falas e os sujeitos ligados a cada uma das vertentes podem ser mais bem compreendidos se tomados como literatura, no seio da qual não é possível separar os "fatos" dos mitos, ou seja, de estruturas poéticas que nascem nas entrelinhas dos argumentos histórico-teológicos que cada vertente usa para justificar sua existência, propostas e cosmovisão.

Atores e acontecimentos religiosos não estão soltos no espaço-tempo, mas estão imersos em relações criadas na e pela (H)história (no sentido geral e amplo), em tendências, pois ela se faz enquanto a emergência do que institui e do que é instituído (SANCHIS, 1992, 1993). Nesse sentido, os diversos processos estruturantes que demarcam o campo em que a religião (em suas expressões variadas, institucionais ou subjetivas) se relaciona com as estruturas moderno-contemporâneas (mercado, Estado, esfera pública, estética, sexualidade, arte, ciência etc.) definem o campo de identidade e atuação das expressões e movimentos religiosos e religiões. É importante mencionar o conceito de modernidade religiosa, defendido por Hervieu-Léger (1999): fragmentação religiosa, racionalidade expandida, desregulação institucional, forte autoridade do indivíduo em detrimento da instituição e comunidades emocionais desligadas das bases institucionais e sociais, entre outros.

É dentro do amplo contexto de mudanças estruturais do Mundo Ocidental que as antigas heranças cristãs, de mitos, memórias e ritos, além do próprio texto sagrado, a Bíblia, base da identidade religiosa no cristianismo, são rearticuladas e remobilizadas em função do que os atuais movimentos católicos pensam sobre si, sobre a sociedade, sobre os outros e sobre as mudanças que sofreram desde suas gêneses.

Os mitos, entendidos provisoriamente nesta introdução como narrativas coletivas que contam histórias de origem, virtudes, heróis, valores, mistérios, movimentos e trajetórias (de pessoas e de grupos), podem ser sentidos pelos fiéis, adeptos e crentes como uma "avalanche de linguagem que toma corpo e se encarna numa história" (LEÃO, 1987: 196).

Com força ontológica, para os que neles creem, a narrativa mítica transmuta o ontem, em hoje, ou o hoje, em ontem (no caso dos movimentos reacionários): os mitos fundam o futuro num espelho da origem de tudo e de todos; fundem as imagens do mundo e das práticas sociais em uma unidade hermafrodita, ao contrário das difrações/diferenciações e clivagens produzidas pela razão crítica e reflexiva em suas muitas tonalidades e sua história, dos gregos aos muçulmanos, dos europeus do medievo à Renascença, de Galileu e Copérnico [Ciência Moderna] a Kant e ao Iluminismo, do Romantismo, Positivismo e Marxismo a Popper e ao Empirismo-Realista, entre outros. O "mito guardará sempre o sentido de um longo olhar em direção à integridade perdida e algo assim como de uma intenção restitutiva" (GUSDORF, 1980: 24). Mas, mesmo que seja apresentado e defendido pelos que sob ele se abrigam como uma totalidade homogênea, sem fissuras e diferenças, todo sistema religioso possui dinâmicas internas e tensões que o animam, estruturam-no, e que, às vezes, desbordam-no, desfocam suas tramas, enrolam os fios do dogma, ponto da doutrina tido como certo, com outros fios da cultura e da sociedade.

Para perdurar no espaço-tempo, todo mito, ou toda narrativa mítica, ou história contada, depende de discursos, escritos ou orais, mantidos, reproduzidos e transmitidos por grupos e indivíduos. Como ponto provisório, começo com uma simples apresentação do que denominamos narrativas míticas: uma forma de contar as origens, as relações com o mundo, com tudo que nele há e com os outros; as ideias sobre si e os outros, que estruturam as narrativas, orais e escritas, como um ato performativo, ilocucionário [ou seja, um ato no qual o dizer é fazer, evidentemente, em símbolos], cujo significado aponta para valores e crenças que ultrapassam a razão instrumental-empírica-histórica.

As narrativas míticas são atos da linguagem que constroem um sentido e um significado, compartilhados por um determinado grupo, e podem mudar ao longo do tempo, provocando deslocamentos, substituições e condensações de figuras e valores. Esses atos da linguagem relacionam-se com as constelações de mitos presentes no mundo religioso, em especial, os mitos de fundação, retirando deles sua legitimidade, ao mesmo tempo em que ocultam o caráter metafórico das interações linguísticas.

Não há aqui uma oposição ou rupturas absolutas em relação aos fatos e eventos histórico-concreto-empíricos, mas uma relação tensa e interlocutória com apropriações, ênfases, escondimentos e empréstimos que ficam entranhados nos discursos orais e escritos dos grupos e dos indivíduos. Ao longo do tempo, à medida que esses discursos se defrontam com os contextos histórico-sociais-econômico-políticos e com as reações contrárias de outros grupos internos, consideráveis diferenças interpretativas são produzidas, e assinalam a futura atuação de agentes individuais e coletivos ao longo do tempo e do espaço.

A desmemória pode constituir-se, então, nas entrelinhas das narrativas, ao lado de outros processos, como o deslocamento de símbolos, ideias ou imagens de seus antigos lugares de origem; o encobrimento dos sentidos por outras "camadas"; a fusão, quando termos, imagens e significados são fundidos; o enxerto, quando elementos "externos" são trazidos e inseridos na narrativa, entre outros.

Nos atos da fala, o locucionário se relaciona ao fato de dizer algo, o ilocucionário realiza uma ação quando se fala (o falar é o agir) e o perlocucionário se relaciona à intenção de provocar nos ouvintes certos efeitos (convencer sobre uma causa etc.). Na estrutura das narrativas míticas, fala e ato articulam-se e produzem um mundo fenomenológico que pauta a ação e prática dos agentes individuais e coletivos (AUSTIN, 1990). Os atos dessas falas estão relacionados uns com os outros, formam uma circularidade entre a dimensão escrita-reflexiva e oral-vivida, sendo que uma dimensão atua sobre a outra, mudando, pressionando, questionando etc. As narrativas não brotam do presente por geração espontânea, mas são fruto de complexas memórias codificadas em símbolos, textos e tradições orais e escritas. As narrativas combinam, em graus variados, diferentes regimes de linguagem, a poética, a oficial, a histórica, a ficcional, a mítica, a imagética. Toda história contada é cheia de tensões e aberturas, fechamentos e desejos.

Nas novas configurações da modernidade religiosa, as religiões, como sistemas religiosos, sofreram diversos impactos, respondendo de diversas formas às questões colocadas (emoção, corporeidade, desfiliação etc.). Há nas religiões, pela intensificação dos movimentos de desregulação e de afirmação identitária, uma competição entre "'instâncias' rituais, éticas, valorativas e até teológicas de visão de mundo e de imputação de sentido" (SANCHIS, 1993:

127). Apesar de, historicamente, as instituições religiosas conterem em seu interior múltiplos grupos e concepções, organizados simbolicamente por um etos em que o todo precede e engloba as partes, na modernidade as fronteiras de trânsitos e experiências religiosas aceleram-se (CAMURÇA, 2009). Embora cercada de controvérsias, a secularização é um desses processos estruturantes. Há forte consenso acadêmico sobre a inter-relação entre a sociedade moderno-contemporânea, individualismo e processos secularizantes, embora o conceito de secularização, polissêmico e multidimensional, ainda seja objeto de muita discussão.

Por outro lado, o senso comum acadêmico acostumou opor *mythos* e *lógos* desde o pensamento platônico, mas é preciso repensar os tópicos em oposição: "Vê-se que analisando este texto básico da Politeia, que, segundo Platão, há mitos bons, como há também mitos maus. Não se trata [...] de opor *mythos* e *lógos*, e, sim, de examinar e avaliar, a partir do lógos, a qualidade boa ou má de um determinado mito" (LIMA, 1990: 208). Segundo a teoria platônica, há mitos que são engendrados pelo próprio lógos. O "discurso lógico, ao chegar ao fim de si mesmo, descobre-se como sendo um mito construído pela razão e que, já agora, deve ser executado na prática e tornar realidade pelo trabalho da ação" (LIMA, 1990: 208).

A partir dessas considerações sobre o mito, a razão, as narrativas míticas e suas relações com as religiões e a modernidade, consideramos importante trazer à tona, através desse esforço coletivo, essa presença multifacetada do mito nas diversas religiões e espiritualidades. Consideramos que a dimensão mítica, entendida em suas mais múltiplas formas, no âmbito das Ciência(s) da(s) Religião(ões), que é nosso lugar de fala e ponto de partida, ainda pode ser muito mais bem explorada. Muitas das vezes, especialmente nas denominadas "Ciências Empíricas da Religião", o estudo da dimensão mítica tem espaço reduzido se comparado aos estudos que envolvem o rito, por exemplo, sendo que tais dimensões são indissociáveis. Assim, buscando percorrer diferentes universos religiosos, evidentemente não os esgotando, pois entendemos que tal proposta não seria viável, os capítulos aqui reunidos, a partir de olhares especializados em cada temática proposta, partem das mais diversas fontes: as escritas – textos antigos, livros sagrados de distintas religiões, cordéis, documentos oficiais, folhetos, bibliografia êmica etc. – e as orais – cantos, entrevistas diversas realizadas com vários sujeitos de pesquisa, conversas informais etc. O fio condutor da obra está em apresentar, das mais diversas formas, sob diferentes perspectivas teórico-metodológicas, a história que as religiões contam. Assim, temos pesquisadores em diferentes campos de atuação, como a História, a Antropologia, as Ciências Sociais, a Teologia, a Filosofia, mas que dialogam entre si e, especialmente com a área de Ciência(s) da(s) Religião(ões), que possui um caráter inter, multi e transdisciplinar.

No que se refere à distribuição dos capítulos, a obra está dividida em **três partes**. **A primeira**, intitulada *Narrativas dos monoteísmos e do espiritismo*, composta de 5 capítulos, reúne textos que tratam do universo cristão, particularmente do(s) catolicismo(s) e do(s) protestantismo(s), do universo islâmico e judaico. Há ainda um capítulo sobre o espiritismo, aqui aglutinado, considerando a forte influência que recebe do cristianismo e, principalmente, as releituras que faz da tradição judaico-cristã, especialmente no contexto brasileiro. No primeiro capítulo, intitulado *Glossolalias, justiça social e báculos episcopais – Narrativas míticas entre carismáticos, progressistas e conservadores*, de Emerson Sena da Silveira, a partir do que denominou como uma "hermenêutica da suspeita", nos traz narrativas dos muitos catolicismos presentes na Igreja Católica, em suas vertentes principais: conservadores, carismáticos e progressistas. O texto percorre tanto essas vertentes, seus principais grupos e suas narrativas em si mesmas como mostra os intercâmbios entre elas, demonstrando, evidentemente, a não estaticidade e a não compartimentalização desses catolicismos. Porém, quando o texto vai chegando naturalmente, sem aviso, aos apontamentos finais, o autor deixa como questão em aberto se essas narrativas possuem mais continuidade do que descontinuidades. Para acompanhar a perspectiva de mostrar a multiplicidade de narrativas no âmbito da Igreja Católica, as fontes utilizadas também são variadas: textos e documentos oficiais da Igreja, muitos retirados dos sites dos grupos católicos analisados; textos acadêmicos e exemplos empíricos.

No segundo capítulo, *Uma cartografia mítica do protestantismo brasileiro – A laicização do Estado*, de João Marcos Leitão Santos, após fazer uma reflexão a partir de perspectivas histórico-filosóficas sobre a "experiência de mitificar", o autor analisa narrativas no âmbito do protestantismo, particularmente nas suas relações com a esfera política e com a questão do laicismo, através da atuação da Liga Pró-Estado Leigo instituída nos anos de 1930. Assim, a dimensão mítica do universo religioso se cruza com a dimensão mítica do universo político. Como fontes, utiliza documentos internos, particularmente o "Manifesto da Liga Paulista Pró Estado Leigo ao povo de São Paulo", datado de 1937. O autor constrói sua reflexão nos imbricamentos entre direito, política, protestantismo e mito, demonstrando como esse entrelaçamento direciona, institui e constrói o ordenamento do mundo, a ordem social.

Istafti qalbak: consulte seu coração, o terceiro capítulo de nosso livro, de Francirosy Campos Barbosa, é fruto de muitos anos de pesquisa, que no dizer da autora seria "um *desfazer de malas*" (grifos da autora) de tudo que aprendeu em 20 anos de pesquisa no campo islâmico. Buscando sua inspiração em referenciais clássicos da Antropologia, como Geertz e Evans-Pritchard, o seu texto reflete não somente sobre o seu tema de pesquisa em si, mas nos fala também sobre o fazer etnográfico e nos faz pensar a sempre pertinente questão de nossos lugares enquanto pesquisadores, quando afirma ter deixado de ser uma *"observadora participante"* para se tornar um *"corpo participante"* (grifos da autora). Partindo assim do "chão das mesquitas", de "conversas paralelas", mas também utilizando os textos sagrados muçulmanos, a autora nos revela "um universo sensível" do Islão e dessa forma desconstrói inúmeras imagens cristalizadas no Ocidente acerca do mundo islâmico. O seu foco é na dimensão do coração, mencionado, segundo a Barbosa, 123 vezes no Alcorão. Assim, desloca-se da dimensão prescritiva e normativa do Islão e nos conduz as leituras acerca do coração no interior das narrativas e da espiritualidade islâmica.

O texto de Osvaldo Luiz Ribeiro, *As duas narrativas bíblicas do dilúvio – A função político-social do mito na Bíblia Hebraica*, toma a passagem de Gn 6,5–9,18 para análise e nos chama atenção para o aspecto de que não há uma, mas duas narrativas acerca do dilúvio, embora apareçam coladas, de modo grosseiro, na perspectiva do autor. Para efeitos desse capítulo, o autor as denominou da seguinte forma: "narrativa da aliança do dilúvio" e "narrativa sacrificial do dilúvio". Considerando então as duas narrativas do dilúvio, Ribeiro busca demonstrar a força e a função político-social dessas duas narrativas míticas na sociedade judaíta, trazendo provocações intrigantes acerca da Bíblia enquanto texto-fonte.

Marcelo Camurça, em *Dimensões mitológicas da narrativa e cosmologia espírita*, enfrenta o desafio de pensar as narrativas míticas numa religião que reivindica o lugar também de uma doutrina científica e filosófica moderna. Todavia, ao recuperar a peculiaridade do "Espiritismo à brasileira", nos conduz a "epopeia mítica" da religião em nosso país, utilizando para isso a literatura espírita, particularmente, o que ficou conhecido como "romances espíritas". Nesse âmbito, toma para análise um dos principais nomes do espiritismo no Brasil, Chico Xavier, e sua obra psicografada *Brasil, coração do mundo, pátria do evangelho*, publicada no final dos anos de 1930. Camurça nos mostra através de sua análise que a obra pode ser lida como o modo do espiritismo recontar a história do Brasil, ou seja, temos assim as narrativas, também mitificadas, de nossa história, sendo lidas pela ótica da visão espírita, de forma que a história de nosso país passa a ser vista como parte de uma "grande programação espiritual". O ponto alto do texto é quando o autor nos oferece também uma narrativa experimental, a dele, remexendo as narrativas espíritas estudadas, fazendo inversões provocativas e reconfigurando "o Mito do Brasil "pátria do evangelho" a partir das mesmas premissas doutrinárias da Lei de Evolução do Espiritismo". As conclusões chegam às narrativas atuais do espiritismo acerca de nosso cenário político: Seria o juiz Sergio Moro a reencarnação do espírito evoluído de Emmanuel? Deixo para os leitores descobrirem lendo este instigante capítulo.

Já a segunda parte, *Narrativas nas religiões afro-indígenas*, inclui os capítulos que tratam de diferentes modalidades de religiões afro-brasileiras e também traz narrativas do universo indígena amazônico. O capítulo de Volney Berkenbrock abre esta parte trazendo os *itans* do Candomblé. Partindo da noção de mito como uma espécie de linguagem, não linear, "que traduz, neste modo variável no tempo e espaço, fatos elementares do espírito humano, exprimindo-os por assim dizer através do drama mítico e de seus elementos constitutivos", o autor nos oferece, primeiramente, uma boa recuperação teórica dos principais autores que estudaram o mito até chegar à perspectiva do mito como "ideia-matriz". Após fazer uma análise do *Orum* iorubano e do mito criacional iorubá, nos mostra a função dos *itans* na tradição religiosa do Candomblé.

No segundo capítulo, *Narrativas míticas da Casa das Minas e do Tambor de Mina do Maranhão*, de Sergio Ferretti, temos inicialmente uma contextualização histórica do Tambor de Mina, bem como uma discussão em torno do que seriam os voduns. O autor vai nos conduzindo às várias narrativas sobre os voduns, o modo como operam e seus campos de atuação. Deixa claro a diferença entre as narrativas sobre os voduns e sobre os orixás, especialmente no que tange a divulgação e conhecimento, uma vez que os voduns são muito menos conhecidos, daí a importância desse capítulo.

Mundicarmo Ferreti, em *Boto e Mãe d'Água na religião afro-brasileira do Maranhão*, nos faz permanecer no estado e nos convida a refletir sobre "a religião afro-brasileira no Maranhão" em sua multiplicidade, para além do Tambor de Mina, religião afro-maranhense que se tornou mais conhecida. Nesse âmbito, recupera narrativas sobre o boto e Mãe d'Água, aproximando-nos do imaginário amazônico, dada a proximidade do Maranhão com o Norte do país mostrando as narrativas dos encantados.

O quarto capítulo é dedicado a uma das entidades mais populares no âmbito da Umbanda e do Catimbó-Jurema, o(s) Zé Pilintra(s). Com o título *Zés Pelintras: do sertão ao terreiro*, Lourival Andrade nos faz percorrer as várias narrativas do muitos "Zés", que não se reduzem ao já muito conhecido Pilintra, mas apenas partem dele, utilizando para isso diversas fontes como pontos cantados, notícias de jornais, músicas e, especialmente, os cordéis, mostrando-nos assim o quão multifacetada é esta entidade, como ela pode se vincular a diferentes lugares, desde o sertão, passando pelos espaços urbanos, tanto no âmbito do terreiro como fora dele, chegando, por exemplo, aos desfiles das Escolas de Samba na Sapucaí.

Em *Catimbó-Jurema: narrativas encantadas que contam histórias*, o leitor poderá seguir em diálogo com o capítulo anterior, uma vez que já está familiarizado com o universo do Catimbó-Jurema. A partir da noção de "narrativas encantadas", Dilaine Sampaio nos mostra a dimensão mítica deste universo religioso, trazendo como fonte os cantos recolhidos nos rituais, também conhecidos como "pontos cantados" ou "toadas", particularmente os de louvação a Jurema, os cantados para as entidades mestres e mestras. O texto traz também uma problematização sobre as formas de se trabalhar com a categoria mito e também sobre o privilégio que recebeu a "mitologia dos orixás" na bibliografia afro-brasileira.

O sexto e último capítulo dessa segunda parte, de Manoel Ribeiro, *Narrativa indígena e aspectos do perspectivismo de integração entre humanos e natureza – A guarda das tradições indígenas como bases para um* ethos *da preservação amazônica* reflete, inicialmente, sobre os processos complexos de dizimação de modos de vida e recursos naturais amazônicos, partindo da seguinte questão: "Nesse contexto dizimatório, o que significa a preservação da cultura ancestral indígena?" Também problematiza as noções e relações de/entre natureza, cultura e sociedade, a partir de Phillipe Descola. Inspirando-se na poesia de encantaria, de João de Jesus Paes Loureiro, fará uma análise de uma canção indígena, tomando como referencial o perspectivismo ameríndio de Eduardo Viveiros de Castro, permitindo-nos compreender que histórias nos contam as nossas tradições indígenas ancestrais.

Por fim, **no terceiro momento do livro**, *Narrativas nas religiões orientais e nas novas expressões religiosas*, o leitor poderá encontrar narrativas que estão no âmbito do daoismo, do hinduísmo, da mitologia tibetana, da Seicho-no-ie, União do Vegetal e neopaganismo. Fizemos a opção pelo termo "novas expressões religiosas" ao invés de "novos movimentos religiosos" e, apesar das controvérsias que o envolvem, queremos indicar com ele universos religiosos que se constituem no Brasil, a partir das primeiras décadas do século XX, como as religiões ayahuasqueiras, a Wicca ou ainda o Vale do Amanhecer. Ainda que se questione o vocábulo "novas", entendemos que mesmo trazendo em sua constituição elementos muito antigos, as ressignificações, os hibridismos, as ressimbolizações que são feitas assumem uma nova configuração nessas religiões.

No âmbito do universo muito diversificado do que tivemos que denominar aqui como "religiões orientais", essa **terceira parte** se inicia com o capítulo de Matheus Zicca, intitulado *O gigante* Pangu*: mito de origem e autorreferenciação daoista*. O capítulo faz parte dos esforços do autor em contribuir para a desconstrução da oposição forjada entre Ocidente e Oriente, trazendo-nos um pouco do universo mítico chinês, ainda tão pouco estudado no Brasil. A partir do mito de Pangu, podemos ver o entrelaçamento entre morte e vida, bem como nos encontrar com as origens da existência no universo daoista, em que a criação, diferente do que vemos em outras mitologias, se dá sem agência do criador.

O capítulo dois, de Maria Lucia Gnerre e Gustavo Baez, *Matsyendra Nāta: o pescador do yoga na mitologia hindu e tibetana*, nos conduz à narrativa mítica de origem hindu, que desempenha um importante papel na tradição do Yoga e do Budismo *Vajrayāna* do Tibete e Nepal. Além da análise da narrativa em si, o texto traz algumas possibilidades de interpretação e diálogo, considerando outras narrativas contadas em outros universos religiosos, envolvendo peixes e pescadores, como a do Profeta Jonas, por exemplo. Gnerre e Baez fazem considerações importantes, problematizando as noções construídas de "ocidente" e "oriente" assim como deixam claro a diversidade e amplitude das "mitologias hindus", sendo melhor a utilização do termo no plural.

O capítulo *A orientalização das esperanças ocidentais: Contracultura e Seicho-no-ie*, de Leila Marrach Basto de Albuquerque, fruto dos mais de 30 anos de pesquisa da autora, ao mesmo tempo em que dialoga, traz, de certo modo, um fechamento para questões apontadas nos dois capítulos anteriores referentes ao universo das religiões orientais. Também faz a abertura desta terceira parte de nosso livro para as novas expressões religiosas, pois a autora insere seu texto no âmbito "da presença de mitos nas narrativas constituídas pela chamada orientalização do universo ocidental, tomando como objeto a doutrina da Seicho-no-ie". Além disso, o seu próprio objeto de estudo está nesta intersecção, uma vez que Leila Marrach nos mostra a Seich-no-ie em sua dupla manifestação no Brasil: enquanto religião voltada para a comunidade japonesa e como uma nova expressão religiosa, que se volta para os adeptos brasileiros convertidos.

No quarto capítulo, *Mito e rito: elementos para o agenciamento do transe na UDV*, Rosa Melo parte de uma análise imbricada de mito e rito, aproveitando-se da "capilaridade" existente entre eles. O texto nos mostra como a UDV, uma das religiões ayahuasqueiras existentes no Brasil, conta sua história, suas origens, que remetem ao percurso do chá no Planeta Terra, vinculado à trajetória de seu fundador, Mestre Gabriel. A narrativa traz ainda outros elementos interessantes, como encarnações do "Rei Inca" e ainda o Rei Salomão, presença mítica que o leitor poderá ver também no capítulo de Sampaio sobre o Catimbó-Jurema.

O último capítulo de nosso livro, de Silas Guerriero e Fábio Stern, *Os mitos e os surgimentos dos deuses: a ressignificação de Eurínome pelo neopaganismo*, nos leva inicialmente a uma reflexão a partir da seguinte pergunta: De onde vêm os deuses? Os autores, ao transporem a resposta mais imediata que pressupõe os deuses como criação do homem, fazem uma análise teórica muito inquietante, relacionando o surgimento dos deuses ao dos mitos. Assim, inspirados nas Ciências Cognitivas, nos mostram o mecanismo da formulação das narrativas míticas para depois pensarem os conteúdos inerentes a elas. Posteriormente, dedicam-se a mostrar a releitura da deusa Eurínome, que passa de um papel menos destacado na mitologia grega para um protagonismo no contexto da Wicca.

Esperamos ao final ter mostrado aos nossos leitores que histórias as religiões contaram e contam, a partir de suas muitas narrativas, das mais diversas formas a partir dos distintos olhares que conseguimos reunir aqui. Recuperar essas narrativas míticas é trazer a espiritualidade presente nas muitas religiões, do modo mais desprendido, mais performático, pois a espiritualidade, de não fácil definição, pode ser entendida aqui como difusa, produzindo entendimentos e desentendimentos a partir dos universos religiosos dos quais brota, perpassando, atravessando, transcendendo, limitando-se e não se limitando a eles, concomitantemente. Desejamos que nossos leitores e leitoras possam embarcar nas muitas histórias aqui contadas.

Referências

AUSTIN, J.L. *Quando dizer é fazer.* Porto Alegre: Artes Médicas: 1990.

CAMURÇA, M.A. Entre sincretismos e guerras santas – Dinâmicas e linhas de força do campo religioso brasileiro. *Revista USP*, vol. 81, 2009, p. 173-185.

GHIRALDELLI, P. *Filosofia política para educadores*: democracia e direitos de minorias. São Paulo: Manole, 2013.

GUSDORF, G. *Mito e Metafísica*. São Paulo: Convívio, 1980.

HERVIEU-LÉGER, D. *Le pèlerin et le converti* – La religion en mouvement. Paris: Flammarion, 1999.

_____. *La religion pour memoire*. Paris: Cerf, 1993.

LEÃO, E.C. Mito e filosofia grega. In: SCHÜLER, D. & GOETTEMS, M.B. (orgs.). *Mito ontem e hoje*. Porto Alegre: UFRGS, 1990, p. 196-200.

LIMA, C.R.V.C. Mitologia e história. In: SCHÜLER, D. & GOETTEMS. M.B. (orgs.). *Mito ontem e hoje*. Porto Alegre: UFRGS, 1990, p. 208-216.

LIPOVETSKY, G. *Os tempos hipermodernos*. Rio de Janeiro: Barcarrola, 2004.

SANCHIS, P. Catolicismo: entre tradição e modernidades. *Comunicações do ISER*, n. 44, 1993, p. 9-24. Rio de Janeiro.

_____. Modernidade e Pós-modernidade. *Análise e Conjuntura*, vol. 7, n. 2/3, mai.-dez./1992. Belo Horizonte: Fundação João Pinheiro.

SLOTERDIJK, P. *O palácio de cristal*. Lisboa: Relógio D'Água, 2008.

PARTE I

Narrativas dos monoteísmos e do espiritismo

1
Glossolalias, justiça social e báculos episcopais
Narrativas míticas entre carismáticos, progressistas e conservadores

*Emerson Silveira**

Introdução

Escrever sobre as três vertentes contemporâneas mais conhecidas do catolicismo, carismáticos, progressistas e conservadores, constitui um desafio epistêmico e metodológico. Desde os Arautos do Evangelho aos padres cantores carismáticos; da mística da libertação social aos dons carismáticos, como a glossolalia; das comunidades espirituais às redes sociais eletrônicas, o panorama do catolicismo contemporâneo é amplo, diverso e polissêmico. Falarei sobre algumas construções discursivas das três grandes vertentes que fazem a "barca de Pedro" singrar os mares de um mundo plural-diverso, eletrônico-cibernético, imagético-massivo, violento-fragmentado, globalizado-faminto, global-localizado e subjetivo-múltiplo (SLOTERDIJK, 2008).

As tensões e alianças entre grupos católicos leigos e hierárquicos com outras esferas de valores e instituições não eclesiais, emergidos durante as controvérsias (litúrgicas, morais, pastorais, teológicas) que implodiram a fronteira entre "dentro" e "fora" e lançaram a Igreja Católica em novos dilemas (SILVEIRA, 2014). Os processos de ressignificação acentuaram-se com o Concílio Ecumênico

---

* Professor-adjunto do Departamento de Ciência da Religião e do Programa de Pós-Graduação em Ciência da Religião da Universidade Federal de Juiz de Fora.

Vaticano II que abriu um extenso leito de controvérsias em plena ebulição por suas repercussões, internas e externas à Igreja Católica (SILVEIRA, 2014).

De um lado, os conservadores e tradicionalistas, em diversas vertentes, inclusive as cismáticas, dando ênfase à moral clássica e às ideias de igreja-fortaleza e continuidade da tradição, valorizando ritos e simbologias românico-medievais (SILVEIRA, 2015); de outro, os liberais e os progressistas em diversos grupamentos, dando primazia às questões sociais, às ideias de igreja-aberta e não restrita aos cânones clássicos (SILVEIRA, 2015). Movimentos e grupos religiosos católicos têm flutuado entre essas duas polaridades, por exemplo, parte dos movimentos católicos carismáticos deslocou-se progressivamente de uma ênfase em crenças e práticas pentecostais a uma pauta próxima do polo conservador-moral e de sua agenda de batalha contra o aborto, a união civil homossexual e outros.

Para delimitar um pouco o tema, restrinjo a abrangência tempo-espacial a partir de um fato histórico, os redemoinhos do Concílio Vaticano II (1962-1965). As narrativas míticas desses três grupos reagem e interagem com as configurações contemporâneas e, por isso, introduzem mudanças nas histórias míticas que contam sobre suas origens, seus desenvolvimentos e suas identidades centrais. É nesse torvelinho avassalador do mundo contemporâneo que se faz a pergunta: Que história esses três catolicismos contam?

O todo e a parte: dialética da identidade no catolicismo

Não é possível contar uma breve história das três correntes católicas sem entender que elas mantêm uma relação, aproximada em alguns pontos e distanciada em outros, com o patrimônio católico, com a igreja-hierarquia, com o mundo circundante (cultura, sociedade e outros grupos religiosos) e consigo mesmas. Dito de outra forma, o catolicismo, como sistema religioso, possui mitos fundadores, que narram as suas supostas origens e dão aos adeptos linhas de crença estáveis e seguras entre o acontecimento fulcral, ocorrido no passado, e as atuais circunstâncias históricas, sociais, políticas e sobretudo religiosas (HERVIEU-LÉGER, 1993, 1999). As linhagens de crença indicam como os fiéis deveriam se comportar e ao mesmo tempo se constituem como espelhos de identidade, fornecendo uma imagem do que deveriam ser.

Por outro lado, é importante fazer uma distinção entre o catolicismo e a Igreja Católica, dois substantivos históricos, um menos institucional, outro mais, que não são plenamente coincidentes entre si (SANCHIS, 1993).

Assim, prenhe de sincretismo[1], o "filão católico" não abandona a dimensão institucional e mediadora da religião; ao contrário, "valoriza a mediação, o instrumento coletivo de religião, a delegação institucional, o Sacramento no seu aspecto mais visível" (SANCHIS, 1993: 10). O catolicismo oscila entre duas tensões, a da fé, enquanto encontro individual do homem com Deus, e a da religião, enquanto encontro entre Deus e homem mediado por símbolos, institutos e rituais. Carismáticos, progressistas e conservadores estão profundamente embebidos pelo etos católico e, assim, marcados por tensões entre a dispensa e a necessidade de mediadores e sacramentos. Dessa forma, o catolicismo, em sua estrutura maior, porta-se como "amante, até o excesso, dos jogos do Mito e da Razão" (SANCHIS, 1993: 15).

Faço quatro proposições assertivas, tomando textos nativos, acadêmicos e exemplos empíricos para calçá-las em uma hermenêutica da suspeita que crê e descrê nessas três narrativas, submetendo-as à suspensão do juízo de realidade. Primeira: o catolicismo possui, em seu âmago, uma afinidade eletiva com o pensamento mítico, mas, também, com o pensamento racional de origens gregas, instaurando, entre as duas ordens de pensamento aludidas, uma tensão estrutural e de longa duração que reverbera sobre todas as suas correntes/vertentes internas. Estas construíram e constroem interpretações que procuram fundir suas identidades específicas com a identidade católica mais ampla, e defenderam, por sua vez, ser a expressão mais perfeita do acontecimento original, o mito fundador por excelência, a Paixão, Morte e Ressurreição de Jesus Cristo, e o mito do nascimento da Igreja de Cristo.

Segunda enunciação: a tradição restaurada foi definida como grande conjunto de ideias, grupos, valores e atitudes, em sua maioria, restauracionistas (volta para grande disciplina, missa em latim, centralismo clerical, rigor doutrinário anterior ao Vaticano II), opondo-se a outro conjunto de valores e atitudes postos sob suspeita de heresia. Sentindo-se ameaçado por forças heterodoxas, esse conjunto religioso esforça-se em restaurar um sentido de ortodoxia, no campo moral, no campo religioso-litúrgico e no campo institucional, marcado por determinadas referências históricas, em geral, associadas ao Concílio de Trento (1545-1563). Ao longo da história, essa corrente se organizou de muitas formas, com diversos movimentos, tais como a TFP

---

1. Dentre os muitos textos sobre a tendência sincrética do catolicismo, cito o de Boff (1972, 1994), um dos mais conhecidos autores da Teologia da Libertação (TdL).

(Tradição, Família e Propriedade), Arautos do Evangelho, *Opus Dei* e outras, possuindo presença anterior e posterior ao Concílio Vaticano II. Uma das narrativas míticas de origem é a Igreja, hierárquica e latino-romana, entendida como fato natural que se sucede à Paixão de Jesus Cristo. Em outras palavras, a Igreja nasce *aeternum et semper.* Como símbolo dessa corrente, remeto ao báculo episcopal, um importante objeto litúrgico-ritual que expressa o poder espiritual-dogmático-ortodoxo no imaginário integrista-conservador.

Terceira enunciação, que se refere aos carismáticos-católicos, desloca as tensões entre mito-razão presentes no catolicismo em três direções específicas, o individualismo (escolha), o acesso ao sobrenatural (dons carismáticos) e a emoção (experiência), expressando uma via conciliatória entre a tradição e a modernidade. Uma das principais narrativas de origem é Pentecostes [o derramamento do Espírito Santo sobre Maria e Apóstolos no Cenáculo], que sofrerá deslocamentos intensos nos discursos das lideranças e dos liderados. O acesso aos dons do espírito é realizado a partir de uma "experiência pessoal", emotiva e direta com Deus: cantar, orar pela cura, dançar e dar profecias (a voz divina manifestando-se) são expressões espirituais muito valorizadas entre os carismáticos. Como símbolo dessa corrente, a glossolalia – uma linguagem mística sem significado racional, sintaxe, morfologia (sílabas ou frases aleatoriamente articuladas sobre a forma de uma oração ou música), vivida pelos adeptos da Renovação Carismática Católica (RCC) como um renascimento ou uma efusão espiritual, que ocorre muito em reuniões e eventos, em momentos de oração – pode ser vista como emblema. Na glossolalia, pode-se orar ou cantar em línguas, individual ou coletivamente. Essa linguagem místico-emocional, também chamada de "língua dos anjos", "língua dos céus", é praticada em reuniões dos grupos de oração, seminários de lideranças, missas e missas-shows, em especial naquelas celebradas em poderosas comunidades carismáticas como a Canção Nova, transmitidas por TV/Web-TV/Rádio/Web-Rádio.

A quarta enunciação, que se refere à libertação cristã-social, reinventou as tensões mito-racionalidade em direções opostas às duas correntes anteriores, promovendo um triplo deslocamento, a saber, a salvação é proposta como redenção social, por meio de um ampliado conceito de "tempo messiânico", concebida, num primeiro momento, como não mágica e racional-social, e, num segundo momento, como holística-espiritual. A comunidade de fé é o lugar onde a política emerge como sinal, sacramento e mediação entre os homens e o Reino dos Céus, visto como uma dimensão, tornando a sociedade em campo de atuação dos cristãos que buscam apressar a vinda do messias. O Reino dos Céus foi ressignificado com sentidos modernos, utópico-sociais, com diferentes ênfases, uma primeira, social-política, e uma segunda, ecológico-espiritual. Um dos elementos narrativos míticos de origem é o Êxodo e a Libertação do Povo de Deus do Cativeiro do Egito/Faraó, em romaria à terra da abundância. Como símbolo dessa vertente pode-se eleger o termo *igreja dos pobres* ou *libertação social*, que também é uma categoria que engloba críticas teológicas/filosóficas/sociológicas às tradições religiosas conservadoras, tidas como alienantes, propondo uma interpretação secularizada.

Para efeito didático, elaborei um quadro para comparar questões centrais.

Quadro comparação entre as três principais correntes

Dimensões	Carismáticos	Progressistas	Conservadores
Institucional	Grupos de oração, ministérios, associações estaduais, escritório nacional e internacional.	Pequenos grupos, comunitários.	Associações e grupos locais, nacionais e internacionais.
	RCC (Renovação Carismática Católica)[2].	Cebs (Comunidade Eclesiais de base)[3]. TdL (Teologia da Libertação).	TFP[4] (Sociedade Brasileira de Defesa da Tradição, Família e Propriedade) e Arautos do Evangelho.
Origem	Grupos de estudantes/ sacerdotes em universidades norte-americanas (Pittsburg).	Sacerdotes leigos(as) na América Latina (Rio de Janeiro, Medellín etc.).	Sacerdotes/ leigos(as) em São Paulo e Rio de Janeiro.
Marcos históricos	Fevereiro de 1967, Universidade de Dunquesne.	Março de 1964, Primeira reunião de teólogos latino-americanos em Petrópolis[5].	Julho de 1960, cidade de São Paulo, fundação da TFP.

---

2. Disponível em http://www.rccbrasil.org.br/portal/ – Acesso em 28/04/2017.

3. Disponível em http://www.cebsdobrasil.com.br/ – Acesso em 28/04/2017.

4. Alguns dados extraídos do site http://www.tfp.org.br/ – Acesso em 28/04/2017.

5. Corten (1996: 18). Do lado protestante, segundo Corten (1991), em 1961 temos a fundação da Isal (Iglesia y Sociedad em América Latina), quando nasce a ideia de "teologia da revolução".

Dimensões	Carismáticos	Progressistas	Conservadores
Marcos míticos	A descida do Espírito Santo sobre os apóstolos. Curas e milagres, carismas extraordinários.	O Êxodo e a Libertação do Egito. Primeiras comunidades, vida de partilha em comum.	O encontro entre Jesus e Pedro após a Ressurreição. Igreja esplendorosa, verdades eternas.
Marcos bíblicos	At 2,1-47: 1Cor 12,4	Ex 15,1-15; At 2,42-45	Mt 16,15-28
Marcos semânticos	Efusão/revelações/ carismas/Amor, escolha e experiência pessoais/testemunho/ Pentecostes.	Caminho/ caminhada/povo de Deus/libertação/ democracia de base/ pobre/alienação e libertação/Igreja dos pobres.	Família/valores/ obediência/papa/ disciplina/ordem/ família tradicional/ honra.
Figuras papais	João XXIII, Paulo VI e João Paulo II.	João XXIII e Francisco.	Pio V, Pio X, Pio XII, João Paulo II e Bento XI.
Encíclicas, exortações e documentos oficiais	*Divinum Illud Munus* (1867), de Leão XIII; *Lumen Gentium* (1964), de Paulo VI e Padres Conciliares; *Humanae Vitae* (1968), de Paulo VI; *Evangelium Vitae* (1995) e *Veritatis splendor* (1993), de João Paulo II.	*Rerum Novarum* (1891), de Leão XIII; *Pacem in Terris* (1963), de João XXIII; *Evangelii Nuntiandi* (1975) e *Populorum Progressio* (1967), de Paulo VI, *Evangelii Gaudium* (2013), de Francisco; *Lumen Gentium* (1964, de Paulo VI e Padres Conciliares).	*Mirari Vos* (1832), de Gregório XVI; *Quanta Cura* e *Syllabus* (1864), de Pio IX; *Divini Redemptoris* (1937), de Pio XI; *Veritatis Splendor* (1993), de João Paulo II; *Dominus Iesus* (2000), de Bento XI; *Humanae Vitae* (1968), de Paulo VI.
Quantitativo (estimativas)	3 a 4 milhões 120-130 mil grupos de oração.	1 a 2 milhões 70-80 mil Cebs.	De 500 mil a 1 milhão.

Fonte: Autor do texto, 2017[6].

No quadro acima os três catolicismos são representados paradigmaticamente pela RCC, Cebs/TdL e TFP, embora existam muito mais grupamentos ligados a esses três campos de práticas, ideias e narrativas. Todas essas correntes nascem historicamente, na década de 1960, a década do Concílio

---

6. Há outros movimentos e grupos que giram em torno dessas três estruturas, como as comunidades carismáticas, entre elas a Canção Nova e Shalom, ou novas associações conservadoras, como os Arautos do Evangelho, todas muito influentes.

Vaticano II, durante a qual a eclesiologia católica foi profundamente alterada, alçando os leigos ao protagonismo, e se tornou um ponto de inflexão poderoso. A identidade católica, com heranças múltiplas, acentuou as disputas e ressignificações.

A tradição restaurada ou a saudade da restauração

Ao longo do século XX, a voz, a presença e a mobilização de segmentos integristas católicos têm sido constantes na vida pública e política do país, recomposta pela separação entre Estado e Igreja. Nesse período, muitos grupos pretenderam defender os valores tradicionais do cristianismo (de matriz católica), bem como a nação e a família brasileiras, contra supostas ameaças externas [comunismo] e internas [liberalismo] (CALDEIRA, 2014; ZANOTTO, 2013, 2002). A Igreja Católica caracterizou-se, principalmente, por sua forte recentralização, processo que começou antes, em meados do século XIX, definindo-se pela luta por manutenção do poder temporal e pela tentativa de barrar o influxo das ideias modernas em seu interior. Desde a ruptura do Regime de Padroado, em que nação, governo e Igreja Católica formavam uma simbiose, as movimentações dos grupos tradicionalistas e conservadores se intensificaram (CALDEIRA, 2014; ZANOTTO, 2013).

Com o advento de um Estado laico a partir da carta constitucional de 1892, as altas esferas eclesiásticas perceberam a necessidade de empreender diversas estratégias para "recatolicizar" o Estado e a sociedade, buscando influenciar as decisões políticas e sociais mediante a formação de uma elite intelectual católica (CALDEIRA, 2014). Por isso, diversas são as balizas da presença institucional católica no espaço público e político, desde a secularização das leis (casamento, registro civil de nascimento, legislação em geral), até as alianças programáticas de 1931 e 1964 (inauguração do Cristo Redentor e intensa participação na Marcha da Família, em apoio ao Golpe Militar de 1964) (ZANOTTO, 2010).

No campo católico, são diversos os atores e agentes católicos que se movem no espaço público procurando defender valores morais que vão ao encontro de uma configuração familiar (nuclear patriarcal reprodutiva), social (centro-direita) e política (democracia representativa liberal) (ZANOTTO, 2010). Na ótica desses grupos, as estruturas familiares e sociais defendidas são naturais e universais, mas estão sofrendo ataques, sendo desmanchadas e desmontadas por uma conspiração internacional liderada pela Organização das Nações Unidas, partidos de esquerda, organizações como a Anistia Internacional, grupos de intelectuais defensores dos direitos dos homossexuais, das mulheres etc. Essa mobilização, no discurso dos conservadores, não ocorre apenas no Brasil, mas é transnacional, envolvendo associações, leigos e sacerdotes católicos na França, Espanha, Estados Unidos, Argentina, entre outros países.

Atrás dessa articulação estão também agrupamentos católicos internacionais, como a *Opus Dei*, a Comunhão e Libertação, a Sociedade Brasileira de Defesa da Tradição, Família e Propriedade (TFP), entre outras associações nacionais e internacionais, muitas delas ligadas diretamente[7] ao Vaticano, atenuando o poder mediador dos bispos diocesanos e propondo um catolicismo reacionário, de exaltação de um passado idealizado[8]. A administração desse conjunto de narrativas é realizada pelos "teóricos nativos", grupo de pessoas que procuram pensar e expor essa experiência mítica de forma racional e controlada.

O arco temporal no qual essas organizações surgem concentra-se entre 1920 e 1970, anos em que o catolicismo institucional travou duros embates

---

7. O direito canônico católico registra essas associações de diversas formas, entre elas as Prelazias Pessoais. Interessante perceber que essa figura eclesiástica é derivada, diretamente, das reformas do Concílio Vaticano II, acolhidas pelo atual Código de Direito Canônico. A primeira prelazia foi a da *Opus Dei*, através da Constituição Apostólica Ut sit, de João Paulo II, datada de 28 de novembro de 1982. Cf. www.opusdei.org.br/pt-br/article/ o-opus-dei-prelazia-pessoal – Acesso em 06/12/2016.

8. Organizações criadas ao longo de sucessivos embates da Igreja Católica com o *mainstream* cultural do Ocidente, que tende a separar as questões religiosas das esferas públicas, como a legislação – direito civil, penal e social. A *Opus Dei* foi criada em 1928 pelo Monsenhor Josemaria Escrivá de Balaguer, em Madri, Espanha. No pontificado de João Paulo II, foi canonizado e tornou-se santo. Pouco a pouco, essa associação católica se internacionaliza, chegando em 1945 a Portugal, em 1946 à Inglaterra e França, e em 1957 ao Brasil. Em 1974, o fundador faz um *tour* no Estado de São Paulo. No Brasil, possui 1.700 fiéis, entre eles 40 sacerdotes na Prelazia da *Opus Dei* e outros 20 em diversas dioceses. Em 2009, expande-se para Indonésia e Coreia do Sul. Cf. www.opusdei.org.br/pt-br/article/historia-2 – Acesso em 06/12/2016. A Comunhão e Libertação nasceu, por sua vez, em 1954 na Itália, liderada pelo Bispo Dom Luige Giussani, e está presente em 28 países (Estados Unidos, Venezuela, México, Argentina, Paraguai, Áustria, Austrália). Na década de 1970, chega ao Brasil. A TFP foi fundada em 26 de julho de 1960, na capital paulista, e é caracterizada como "associação civil de caráter cultural, cívico, filantrópico e beneficente". Desde sua fundação, a tríade tradição (católica), família (monogâmica e indissolúvel) e propriedade (privada) são as principais bandeiras de luta doutrinária e cultural – embora outras temáticas afins sejam mobilizadas com alguma periodicidade (contra: aborto, Plano Nacional de Direitos Humanos, desarmamento civil, casamento homossexual, eutanásia e outros) (ZANOTO, 2013, 2010).

com as novas configurações do Estado, do espaço público e das legislações nacionais e internacionais, procurando frear ou reverter o *mainstream* cultural. Desses anos de combate, novas organizações e atores emergem, apropriando-se de novos vocabulários, incorporando ideias advindas de outros contextos culturais nacionais, dos debates acadêmicos travados pelos partidários de grupos direitistas, nas ciências humanas e na teologia, em universidades e academias católicas (ZANOTTO & CALDEIRA, 2014).

Há, no espectro conservador, todavia, duas polaridades, a dos tradicionalistas, que, baseados em uma concepção reacionária, recusam o Concílio Vaticano II e a autoridade dos papas depois de João XXIII, formando grupos cismáticos, em especial após 1988, como o liderado pelo Monsenhor Marcel Lefebvre e os conservadores que reconhecem o Concílio Vaticano II, embora procurem mitigar seus documentos e as posições católicas voltados para questões sociais, e promover questões doutrinárias da família e da sexualidade (vistas de forma moralista) (ZANOTTO & CALDEIRA, 2014).

Sente-se um estranhamento quando se vê, em plena época de identidade pós-moderna, desonerada, leve, lisa, sem rugosidades, mercado de consumo e espetáculo, um movimento como os Arautos do Evangelho[9] e a TFP, no espaço e na esfera públicos (praças, calçadões, ruas, redes sociais), uniformizados – botas, longos rosários em torno da cintura, broches enormes da figura da Virgem de Fátima –, a marchar e clamar contra o mundo depravado de costumes morais degradados e famílias em perigo, contra um comunismo redivivo e aliado à Organização das Nações Unidas, a organizações não governamentais planetárias[10] (ZANOTTO & CALDEIRA, 2014).

Uma sensação de deslocamento toma conta das narrativas acadêmicas e teológicas quando se observam movimentos restauradores católicos, como os Arautos do Evangelho, nascido em 2001, fruto de longos conflitos travados dentro da TFP sobre o espólio do fundador, Plínio Correia (ZANOTTO & CALDEIRA, 2014). As casas de formação de padres e seminaristas, as atividades litúrgicas centradas em uma concepção tridentina (missa de Pio V),

---

9. Para uma boa visão interna do movimento, cf. https://www.arautos.org/

10. O panorama dos movimentos conservadores e tradicionalistas católicos é grande, incluindo a *Opus Dei*, o Neocatecumenato e outros movimentos.

as filiais espalhadas pelo mundo[11], a estética da indumentária inspirada no período medieval europeu, o forte culto mariano, entre outros aspectos, faz dos Arautos, a expressão de um catolicismo aparentemente anacrônico, fora do lugar e da época das diversidades culturais, sexuais e religiosas.

Há uma infinidade de exemplos possíveis desse catolicismo, mas neste texto concentrar-me-ei em duas lideranças, uma mais antiga e outra mais nova: Plínio Corrêa de Oliveira, fundador da TFP, e Padre Paulo Ricardo, liderança conservadora com muito trânsito nas redes sociais e forte atuação política de bastidor (DE MATTEI, 1997; ZANOTTO & CALDEIRA, 2014; SILVEIRA, 2015). O cerne da narrativa mítica tradicionalista e conservadora foi desenhado no pensamento do fundador da TFP, inclusive porque infletirá em todos os outros movimentos e grupos.

Sobre a história, a sociedade, o desenvolvimento, diz o fundador da TFP:

> Passo a outro pressuposto de *Revolução e contrarrevolução* [livro]. Uma concepção católica da história deve levar em toda conta o fato de que a Lei Antiga e a Lei Nova contêm em si não só os preceitos segundo os quais o homem deve modelar sua alma na imitação de Cristo, preparando-se desse modo para a visão beatífica, como também as normas fundamentais do procedimento humano, conformes à ordem natural das coisas[12].

Estreita-se a ideia de história, reduzindo-a à visão católica. As leis, antiga e nova, são alusões ao Antigo e Novo testamentos, que, sendo conforme à ordem natural das coisas, constituiriam a norma fundamental universal para todo comportamento humano.

Por outro lado,

> É certo que, embora o homem possa conhecer com firme certeza e sem eiva de erro aquilo que nas coisas divinas não é de *per si* inacessível à razão humana, dado o pecado original é impossível ao homem praticar duravelmente a *Lei de Deus*. É só por meio da graça que tal se lhe torna possível. Ainda assim, para acautelar o homem contra sua própria maldade e sua própria fraqueza, *Jesus*

---

11. Cf. http://www.arautos.org/enderecos/enderecos-casas-no-mundo-180007 – Acesso em 05/05/2017.

12. Disponível em http://www.tfp.org.br/dr-plinio/principios-e-pensamentos/auto-retrato-filosofico/pagina-2 – Acesso em 12/06/2017.

Cristo dotou a Igreja de um Magistério infalível, que lhe ensinasse sem erro, não só as verdades religiosas, como também as verdades morais necessárias à salvação. A adesão do homem ao Magistério da Igreja é fruto da Fé. Sem a Fé não pode o homem praticar durável e integralmente os mandamentos. Daí resulta que as *nações só podem alcançar a civilização perfeita, que é a civilização cristã*, mediante a correspondência à graça e à Fé, o que inclui um *firme reconhecimento da Igreja Católica como única verdadeira, e do Magistério eclesiástico como infalível*. Assim, o *ponto-chave* mais profundo e mais central *da história* consiste em que os *homens conheçam, professem e pratiquem a fé católica*[13].

O trecho exemplifica o modo de funcionar dessa narrativa: fundir uma versão histórica de cristianismo (o catolicismo medieval) à história e à sociedade humanas. Repara-se que algumas palavras-chave são escritas com letras maiúsculas, como se fossem, por si só, naturezas absolutas e monumentais, inatacáveis e postas fora de dúvida.

Em outro trecho, lemos:

Assim, a *civilização cristã não é uma utopia*. É algo de *realizável*, e que em determinada *época se realizou efetivamente*. Algo, enfim, que durou de certo modo mesmo depois da Idade Média, a tal ponto que o *Papa São Pio X* pôde escrever: "A civilização não mais está para ser inventada, nem a cidade nova para ser construída nas nuvens. Ela existiu, ela existe: é a *civilização cristã, é a cidade católica*. Trata-se apenas de *instaurá-la e restaurá-la sem cessar sobre seus fundamentos naturais e divinos* contra os ataques sempre renascentes da utopia malsã, da revolta e da impiedade". Portanto, a civilização cristã tem largos vestígios ainda vivos em nossos dias[14].

O sonho de restauração é a substância presente nas manifestações, subjetividades, escritos, valores e símbolos dos movimentos tradicionalistas e conservadores católicos, uma espécie de oposição ao sonho das Cebs e da TdL. Em outras palavras, o futuro só será de fato perfeito se reencontrar o que foi vivido na história, a Cristandade, que existiu, de fato, segundo esse discurso, tendo

---

13. Disponível em http://www.tfp.org.br/dr-plinio/principios-e-pensamentos/auto-retrato-filosofico/pagina-2 – Acesso em: 12/06/2017 [grifos do autor].

14. Disponível em http://www.tfp.org.br/dr-plinio/principios-e-pensamentos/auto-retrato-filosofico/pagina-3 – Acesso em: 15/06/2017 [grifos nossos].

sido um tempo histórico, no qual o poder secular-estatal e o poder religioso estavam em simbiose. O texto é ambivalente: o que existiu, porém, não existe mais como fato real e, por isso, é ansiado, desejado e, com saudades, reivindicado; mas de alguma forma existe (cidade católica, a civilização cristã).

Há uma nostalgia de um passado e de uma tradição idealizados e romantizados, inclusive das Cruzadas e da Inquisição, momentos difíceis e terríveis da história do mundo ocidental, mas vistos como momentos gloriosos de afirmação da fé, e não como complexos movimentos de dominação, hegemonia, imposição, lutas entre o clero, nobrezas regionais e grupos dissidentes.

A segunda figura é a do sacerdote Paulo Ricardo, umas das referências das narrativas conservadoras, mais por sua *performance* teatral do que pelo conteúdo filosófico (SILVEIRA, 2015). Sua presença nos movimentos conservadores é constante, inclusive com apoio do Instituto Plínio Corrêa de Oliveira, ligado a grupos remanescentes da TFP após o conflito jurídico-político dos anos de 2000[15].

O largo uso que o padre conservador faz das mídias e dos sistemas de áudio e vídeo para divulgar o pensamento é significativo e se insere no desdobrar-se do pensamento conservador na época contemporânea. Os discursos do sacerdote Paulo Ricardo alcançaram grande repercussão devido à intensa atividade lobista antiaborto, anticasamento *gay* e em defesa da família tradicional junto a parlamentares evangélicos e católicos no Congresso Nacional e, também, nas mídias eletrônicas e escritas. Padre Paulo Ricardo representa a reemergência pública de um segmento considerável de católicos tradicionalistas incomodados com as profundas transformações sociais e religiosas e com a emergência dos direitos de minorias.

O discurso remete à ideia de "jogos linguísticos", relativa à ascensão da filosofia da linguagem, mas imprime um significado peculiar, emoldurado por uma noção central: as dominações culturais e sociais acontecem por meio

---

15. No dizer do site: "O Instituto Plínio Corrêa de Oliveira é uma associação de direito privado, pessoa jurídica de fins não econômicos, nos termos do novo Código Civil. O Ipco foi fundado em 8 de dezembro de 2006 por um grupo de discípulos do saudoso líder católico brasileiro, por iniciativa do Eng. Adolpho Lindenberg, seu primo-irmão e um de seus primeiros seguidores, o qual assumiu a presidência da entidade" (Disponível em https://ipco.org.br/ipco/faca-agora-sua-inscricao-para-a-palestra-com-padre-paulo-ricardo/#.WT7bOuvyvIU – Acesso em 12/06/2017).

do uso diretivo, dirigido e consciente de categorias linguísticas. O discurso tradicionalista contemporâneo diz que o mundo moderno quer anular o valor judaico-cristão pela introdução de conceitos como diversidade de gênero na educação, na legislação e em todos os outros âmbitos das vidas sociais e culturais (SILVEIRA, 2015). A esse movimento é dado o nome de "guerra cultural", que, na visão católico-tradicionalista, é movida pelos setores "esquerdistas pós-modernos" contra a herança judaico-cristã (SILVEIRA, 2015). É essa a ideia central dos argumentos. Em torno dela, a noção de verdade revelada e direito natural é manejada, com diversas formas de combinação com práticas e ações.

De forma sintética, nesse discurso guerreiro, por exemplo, as "ideólogas" da perspectiva de gênero (Judith Buttler e Simone de Beauvoir), as Conferências do Cairo e de Pequim, a ONU e o livro *A origem da propriedade privada, do Estado e da família*, de Engels, seriam todos parte de uma única lógica de dominação e submissão da Igreja Católica e da Civilização Ocidental. É clara, aqui, a estratégia de deslegitimação: a recusa a dar o título de filósofas às pensadoras feministas, reservando o título a filósofos como Tomás de Aquino e Santo Agostinho, os preferidos desse movimento. O que é criticado como "plano de dominação esquerdista" (a substituição linguística, p. ex., do termo sexo pelo termo gênero) é assumido de forma naturalizada pelo discurso sacerdotal (SILVEIRA, 2015).

Os seguintes trechos de um texto intitulado "A prova que faltava: livro recomendado pelo MEC ensina gênero nas escolas", publicado em julho de 2015, continua a ideia de combate pela Cristandade:

> Eis que agora nos surgem as provas cabais de que a teoria de gênero é exatamente aquilo tudo que havíamos denunciado aqui no site: um programa de destruição da família e da Igreja. Está nas mãos de alunos do Ensino Médio um livro chamado *Sociologia em movimento*. [...]. No capítulo 14, intitulado "Gênero e sexualidade", o leitor encontra uma *apologia aberta ao fim da família e da lei natural*, em nome de uma suposta liberdade e do que os autores entendem por "identidade de gênero", isto é, "uma construção cultural estabelecida socialmente através de símbolos e comportamentos, e não uma determinação de diferenças anatômicas entre os seres humanos". [...] Quem não está familiarizado com o *linguajar revolucionário* deste tipo de publicação, é facilmente induzido a trocar gato por lebre. Ocorre que, no mundo *pós-moderno*, como explica Padre Paulo

Ricardo no curso de Filosofia da Linguagem, a *guerra cultural é uma guerra de palavras*. A *linguagem* é um dos meios mais importantes utilizados pela *intelligentsia* para *refundar o mundo à sua imagem e semelhança*. [...] A Igreja, ao contrário, *não defende um modelo sexual porque quer dominar as pessoas, mas porque esse modelo corresponde à verdade do ser humano*[16].

Um dos temas mais polêmicos das correntes contemporâneas são as questões relativas ao gênero e à sexualidade, ao contrário das correntes mais velhas, que concentravam suas forças discursivas e práticas contra a ameaça do regime comunista.

Mas há ambiguidades no discurso mítico acima: Como é possível dar fim a uma lei natural? Se é possível substituí-la, não é uma estrutura natural, mas social e histórica. O argumento para responder a essa contradição é extraído da teologia tradicional: a ideia de corrupção da natureza, por exemplo, aquela que acometeu o diabo/lúcifer – antes um anjo de luz, o príncipe dos anjos, arcanjos e querubins –, que, invejoso da obra-prima da criação de Deus, o homem, tornou-se um ser devotado ao mal e à corrupção.

Há um ponto em comum entre os diversos movimentos católicos conservadores: o comunismo, que teria um projeto, na versão deles, de destruição tríplice, família, propriedade e religião verdadeira, no caso, a Igreja Católica. Notam-se, na narrativa do site conservador sobre o livro de sociologia que estaria destruindo a família com a ideia de "identidade de gênero", dois pontos não ditos fundamentais: o primeiro referente à linguagem, o segundo referente à contradição natureza/cultura[17].

À linguagem é atribuído um poder mágico de construção e destruição, ou seja, as palavras do linguajar revolucionário podem mudar a realidade e por isso é necessário combater e fazer uma guerra cultural contra os grupos políticos e sociais. A pós-modernidade é associada, neste discurso, ao indeterminado, ao frouxo, às fronteiras abertas e ao relativismo moral ("tudo é possível, portanto, não há mais pecado").

---

16. Disponível em https://padrepauloricardo.org/blog/categoria/6-marxismo – Acesso em 12/06/2017 [grifos nossos]. O site, segundo o sacerdote, é intitulado *Christo nihil praeponere* (Não dar mais valor a nada, senão a Cristo) e mantido por uma equipe com o mesmo nome.

17. Disponível em https://padrepauloricardo.org/blog/categoria/6-marxismo – Acesso em 12/06/2017. O site, segundo o sacerdote, é intitulado *Christo Nihil Praeponere* (Não dar mais valor a nada, senão a Cristo) e mantido por uma equipe com o mesmo nome.

A expressão usada para definir o poder da linguagem das filosofias e visões de mundo identificadas com o progressismo cultural é esta: "refundar o mundo à sua imagem e semelhança", ou seja, um segundo ato demiúrgico (refundar, fundar novamente), porque o primeiro ato foi realizado por Deus (*Fiat Lux,* "Faça-se a luz", e a famosa passagem "Deus criou o homem e a mulher à sua imagem e semelhança"), na narrativa do livro bíblico do Gênesis. A ideia de cruzada está presente, pois os soldados de Cristo devem pelejar contra pecado e contra essa refundação.

O segundo aspecto diz respeito à ambiguidade dos argumentos sobre a sexualidade e a família. Se há um direito natural, uma família e um sexo (homem/mulher) definidos de acordo com supostas leis naturais, segundo afirma a narrativa conservadora, como é possível mudar essa realidade natural, verdadeira, absoluta e criada por Deus, por meio de simples linguagens que falam da orientação de gênero? Há um impasse latente nessas ideias: ou a natureza da família e da sexualidade não são naturais e não são criadas por Deus, e, assim, são passíveis de mudança por meio de linguagens, sendo, portanto, realidades construídas e não transcendentes, ou a família e a sexualidade são naturais e criadas por Deus, sendo imutáveis, verdades eternas, e, portanto, impassíveis de mudança por meio dos usos de termos como "orientação de gênero".

As mudanças culturais e sociais são temidas pelos movimentos conservadores porque são vistas como degradações ou perversões de sentido. Mas, ao mesmo tempo, atribuem as causas das transformações a supostas ações internacionais e políticas globais, frutos de maquinações de grupos nacionais (inclusive a TdL e as Cebs), organizações não governamentais, partidos de esquerda etc. (SANAHUJA, 2012). No imaginário dos integristas e conservadores, a ideologia é a do ressentimento conjugada à crença persecutória: há uma perseguição contra os verdadeiros valores da sociedade e da família que no fundo são os mesmos valores da Igreja Católica, ou melhor, deles próprios, que se veem como o verdadeiro catolicismo. Uma das ideias mais comuns a todos os grupos e movimentos de "integridade" católica é a de certeza, firmeza, pilar e fundamento, que daria guarida à família, aos direitos e deveres, à sexualidade, ao matrimônio, ao Estado, á sociedade. Nas narrativas míticas integristas, mesclam-se duas representações, a de fortaleza, acossada por inimigos, e a de cruzada, missão guerreira para reestabelecer a fé.

Dos diversos exemplos da mística reacionária, podem-se citar os Arautos do Evangelho, a primeira Associação Internacional de Fiéis de Direito Pontifício reconhecida oficialmente pela Santa Sé em 2001, fundada pelo Monsenhor João Dias Clá, herdeiro das disputas legais em torno dos bens do fundador da TFP, Plínio Corrêa (ZANOTTO, 2002). Com milhares de seguidores e presença em muitos países, o movimento foi objeto de uma reportagem do programa Fantástico em 2002[18]. Por essa época, havia 86 casas do grupo, 25 no Estado de São Paulo, e 30 casas em outros países, e, segundo os dados fornecidos, contariam com um milhão de seguidores, sendo a terceira força organizada do catolicismo, atrás dos carismáticos (com quatro milhões) e das Cebs (com dois milhões). As casas dos Arautos são lugares de rígida disciplina, destinados à formação de homens e mulheres, inclusive para o sacerdócio e para a vida religiosa.

A estética do movimento se ancora numa leitura específica da unidade entre o bem, o bom e o belo, aludida neste texto: indumentária (botas, capas longas brancas e marrons com a cruz longa, metade branca, metade vermelha, de pontas arredondadas, broches com a imagem da Virgem de Fátima, rosário e corrente de metal enrolados na cintura), corais com música clássica, medieval e canto gregoriano, disciplina marcial (marchas, evoluções, horários rígidos), procissões solenes, separação entre sexos (atividades e formação específica para homens e mulheres), forte devoção mariana, tudo isso mostra o fascínio exercido por essa narrativa no catolicismo contemporâneo.

Nas palavras da reportagem da TV Globo (Fantástico) sobre o coral: "[...] mil apresentações por ano, mas por trás desse sucesso jovens que abandonaram tudo para seguir uma doutrina que exige nada menos que a perfeição"[19]. A fala do maior dirigente, João Clá, é elucidativa: "Estamos a serviço da Igreja, a fim de expandir o belo que é o hífen que liga o homem a Deus", e, mais adiante, "Me encantou, sobretudo, o regulamento disciplinar do exército, o RDE, um calhamaço, cheio de regras, regras e regras". Assim, nos Arautos, criou-se um "manual azul", com mais de cem páginas, com muitos regramentos, até dos detalhes mais banais: para andar, ficar parado, orar em grupo, individualmente, enfim, uma gramática da obrigação.

---

18. Disponível em https://www.youtube.com/watch?v=iUhJBcTGFqw – Acesso em 13/06/2017.

19. Disponível em https://www.youtube.com/watch?v=iUhJBcTGFqw [vídeo entre 1:30 e 1:33] – Acesso em 13/06/2017.

Na reportagem do Fantástico apareceram arautos lendo as regras detalhadas: "do modo de pentear cabelos, do modo de engraxar sapatos"[20]. A gramática da servidão dos Arautos não visa apenas a liturgia ou o ritual, mas uma vida moralmente regrada. Nas casas "arautinas", assim como nas comunidades de vida e aliança da Renovação Carismática Católica, há dois níveis de adesão, os mais profundos, que implicam viver por conta do movimento, e os mais leves, que implicam compromissos variados, desde a dedicação parcial até a contribuição financeira. O termo usado para os fiéis é escravo, bem próximo semanticamente ao usado pelos carismáticos em seus discursos, servos.

Um repórter da Rede Globo faz uma pergunta sobre o que pensam os Arautos do "homossexualismo"[21], e a resposta do então presidente dos Arautos foi esta: "A pessoa mesmo se dá conta e ela mesmo toma outro destino", uma fala ambivalente, que esconde e ao mesmo tempo revela o que as narrativas míticas dos conservadores pensam sobre essa questão. O destino é, em geral, associado a uma determinação da qual não se pode escapar; por outro lado, do que a pessoa se dá conta? De que é pecadora? De que tem um desvio, uma doença, uma falha de caráter? Ao final da reportagem, a fala do presidente da associação mostra o que os discursos míticos do conservadorismo pregam: "[...] a felicidade está em conter quando necessários as paixões através de regras para atingir a finalidade do desenvolvimento pleno da inteligência e da vontade"[22].

Em 2017, junho, Monsenhor João Clá renunciou à presidência dos Arautos[23]. Um dos prováveis motivos foram algumas cenas exóticas de exorcismo (com diálogos entre o diabo e o exorcista)[24], em uma das casas da associação, que acabaram nas redes sociais, e um estranho culto em honra a Plínio Corrêa, fundador da TFP e à sua mãe Dona Lucília. Embora os vídeos tenham sido retirados, devido à forte ação do departamento jurídico e de comunicação da

---

20. Disponível em https://www.youtube.com/watch?v=iUhJBcTGFqw – Acesso em: 13/06/2017.

21. Disponível em https://www.youtube.com/watch?v=iUhJBcTGFqw – Acesso em 13/06/2017.

22. Disponível em https://www.youtube.com/watch?v=iUhJBcTGFqw – Acesso em 13/06/2017.

23. Disponível em http://brasil.estadao.com.br/noticias/geral,superior-geral-dos-arautos-do-evangelho-da-igreja-catolica-renuncia,70001844754 – Acesso em 16/06/2017.

24. Disponível em https://oglobo.globo.com/sociedade/vaticano-investiga-grupo-brasileiro-de-exorcistas-que-anuncia-morte-do-papa-21493494?utm_source=Facebook&utm_medium=Social&utm_campaign=O%20Globo – Acesso em 19/06/2017.

poderosa organização, levantou-se polêmica com manifestações de padres, leigos e leigas[25].

A figura da associação internacional privada, no direito pontifício, trouxe novas questões ao catolicismo, que incidem diretamente sobre a reprodução e a transmissão das narrativas míticas, e entre elas está o poder legitimador papal, dando impulso a forte atuação transnacional de muitos grupos religiosos. A RCC seguiu os passos dos Arautos e também conseguiu o registro de associação internacional privada de direito pontifício.

Há duas hipóteses para explicar a sedução da narrativa mítica integrista. Por uma questão estética, num primeiro momento, ocorre um efeito de verdade, de ontologia, de peso, uma saudade do peso da ordem, do sujeito. Em uma sociedade que proclama a leveza em tudo, começa a emergir a saudade do peso. A saudade é o sentido da ausência, ou seja, é porque o peso não existe mais, da forma social como existiu, que se tem saudade dele. Esses grupos cultivam então uma estética da tradição para tentar trazer o que já foi. É um romantismo pessimista que ao mesmo tempo anseia pela restauração do suposto antigo. Mas, sugiro mais três hipóteses para a compreensão da permanência das "narrativas dogmáticas conservadoras" no panorama do catolicismo contemporâneo: 1) a derrocada dos grandes relatos permitiu a cristalização das saudades e nostalgias de uma identidade fechada, segura e católica, em sentido velho[26]; 2) o pluralismo religioso, solapando a plausibilidade única de uma identidade universal, que fazia coincidir a sociedade com a religião professada, trouxe ao mercado de bens simbólicos a plausibilidade de grupos religiosos com estéticas vibrantes e morais rígidas.

Entre a narrativa conservadora e a carismática há alguma relação? A resposta à pergunta é dupla, pois aproximações e distanciamento podem ser verificados.

O carismatismo pentecostal católico

A presença do movimento carismático na mídia, tanto de suas formas associativas – como as novas comunidades religiosas e os grupos de oração –

---

25. Há notícias de uma investigação do Vaticano e uma provável visita de inspeção. Disponível em http://www.ihu.unisinos.br/568623-arautos-do-evangelho-o-fundador-renuncia-enquanto-o-vaticano-investiga – Acesso em 14/06/2017.

26. Para uma discussão mais ampla, cf. Hall (2003).

quanto do exercício dos dons carismáticos – como o de línguas e o de cura, entre outros –, fez com que o movimento fosse objeto de muitas abordagens.

Algumas, como as de Prandi (1997), Oliveira (1978) e Carranza (2000), acentuaram, a partir de uma perspectiva sociológica clássica, as continuidades e descontinuidades com movimentos eclesiais, como as Cebs. O imaginário católico, povoado de demônios, anjos, milagres e curas (do corpo, da alma, do coração) foi ressignificado pelas narrativas míticas presentes no movimento carismático e mudou suas estruturas, com novas ideias de individualidade, intimidade e decisão pessoal (SILVEIRA, 2000; CARRANZA, 2000; VOLCAN, 2003).

Segundo os discursos nativos[27], a gênese do movimento carismático é vista de dupla forma, cosmológica e histórica. A forma, cosmológico-histórica, também está presente nos outros movimentos católicos. Na primeira forma, a gênese é atribuída ao Pentecostes, ou seja, ao momento, narrado pelo livro Atos dos Apóstolos: a descida do Espírito Santo sobre os doze apóstolos e a Virgem Maria no cenáculo, um fato-mito fundador da Igreja. A segunda forma, histórica, tem três vertentes: 1) o retiro espiritual de estudantes e professores universitários em duas universidades norte-americanas, em especial, Duquesnes (Pittsburg) e a Universidade Estadual de Michigan, embora os retiros espirituais tenham sido precedidos por contatos com grupos pentecostais (renovados ou carismáticos), presentes em igrejas cristãs históricas (Luterana, Episcopaliana, Anglicana) que lhes transmitiram a experiência do "batismo no Espírito Santo" e seus dons: oração em línguas, conversão e outros (SILVEIRA, 2000; CARRANZA, 2000); 2) a ação do Papa João XXIII, que convocou o Concílio Vaticano II, e do Cardeal Joseph Suenens, que postulou nos debates conciliares a ideia de que os carismas extraordinários não cessaram na história da Igreja; e, por fim, 3) atuação da freira italiana Elena Guerra, fundadora da ordem religiosa Irmãs Oblatas do Espírito Santo, junto ao Papa Leão XIII.

Mas há ambiguidades nos relatos míticos de origem, pois, de acordo com um de seus "teóricos nativos", ou seja, os membros encarregados de produzir

---

27. Chamo aqui de discursos nativos todas as falas, textos pastorais e teológicos (livros, blogs etc.), imagens e reflexões construídas por membros, leigos ou eclesiásticos ou simpatizantes de movimentos ou de simpatizantes, cujo sentido é o da justificação e explicação dos porquês (motivos de existência e ação).

reflexões sobre a experiência do movimento, a origem está na ação da Beata Elena Guerra e dos papas.

Assim, ao citar o estatuto do órgão internacional que coordena as ações do movimento carismático:

> Na saudação que o Sr. Charles Whitehead, presidente do conselho internacional da renovação carismática dirigiu ao Santo Padre em setembro de 1993, aludia-se à existência da Renovação Carismática em uns 125 países, com um total aproximado de sessenta milhões de participantes. Depois, [...] expõe em três proposições o que não é a Renovação Carismática: não é um movimento uniforme, nem diversificado; não tem fundador, nem grupo de fundadores; não tem listas de membros participantes. [...] *Não tem fundador, nem um grupo de fundadores, pois foi o Espírito Santo quem a fez nascer na Igreja de uma maneira espontânea*, no desejo e na expectativa de uma experiência de Pentecostes, pelos anos de 1966-1967, em Pittsburg (Pensilvânia), EUA (ALDAY, 1996: 18 – grifos nossos).

O pentecostalismo, originado de correntes revivalistas que percorreram o protestantismo histórico, iniciando sua ascensão nos Estados Unidos, quando chega a partir de 1910 no Brasil, como movimento autônomo que dará origem a diversas igrejas no início do século XX e, inspirará a identidade dos carismáticos (CORTEN, 1996). Três pontos se destacam: a crença na conversão, na santificação e no batismo no Espírito Santo, com seus dons como falar/orar/cantar em línguas, curas e milagres etc. (CORTEN, 1996).

O movimento carismático cresceu nos Estados Unidos, mas atingiu todos os continentes e chegou ao Brasil entre 1969/1970, trazido por padres canadenses e norte-americanos (CARRANZA, 2000). Sugestivamente eram chamados de "católicos pentecostais", denominação mudada para católicos carismáticos, um sinal de "romanização" ou adaptação ao catolicismo. Em 1976 a sede do movimento carismático é transferida dos Estados Unidos para Roma. O Papa Paulo VI designou um cardeal belga, Suenens, para acompanhar ou "romanizar", o movimento (SILVEIRA, 2000). Essa prática de direção espiritual tem a finalidade de controlar/domesticar os movimentos em geral. A CNBB designou bispos para acompanhar o movimento carismático no Brasil e em cada diocese um "diretor espiritual" é indicado pelo bispo.

Nas análises sobre movimentos religiosos, do pentecostalismo à Renovação Carismática Católica (RCC), existe uma linha de argumento, muito em voga, que enfatiza dimensões como o mercado religioso, a competição/ concorrência entre os movimentos, entre outras categorias de análise. Alguns autores veem a RCC como "reativa" ao pentecostalismo/Cebs, sendo conservadora/intimista e tendendo a um certo fundamentalismo na interpretação bíblica e nas regras de conduta entre seus membros (PRANDI, 1997; CARRANZA, 2000).

Mas parece haver um reducionismo nessa visão, pois a RCC pode ser entendida como um movimento construído em torno de narrativas míticas específicas. Suas expressões, o "batismo no espírito", suas práticas, como os carismas (o falar em outras "línguas", curas, profecias) e sua ênfase na experiência corporal/emocional ressignificam, de fato, a identidade católica. Falar/ orar "em línguas" um rito no qual o adepto, acreditando ser inspirado/tomado pelo Espírito Santo, começa a balbuciar/falar/murmurar uma série de frases/ palavras sem sentido lógico, constituindo-se muito mais como uma espécie de experiência afetiva/emocional (CORTEN, 1996). Essa identidade, plural por origem, sofreu uma notável transformação a partir do Concílio Vaticano II, abrindo-se, institucionalmente, à diversidade. Nesse jogo, multiplicam-se as concepções particulares do que foi o próprio Concílio.

Uma das bases do movimento seria o que se denomina de grupos de oração, um grupo de pessoas que se reúne semanalmente dentro das igrejas/salões paroquiais, em dias separados dos grupos de oração para cantar, louvar, ler trechos da Bíblia e exercer os chamados dons do Espírito Santo: curas, línguas, profecias entre os principais, dons (CARRANZA, 2000). A existência do grupo requer uma equipe de coordenação denominada "núcleo" ou "equipe de servos". Nesse espaço, os dons carismáticos são exercidos mais enfaticamente, pois tais reuniões são inacessíveis aos "não iniciados", ou seja, aos não adeptos da RCC.

O tema mais comum da narrativa mítica carismática é o do encontro íntimo e pessoal com Deus, que transforma, cura, liberta, pacifica, libera os poderes do Espírito Santo, capaz de mudar a vida das pessoas (CARRANZA, 2000; PRANDI, 1997).

No relato de uma das fundadoras do movimento, a estadunidense Patti Mansfield:

> [...] eu também sou uma *testemunha*. Também eu tive o privilégio, por desígnios alheios à minha vontade, e não por meu mérito, de

ter tido um contato íntimo com o Senhor Jesus Cristo Ressuscitado, pelo poder do Espírito Santo. [...] Muitas vezes, durante a redação desse livro, eu pedi ao Senhor para que encontrasse outra pessoa para fazer este trabalho. *"Eu não teóloga. Eu não sou uma historiadora*, e nem mesmo uma escritora dotada do talento necessário para fazer justiça à tua obra."* Mas, no final, o *Senhor fez-me lembrar* do que verdadeiramente sou: *sou* uma *testemunha. Eu vi sua glória* (MANSFIELD, 1995: ix – grifos nossos).

Na narrativa mítico-carismática, o encontro entre Deus e a criatura, com uma certa horizontalidade, é dado por uma "conversa": "eu falo para Deus e Ele me fala", uma conversa que pode ser de súplica, louvor, admoestação, profecia, enfim, uma forma de relação dual. No discurso mítico há uma linha de continuidade entre o momento inaugural da Igreja, que é representado pela descida do Espírito Santo no cenáculo, e o movimento no presente histórico, mas com paragens fundamentais, completamente articuladas, construindo uma imagem de Deus como um tecelão que amarra fios de forma mística e misteriosa. Assim, os papas Leão XIII e João XXIII, a beata italiana Elena Guerra e os fenômenos pentecostais nos Estados Unidos são parte de um todo maior e articulado. O relato a seguir, de uma das "testemunhas" dos primeiros passos, evidencia essa ideia:

> Uma *oração do Papa João XXIII, proferida no início do Concílio Vaticano* II, costuma vir à mente de muitos que têm refletido sobre a *explosão da Renovação Carismática Católica* [...]. Veem-na como uma providencial resposta ao pedido de um Novo Pentecostes, feito pelo Supremo Pontífice: "Renova os teus milagres neste nosso dia, como em um novo Pentecostes" [...]. O que teria em mente o Papa João XXIII [...]. O que ansiava ele, naquela ocasião? [...] Desde o primeiro Pentecostes, que marca o nascimento da nossa Igreja, o Espírito Santo vem atuando, continuamente através dos séculos (MANSFIELD, 1995: 5-6 – grifos nossos).

A relação entre história, ação divina e o movimento é estabelecida pelos carismáticos de forma "naturalizada", assim como também fazem os movimentos conservadores e progressistas. Continua a escritora:

> O Bispo Angelo Roncalli, futuro Papa João XXIII, costumava visitar uma aldeia de trezentos habitantes, situada na Tchecoslováquia, onde residia uma querida amiga minha, a Sra. Anne Mariea Schmidt

[...]. Todos os católicos daquela aldeia vinham experimentando durante séculos toda a gama de dádivas carismáticas, tais como são narradas na primeira epístola aos Coríntios (12,4). [...] *Pentecostes era ali uma realidade diária.* Anne Mariea pôs-me a par [...] das primeiras manifestações de dons carismáticos ocorridas no século XI. [...] As dádivas carismáticas do Espírito Santo manifestavam-se a sucessivas gerações [...] Anne Mariea descreve o quanto eram eficazes o poder da oração e a presença do amor de Deus, tão fortes que dispensavam a necessidade de prisões ou hospitais. [...] As famílias recebiam com regozijo os novos filhos que chegavam, *não havia divórcio* [...] (MANSFIELD, 1995: 6,7 – grifos nossos).

A *primeira pessoa beatificada pelo bom Papa João* foi uma *freira italiana* chamada *Elena Guerra*. [...] A Irmã Elena Guerra foi fundadora [...] das Irmãs *Oblatas do Espírito Santo* [...] e sentiu-se inspirada a escrever ao Papa Leão XIII, instando-lhe que renovasse a Igreja através da promoção de um retorno ao Espírito Santo dos tempos primordiais. [...] Ela teve a *missão profética* de convocar a Igreja para converter-se num Cenáculo permanente de oração. [...] E, logo, o santo Padre fez publicar a sua Encíclica sobre o espírito Santo. [...] Atendendo à sugestão da Irmã Elena, o *Papa Leão XIII invocou o Espírito Santo em 1º de janeiro de 1901.* Ele mesmo cantou o hino *"Veni, Creator Spiritus"* [...]. *Naquele mesmo dia* ocorreu um *acontecimento* na cidade de *Topeka, Estado do Kansas,* que marcou a *revivescência* dos *poderes e dons do Espírito Santo,* num movimento que se *estendeu* por todo o *país* e por todo o *mundo* (MANSFIELD, 1995: 9 – grifos nossos).

Percebe-se que a função discursiva dos mitos de origem na renovação carismática, assim como nos movimentos conservadores e progressistas, é mostrar uma continuidade radical entre o momento inaugural e efervescência coletiva do evento primordial (a vida de Jesus Cristo, os atos e milagres dos apóstolos etc.) e o momento contemporâneo. Por outro lado, se as narrativas míticas possuem alguns eixos centrais, elas acabam, de alguma forma, modificando-se, e elementos, símbolos e ideias são acrescidos, esquecidos, enfatizados ou marginalizados.

A ideia do maravilhoso e do imprevisível está presente e pode ser vista, por exemplo, na propaganda de um livro escrito pelo Padre Jonas Abib, uma das grandes lideranças do movimento carismático:

A Canção Nova apresenta a 2a edição, revisada e atualizada, de O Espírito sopra onde quer. Nessa obra, Monsenhor Jonas Abib convida-nos a deixar que o Espírito Santo entre em nossas vidas e realize maravilhas imprevisíveis, trazendo as respostas para as realidades da nossa caminhada. Precisamos pedir e querer de todo o nosso coração que a grande graça do Senhor aconteça em nós e em todos aqueles que pudermos alcançar[28].

Na narrativa carismática o tema do "sopro do espírito" dá ensejo aos abalos, às reinterpretações teológicas e aos fenômenos carismáticos que colidem contra as estruturas de controle e poder teológico. O Documento 53 da CNBB, de orientação da RCC, pode ter várias leituras, mas há efetivamente exercício de poder, quando a documentação procura regulamentar e desestimular a oração em línguas, a oração pela cura. No entanto, os fenômenos carismáticos continuam a ocorrer e com formas inusitadas, como a oração de quebra de maldições ou a cura de gerações passadas (STEIL, 2004). Afirmou-se, alhures, que a espiritualidade carismática enfatiza traços do catolicismo tradicional, todavia, corre-se o risco de reduzir as ambiguidades do movimento: a oração em línguas, a reinterpretação dos sacramentos (SILVEIRA, 2000). Por exemplo, para os carismáticos, a Eucaristia é fonte de cura, de experiência emocional e individual, elementos destoantes de uma concepção estritamente tradicional, mas também de uma concepção progressista.

Com o tempo, o movimento criou imensas estruturas burocráticas e administrativas que reforçaram os vínculos com a Igreja Católica e o controle sobre os grupos e suas ações, em especial, sobre as ações "desviantes" do padrão "católico". As mudanças ocorreram em virtude de muitos fatores, dentre eles, o efeito das narrativas míticas que enfatizam o poder soberano do Espírito Santo. Nos livros, palestras e tradições orais do movimento, ouvia-se muito a expressão "O Espírito sopra onde quer", frase atribuída a Jesus Cristo em Jo 3,8.

Os hinos mais cantados no movimento falam da ação, do poder e das maravilhas do Espírito Santo. Eis um deles:

> Eu navegarei / No oceano do Espírito / E ali adorarei / Ao Deus do meu amor; / Eu adorarei / Ao Deus da minha vida / Que me

---

28. Disponível em http://loja.cancaonova.com/livro-o-espirito-sopra-onde-quer – Acesso em 17/06/2017.

compreendeu / Sem nenhuma explicação; / Espírito, Espírito / Que desce como fogo / Vem como em Pentecostes / E encha-me de novo (refrão).

O movimento foi denominado Pentecostalismo Católico, nome pouco usado porque mostrava, pela semântica, uma forte identidade com os pentecostais.

Na apresentação da história oficial, contida no site da associação que coordena e dirige as atividades carismáticas no Brasil, o termo *pentecostalismo* aparece, junto dos outros elementos mais comuns na narrativa mítica de origem que, inclusive, conta com justificativas teológicas:

> A Igreja, ao longo de sua história, tem presenciado o surgimento de muitos *"despertares" e movimentos de "renovação"*. Como observa o conceituado *teólogo Heribert Mühlen*, em muitos deles *"irrompe assim, novamente, a vitalidade pentecostal da Igreja*, e isso de um modo nunca previsto". O "século da Igreja", como foi muitas vezes definido o século XX, já se iniciará sob o signo de uma necessidade: o desejo da presença criadora e libertadora do Espírito. Em 9 de maio de 1897, o Papa Leão XIII publicou a Encíclica *Divinum Illud Munus*, sobre o Espírito Santo, "lamentando que o Espírito Santo fosse pouco conhecido e apreciado, concita o povo a uma devoção ao Espírito". A leitura, os sermões e livros sobre este documento influenciarão muitas pessoas. [...] A Renovação Carismática apareceu na Igreja Católica no momento em que se começava a procurar caminhos para *pôr em prática a renovação da Igreja, desejada, ordenada e inaugurada pelo Concílio Vaticano II*. Não se havia passado um ano sequer ao término do Concílio, quando em 1966 começou a despontar o fenômeno religioso chamado agora Renovação Carismática. Não sendo, pois, um acontecimento isolado, podemos localizar a Renovação Carismática como um dos *desdobramentos da evolução da espiritualidade pós-conciliar*. [...] A *Renovação Carismática Católica, ou o Pentecostalismo Católico*, como foi inicialmente conhecida, teve origem com um retiro espiritual realizado nos dias 17-19 de fevereiro de 1967, na Universidade de Duquesne (Pittsburgh, Pensilvânia, EUA – grifos nossos).

Os meandros míticos e históricos entre os inícios (da história da salvação, dos fenômenos mais importantes) aparecem solidamente fundidos como em uma sequência orgânica, totalizante. Nesse sentido, a narrativa mítica dos movimentos católicos não é anti-histórica, ao contrário, apoia-se em dados e eventos históricos que são articulados em uma estrutura teleológica, que aponta para um fim, um final, que deve ser perseguido por todos os membros militantes do agrupamento. Assim como a TdL e as Cebs, a RCC se vê como um fruto, um mandato, um resultado do Concílio Vaticano II, mas, ao mesmo tempo, um retorno às puras origens.

Ao longo de seu desenvolvimento, o movimento carismático reforçou os sinais da catolicidade: devoção mariana e santorial, reforço dos sacramentos (em especial a Eucaristia e a Confissão), reza do terço, vínculo com o papa, os bispos e párocos reforçados, entre outros.

Um vídeo institucional da coordenação[29], intitulado "Nós somos a Renovação Carismática Católica" expressa, em imagens, a estética das narrativas míticas em andamento. Descreverei o vídeo e algumas imagens: música instrumental e abertura com o sol se pondo sobre um mar; sobreposição de cenas de pessoas de braços erguidos, falando, olhos fechados, pessoas com as mãos postas à frente do rosto ou com as mãos dadas, bailando, orando. Logo a seguir, o narrador, um dos líderes carismáticos, inicia a narrativa:

> Nós sabemos que o *Espírito de Deus esteve sempre presente na história* da humanidade e nunca abandonou sua criação. No passado Ele fez alianças com seu povo e falou pela boca dos profetas. Quando chegou a plenitude dos tempos, revelou-se a nós na pessoa de seu filho, o verbo encarnado. Após cumprir *sua missão redentora e voltar ao Pai, Jesus enviou-nos o Espírito Santo*. Cheios do poder do alto, seus seguidores espalharam a boa-nova pelo mundo com prodígios, milagres e sinais [neste momento, entra a imagem do Padre Jonas Abib, um dos fundadores da poderosa Comunidade Canção Nova e um dos que aderiram logo que o movimento chegou ao Brasil, depois, seguem imagens de encontros carismáticos, com muitas pessoas, todas de mãos dadas e de olhos fechados]. Nós cremos que a *ação do Espírito de Deus não se restringe a apenas uma época* [cena de uma mulher de olhos fechados recebendo a imposição de mãos de um homem em sua testa, depois ela abre os olhos], e Ele *santifica* e *renova* a sua Igreja em todos os tempos [cena de adoração: um grupo de homens e mulheres de joelhos, em volta de um al-

---

29. Disponível em http://rccbrasil.org.br/institucional/quem-somos.html – Acesso em 14/06/2017.

tar com o santíssimo em ostensório exposto, logo a seguir, imagem de um dos líderes do movimento de braços erguidos orando][30].

A narrativa e as cenas recontam uma teologia clássica, dando ênfase à expressão "Espírito de Deus", muito interessante: O que é o Espírito de Deus? A imagem do Padre Jonas Abib entra justamente no momento em que o discurso faz referência aos apóstolos e aos prodígios e milagres. Há a ideia de continuidade e permanência da ação espiritual, junto com termos semanticamente indeterminados: "poder do alto", "prodígios e milagres". E continua:

> Somos um movimento que tem *testemunhado* este operar do Espírito. E isso nos impulsiona a querer espalhar nossa experiência, enquanto aguardamos a volta de Jesus, nos esforçamos [cena de um dos propagadores do movimento no Brasil, Padre Eduardo Dougherty, erguendo o santíssimo para abençoar] para que muitos outros abracem a fé e o reconheçam como Senhor para a Glória de Deus [cena com os dirigentes carismáticos e um de seus ex-presidentes]. Temos visto vidas serem transformadas [cena com uma das iniciadoras do movimento, Patty Mansfield], famílias restauradas, pessoas de todas as idades e posições sociais encontrando um sentido para viver [cenas de grandes grupos e multidões, braços erguidos][31].

Aparecem termos-chave das narrativas carismáticas: testemunho, testemunhar, que remetem à ideia de uma pessoa contar o que viveu, sua experiência de transformação e mudança, que se aproxima da cosmologia pentecostal, inclusive a ideia de santidade de vida, ou seja, vida na qual os pecados são combatidos. Esse aspecto moral se fortaleceu durante os anos e fez com que os carismáticos se aproximassem de correntes conservadoras, com implicações práticas; por exemplo: o Padre Paulo Ricardo apresentou um programa na Rede Canção Nova de TV chamado "Oitavo Dia"[32], que funcionou entre 2009 e 2013, mas foi retirado do ar depois da forte atuação política empreendida pelo sacerdote.

---

30. Disponível em http://rccbrasil.org.br/institucional/quem-somos.html – Acesso em 14/06/2017 [grifos nossos].

31. Disponível em http://rccbrasil.org.br/institucional/quem-somos.html – Acesso em 14/06/2017 [grifo nosso].

32. Disponível em https://vespiritual.wordpress.com/2009/08/09/pe-paulo-ricardo-na-tv-cancao-nova-oitavo-dia/ – Acesso em 14/06/2017.

O tema do aborto, do casamento homossexual e da discussão sobre gênero aproximaram alguns grupos carismáticos e conservadores, em especial pelo efeito do componente milenarista que está presente desde as primeiras comunidades cristãs: o milênio se aproxima do fim, o pecado e as heresias crescerão, o castigo e o retorno do Messias estão próximos, e é preciso vigiar e combater as trevas que, no caso do discurso mítico, são identificadas com os três temas relativos às novas estruturas da família e da sexualidade.

Na parte final dos três minutos do vídeo oficial do movimento carismático há o seguinte discurso e imagens:

> Nós somos milhões de homens, mulheres e crianças, espalhados pelos cinco continentes, que *amam a Igreja* [aparece a imagem da cidade do Vaticano, a Basílica de São Pedro] e desejam *ser fiéis* [cena com uma mulher de terço na mão, rezando] aos valores por ela ensinados. Acreditamos firmemente que a única cultura capaz de dar respostas ao inquieto coração humano, mudar o mundo e fecundar a *civilização do amor* é a *cultura de pentecostes* [cenas com uma pomba, superposta a um santíssimo exposto no ostensório]. Nós somos a Renovação Carismática Católica. Participe de um grupo de oração [cena final, o logotipo da RCC Brasileira, que é uma lavareda verde-amarela atrás de uma pomba branca fundida com uma cruz branca de listas duplas azuis (grifos nossos).

Transparece aqui a afirmação de catolicidade, que garantiria a fidelidade dos carismáticos à Igreja Católica, e duas ideias mais recentes, "civilização do amor" e "cultura de pentecostes", que estão próximas à ideia de Cristandade dos conservadores, mais com um sentido utópico do que nostálgico. No plano imagético, há a junção entre elementos nacionais (as cores oficiais do Brasil) e teológicos (lavareda, cruz, pomba), indicando uma ressignificação dos símbolos e ideias carismáticos.

Porém, há um duplo efeito das narrativas míticas carismáticas: onde ela clama pela obediência ao papa, pelo "retorno a Maria, aos sacramentos, pela posse do Espírito Santo", clama-se também pelo "Espírito que sopra onde quer", o que aciona processos opostos, porque, apesar de tender ao conservadorismo moral, não deixa de ser ambígua.

Os carismáticos se expandem também entre classes populares, o que pode provocar alterações nos relatos míticos. Pesquisas da década de 1990 constataram a presença dos carismáticos em grandes complexos de favelas, como no Complexo da Maré. A apropriação que os líderes realizavam do etos do movimento a conduziu a um processo de ruptura com a Igreja institucional culminando com a saída dos líderes e com a fundação de um pequeno templo (FERNANDES, 1996).

Em relação às questões sociais, o movimento carismático realiza, há alguns anos, o Fórum de Direitos Sociais, que contempla questões, como trabalho, reformas sociais e obras sociais em geral. O foco nos programas para mitigar as drogadições, como as comunidades terapêuticas, tem chamado atenção de pesquisadores, mas, no cerne da narrativa mítica, encontra-se a ideia de renovação.

Apela-se para a Doutrina Social da Igreja, formada ao longo de séculos, mas codificada em especial no fim do século XIX e começo do XX, quando cresciam os movimentos grevistas, o anarquismo, o socialismo, o comunismo e a exploração estrutural (longas jornadas de trabalho e poucos direitos sociais e trabalhistas). Por outro lado, o movimento apela para os dons carismáticos (línguas, cura, profecia) e também traça estratégias e planos racionais de atuação: possuem os chamados ministérios encarregados de definirem estratégias de atuação.

Há dimensões importantes, como a fundação de comunidades de vida e aliança, ou seja, de comunidades nos quais seus membros dedicam-se completa ou parcialmente às atividades definidas por estatutos aprovados por bispos, dedicando um horário semanal ou total, a exemplo das comunidades monásticas, nas quais seus membros desligam-se de laços exteriores para viverem exclusivamente nestas comunidades. Duas dessas comunidades, Canção Nova e Shalom possuem grandes estruturas: redes de comunicação (TV, rádio, internet, editoras de livros), espaços (grandes templos, capelas, galpões etc.), além de megaeventos, *shows*, missas com multidões etc. (SILVEIRA, 2000). Houve grupos de oração em Minas Gerais, no Vale do Jequitinhonha, que empreenderam rupturas com atos espetaculares, como terços rompidos (SILVEIRA, 2000). Também houve um grupo que se autodenominou de Cavaleiros da Eucaristia, e, liderados por um pregador, invadiram grupos de oração, ameaçaram coordenadores do movimento carismático, padres, leigos (SILVEIRA, 2000). Na ideia desse grupo, a Eucaristia não deve ser tocada por mãos pecadoras, nem mesmo as sacerdotais (SILVEIRA, 2000). A RCC guarda ambiguidades, é um movimento de reavivamento e apela para a escolha individual, mas reelabora a tradição (SILVEIRA, 2000).

O movimento carismático possui níveis e planos, entre os quais: o grupo de oração, "unidade básica", constituída por agrupamentos de leigos e leigas, animados por uma equipe, que reúnem-se semanalmente para orar, ler a Bíblia e exercem os carismas espirituais; a RCC midiática, dos grandes eventos, dos meios de comunicação, das redes sociais; a RCC das estruturas oficiais de coordenação; a RCC de práticas não ortodoxas, como oração de libertação dos antepassados, exorcismos, terapias psicomísticas e outras, o que levou o movimento para a "fronteira porosa das heterodoxias religiosas e psíquicas" (STEIL, 2004: 22).

A libertação cristã-social ou a Igreja dos pobres

A Teologia da Libertação (TdL), como um grande movimento socioeclesial – e como uma interpretação teológica católico-protestante "secularizada" e não mágica –, surgiu em áreas rurais e urbanas na América Latina (liderada por sacerdotes e leigos católicos, agrupamentos presbiterianos, metodistas, entre outras igrejas) e contribuiu para o revigoramento de inspirações judaico-cristãs, como a ideia dos pobres de Javé.

É preciso reparar que no período entre os anos de 1950 e 1960 ocorreu o diálogo entre a teologia católica e protestante e as tradições marxistas presentes em universidades europeias e norte-americanas. Pouco depois, o Concílio Vaticano II (1962-1965) desenrijou a reflexão teológica e a prática pastoral, contribuindo para novas possibilidades: ecumenismo, diálogo inter-religioso, protagonismo laico e ações pastorais. Por essa época, o Papa João XXIII, durante o primeiro concílio ecumênico do século XX, lançou importantes encíclicas sociais, como a *Pacem in Terris* (abril de 1963), colocando em questão os conflitos agrários e da função social da terra e evidenciava a ideia de compromisso social da Igreja diante da insatisfação com as respostas hierárquicas.

Em agosto e setembro de 1968, na cidade de Medellín, Colômbia, ocorreu a II Conferência Geral do Episcopado Latino-Americano, que objetivava viver as mudanças do Concílio Vaticano II (1962-1965) (COMBLIN, 2008). A orientação pastoral e eclesial levou em conta a realidade social vivida na América Latina: intensa desigualdade social, violações dos direitos humanos no campo e nas cidades, pobreza e miséria, forte repressão das ditaduras político-militares etc. Nasceu, assim, um modelo de ação pastoral diferente do modelo assistencial e do sacramental-hierárquico, baseados em questões morais e em doutrinas interpretadas rigidamente (COMBLIN, 2008).

Em 1979, em Puebla, México, a reunião do episcopado para aprovar as novas diretrizes para a Igreja no continente recebeu forte intervenção do Vaticano, agora sob o comando de um novo papa, João Paulo II, em apoio ao setor conservador. Ainda assim, o resultado foi um documento crítico, autor da célebre Opção Preferencial pelos Pobres. Essa expressão, opção preferencial pelos pobres, marca o imaginário mítico das Cebs e da TdL.

A primeira viagem de João Paulo II, recém-eleito, foi para o México, para acompanhar/intervir a III Conferência Geral do Episcopado Latino-Americano, em 1979, na cidade de Puebla, México (BERNSTEIN & POLITI, 1996: 206). A estruturação da Conferência se deu em função da disputa em seu interior, "se desenrolava uma verdadeira luta política e, dessa vez pelo menos, os rótulos de 'progressista' e 'conservador' realmente eram adequados" (BERNSTEIN & POLITI, 1996: 205).

Durante a época das ditaduras militares latino-americanas, entre 1970 e 1980, a Teologia da Libertação alimentou movimentos sociais e religiosos que lutavam contra a censura, a perseguição e a restrição dos direitos humanos e sociais. As Comunidades Eclesiais de Base e as pastorais sociais, como a do Índio e da Terra, consolidaram um novo fazer teológico, que contribuiu para o nascimento de estruturas políticas, como o Partido dos Trabalhadores, cuja proposta era superar os determinismos da velha guarda comunista, implantar a agenda da igualdade e justiça social dentro do *modus operandi* das democracias representativas, modernizar as relações do Estado com a economia a partir da ética e buscar a soberania nacional.

A Teologia da Libertação (TdL) é um vasto movimento que pode ser chamado de "'cristianismo da libertação', por ser esse um conceito mais amplo que 'teologia' ou que igreja' e [por] incluir tanto a cultura religiosa e a rede social quanto a fé e a prática" (LÖWY, 2000: 57). Em sua dimensão teórica, configurou-se como um novo método de fazer teologia, baseado no esquema "ver, julgar e agir", tornando-se uma teologia política ligada à prática de lutas político-sociais. Por isso sua reflexão começa pela realidade social, política, econômica e histórica e volta para essa mesma realidade (BOFF, 1972). Em sua dimensão eclesial, a TdL propõe um novo modelo de organização da Igreja que, em tese, deixa de ser hierárquica para basear-se no modelo democrático (BOFF & BOFF, 1986).

A TdL, no entanto, possui diversas "versões narrativas", e, embora influenciada pelo marxismo – um grande número de correntes –, sofreu outras influências, como a teologia europeia, a que criticava a Modernidade, Karl Barth e a que enfatiza a proximidade Reino de Deus/História temporal (CORTEN, 1996: 20, 25).

As relações entre marxismo e Teologia da Libertação são marcadas por oposições e aproximações, mas, em geral, as tradições teóricas marxistas tornaram-se ferramentas nas mãos dos teólogos que propuseram o sentido da *praxis*, ou seja, a velha mítica marxista de unidade entre teoria e prática. No entanto, a ideia é de que o discurso realizado dentro da TdL e as práticas das Cebs não seriam ideológicas, mas reais, desvendadoras da estrutura da sociedade, profundamente desigual em termos sociais.

Assim:

> Como Leonardo Boff declarou, a Teologia da Libertação é, ao mesmo tempo, o reflexo de uma práxis anterior e uma reflexão sobre ela. Mais precisamente, é a expressão/legitimação de um vasto movimento social que surgiu no início dos anos de 1960 [...]. Esse movimento compreendia setores significativos da Igreja (padres, ordens religiosas, bispos), movimentos religiosos laicos (Ação Católica, Juventude Universitária Cristã, jovens trabalhadores cristãos), intervenções pastorais de base popular (pastoral operária, pastoral camponesa, pastoral urbana), e as Comunidades Eclesiais de Base (LÖWY, 1991: 26, 27).

Os eventos, os congressos, as grandes reuniões e conferências episcopais ou laicais são elementos fundamentais que cumprem uma função importante nas narrativas míticas dos movimentos, são fontes de chancela, autoridade, legitimidade, confirmação das orientações e sentidos. As duas conferências episcopais sempre são citadas no discurso de intelectuais da TdL, agentes de pastoral, padres, líderes e outros. No campo do catolicismo progressista, as intereclesiais são os encontros mais importantes, porque reúnem as Comunidades Eclesiais de Base, assessores, sacerdotes, leigas e leigos em torno de temáticas, em sua maioria, sociais (TEIXEIRA, 1996).

A Teologia da Libertação mudou radicalmente a interpretação de passagens bíblicas paradigmáticas, como o Êxodo do Egito e os atos de Jesus, narrados nos evangelhos (Mateus, Marcos, João e Lucas), criando ideias, como a da opção preferencial pelos pobres, em analogia às ideias marxistas de classe operária e revolução.

A caridade foi relida como justiça social, a pobreza tornou-se um "pecado estrutural" do capitalismo e o advento do Reino dos Céus, o fruto da luta coletiva e sociopolítica pela igualdade.

Por outro lado, essa narrativa mítica também se deve a outros fatores:

> A Igreja se atualizou e, como consequência, entrou no jogo do reino dos homens. Foi buscar nas análises científicas o diagnóstico para os impasses das sociedades capitalistas modernas, e passou do campo da explicação das desigualdades para o campo da denúncia da injustiça social. O passo difícil nesta tarefa de reunir ciência leiga e pensamento teológico foi a passagem do diagnóstico objetivo da realidade à ação com fundamento moral. Feita a fusão, o finalismo presente em algumas teorias sociológicas fundiu-se facilmente com as utopias religiosas (PIERUCCI, 1982: 54).

Gustavo Gutiérrez, Leonardo Boff, Henrique Dussel e Richard Shaull são alguns dos autores mais destacados da corrente teológica liberacionista. Dentre muitos livros, alguns são fundamentais por sua metodologia e hermenêutica ligadas ao pensamento marxiano, entre os quais se destacam: *El cristianismo y la revolución social* (1955), de Richard Shaull; *Jesus Cristo libertador* (1972), de Leonardo Boff; *Teología de la Liberación* (1972), de Gutiérrez e *Teología de la liberación y ética. Caminos de liberación Latinoamericana* (1972), de Henrique Dussel.

Assim,

> A TdLLA [Teologia da Libertação Latino-Americana], efetuou (inconscientemente) um saque livre, quase caótico, na tradição marxista: tomou dela expressões, símbolos, modos de organização, pensamento e conduta e deu-lhes formas que variam de acordo com o respectivo país, lugar, grupo, autor e período (MADURO, 1990: 57).

Mas em que consistem a narrativa mítica das Cebs e da TdL? Há centenas de livros, eventos e fatos. A grande temática da TdL é libertária, isto é, promove o anúncio do Cristo Libertador, com suas práticas ativas, sua mensagem, morte e ressurreição como possibilidade plena de libertação, fundamentada numa mística de solidariedade e de identificação com os pobres, porém contra a pobreza (BOFF, 1972). Mesclando métodos de interpretação dialético-materialistas, procura-se apresentar Jesus como a resposta de todos os questionamentos humanos, pois nele se vê a instauração do Novo Reino, que se inicia pela modificação do sistema contraditório de nossa realidade (BOFF, 1972). A ressurreição e o Reino de Deus mudam a estrutura do mundo.

O livro *Jesus Cristo libertador* encontra-se com mais de 21 edições (BOFF, 1972). Quarenta anos depois, o autor realizou uma livre-avaliação:

> Ele apresentava, fundada numa exegese rigorosa dos evangelhos, uma figura do *Jesus como libertador das várias opressões humanas*. Com duas delas ele se confrontou diretamente: a religiosa sob a forma do farisaísmo da estrita observância das leis religiosas. A outra, *política*, a ocupação romana que implicava reconhecer o imperador como "deus" e assistir a penetração da *cultura helenística pagã em Israel*. À opressão religiosa Jesus contrapôs uma "lei" maior, a do amor incondicional a Deus e ao próximo. Este para Ele é toda pessoa da qual eu me aproximo, especialmente os *pobres e invisíveis, aqueles que socialmente não contam*. [...] Ele anunciou o Reino de Deus [...]. Este Reino comportava uma *revolução absoluta do cosmos, da sociedade, de cada pessoa e uma redefinição do sentido da vida à luz do Deus*, chamado de Abba, quer dizer, paizinho bondoso e cheio de misericórdia fazendo que todos se sentissem seus filhos e filhas e irmãos e irmãs uns dos outros. Jesus [...] mostrava um poder que aplacava tempestades, curava doentes, ressuscitava mortos e enchia de esperança todo o povo. Algo realmente *revolucionário* iria acontecer: a *irrupção do Reino que é de Deus*, mas também dos humanos por seu engajamento[33].

Há divergências significativas dentro do movimento, mas, quais seriam os principais pontos dessa narrativa mítica? Dentre diversos, há os seguintes:

> 1) Um implacável requisitório moral e social contra o capitalismo dependente, seja como sistema injusto, iníquo, seja como forma de pecado estrutural. 2) A utilização do *instrumental marxista* para compreender as *causas da pobreza*, as contradições do capitalismo e as formas da luta de classes. 3) Uma opção preferencial em favor dos pobres e da solidariedade com sua luta pela autolibertação. 4) O desenvolvimento de *comunidades cristãs de base entre os po-*

---

33. Disponível em https://leonardoboff.wordpress.com/2012/10/07/quarenta-anos-de-jesus-cristo-libertador/ – Acesso em 14/06/2017 [grifos nossos].

bres, como uma *nova forma da Igreja* e como alternativa ao modo individualista imposto pelo sistema capitalista. 5) Uma *nova leitura da Bíblia*, voltada principalmente para passagens como o *Êxodo* – paradigma da luta de libertação de um povo escravizado. 6) A *luta contra a idolatria* (e não o ateísmo) como inimigo principal da religião – isto é, contra os *novos ídolos da morte*, adorados pelos *novos faraós*, os novos Césares e os novos Herodes: Mammon, *a Riqueza*, o *Poder*, a *Segurança Nacional*, o *Estado*, a *Força Militar*, a "*Civilização Cristã Ocidental*". 7) A *libertação humana histórica* como *antecipação da salvação* final em Cristo, como Reino de Deus. 8) Uma *crítica* da *teologia dualista tradicional* como produto da filosofia platônica grega e não da tradição bíblica – nas quais as histórias humana e divina são distintas, mas inseparáveis (LÖWY, 1991: 28 – grifos nossos).

Surgem, da descrição acima, dois tópicos fundamentais: pecado social ou estrutural e idolatria. A noção tradicional de pecado como transgressão da pessoa contra as leis divinas é desdobrada na noção de pecado das estruturas, ou seja, as estruturas econômicas injustas pecam contra a vontade divina de amor, justiça e paz para todos os homens e mulheres. A idolatria é o contrário da religião verdadeira, pois consistiria em servir ídolos mortos porque se está alienado, ou seja, afastado da verdade, em uma falsa realidade que perpetua a opressão (BOFF, 1972). Emerge um método latente aos movimentos católicos que buscam apresentar-se como retornos às fontes vivas do cristianismo: as analogias entre figuras do passado bíblico e das escrituras sagradas – e as realidades contemporâneas, no caso da TdL e das Cebs –, e figuras político-sócio-econômicas atuais, como a descrição dos novos faraós, engloba, no relato acima, uma interessante lista, com um forte sentido libertário-anarquista e grafados com letras maiúsculas (Estado, Forção Nacional, "Civilização Cristã Ocidental" etc.).

Nestas narrativas míticas dos progressistas – outro nome dado ao grande conjunto formado pela TdL e pelas Cebs –, a ideia de libertação passa pela analogia, pois é histórica e antecipatória da salvação final, do Reino de Deus, em que todas as fronteiras desaparecerão. O que seria, então, a *Igreja dos pobres*? São grupos de cristãos leigos, geralmente pobres, que se reúnem regularmente, nas casas de famílias ou em centros comunitários, a fim de ler e ouvir a Bíblia, debaixo de uma hermenêutica que acentua a imanência da luta social e política, com ideias, de comunhão fraterna e compromisso cristão no mundo. Em outras palavras, "A Igreja dos pobres define-se dentro de um feixe de relações, marcado por um conjunto de oposições e interesses que compõe o campo religioso e político latino-americano nos anos de 1960 e 1990" (STEIL, 1999: 61). Uma igreja "[...] que se pensa a partir de uma base social e leiga, articulada no movimento popular e voltada para a libertação dos oprimidos", é contraposta à Igreja institucional, aliada do processo colonizador e com o *status quo* e a Igreja de massas, composta de uma "multidão heterogênea e dispersa, sem inserção eclesial e compromisso político (STEIL, 1999: 61). Mas, na narrativa mítica do campo progressista-católico, como as Cebs são apresentadas?

> Chamamos COMUNIDADES porque são *grupos* formados por pessoas a *partir do lugar onde moram, nos bairros, periferias, centro, morros, zona rural...* que procuram viver relações fraternas de partilha, ajuda, solidariedade e serviço. Dizemos ECLESIAIS, por se tratar de grupos de seguidores dos exemplos de Jesus, dos apóstolos, em comunhão com a Igreja. E de BASE porque está presente desde o começo da Igreja com os *primeiros cristãos* e também porque é vivida pelo povo que está na base humana e cristã, gente pobre ou pessoas que se colocam ao lado dos pobres. No início da década de 1960 nasciam as Comunidades Eclesiais de Base, muito embora tenham sido semeadas alguns anos antes. Nasciam da *necessidade do povo se unir*, para melhor participar da Igreja, saber seus *direitos, discutir os problemas* e procurar resolvê-los. De lá para cá estão sendo regadas com muita fé, alegria e esperança. *Muitos mártires, a exemplo de Jesus e dos Primeiros Cristãos, têm regado as Cebs, com o próprio sangue*[34].

O eixo das reuniões comunitárias é posto nas condições sociais, políticas e vivências da comunidade, mas debatido sob a luz das escrituras sagradas. As metáforas, metonímias e alegorias reforçam o sentido mítico que é também histórico: o sangue dos mártires de ontem é o de hoje. Observe-se as iniciais maiúsculas dos Primeiros Cristãos.

Cada um dos movimentos elabora para si e para o público "externo" (sociedade, opinião pública, outras religiões) pilares identitários baseados em eventos, fatos e estruturas históricas. No caso das Cebs e da TdL, dois eventos

---

34. Disponível em http://comunidade-cebs.blogspot.com.br/p/blog-page_9263.html – Acesso em 15/06/2017 [grifos nossos].

são muito lembrados, as Conferências Episcopais de Medellín e Puebla. Elas aparecem no depoimento de um dos maiores expoentes da TdL: opressão, oprimidos e libertação. Os prodígios e milagres, que os carismáticos aludem em sua rede semântica, são de Jesus e cumprem a finalidade de anúncio da libertação, cujo destinatário é universal, mas, ao mesmo tempo, com uma preferência pelos pobres, oprimidos, sem esperança.

Conectada à libertação está:

> A ressurreição é o dado maior do cristianismo sem o qual ele não se sustenta. Sem esse evento bem-aventurado, Jesus seria como tantos profetas sacrificados pelos sistemas de opressão. A ressurreição significa a grande *libertação* e também uma *insurreição contra este tipo de mundo*. Quem ressuscita não é um César ou um sumo sacerdote, mas um crucificado. *A ressurreição dá razão aos crucificados da história da justiça e do amor*. Ela nos assegura que o algoz não triunfa sobre a vítima. Significa a realização das potencialidades escondidas em cada um de nós: a *irrupção do homem novo*. Como entender essa pessoa? Os discípulos lhe atribuíram todos os títulos, Filho do Homem, Profeta, Messias e outros. [...] Anunciar um *Jesus Cristo libertador* no contexto *de opressão que existia ainda persiste no Brasil e na América Latina* era e é *perigoso*. Não só *para a sociedade dominante*, mas, também para aquele tipo de *Igreja que discrimina mulheres e leigos*. Por isso seu sonho sempre será retomado por aqueles que se recusam aceitar o mundo assim como existe. Talvez seja este o *sentido* de um *livro escrito há 40 anos*[35].

A ressurreição é vista como a razão escatológica dos oprimidos, dos famintos de justiça e de amor, opressos por uma sociedade consumista e capitalista (BOFF, 1972, 1994). Por outro lado, a libertação liga-se semanticamente à alienação, seu oposto na narrativa mítica. A ideia de prefiguração, presente na exegese bíblica tradicional, é retomada em novas bases: o sofrimento, morte e ressurreição de Jesus prefiguram a libertação humana, ou seja, a superação da alienação, de modo geral, e, de modo específico, a libertação dos pobres. Uma das canções mais cantadas fala a esse respeito:

> Ave, Maria dos oprimidos. Ave, Maria dos oprimidos, abre a nós teu coração / Bendito é o fruto do teu ventre que é semente de libertação.

---

35. Disponível em https://leonardoboff.wordpress.com/2012/10/07/quarenta-anos-de-jesus-cristo-libertador/ – Acesso em 14/06/2017 [grifos nossos].

Ouvi o grito que sai do chão, dos oprimidos em oração! (Refrão)
Ave, Maria dos infelizes, das horas extras, das horas tristes!
Livrai-nos todos da opressão, de toda forma de escravidão.
Santa Maria dos infelizes, das horas extras, das horas tristes.
Livra-nos todos da opressão, de toda forma de escravidão.

Nessas narrativas míticas dos progressistas, outro nome dado ao grande conjunto formado pela TdL e pelas Cebs, a ideia de libertação torna-se histórica e antecipatória da salvação final, do Reino de Deus, em que todas as fronteiras desaparecerão, até mesmo a Igreja, vista como um sinal e um sacramento, e não como o Reino de Deus (STEIL, 1997). Para os carismáticos, a libertação enreda-se na dimensão individual, males advindos do demônio, do diabo e suas artimanhas.

O discurso mítico das Cebs e TdL sugere uma "demonização", sutil ou declarada, do capitalismo e dos Estados Unidos (o imperialismo) que, entre outros, aprofundou as afinidades eletivas com a esquerda antiga, o trabalhismo e a nova esquerda.

No discurso mítico progressista, as figuras do Egito e do faraó, que escravizaram os hebreus, foram transpostas, por analogia e metáfora, para o binômio Capitalismo/Estados Unidos, assim como as figuras dos escravos hebreus foram transpostas para os pobres em geral, especificamente, para os povos da América Latina, e ainda mais especificamente, camponeses e operários (BOFF & BOFF, 1994).

Há aqui, como nos outros movimentos, uma amálgama entre conceitos político-sociais, advindos das ciências sociais, da intelectualidade orgânica (o grupo de intelectuais que desenvolve as ideologias dos grupos) e as categorias teológicas e pastorais. Uma delas é a ideia de pobre como destinatário preferencial do amor e da salvação de Javé, mensageiros da redenção, por sua condição de subalternidade e opressão, a redenção que foi conjugada à ideia de operariado, classe proletária, da tradição marxista (BOFF, 1972).

Mas a narrativa da TdL e das Cebs, assim como as outras, não é estática, transforma-se, encorpa mais algumas imagens, deixa de lado alguns símbolos ou muda seus sentidos (BOFF & BETTO, 1996). Depois da falência histórica do comunismo real, a queda do Muro de Berlim, em 1989, a TdL, pelo menos no pensamento de L. Boff e de Frei Betto, desenvolveu uma dimensão mística e ecológica, recuperando mitologias latino-americanas, como a Pachamama (pacha e aimará, na antiga língua quéchua, que signfica "terra", "mundo", "cosmos", "mãe terra"), núcleo do sistema de crenças e o tipo de ação entre os povos indígenas dos Andes Central da América do Sul (MERLINO & RABEY, 1993; BOFF, 1996a, 1996b; BOFF & BOFF, 1996).

Segundo Corten (1996: 27), a TdL baseou-se na categoria dos "pobres", os operários, camponeses, os simples trabalhadores, mas, nas lutas semânticas, a hierarquia conservadora católica e o pentecostalismo retomaram a ideia de "pobre" e "pobreza". Assim, dentre as muitas transformações, assinalo uma, condensada em uma frase dita por Leonardo Boff em 2016, durante a 15ª Jornada de Agroecologia:

> Eu acho que *não conseguiremos derrotar o capital com os nossos meios*. Quem vai *derrotar o capital* será a Terra, negando meios de produção, como água e bens de serviço, *fazendo* com que fechem suas fábricas, que *terminem grandes projetos ilusórios de crescimento*. Há duas categorias básicas sem as quais nós não garantimos o futuro de uma nova civilização. A primeira é a *sustentabilidade*, que garante a manutenção dos seres e sua reprodução para nós e para as futuras gerações. Mas a sustentabilidade sozinha não tem força intrínseca de se realizar. Ela precisa do cuidado. O *cuidado* proporciona uma relação contrária à agressão da modernidade, que é violenta, que destrói, que exaure os ecossistemas. Então, o cuidado não é apenas um gesto, mas um paradigma. Isso significa um conjunto de valores, de ciclos, de atitudes que tenham como efeito a proteção e a manutenção daquilo que existe e daquilo que vive. A categoria cuidado tem uma função de pilastra que sustenta um novo ensaio civilizatório[36].

O eixo das narrativas míticas da TdL e das Cebs sofreu, assim, considerável mutação com a incorporação de novas semânticas, por exemplo, a ideia de sustentabilidade, de cuidado, de ecologia, mescladas à ideia de uma mística.

> Percebo viajando que há uma *consciência nova* que está surgindo. E se partimos da *interpretação de que a Terra é um organismo vivo*, de que há vida em cima dela, de que há propósito, *ela mesma suscita-*

---

36. Disponível em: https://www.brasildefato.com.br/2016/08/02/leonardo-boff-quem-vai-derrotar-o-capital-sera-a-terra/ – Acesso em 15/06/2017.

rá *novos imaginários, novas utopias, novas maneiras de produzir e construir as casas, de utilizar bens e serviços* de modo que se reduza a pobreza a formas responsáveis e suportáveis[37].

A mutação do discurso de um dos maiores expoentes da TdL/Cebs é profunda. Apesar da relativização semântica ("E se partirmos da interpretação [...]"), a Terra torna-se mãe e mestra, e, como um ato de criação, como meio místico e como meio mágico, dará origem a utopias e novas formas de viver que, enfim, poderão alcançar o sonho de eliminar a pobreza, fazendo o Reino de Deus vir à Terra.

Por outro lado, as imagens são fundamentais para as narrativas míticas. Há muitas imagens elaboradas dentro da TdL e das Cebs, mas uma delas, que está presente em cartazes, convocatórias, revistas etc., ajuda a pensar sobre o imaginário mítico.

A imagem, que causou polêmicas teológicas, desenvolve-se em dois planos. Há um pano de fundo, com o continente latino-americano, com uma leve coloração nos contornos do Brasil, destacando-o dos demais. Logo, na frente desse desenho da América Latina, há duas cruzes de cor marrom, com anjos nos madeiros, em perspectiva: uma mais afastada, com uma mulher branca de vestido crucificada (cravos nos dois pés e nas palmas das mãos), outra mais próxima, com um homem branco crucificado (cravos nos dois pés e nas palmas das mãos), com um chapéu de camponês. Em frente ao homem crucificado está Jesus Cristo, quase nu, envolto em uma manta branca, com braços erguidos, com a intenção de "descrucificar" o homem camponês na cruz.

Há variações semânticas dessa imagem que evidenciam, por exemplo, a incorporação das políticas culturais de valorização da identidade de grupos específicos: em vez do homem camponês com chapéu, um jovem negro com boné ou uma travesti; em vez da mulher branca, uma mulher negra, entre outras imagens possíveis.

As Cebs e a TdL, pelos menos até os anos de 1990, foram coerentes com um tipo de experiência social que se acreditava no fenômeno do desencantamento e da secularização como perda da magia e do encanto da linguagem

---

37. Disponível em https://www.brasildefato.com.br/2016/08/02/leonardo-boff-quem-vai-derrotar-o-capital-sera-a-terra – Acesso em 15/06/2017.

religiosa e seu confinamento a dimensões domésticas e privadas. Porém, as mudanças estruturais no mundo ocidental moderno evidenciaram a possibilidade de convivência entre processos de modernização, urbanização, mudanças tecnológicas e produtivas (inclusive as relativas à sustentabilidade, às tecnologias verdes etc.) e religiosidades mágicas, fundamentalistas, integristas, inovadoras, desreguladas ou expressões religiosas reinventadas mais institucionalizadas e centralizadoras, ou mais individualistas e descentradas.

Um dos intelectuais acadêmicos, assessor das Cebs, Luiz Alberto Gómez de Souza, sociólogo, escreveu um artigo intitulado: "As Cebs vão bem, obrigado" que mostra muito bem a transformação que as narrativas míticas progressistas sofrem:

> O crescimento do *movimento carismático* é sinal de uma enorme sede de sagrado que sacode o mundo moderno em crise. Este apostava num processo de secularização e de superação do religioso. *Hoje, o religioso está mais presente do que nunca.* Não é que tenha ocorrido uma volta do sagrado; ele nunca se afastou da realidade. As análises modernizantes é que tentavam em vão negá-lo, até que sua força e vitalidade fizeram ruir as pretensões de um desencantamento do mundo. Há um *clima de busca de transcendência e uma sensibilidade acesa.* [...] E a explosão dos novos movimentos no mundo cristão, e no mundo católico em particular, tem a ver com essas expectativas. Inclusive as várias experiências pastorais adquiriram elementos desse novo estilo. [...] As *celebrações das Cebs* – vivemos isso intensamente no IX Intereclesial de São Luís – são cada vez mais *telúricas, carregadas de simbologia, de gestual, de uso do corpo e dos elementos da natureza.* Faz anos, uma reforma litúrgica moderna e elitista, voltava ao gregoriano e à sobriedade das celebrações, em reação à religiosidade popular do "Queremos Deus" e de "Com minha mãe estarei". O povo *reapropriou-se das liturgias e voltaram as romarias, os benditos e os cantos de louvação.* A cultura e a sensibilidade das bases trouxeram novamente o colorido da festa e da participação das massas. Gustavo Gutiérrez, no Seminário Teológico Internacional de São Paulo, em 1980, insistia na necessidade de uma *pastoral de massa.* Foi o tema do Intereclesial de São Luís em 1997. Mas o desafio é como articular comunicação de massa e pequena comunidade, mídia e encontro interpessoal[38].

---

38. Texto disponível em http://comunidade-cebs.blogspot.com.br/p/blog-page_1176.html – Acesso em 16/06/2017 [grifos nossos].

As sensibilidades religiosas católicas mudaram: a corporeidade, as músicas populares, o afeto, as luzes, as cores, as devoções aos santos, as aparições da Virgem Maria intensificaram-se e afetaram as narrativas míticas do campo católico progressista.

Esta configuração das sensibilidades conduziria muitas religiões da tradição, entre elas o catolicismo como um todo, a um processo de "dessubstancialização" da comunidade, ou seja, um processo onde o sentido crucial é a crítica à "comunidade pensada como um grupo identitário fechado" (STEIL, 1999: 71).

Nesse contexto,

> A visão progressista propõe em muitos aspectos o desencantamento da religião e adota pressupostos cognitivos da ciência moderna que entram em choque com a visão do senso comum da cultura popular [...]. Por esses motivos, a proposta da Teologia da Libertação, mesmo que traduzida para uma linguagem popular, não é compreendida e aceita em sua totalidade pela população em geral e pelos brasileiros pobres, em particular (MARIZ & GUERRA SOBRINHO, 1990: 77).

A ideia de secularização e racionalidade como tendência inexorável da vida social e cultural das sociedades ocidentais foi contraditada pela reemergência das narrativas mágico-místicas. A TdL sofreu, então, uma forte mudança com a (re)colocação da espiritualidade como elemento fundamental (BOFF, 1996a, 1996b; CAMURÇA, 1998). Nesse sentido, narrativas secularizadoras podem conviver com narrativas mágico-místicas em um mesmo espaço social e cultural. Os movimentos ambíguos e ambivalentes trouxeram um incômodo para as análises.

Assim, "[...] para a massa dos fiéis, o conflito entre visão mágica parece se sobrepor ao conflito entre os interesses de classes, também presente na oposição conservadores *versus* progressistas" (MARIZ & GUERRA SOBRINHO, 1990: 78).

Por outro, lado, a convivência de narrativas míticas debaixo do grande guarda-chuva que é o catolicismo e a Igreja Católica provoca tensões e conflitos, em especial por conta de algumas orientações dadas durante o Concílio Vaticano II, que escolheu se conciliar com a razão moderna. As dissonâncias entre as distintas formas de viver a religiosidade católica evidenciaram-se em múltiplos planos dentro dos três movimentos aqui mencionados.

No caso da TdL e das Cebs, foi escrito um interessante relatório eclesial em que são relatadas as tensões entre as práticas tradicionais e as novas práticas do campo progressista:

> Relatando a experiência de oitocentos participantes de Cebs numa romaria popular que reunira vinte mil pessoas, os dirigentes da diocese reconheceram que "houve *desencontro de perspectivas*, a *grande massa* do povo queria mais *cantos religiosos de romaria*, enquanto que o *grupo da Pastoral da Terra* queria cantos sobre a *reforma agrária*" (STEIL, 1997: 86 – grifos nossos).

Mas, apesar das mudanças, permanecem os eixos centrais, como pode se depreender desse relato que consta na página eletrônica que divulga o 14º Encontro Intereclesial, previsto para 2018:

> Nos dias 22 e 23 de abril ocorreu o Encontro das Cebs da Diocese de Foz do Iguaçu-PR, reunindo centenas de representantes dos Grupos de Família, Comunidades e Paróquias. [...] O objetivo principal do Encontro foi animar os grupos e comunidades da Diocese em preparação para o 14º Intereclesial das Cebs que acontecerá de 23 a 28 de janeiro de 2018, em Londrina-PR. [...] O Encontro refletiu o tema do Intereclesial "Cebs e os Desafios no Mundo Urbano" e o lema *"Eu vi e ouvi os clamores do meu povo e desci para libertá-lo"* (Ex 3,7). [...] Na oportunidade, também houve um momento formativo sobre o Ano Mariano, e principalmente, de forma bastante especial, a *acolhida aos ícones* do 14º Intereclesial que estão em peregrinação pelas Dioceses do Estado do Paraná (Regional Sul 2). O Encontro contou com a presença do *bispo diocesano Dom Dirceu Vegini* e de vários padres e seminaristas da Diocese de Foz do Iguaçu. Os participantes vindos das outras cidades foram acolhidos nas casas dos moradores da região, fortalecendo os laços de amizade e companheirismo, traços típicos das Cebs. E assim as Comunidades da Diocese de Foz do Iguaçu continuam sua *caminhada*, priorizando os grupos de família, como trabalho de base permanente, e fonte de fraternidade e vivência do Evangelho em meio aos desafios do mundo urbano[39].

---

39. Texto disponível em http://www.cebsdobrasil.com.br/eventos/foz-do-iguacu-pr-realiza-encontro-diocesano-das-cebs-e-recebe-icones-do-14-intereclesial.html – Acesso em 16/06/2017 [grifos nossos].

As conjunções que trouxeram à cena o elemento da magia, dos milagres e a emergência da emoção nos movimentos carismáticos (carismáticos, pentecostalismo etc.) contribuíram para o enfraquecimento, mas também para mudanças, no campo do cristianismo da libertação, enquanto instâncias de movimentação de agentes e leigos, tendo em vista uma ação sociopolítica ou uma ação na qual o religioso e seus símbolos são pré-textuais para a ação transformadora (CORTEN, 1996: 17).

Na virada da dimensão político-econômica para a ecológico-espiritualista, Leonardo Boff (1996a: 175) expressou-se assim: "A teologia da libertação deve assumir do discurso ecológico a nova cosmologia, quer dizer, a visão que entende a Terra como um superorganismo vivo articulado com o inteiro universo em cosmogênese".

Assim,

> A partir deste transfundo, importa, em primeiro lugar *ampliar o sentido da libertação. Não são apenas os pobres e oprimidos* que devem ser libertados. Mas *todos os seres humanos, ricos e pobres*, porque *todos são oprimidos por um paradigma que a todos escraviza* [...]. Todos devemos buscar um paradigma que permita a vida de Gaia e a solidariedade de todos os seres da criação, especialmente dos humanos. Sugerimos o paradigma da re-ligação de tudo com tudo, convergência na diversidade religiosa, que consiga paz entre os humanos e na Terra (BOFF, 1996a: 176 – grifos nossos).

As transformações vividas no mundo ocidental provocaram profundas alterações nas narrativas míticas, em especial, na centralidade da mística e da espiritualidade, que, na análise de Steil (1999: 72), "produziu uma nostalgia em relação à comunidade, enquanto base para o movimento de libertação". Novas formas de "religiosidade, sincréticas, místicas e neotradicionais" surgem concomitante a práticas que, no contexto das Cebs e TdL, "haviam sido expulsas, ou barradas na porta da frente, [e que] retornam, sorrateiramente, pela porta dos fundos, na forma de um retorno do oprimido" (STEIL, 1999: 72).

Boa parte da RCC, pelo menos no âmbito das narrativas institucionais, deslizou de uma vivência ecumênica (com traços pentecostais) e mística, com uma forte lógica da experimentação (privatização das escolhas, valorização da alteridade e do êxtase, da emoção e do corpo como locais de validação da experiência religiosa), para uma lógica da exclusividade identitária, com o reforço da identidade católica pelo reavivamento da tradição, mas, com a absorção da agenda conservadora (contra o aborto, contra casamento e direitos de homossexuais, discussão de gênero nos planos de educação). Por outro lado, boa parte da TdL e das Cebs deslizou de uma compreensão secularizada, centrada na ação política e social, apostada em uma secularização forte (recuo da magia e da mística para a vida privada), para novas perspectivas espiritualistas.

Mas, entre as três grandes expressões católicas, há alguma coisa em comum ou uma estrutura maior na qual podem ser situadas as três narrativas míticas? Ou as diferenças entre os movimentos são radicais, de forma que há pouca continuidade entre os movimentos? Talvez sim, talvez não.

Durante os anos de 1960, os conservadores católicos, por exemplo, elegeram, em seus discursos míticos, um inimigo preferencial, o comunismo, a quem atribuíam toda sorte de mal, ruindade, terror e horror. Mas, em 1989, a queda do Muro de Berlim findou a ideologia comunista como projeto concreto e objetivo, e a ideologia comunista tornou-se tema de livros de história, como capítulo obrigatório.

A ideia de inimigo preferencial talvez possa definir as mútuas acusações críticas e chacotas entre os três movimentos, em muitos espaços, como as redes sociais e nas mídias mantidas pelos movimentos (jornais, boletins, perfis em páginas eletrônicas, blogs e outros). Após o grande inimigo preferencial ruir, outros foram eleitos, por exemplo, um complexo nebuloso de ideias que alguns católicos conservadores chamam de "marxismo cultural", uma tentativa de manter viva a referência ao antigo inimigo e, ao mesmo tempo, acomodar novos alvos de críticas e ações doutrinárias.

As Cebs e TdL elegeram como inimigo preferencial o "capitalismo explorador" (os Estados Unidos imperialista, a Rede Globo alienadora, a burguesia egoísta, o individualismo maldoso), que provoca miséria, pobreza, impedindo que os preferidos de Deus, os mais pobres, tenham uma vida digna, pois sucumbem à exploração e à ganância dos poderosos e opressores.

Os carismáticos elegeram alguns inimigos preferenciais, entre eles: a frieza espiritual, o coração duro, o afastamento de Deus, o diabo ou demônio e a falta de fé. Nos últimos tempos, parte das lideranças aderiu às fobias ou medos patológicos conservadores e integristas, em especial, à ideia de uma trama internacional para a destruição da família cristã, que seria o modelo verdadeiro e autêntico, o único capaz de trazer felicidade e agradar aos Céus.

Nesse sentido, as categorias de acusação agregam-se às narrativas míticas, novos fios que prolongam o tecido das crenças e práticas de cada movimento aqui analisado em nossa época contemporânea. Em que se constituem essas categorias exigirá mais pesquisas, ou exigirá um outro texto....

Referências

ALDAY, S.C. *Renovação carismática* – Um Pentecostes hoje. São Paulo: Paulus, 1996.

BERNSTEIN, B. & POLITI, M. *Sua Santidade*: João Paulo II e a história oculta do nosso tempo. São Paulo: Objetiva. 1996.

BOFF, C. *Teologia e prática* – Teologia do político e suas mediações. 2. ed. Petrópolis: Vozes, 1982.

BOFF, L. *Ecologia*: *grito da terra, grito dos pobres*. 2. ed. São Paulo: Ática, 1996a.

_____. *Ecologia, mundialização, espiritualidade*. 2. ed. São Paulo: Ática, 1996b.

_____. *Igreja, carisma e poder* – Ensaios de eclesiologia militante. São Paulo: Ática, 1994.

_____. *Jesus Cristo libertador*. Petrópolis: Vozes, 1972.

BOFF, L. & BOFF, C. *Como fazer Teologia da Libertação*. 3. ed. Petrópolis: Vozes, 1986.

BOFF, L. & FREI BETTO. *Mística e espiritualidade*. Rio de Janeiro: Rocco, 1996.

BORTOLINI, R. Refletindo sobre a RCC e as problemáticas ambientais. *Renovação Carismática Católica*, Brasil [Disponível em http://www.rccbrasil.org.br/espiritualidade-e-formacao/mais-lidas-artigos/500-artigo-refletindo-sobre-a-rcc-e-as-problematicas-ambientais.html – Acesso em 18/06/2017].

BRAUDEL, F. A história e ciências sociais: a longa duração. *Revista de História*, vol. XXX, ano XVI. n. 62, abr.-jun./1965, p. 261-294. Rio de Janeiro.

CALDEIRA, R. Em defesa da Ação Católica – Plínio Corrêa de Oliveira, um baluarte da tradição. *Revista Brasileira de História das Religiões*, vol. 2, 2014, p. 97-111. São Paulo.

CAMURÇA, M.A. Sombras na catedral – A influência *New Age* na Igreja Católica e o holismo da teologia de Leonardo Boff e Frei Betto. *Numem* – Revista de estudos e pesquisa da religião, vol. 1, n.1 jul.-dez./1998, p. 85-125. Juiz de Fora: UFJF.

CARRANZA, B. *Renovação Carismática Católica*: origens, mudanças e tendências. Aparecida: Santuário, 2000.

COMBLIN, J. Conferência Episcopal de Medellín: 40 anos depois. *Cadernos de Teologia Pública*, 2008. São Leopoldo: Instituto Humanitas/Unisinos, 2008.

CORTEN, A. *Os pobres e o Espírito Santo* – Pentecostalismo no Brasil. Petrópolis: Vozes, 1996.

DE MATTEI, R. *El cruzado del siglo XXI* – Plínio Corrêa de Oliveira. Madri: Encuentros, 1997.

FERNANDES, R.C. Aparecida: nossa rainha, senhora e mãe, saravá! In: SACHS, V. et al. *Brasil e EUA*: religião e identidade nacional. 2. ed. São Paulo: Graal, 1988.

FERNANDES, S.R.A. Movimento de Renovação Carismática Católica: *ethos* comum e antagônico em camadas populares no Rio de Janeiro. *Revista da Universidade Federal Rural do Rio de Janeiro*, vol. 18, n. 1/2, 1996. Rio de Janeiro: UFRRJ.

HALL, S. *A Identidade cultural na Pós-modernidade*. 8. ed. Rio de Janeiro: DP&A, 2003.

HERVIEU-LÉGER, D. *Le pèlerin et le converti* – La religion en mouvement. Paris: Flammarion, 1999.

_____. *La religion pour memoire*. Paris: Cerf, 1993.

LÖWY, M. *A guerra dos deuses* – Religião e política na América Latina. Petrópolis: Vozes, 2000.

_____. *Marxismo e Teologia da Libertação*. São Paulo: Cortez/Autores Associados, 1991.

MADURO, O. A desmistificação do marxismo na Teologia da Libertação. *Comunicações do Iser*, ano 9, n. 39, 1990, p. 55-72. Rio de Janeiro.

MARIZ, C.L. & GUERRA SOBRINHO, L.D. Algumas reflexões sobre a reação conservadora na Igreja Católica. *Comunicações do Iser*, ano 9, n. 39, 1990, p. 73-78. Rio de Janeiro.

MERLINO, R. & RABEY, M. Resistencia y hegemonía – Cultos locales y religión centralizada en los Andes del Sur. *Sociedad y Religión*, n. 10/11, 1993, p. 147-166.

OLIVEIRA, P.C. Contra a *main tendue*. *O Legionário*, ed. 350, 28/05/1939a. São Paulo.

_____. Pela grandeza e liberdade da Ação Católica. *O Legionário*, ed. 331, 15/01/1939b. São Paulo.

OLIVEIRA, P.R. et al. *Renovação Carismática Católica*: uma análise sociológica, interpretações teológicas. Petrópolis: Vozes, 1978.

PIERUCCI, A.F.O. Comunidades Eclesiais: origens e desenvolvimento. *Novos Estudos/Cebrap*, n. 2, abr./1982, p. 47-58. São Paulo.

PRANDI, R. *Um sopro do Espírito* – A renovação conservadora do catolicismo. São Paulo: Edusp/Fapesp, 1997.

SANAHUJA, J.C. *Poder global e religião universal*. Campinas: Ecclesiae, 2012.

SANCHIS, P. Catolicismo: entre tradição e modernidades. *Comunicações do Iser*, n. 44, 1993, p. 9-24. Rio de Janeiro.

_____. Modernidade e Pós-modernidade. *Análise e Conjuntura*, vol. 7, n. 2/3, mai.-dez./1992. Belo Horizonte: Fundação João Pinheiro.

SILVEIRA, E.J.S. Guerra cultural católica: política, espaços públicos e lideranças eclesiásticas. In: SILVEIRA, E.S. & MORAES JUNIOR, M.R. (orgs.). *Religião, política e espaço público* – Discussões teóricas e investigações empíricas. Vol. 1. São Paulo: Fonte, 2015, p. 11-48.

_____. De dentro para fora: Igreja Católica, controvérsias, modernidade e ambivalências. *Plura* – Revista de Estudos de Religião, vol. 5, 2014, p. 5-35.

_____ *Tradição e modernidade na Renovação Carismática Católica*: um estudo dos rituais, subjetividades e mito de origem. Juiz de Fora: UFJF, 2000 [Dissertação de mestrado].

SLOTERDIJK, P. *O palácio de cristal*. Lisboa: Relógio D'Água, 2008.

STEIL, C. Renovação Carismática Católica: porta de entrada ou de saída do catolicismo? – Uma etnografia do Grupo São José em Porto Alegre (RS). *Religião e Sociedade*, vol. 24, n. 1, 2004, p. 11-36. Rio de Janeiro.

_____. A Igreja dos pobres: da secularização à mística. *Religião e Sociedade*, vol. 19, 1999, n. 2. Rio de Janeiro.

_____. Cebs e catolicismo popular. In: BOFF, C. et al. *As Comunidades de Base em questão*. São Paulo: Paulinas, 1997, p. 75-103.

TEIXEIRA, F.L.C. *Os encontros intereclesiais de Cebs no Brasil*. São Paulo: Paulinas, 1996.

VOLCAN, M.D.U. *Renovação Carismática Católica*: uma leitura teológica e pastoral. Pontifícia Universidade Católica do Rio Grande do Sul, 2003 [Dissertação de mestrado].

ZANOTTO, G. "Paz de Cristo, no reino de Cristo": ideal teológico-político da Sociedade Brasileira de Defesa da Tradição, Família e Propriedade (TFP). *Revista Brasileira de História das Religiões*, vol. 16, 2013, p. 113-125.

_____. Tradição, Família e Propriedade (TFP): um movimento católico no pós-guerra. *Locus*, vol. 30, 2010, p. 87-101. Juiz de Fora: UFJF.

_____. Plínio Corrêa de Oliveira e a TFP: um reacionário a serviço da contrarrevolução. *Esboços*, n. 9, 2001, p. 193-214. Chapecó: UFSC.

ZANOTTO, G. & CALDEIRA, R.C. Facetas do tradicionalismo católico. *Revista Brasileira de História das Religiões*, vol. 16, 2014, p. 3-6. São Paulo.

2
Uma cartografia mítica do protestantismo brasileiro
A laicização do Estado

*João Marcos Leitão Santos**

Preliminarmente

Nos meus dias de faculdade de filosofia aprendi que o mito foi uma experiência de decifração da realidade que na sua forma ocidental esteve associada aos gregos, e se constitui num estágio precedente ao desenvolvimento do exercício da razão. Mais tarde descobri que a tradição das narrativas míticas, embora mais recorrentes temporalmente ao assenhoramento da razão no Ocidente, não representava uma fórmula inferior a esta, senão modulação diversa, que alguém já supôs, inclusive "superior" à razão, pois oferece explicações para os fenômenos exatamente onde as razões esgotam as suas possibilidades.

A estrutura mítica nas narrativas contemporâneas ainda é sobejamente evidente na indústria cultural, e, para não estendermos exemplos, bastaria permanecer na indústria do entretenimento, na hodierna ficção na literatura e no cinema, ou na complexa afirmação da ideologia científica na modernidade, uma contraface poderosa de enfrentamento dos mitos.

---

* Professor adjunto na Universidade Federal de Campina Grande, PB, nos cursos de graduação e pós-graduação em História. Também é professor do Programa de Pós-Graduação em Ciências das Religiões da Universidade Federal da Paraíba.

Nesta ambientação de uma realidade a ser decifrada, explicada e encarnada, ou numa aproximação da linguagem bergeriana exteriorizada, *objetivada* e *interiorizada*, uma dimensão da realidade marcada singularmente pela apropriação das categorias míticas para sua enunciação e funcionamento é a religião. No discurso religioso a linguagem mítica não é uma limitação, mas é um continente substantivo, pois não é possível assimilar a experiência do sagrado apenas pela racionalidade, sem o risco de reduzir uma religião a um sistema filosófico, expediente que expropria a relação com o sagrado dos seus elementos fundantes.

Na década de 1930 o protestantismo brasileiro era uma tradição consolidada no país, embora isto estivesse longe de significar a sua assimilação pacífica no campo religioso brasileiro ainda sob tutela do catolicismo, mas é igualmente verdade que a inserção desse ator sociorreligioso trouxe reconfigurações definitivas à nossa sociedade.

Neste texto vamos levantar algumas considerações sobre esse protestantismo em uma dimensão específica dos seus axiomas doutrinais e da sua inserção sociopolítica que era a institucionalização do laicismo como projeto social, e o faremos a partir da organização da Liga Pró-Estado Leigo instituída nos anos de 1930. Esta leitura se fará em grande parte mediada pela noção de mito adotada por Riolando Azzi em *A Cristandade colonial: mito e ideologia*, de 1987.

1 Sobre a experiência de mitificar

Toda narrativa mítica toma como expectativa de realização constituir-se num discurso capaz de "evocar um mundo dado como real ou imaginário" que necessariamente será situado temporal e espacialmente, e descrito, reconhecido através de uma sucessão de fatos, ligados espontânea ou artificialmente, cujo efeito mais evidente, como diria Sodré: "diante de nossos olhos, nos *apresenta* um mundo" (SODRÉ, 1988: 75).

Portanto, perscrutar a experiência do protestantismo brasileiro não nos deve causar estranheza apriorística nessa noção de mito como possibilidade de uma *estrutura de narração mítica* associada à organização de um movimento social, porque além dos apelos ao fantástico, ao ficcional, ao medo, a narrativa mítica se constrói também em torno dos elementos históricos, societários e políticos, como no caso.

A diversidade dos elementos diegéticos faz com que o mito não esteja cativo de determinantes usualmente referidos na história, e privilegiadamente associados ao universo de contato entre homens e deuses ou entes mitológicos, porque o que torna uma narrativa passível de ser adjetivada como mítica são as fabulações e a simbologia relativas aos *agentes* ou *agências escolhidos para protagonizar o discurso*, não regidos automaticamente por qualquer "lei" da história, mas hibridamente *agregados a ela através do esforço narrativo*, sobretudo se lhe atribui elementos heroicos, ou personificação de evento[1]. No dizer de Ferrater-Mora, os mitos emergem

> como el fundamento y el comienzo de la historia de una comunidad o del género humano en general. Pueden tener como contenido fenómenos naturales, en cuyo caso suelen ser presentados en forma alegórica (como ocurre con "los mitos solares"). Muy a menudo los mitos comportan la personificación de cosas o acontecimientos. Puede creerse de buena fe, y hasta literalmente, en el contenido de un mito, o tomarlo como relato alegórico, o desecharlo alegando que todo lo mítico es falso.
>
> Cuando el mito es tomado alegóricamente, se convierte en un relato que tiene dos aspectos, ambos igualmente necesarios: lo ficticio y lo real. Lo ficticio consiste en que, de hecho, no ha ocurrido lo que dice el relato mítico. *Lo real consiste en que de algún modo lo que dice el relato mítico responde a la realidad.* El mito es como un relato de lo que podría haber ocurrido si la realidad coincidiera con el paradigma de la realidad (FERRATER-MORA, 1969: 210 – grifo nosso).

Nos agrupamentos humanos o pensamento é situado e a reflexão que o precede tem como matéria básica a realidade física e social na qual se encontra e na qual busca captar aqueles elementos com características mais universais. Este exercício lhe permite apropriar-se das reflexões precedentes e criar um *continuum* de novas mundividências.

Os estudos de religião sempre remetem à pergunta sobre até que ponto a religião fornece uma base para a compreensão do homem e do mundo, das formações sociais e da estruturação da Ordem Social. A pergunta acerca desta estruturação do tecido social é a afirmação do lugar-no-mundo do sujeito, das comunidades, e dos postulados de crenças que os constituem. O documento que

---

1. Para uma outra percepção das relações história e mito, cf. MANO, M. Mito e história: perspectivas do debate entre estrutura e evento em etnologia. *Opsis*, vol. 9, n. 13, jul.-dez./2009, p. 191-216. Catalão.

serve de base para estas reflexões permite mapear referências e alusões àquele significado do homem e do mundo que se caracteriza como projeto social.

Segundo Azzi (1987), duas categorias interpretativas estão postas para a descrição das estruturas sociais: o mito e a ideologia. Para o autor, a experiência humana impede a condição de caos e pânico num universo do qual emerge o homem através da codificação simbólica deste universo. Sugere então que o mito constitui-se num instrumento teórico, "no qual a imaginação ocupa papel preponderante, que possibilita estabelecer uma certa [sic] ordem no aspecto fundamentalmente aleatório do mistério envolvente, tanto da existência individual como da existência coletiva (AZZI, 1987: 10). Se para muitas das inquietações a ciência foi progressivamente oferecendo respostas minimamente satisfatórias, o mito ainda fornece ao homem elementos remissos à finalidade da existência na medida em que lhe permite ordenar a vida social e pessoal (BOFF, 2014; RÜSSEN, 2014; BERGER & LUCKMANN, 2012).

Tal concepção do mito remete a teses conhecidas da narração mítica como fonte primeira e incondicionada da realidade social (ELIADE, 2002), que reflete a impossibilidade e os limites que se impõem tanto à consciência mítica como à consciência intelectual (GUSDORF, 1980) e do mito como tentativa humana de decifrar o enigma do universo (KOLAKOWSKI, 1981), prevenindo processos sociais anômicos.

Ainda segundo Ferrater-Mora,

> Mediante el mito queda fijada la esencia de una situación cósmica o de uma estructura de lo real. Pero como el modo de fijarla es un relato, hay que encontrar un modo de indicar al auditor o lector más lúcido que el tiempo en que se desenvuelven los hechos es un falso tiempo, hay que saber incitarlo a que busque, más allá de este tiempo en que lo relatado parece transcurrir, lo arquetípico, lo siempre presente, lo que no transcurre (FERRATER-MORA, 1969: 211).

Por sua vez, quando o mito é alçado à condição de crença, tomada aqui como convicção radical própria aos sistemas religiosos, é essencial que possua características metafísicas e sobrenaturais, transcendentes, com anterioridade e superioridade em relação ao humano, que também deixa mais evidente um caráter eminentemente a-histórico ao seu conteúdo originário[2].

---

2. Ainda que o mito seja uma realidade sua assimilação se faz sob o pressuposto de experiência distinta desta.

No plano do sagrado a sua estrutura será fixada dialeticamente com a história e as diversas hierofanias e/ou revelações, com o sagrado e o concreto. Na história das religiões esse mistério primordial vem conhecido com o nome de divindade, que se expressa através dos objetos físicos, simbólicos, ou através dos seus ministros. Resta a tarefa de relacionar e transpor o *mistério primordial* para a concreção das práticas sociais nas quais se inserem os indivíduos.

Do mito se espera que cumpra a tarefa de explicitar verdades consideradas acima da capacidade humana agregando sentimentos e imaginação, e por isso mesmo desempenhem no tempo um papel expressivo na constituição da ordem social; apesar disso, o mito construído por exigência da condição humana que interpela a experiência vai sempre ganhar sua forma e visibilidade no instrumento narrativo que o perpetua.

A narrativa mítica, portanto, instrumentaliza o mito que elege como indicador das bases do ordenamento do mundo, ao passo que deixa à ideologia, como categoria filosófica, a tarefa de indicar as cosmovisões das diversas sociedades, para com ela analisar o efeito histórico do mito na organização social e cultural em cada tempo ou de cada grupo. É a maneira de ver o mundo resultante de uma dada formação histórica, e que está na base do que é chamado mito político, ao qual voltaremos.

Para Azzi, o mito apresenta-se

> como fruto da influência dos diversos aspectos que atuaram na organização de um grupo político ou religioso, de uma classe social ou mesmo de um povo. Desse amálgama de elementos políticos, econômicos, sociais, culturais e religiosos emerge uma forma específica de compreensão do universo. Portanto, é a partir de sua visão ideológica que as pessoas, os grupos sociais e os povos se posicionam diante da vida e do mundo (AZZI, 1987: 12).

A lógica científica que permeou a modernidade ocidental, histórica em grande medida, se apresenta como resultante da atividade intelectiva, funda a leitura racional do mundo, sendo por isso mesmo muitas vezes percebida como recorrente contraposição do mundo dado do mito, assumindo a forma de mundo construído – pela ciência e pela razão[3].

---

3. O conceito de mundo dado refere a um estado anterior e acima da realidade concreta, quase sempre compreendido como uma doação da divindade.

É importante manter o entendimento de que a experiência religiosa tem em sua base uma ideia de dependência, na qual o ser humano se encontra imerso no ambiente natural, diversamente da lógica científica, que estimula a independência e a autonomia do homem frente à natureza. Como diria Azzi, é preciso ter presente, portanto, que o mito se insere nesse contexto mais amplo de mundo dado, ou seja, numa perspectiva de referente religioso da dependência estrutural do ser humano. Assim, enquanto o mito religioso possibilita vivenciar a condição de mistério e transcendência que envolve o humano, a matriz do pensamento moderno calcado na perspectiva científica permite relativizar esse mistério, confrontando com o progressivo controle do homem sobre as forças do universo.

Na dimensão existencial o ponto de partida é sempre o mundo dado, ideia que vai sendo progressivamente colocada em uma relação dialética com o mundo construído. Em termos análogos, a vida social segue o mesmo itinerário, no qual cada sociedade transita de uma visão de mundo dado para a consciência de um mundo construído.

O mundo mágico[4] que abriga mais recorrentemente a ideia do mito é percebido, então, como dado, anterior à existência humana, dotado de uma dimensão superior a esta. Sua condição atemporal e a-histórica o torna um ambiente opaco, vedado a sondagens – expediente da filosofia – e autorreferido. O homem mais do que qualquer espécie é marcado por uma área de indefinição maior na existência, por isso procurou distender sua condição de estar-no-mundo, instituindo as primeiras ordenações e elegendo os mitos como categorias explicativas que passaram a ser consideradas também como dádivas (AZZI, 1987).

Historicamente não se escapa também ao reconhecimento que os mitos são geralmente elaborados a partir de experiências comunitárias, societárias e que ganham sua densidade como consciência de algo revelado/dado em oposição ao construído, e assim, ancestralmente, cumpriam um duplo papel, de apaziguar forças adversas e de regulação do mistério condicionante da experiência humana na produção de uma *episteme* de caráter essencialmente imaginativa.

---

4. Magia aqui no sentido frazeriano de ações que remetem a um sistema hipotético de regras remissas a existência de leis naturais passíveis de manipulação e em cujo exercício se fundam os acontecimentos, e possibilita o controle do mundo natural e social através de procedimentos, e cuja evidência empírica não se impõe como critério para que nela se acredite (FRAZER, 1981).

Uma das formas mais evoluídas do disciplinamento desta ordem natural misteriosa foi a concepção do "mundo dado", entregue como benevolência dos deuses, na qual estava contida uma dialética inevitável entre a contingência, a imperfeição estrutural da realidade natural, e a obra sagrada, misteriosa, superior e perfeita, onde a natureza refletia o sagrado, tornando o mundo um dado simultaneamente natural e sobrenatural. A esta dualidade se conformava o mito no empreendimento de promover o ordenamento desta realidade conflitiva do ser humano inserido na ordem natural e ao mesmo tempo excluído dela pela condição de ente distinto, por sua capacidade natural.

Esta condição estará reflexa na ordem social a ser construída, instituída ontologicamente sob a noção de autoridade, matriz originante da organização social. Ao reconhecer a origem mítica da autoridade, o homem estava preservando, de certa forma, a sua própria existência no mundo contra a anomia na medida em que opunha a ordem ao caos.

Historicamente várias sociedades desenvolveram explicações míticas para justificar e modelar as suas relações com outros grupos humanos, atribuindo a sua existência a uma iniciativa e a um interesse particular dos deuses, dos quais seriam agentes representativos e mensageiros privilegiados, para estimular modelos de ordenamento e práticas sociais estabelecidas em torno de valores determinados, pretensamente superiores devido a sua origem divina. Este mito da eleição acaba por operar a própria constituição de um povo, dotando de sentido histórico a sua presença no mundo.

Na tradição ocidental, no período cristão, foi a religião que assumiu esta condição e este empreendimento. Missionário, portador de uma mensagem de salvação ou apaziguamento de Deus, o cristianismo arvorou-se ao *status* de agente eleito da divindade para o estabelecimento do que julgava ser os bens eternos da salvação, o que seria promovido pelo modelo que ficou conhecido como Cristandade e que representava o projeto de edificação de uma sociedade cristã reflexa de um projeto divino, ou seja, o reino de Cristo sobre a terra.

Nisso estava um favorecimento para a manutenção de uma ordem estratificada da vida social. "A convivência diária", diz Azzi, "numa sociedade articulada ao redor do eixo autoridade-dependência facilitava pensar o mundo divino em termos de uma organização hierárquica análoga" (AZZI, 1987: 64), expropriando as populações de quaisquer iniciativas emancipatórias e estimulando o conformismo. Havia ainda um caráter fatalista nesta visão de mundo, já que a sua segurança não podia ser assegurada senão pela intervenção do sagrado.

Escaparia ao escopo deste trabalho narrar a trajetória do cristianismo no Ocidente, mas é necessário demarcar uma característica e uma experiência que importam para a tese de fundo sobre o mito protestante brasileiro sobre a Ordem Social. A característica se refere à unidade artificial da Cristandade ocidental que mascara as tensões internas da instituição cristã, estabelecendo seu caráter político no âmbito das lutas intestinas pelo poder eclesiástico e seu exercício na ordem temporal. A experiência, que denuncia essa unidade mítica, refere-se às duas grandes rupturas institucionais do cristianismo: o Cisma do Oriente e a Reforma Protestante, esta de repercussão mais evidente em nosso estudo.

Efetivamente, as diversas crenças são modos de ordenamento e domesticação do mistério do mundo, o protestantismo inclusive, e se elaboram sob o influxo da ambiência cultural de cada grupo, o que faz da crença um elemento fundamental de expressão e identidade cultural, e de organização social.

Este mito atribuía ao mundo histórico o caráter de espaço de degradação das coisas e das pessoas, onde as atividades humanas reverberavam fórmulas de ação deletéria e de deterioração continuada da obra divina, uma vez que o homem resolveu assumir uma conduta autônoma na construção do seu destino, exposta no mito da sua expulsão do paraíso. Assim, a narrativa da trajetória humana era tipificada no mito no qual está implícita a ideia de que o ser humano é substantivamente limitado, por isso dependente de uma felicidade condicionada a essa consciência, na qual a salvação provida de cunho escatológico operava como consolo e amparo para a cotidianidade atormentada e deformada.

2 Brasil, ordem nova e mito político: o laicismo

Lendo o que há pouco tempo escreveu Weingartner Neto referindo a conjuntura presente da nossa ordem jurídica e fazendo uma remissão à Carta de 1891, a sugestão da conformação entre os dois estágios parece-nos suficiente como justificativa desta investigação, inferindo que a instituição do Estado Laico no Brasil continua demanda ativa da nossa organização social. Diz o autor:

> Adianto minhas *teses* centrais: (1) a Constituição do Estado Democrático de Direito garante o pluralismo religioso e a tutela efetiva

das minorias; (2) o Estado Democrático de Direito deve ser tolerante para com o fundamentalismo religioso, manifesto como crença em verdades absolutas e hermenêuticas rígidas (fundamentalismo-crença), mas deve também combatê-lo quando tentar converter princípios religiosos em modelo de vida política e fonte normativa heterônoma (fundamentalismo-militante); (3) no Brasil, a Constituição Federal sustenta a construção de um direito fundamental à liberdade religiosa como um todo, um feixe de posições jurídicas com dimensões subjetiva e objetiva, apto a resolver de modo coerente e previsível os conflitos decorrentes da coexistência de direitos fundamentais (WEINGARTNER NETO, 2007).

Rompida a tradição que associava o mito a uma convidativa, porém errática e dissimulada narrativa do mundo, e voltando esforços à produção de uma "epistemologia do mito", isto é, a busca pela inteligibilidade da operação do mito enquanto forma de fundamento para a compreensão e a interpretação da realidade, portanto, paradigma para consciência individual e coletiva, emerge o reconhecimento de que o mito opera em sentido político, entendida a política aqui como *forma de organização da vida em sociedade.*

Na base da assimilação do mito para um projeto político está o arranjo das experiências sociais e, como é inerente à atividade política, o processo de acomodação de interesses. Segundo Durverger (1974) toda sociedade se mobiliza em torno de uma Ordem Social instituída, através da integração ou do combate, a preservação ou a substituição, respectivamente; por isso, a política é também um projeto idealizado, o desejo de uma ordem que se aspira, pretensamente superior ou melhor à vigente.

Segundo Rust,

> quem conta ou transmite uma história mitológica a considera, em algum nível, plausível, e a incorpora à vida para justificar rotinas e tradições, expectativas e práticas. A força da crença camufla a natureza mítica da narrativa, transformando-a em uma lição de como as coisas devem ser (RUST, 2015: 25).

Efetivamente o elemento substantivo da narrativa mítica é a eticidade. O mito é uma proposição ética porque relacionada a uma axiologia socialmente instituída, por isso Veyne a nomeia uma razão prática (VEYNE, 1987), que comporta e acomoda o paradoxo de princípios socialmente sancionados como desejáveis, válidos em si, contra a incapacidade de sua justificação concreta.

Ainda segundo Rust, o mito político se constitui, portanto, numa idealização do passado "para legitimar ou desacreditar um regime de poder"; por isso se constituem "leituras do mundo orientadas para o posicionamento de disputas pelo poder" (RUST, 2015: 26), e obviamente são adotadas como estratégia de enfrentamento, que pauta o comportamento político, que expressam identidades coletivas, por vezes remissas a uma temporalidade distante.

2.1 Status quaestionis

A inauguração da República trouxe ao cenário nacional três questões fundamentais na construção da Ordem Social: a organização política, sua condição laica, e para ambas, o ordenamento jurídico constitucional. Por esta via buscou acomodar a dualidade de um sistema presidencialista e sucessório, numa Constituição que visava manter a autonomia dos estados, e que inaugurava a participação no processo político de contingentes eleitorais até então retraídos ou excluídos, ao mesmo tempo em que fixava juridicamente a separação entre a Igreja e o Estado, *num ambiente plasmado pela tradição católica*, ou seja, continente de um mito teopolítico.

No nível das sociedades, a variação das manifestações do poder tende a se reduzir através da padronização de seus tipos e formas, ao passo que se vem projetando uma reversão de tendências, da diversificação à homogenização sociocultural. No nosso caso, no que refere à instituição laica do Estado, a padronização seria posta pela ordem jurídica, mesmo quando a norma padecesse de plena efetividade. Sempre o objetivo de se realizar instituições de caráter nacional era anunciado como preservação do interesse geral contra os interesses individuais, setoriais e regionais, fórmula para a renovação conservadora das elites político-administrativas, e no caso desta investigação, religiosas.

A ordem social, conforme Maynez (1974), diz respeito à *submissão de grupos sociais a uma regra ou sistema de regras* de aplicação permanente na interação social, em suas relações necessárias, com vistas à realização de um projeto, uma finalidade macrogrupal (SANTOS, 2011). Neste sentido, Ehrlich sintetizou a noção de Ordem Social como "conjunto de organizações ou associações humanas inter-relacionadas", na qual se reconhece um regramento para ação, e a ela se conformam efetivamente os atos humanos (EHRLICH, 1986: 7). Desenvolvendo sua tese, Ehrlich oferece o conceito de pauta ordenadora, que, segundo propõe, refere-se aos *critérios objetivos* de conduta e aos *objetos ordenados* nas relações interativas permanentes – recíprocas ou não – presentes no macrogrupo social, estabelecendo o nexo definitivo critérios-objetos.

Uma vez que na ordem natural o homem se encontra subordinado, a vida social é seu espaço inventivo, onde opera sua dimensão volitiva. Assim, os espaços se diferem pela possibilidade real dos elementos componentes modificarem a Ordem por impulso da vontade. Bem-observado, era o espaço nessa Ordem que se disputava na nova arena religiosa da ordem política republicana. De fato, sempre "as sociedades sofrem a intervenção generalizada, mas assumida e consciente, de projetos portadores de modelos axiológicos heterodoxos que reivindicam o seu direito a coexistir [...]" (CARVALHO, 1996: 161).

Toda Ordem é portadora de valores (modelos axiológicos), religiosos inclusive, exatamente pelo reforço das ligações de um sistema de ideias e o conjunto de conhecimentos empíricos – a cultura –, e como tal, mantém os vínculos com os conteúdos espirituais de um passado ao qual se pretende recusar a dimensão de perenidade – os mitos.

Porém, a disparidade no agir compromete a eficácia da Ordem Social, segundo a tese de Ehrlich. A sociedade serve-se do Estado como órgão através do qual consegue impor sua ordem às associações que a constituem. O direito é tido, pois, como regra não só de organização interna das associações que determinam papéis sociais, mas também regra de decisão. Sugere Moura Rocha que:

> O direito positivo é o controle social que se cristaliza em um sistema normativo, cuja consequência de conduta desviante será a coação. Com efeito, a coercibilidade não nos parece ser o caráter na norma jurídica, mas apenas a sua consequência, visto que há normas que não são dotadas de coercibilidade, tais como as jurídico-formais, explicativas ou enunciativas, as organizatórias, as programáticas.

> Para tanto, com o fim de se manter a ordem posta, isto é, realizar a pauta ordenadora, atribui-se no macrogrupo social, a uma associação específica e especializada a decisão a respeito de regras que se impõe para dirimir conflitos, manter uma posição de dominação ou exterminar um grupo social que se rebele contra as regras de agir consideradas fundamentais (MOURA ROCHA, 1994: 59, 64).

E aqui os princípios da Ordem Social confluem para a narrativa mítica na medida em que as explicações sobre o mundo irão mudar de acordo com conceitos culturais centrais e, para cada época, prevalecerá um modo de entendimento centralizado pelo conceito preponderante, como ocorre a todo *espírito de época*[5], que catalisa todos os problemas, e às vezes oferece uma explicação que redunda em encobrimento da realidade política concreta.

A Ordem Social gera a ordem política, e o direito é produzido pelas realidades sociais, uma vez que no âmbito das práticas sociais (e dentro delas, a normatização da conduta e a regulamentação social), toda conformação comportamental decorre de determinada percepção da organização social, da política. A diversidade se situa no ângulo a partir do qual se objetiva investigar, por exemplo, religioso.

Uma vez que as relações humanas estão debaixo da regulamentação do Estado, as associações humanas de sentido político, a organização dos seus governos e a atividade destes estão associadas à prática política e ao ordenamento jurídico, de onde emanam as alternativas para a solução de problemas da ordem, origem, eficácia do poder, formação da vontade política, comportamento político, e as formas de comportamento social, que constituem a essência dos regimes políticos, que de resto remetem a uma mitologia política a qual referimos.

Como pressuposto está o axioma mítico da cultura ocidental, abraçado pelo protestantismo, segundo o qual a ordem jurídica é o sustentáculo do Estado Democrático. Igualmente compreendem o Estado, a democracia e o direito, como criações humanas que balizam a ordem política moderna, e que operam dialeticamente no plano da efetividade produzida pelo binômio saber-fazer.

Todo ordenamento constitucional refere-se, portanto, às manifestações pretéritas da consciência [social], cuja essência é a intencionalidade, e nenhuma realização político-jurídico-cultural está fora dos atos intencionais da consciência. A ordem jurídica subordina-se radicalmente aos modos pelos quais a consciência se propõe a organizar a civilização e o mundo vivido. No dizer de Guimarães

---

5. "[...] essas condições materiais de existência, agindo sobre os indivíduos de um grupo, determinam uma consciência social, a consciência social desse grupo, consciência que reflete as necessidades do seu tempo: é o espírito de época" (BASBAUM, 1972, p. 200).

mundo vivido, pois aí encontraria a fluência do histórico, do cotidiano, a mostrar realisticamente a abissal distância entre a disciplina jurídica mantida pela via da crença no poder estatal e o vivido concreto pela multidão de pessoas desamparadas e excluídas do contrato social e inteiramente alheias à própria organização da ordem jurídica (GUIMARÃES, 1999: 2).

Disto surge a questão do objeto do consenso que reflita a confluência de intencionalidades, a obediência a requisitos formais preestabelecidos nas normas do Estado, isto é, o aspecto formal do poder. Este consenso dominante é sempre variável, contém elementos de aceitação, de reconhecimento, de aprovação subjetiva adotados pelos dos sujeitos contingentes espacial e temporalmente, que aponta para um caráter de relatividade que se manifesta no plano prático, por exemplo, na instituição coronelista.

Cada época elabora um sentido do Direito e sua apreensão do conhecimento científico dele (CINTRA; GRINOVER & DINAMARCO, 1986), seja como ordenamento, como ação política, como instituições ou, principalmente para esta investigação, como cultura, esfera de produção do discurso, do pensamento e do saber.

Ao se expressar num sistema de normas, a Ordem Social o faz mitigando as suas finalidades específicas de conformar os comportamentos sociais, sob a pressão para a realização de valores culturais que a sociedade tenha firmado na aproximação das intencionalidades axiologicamente informadas, e enfrenta também a necessidade de assegurar aos componentes dessa Ordem Social uma situação de igualdade relativa. Eis a problemática do Estado Laico!

A questão-chave a nortear nossa compreensão parece situar-se no fato de que a implementação da República implicou um projeto que foi esboçado a partir de pressupostos que implicavam a desarticulação de uma ordem, que entre outras exigências impunha o estabelecimento do laicismo ao Estado, desarticulação onde o mito opera, segundo Rust (2015), "para legitimar ou desacreditar um regime de poder" por isso se constituem "leituras do mundo orientadas para o posicionamento de disputas pelo poder".

Como sugere a psicologia, os homens são movidos por interesses e os defendem com os instrumentos que dispuserem, e a compreensão de tais interesses está posta como tópica obrigatória na ciência política. Como temos afirmado, os interesses são condicionados por padrões axiológicos, e podem ser atribuíveis e imputáveis. Todavia, o grau que realmente atribuímos aos interesses dependerá em parte do contexto social; entre os mais evidentes estão a preservação da vida, e como a vida não é um experimento abstrato, emerge o interesse de produzir condições de intervenção social e política, sem que se *confundam interesses com ideais*; inclusive porque o exercício político se constitui um processo coletivo é preciso criar instrumentos de identidade entre o sujeito e sua associação, e neste processo importa contribuir para o bem-estar e o progresso do seu grupo.

3 O projeto protestante

A remissão ao significado oferecido pela etimologia para o laicismo – impróprio para ser discutido amplamente aqui, originado em *laos*, "povo", "comunidade universal" –, pode fornecer o significado fundante do princípio laicista: a indistinção dos sujeitos pela especificidade de prerrogativas ou poderes[6]. O pressuposto sobre o qual se erige a concepção do laicismo é a indiferenciação do *sujeito laico*. Aos elementos fundadores do seu ambiente social, cujos pilares são a liberdade de consciência, a igualdade, e um corpo jurídico fundado sobre a universalidade de direitos reconhecidos a todos, pressupostos que sumarizam a demanda protestante e sua concepção do ordenamento político, associa-se o *status* mítico das suas bases axiológicas enunciadas: democracia, igualdade, e liberdade.

Para nossa investigação tomamos como ponto de partida a reedição de um manifesto do protestantismo em 1937 que propugnava por um modelo de ordenamento social cujo fundamento seria o laicismo. Eis o texto:

> **Manifesto da Liga Paulista Pró-Estado Leigo ao povo de São Paulo**
>
> Fundada em 1931, a Liga Paulista Pró-Estado Leigo continua a existir, confiando cada vez mais na importante tarefa que se impôs. Prossegue, mais vigilante do que nunca, os passos da Nação com a augusta finalidade de ver nossa Pátria evoluindo pela larga estrada da Democracia e da Liberdade.

---

6. Para evolução histórica do sentido de laico e sua distinção de leigo, cf. principalmente Pena-Ruiz, 2003; Boer, 1980; Weingartner Neto, 2007.

Compenetrada da hora sombria que o mundo atravessa, a Liga não pode e não quer ficar na penumbra morna das posições acomodatícias e duvidosas. Define-se e toma posição ante os acontecimentos. Com seu elevado e nobre espírito de defender a Justiça, o Direito e a Ordem, tão ameaçados nestes últimos tempos por ideologias dissolventes e aterradoras, ela se recomenda a todos os bons brasileiros que amam verdadeiramente a sua Pátria e que desejam a felicidade final e completa da família brasileira. Daí, a razão deste Manifesto e da publicação do seu programa social e cívico.

Devendo interessar-se de modo intenso por todas as eleições vindouras, a Liga apoiará, tão somente, os partidos ou candidatos que inscreverem em suas resoluções os seguintes postulados:

1) Defesa incondicional da Democracia.

2) Repúdio aos extremismos, quer da direita, quer da esquerda.

3) Separação absoluta entre a Igreja e o Estado, estabelecendo-se o ensino puramente leigo, em todos os estabelecimentos de instrução pública.

4) Plena liberdade a todo cidadão, com devido respeito à liberdade alheia e à ordem do Estado.

5) Ampla defesa da paz nacional e internacional.

6) Integral liberdade de consciência e de assistência nas Santas Casas, Asilos, Sanatórios, e demais instituições beneficentes estaduais e municipais, e particulares, desde que recebam subvenção dos cofres públicos.

7) Justiça igual na tributação de impostos, sem distinção entre os cultos religiosos, salvo escolas gratuitas, asilos, sanatórios, creches, e outros estabelecimentos de caridade que ficarão isentos.

8) Assistência social incluindo o combate ao jogo, álcool, tabagismo e sífilis.

9) Fiel observância dos itens 1, 4, 6, 11, 12 e 16 do artigo 113 da Constituição Federal, de 16 de julho de 1934.

A Liga terá seus olhos constantemente voltados para a sábia democracia, que é soberana e impessoal e que tem feito a grandeza de modelares nações onde imperam a liberdade, o liberalismo, a ordem e o mais decidido respeito como Estados Unidos, Inglaterra, França, Suíça, Holanda, Suécia e outros estados.

Com estes ideais, todas as pessoas de espírito liberal, sem distinção de crença religiosa, de convicção filosófica, cor, sexo, nacionalidade, posição social, podem e devem fazer parte da Liga, não se exigindo para isso mais que plena solidariedade e apoio moral.

Os trabalhos da Liga processam-se estritamente dentro da ordem e da lei, sendo a educação popular uma das mais acentuadas finalidades.

A solidariedade ao programa da Liga deve ser manifestada por carta, ou inscrição direta em seu livro competente, a fim de que se torne uma organização pujante e respeitável no menor espaço de tempo. Não exige a Liga contribuição monetária dos seus associados, aceitando, todavia, qualquer auxílio espontâneo, que será devidamente registrado, para efeito de relatórios anuais.

11/04/1937

A diretoria[7]

O protestantismo tem sido interpretado como religião da Palavra, a palavra escrita e a palavra falada, uma remissão oriunda a um dos postulados clássicos da Reforma do século XVI *sola escriptura* (só a Escritura), como fonte autoritativa[8]. Toda a palavra tem um elemento ritual na enunciação e na apropriação, e seu caráter dinâmico muda o rito e a face do mito na qual se acondiciona. Tal elemento, dentro das chamadas religiões rituais, opera como recuperação do mito pretendido na sua pureza original, ao passo que chamadas não rituais reinterpretam constantemente o mito, atualizam-no, o que significa afirmar que fazem constantemente releitura do mito original. É o caso do protestantismo que, pela livre-interpretação do texto sagrado, reconstrói o mito fundante do sistema de crenças.

Num sentido, sob o ponto de vista teorreligioso, o mito, provido de factualidade ou não, é um *símbolo*, que, como aprendemos acima com Azzi, transmite uma verdade profunda pretendida a respeito da existência humana e da realidade sobrenatural. Torna-se, portanto, uma reminiscência àquela realidade última que só pode ser entendida por uma narrativa que não tem ante-

---

7. N.R.S. Couto Esher, presidente; Dr. Alceu O. Martins, vice-presidente; Dr. Romeu do Amaral Camargo, 1º secretário; Dr. Arthur Edlinger, 2º secretário; Silas Silveira, tesoureiro. Membros do conselho consultivo: Dr. Romeu Campos Vergal, deputado da Assembleia Legislativa; Dr. Rubens Escobar Pires, médico; Dr. Lameira Andrade, advogado; Rev. A. Romano Filho.

8. Os outros postulados da Reforma são: Só a graça, só a fé, só Cristo, e para vivência destes princípios o sacerdócio universal de todos os cristãos.

cedente e, por isso, seu conteúdo mítico tem de ser conhecido e interpretado, e assim narrado e atualizado ou interpretado conforme a natureza do sistema religioso que dele se apropria sem que se possa excluir o próprio mito em nome da racionalidade.

Em qualquer formação social o fenômeno religioso, a comunidade de fé, não pode ser relegado a um plano de irrelevância pelo papel que a religião cumpre nas sociedades, mas deve ter acentuado o seu caráter de associação voluntária, com vista a assegurar que a diversidade não comprometa a unidade e esta não oprima a diversidade, acomode os interesses mencionados numa fórmula de conciliação de direitos, cujo paradigma são os direitos fundamentais do ser "humano"[9].

O protestantismo, por seu princípio maior, do livre-exame, ficou sempre ante a ameaça da desmitologização que transforma a religião em filosofia e a necessidade de sublinhar fatos secundários em desfavor do ensino propriamente dito, que impõe o risco de afastar a fé da realidade e da ação no mundo, elemento avesso ao protestantismo, sobretudo em seu viés calvinista (MILLER, 2012).

O manifesto da Liga reafirma sua necessidade de existir "confiando cada vez mais na importante tarefa que se impôs", apresentando a Liga e o protestantismo como cruzados religiosos com uma missão. Por isso, "prossegue, mais vigilante do que nunca, os passos da Nação" anunciando sua "augusta *finalidade* de ver nossa Pátria evoluindo pela larga estrada da Democracia e da Liberdade", binômio que constitui o conteúdo do seu mito político: a cruzada da liberdade fundada na religião e na sua hermenêutica particular do cristianismo.

Na cruzada liberal-democrata se acomoda a narrativa mítica porque se apropria de um sentido mítico dos valores políticos – liberdade e democracia – do mito como indicador das bases do ordenamento do mundo e que produz um efeito histórico desse mito na organização social e cultural, ou "a maneira de ver o mundo resultante de uma dada formação histórica", e que está na base do que é chamado mito político.

---

9. Considerem-se as discussões trazidas pela Pós-modernidade sobre a existência do conceito de "humano" ou "humanidades".

Enquanto religião da palavra que calcava a crença sob a compreensão da Escritura Sagrada, a religiosidade protestante demandava acesso ao letramento, e do fiel se exigia ter a mínima instrução que permitisse acesso ao texto sagrado. Assim, não é por acaso que o Memorial insiste que "os trabalhos da Liga processam-se estritamente dentro da ordem e da lei, *sendo a educação popular uma das mais acentuadas finalidades*" (grifo nosso), patenteando que a educação, aqui sinônima da escolarização, se erigia em um mecanismo-chave de instauração da Ordem desejada, pois a leitura e a instrução "formariam indivíduos conscientes da realidade e de si mesmos", possibilitando a construção de uma ética de responsabilidade diante do mundo, da qual decorre a sua intervenção política.

Tradicionalmente se tem apontado que o protestantismo forma consciências livres e racionais, que são por natureza contestatórias, como ensinava Paul Tillich (1995), e, por isso, não se quer deixar levar para um lado e para outro acriticamente, consistindo este ramo do cristianismo na associação fraterna de comunidades de fé comum e compostas por indivíduos de consciência livre, alimentada no mito da liberdade.

O protestantismo, enquanto modelo[10] de crença cristã, era entendido como contraposto à tradição brasileira majoritária, católica e romana. Ora, uma vez que todo sujeito é conflitante em relação a outro sujeito, embora possam ter convergências contingentes, o elemento passional que está imposto promove compromissos que se faz constituinte da identidade societária. Toda comunidade se funda em interesses comuns, mas existem os interesses não comuns que segregam e segmentam os indivíduos e os grupos dentro do corpo social. Por isso é importante construir um conjunto de interesses tipificados como interesses humanos e comunitários (libertários e democratas), *mas caracterizados com base em singularidades.*

As sociedades políticas são comunidades *de fato* e historicamente tendiam a privilegiar particularismos quando convergentes com os interesses da prática do poder; todavia, rigorosamente, isto não constitui óbice à ação crítica e à reorganização de interesses. Neste contexto, a laicidade não deve

---

10. SANTOS, J.M.L. Modelo como instrumento teórico para o estudo das ideias jurídicas. In: APOLINÁRIO, J.R. (org.). Comentários históricos e educativos: sertão, questão indígena e espaços de saberes. Campina Grande: EdUEPB, 2011, p. 83-113.

ser compreendida como derivação de uma constituição cultural e dela dependente, resultado da espontaneidade de uma trajetória histórica, ou uma tradição específica, mas como uma conquista social de um *projeto* resultante do esforço deliberado de distanciamento de uma configuração social de um grupo hegemônico.

Se a sociedade política é um ente de fato, e se nela estão contidos os particularismos diversos, fica mais evidente a necessidade do estabelecimento de um corpo normativo, ou seja, uma ordem jurídica. Ela é o barômetro da efetividade operativa para uma sociedade laica.

Tal modelo só seria viável nesse Estado Laico, no qual os interesses contrapostos são admitidos como igualmente válidos; assim se entende com mais clareza o Memorial quando preconiza "Com estes ideais, *todas as pessoas de espírito liberal*, sem distinção de crença religiosa, de convicção filosófica, cor, sexo, nacionalidade, posição social, podem e devem fazer parte da Liga, não se exigindo para isso mais que plena solidariedade e apoio moral", ainda que o protestantismo brasileiro do início do século passado não possuísse este nível de inclusividade, e a tradição católica e as filosofias não religiosas sofressem restrições mais ou menos explícitas.

A Liga esperava a empatia de um grupo específico dentro da sociedade brasileira quando afirmou que seus postulados "se recomendam a todos os *bons brasileiros*" descritos como os que "amam verdadeiramente a sua Pátria e que desejam a felicidade final e completa da família brasileira", concluindo: "Daí a razão deste Manifesto e da publicação do seu programa social e cívico". Era um conhecido instrumento retórico para colocar como "mal brasileiro... sem amor à pátria e à família brasileira" os que não militassem pela ordem laica.

Devemos lembrar nesse contexto que Sorel considera o mito não um ato do intelectivo ou analítico e abstrato, mas um ato volitivo assimilado e existencial, fundado na intuição e não mediado, isto é, uma forma indemonstrável de uma verdade ligada às mais fortes tendências de um grupo associado aos seus valores, como acontece nas tradições religiosas. Estabelece Sorel que os mitos são "conjuntos de imagens capazes de evocar *em bloco e somente pela intuição*, antes de qualquer análise refletida, a massa dos sentimentos" (SOREL, 1993: 55). De tal proposição resulta que um conhecimento político se constitui intuitivamente verdadeiro, que permite a consciência sem dependência de mediações racionais, no qual o mito se apresenta como fruto da dinâmica da vida dos agregados humanos. A ação oriunda dessa deliberação da vontade, em regra, abrange todo o comportamento ao qual o agente atribui um sentido subjetivo, e a ação social abrange toda ação que leva em conta o comportamento do outro.

O exercício da política conjuga, portanto, juízo factual e de valor ao interpretar a realidade e lhe atribuir sentido. Ferrater-Mora, citado anteriormente, afirma que "o mito é como um relato do que poderia ter acontecido se a realidade tivesse coincidido com o paradigma da realidade", e disto podemos inferir que as práticas sociais (a realidade) se relacionam com o *mistério primordial*, a condição humana livre e igualitária (o paradigma). Assim, a maneira de ver o mundo é resultante de uma dada formação histórica, e que está na base do que é chamado mito político que produz os elementos utópicos mobilizadores dos agentes políticos.

Esta compreensão do mito político, que no caso deste estudo deriva da crença religiosa, acentua a instrumentalização do caráter mediador do mito para seu uso na coesão social, porque o mito não se apresenta apenas como símbolo, mas como fato, e no dizer de Eliade "relata de que modo algo foi produzido e começou a ser". O mito fala apenas do que realmente ocorreu, do que se manifestou plenamente (ELIADE, 1986: 11), isto é, a forma que tomaram as formações históricas, e os mitos que as sustentaram.

Lasswel por sua vez lembra que o discurso político é mito, que possui os subtipos ideologia e utopia, e afirma: "não se deve interpretar o termo mito como se necessariamente imputássemos caráter fictício falso ou irracional aos símbolos [aos quais remete o discurso político], embora tal imputação seja muitas vezes correta" (LASSWELL, 1982: 12). Discurso político que se ancora no mito deriva a referida coesão social de um passado do qual se espera inspiração e mobilização, quase sempre apresentado como caminho para uma cidadania que garanta a igualdade, ainda que, embora efetiva, também seja imperfeita. Porque a agenda axiológica é dinâmica visa essencialmente dar forma ao comportamento político, muitas vezes recusando o aporte racional em favor do mito, pois sem mito não há mobilização porque se expropria a passionalidade, desconsiderando aspectos psicológicos que fazem parte de um subconsciente coletivo e operam em favor de uma existência a ser realizada.

Nessa esfera fluida da psique, quanto mais poderosas e elementares forem as emoções que o mito conseguir sintetizar em si, tanto maior será a eficácia do processo de integração política ao qual serve de fundamento. Isto reforça argumentação já apresentada que historicamente não escapa também ao reconhecimento que os mitos são geralmente elaborados a partir de experiências comunitárias, societárias, e que ganham sua densidade como consciência de algo revelado/dado em oposição ao construído, e assim, ancestralmente, cumpriam um duplo papel, de apaziguar forças adversas e de regulação do mistério condicionante da experiência humana na produção de uma *episteme* de caráter essencialmente imaginativa. Por isso Novaes afirma que "a história... se passa nos quadros locais, como eventos que o povo recorda e a seu modo explica. Todo povo tem uma teoria de si mesmo e um modo particular de temporalizar, marcar e narrar os eventos" (NOVAES, 1992) que se exemplifica na remissão protestante da Reforma e da contemporaneidade do século XX. As percepções da história de uma sociedade refletem, portanto, as percepções do tempo e visões da história como construções sociais e culturais.

A ambiência social, as identidades associativas serão elementos fundamentais numa tipologia dos interesses de uma ordem social pretendida, porque estes são diferentes em função das especificidades dos seus *contextos*. De fato os interesses que podem ser atribuídos a alguém por quase todos possuem uma imensa relação com as questões às quais são pertinentes, mesmo que o alcance delas não seja muito amplo, e se estruturem em escalas frequentemente multidimensionais (GUIMARÃES, 1999). Assim, a Liga se apresentava como associada à especificidade do contexto da República, afirmando estar "compenetrada da hora sombria que o mundo atravessa", dessa forma, provia de um diagnóstico sobre a realidade social do seu tempo, ante a qual "a Liga não pode [pudesse] e não quer [quisesse] ficar na penumbra morna das posições acomodatícias e duvidosas". Esta disposição deixa clara a operação do mito na política na medida em que o fato de que, uma vez tido como verdadeiro – a crença e o diagnóstico –, ele possui valor de ação[11].

Como se sabe, a escolha dos instrumentos de intervenção é resultado da eleição de interesses que se busca. Este processo de escolha e eleição demanda um conhecimento de que, quanto mais abrangente, mais arraigada torna a

---

11. As decisões podem ter caráter prioritariamente singular, situação específica. Os interesses são importantes, mas nem todos são tão importantes. Nós devemos tomar cuidado ao tentar explicar o debate político e a prática política totalmente em termos de interesse.

escolha; em nosso caso, esta é uma matriz recorrente na experiência religiosa, em regra calcada em convicções radicais.

É a eleição de um paradigma de interesses que influencia as decisões individuais e coletivas, no caso, as verdades religiosas conforme apreendidas pelos fiéis, que fazia com que o protestantismo brasileiro na república se apegasse ao axioma laicista, associado através da instrumentalização de narrativas míticas libertárias à própria origem da fé reformada, tomada como exemplo da verdade do cristianismo fiel, e exigia que os fiéis se alistassem para a militância política em favor de uma ordem fundada neste princípio laico, cujo modelo podia ser reconhecido internacionalmente em nações de tradição protestante como indicamos abaixo.

Para consolidar o projeto de uma sociedade laica era inevitável que o Estado de Direito buscasse a abstração das prerrogativas distintivas, provedoras das desigualdades de condições, como herança de tempos pretéritos, e respondesse à questão que se colocava: Quais os princípios que devem conter a organização política de modo que os diversos credos – não só religiosos – aufiram exatamente os mesmos direitos e possam assim reconhecer-se igualmente no Estado?

O Memorial afirma que "A Liga terá seus olhos constantemente voltados para a sábia democracia, que é soberana e impessoal e que tem feito a grandeza de modelares nações, onde imperam a *liberdade, o liberalismo, a ordem* e o mais decidido respeito, como Estados Unidos, Inglaterra, França, Suíça, Holanda, Suécia e outros estados", representação explicada acima que remete à influência dos diversos aspectos que atuaram na organização desses grupos políticos ou religiosos aqui tomados como modelos, de cujo amálgama dos elementos políticos e religiosos emerge uma forma específica de compreensão do universo, a intervenção política, que o protestantismo adotou para se posicionar diante da vida e do mundo, e da ordem social republicana.

É preciso considerar que a adesão a um interesse pelo qual vale o enfrentamento político, ainda que espelhado em experiências históricas de outros grupos, reflete um estado de espírito sob o qual se fundam as decisões, que são – estrategicamente – afirmadas como sinônimo de interesse público, em qualquer que seja a sua extensão. A Liga não era diferente.

Ao se colocar entre os agentes que defendem o interesse público, os grupos tendem a caracterizar os demais como agentes de interesses particulares.

No ambiente republicano as diferenças de opinião, de valores (religiosos) aparecem nas discussões sobre o que constitui o interesse público, que seriam mais precisamente referidos como interesses coletivos comuns, e, no caso, o fim último era a paz social, pressupostamente derivada da democracia e da liberdade de uma ordem laica, calcados na liberdade de consciência, chave hermenêutica do protestantismo para compreensão da ordem.

Peña-Ruiz já indicou como hodiernamente se reconhece que nas sociedades modernas são proeminentes três fenômenos mais recorrentes: a substituição da unidade pelo pluralismo religioso, o caráter autoritário-opressivo dos estados que adotam confessionalidades oficiais, e a incompatibilidade entre dominação religiosa institucional e liberdade de consciência. A liberdade de consciência que não promove nem a obrigação nem o interdito para com os credos religiosos (filosóficos, políticos etc.) permanece o ícone da filosofia laicista. Não lhe cabe outro formato, já que seu pressuposto é a afirmação da liberdade humana, de resto, bem mais ampla do que a ideia de religião, e cuja fórmula implícita é a admissibilidade do antagonismo:

> quem conta ou transmite uma história mitológica a considera, em algum nível, plausível, e a incorpora à vida para justificar rotinas e tradições, expectativas e práticas. A força da crença camufla a natureza mítica da narrativa, transformando-a em uma lição de como as coisas devem ser (RUST, 2015: 25).

Efetivamente o elemento substantivo da narrativa mítica é a eticidade. O mito é uma proposição ética porque relacionada a uma axiologia socialmente instituída, por isso Veyne a nomeia uma razão prática (VEYNE, 1987), que comporta e acomoda o paradoxo de princípios socialmente sancionados como desejáveis, válidos em si, contra a incapacidade de sua justificação concreta. Como indicamos, o mito político se constitui, portanto, numa idealização do passado "para legitimar ou desacreditar um regime de poder", por isso se constituem "leituras do mundo orientadas para o posicionamento de disputas pelo poder" (RUST, 2015).

Os interesses públicos implícitos no mito ordenante do protestantismo e decorrentes dos princípios laicos foram listados no Memorial e consistiam em "defender a Justiça, o Direito e a Ordem, tão ameaçados nestes últimos tempos por ideologias dissolventes e aterradoras", numa sugestão velada ao que o Memorial chama de "extremismos, quer da direita, quer da esquerda".

A adoção de agendas como essa e seu aparato simbólico se explicam na medida em que lembramos como os símbolos não traduzem a experiência para esgotá-las, somente quem as teve pode saber do que se trata, constituindo-se uma das funções do mito nortear o manejo das experiências individuais ou coletivas. O protestantismo, objeto de resistência de outros grupos religiosos e sociais, desde a Reforma até a experiência brasileira, compreendia de forma bem-definida o significado deste processo.

A partir desta ambientação filosófica e histórica a Liga anuncia os nove pontos do seu "programa cívico", tendo como impulso definitivo as "eleições vindouras". Sem se organizar partidariamente, mas disposta a operar como grupo de pressão, no modelo da Liga Eleitoral Católica, o protestantismo declara: "Devendo interessar-se de modo intenso por todas as eleições vindouras, a Liga apoiará, tão somente, os partidos ou candidatos que inscreverem em suas resoluções os seguintes postulados": como constam no Memorial acima descrito.

A antropologia já nos permitiu compreender como os mitos e suas narrativas se constituem em torno de "ideias míticas", que não raramente são personificadas em associações e, sobretudo, em personagens, dos quais a Igreja cristã, "corpo místico de Cristo", é um exemplo eloquente, em qualquer dos seus ramos, que historicamente disputam a hegemonia dos bens simbólicos associados ao cristianismo, todos se declarando arautos da ortodoxia.

Para que esse herói possa ser despertado necessita submeter-se a uma experiência de transformação, uma crise que vai desintegrá-lo na sua constituição original; por exemplo, a sociedade cristã do medievo e o controle social do catolicismo no mundo moderno. Segue-se, então, uma sequência de eventos que irão culminar em sua reintegração, por exemplo, o lugar da religião na ordem laicista. Nesse processo de autorrealização o herói é submetido a um conjunto amplo de eventos que estão relacionados com as escolhas feitas, as estratégias, e que remete sempre às habilidades que reúne ou preserva para seu estabelecimento e reconhecimento no presente.

O protestantismo, portanto, vividos os seus eventos, estabelece suas escolhas em torno do trinômio liberdade, direito e democracia, com os seus consequentes agregados, justiça e ordem, apresentando assim sua opção política, e, nos termos do Memorial, são sumarizados nos nove pontos que, tornados interesses comuns e assegurados no ordenamento jurídico, se constituem para a sociedade no seu bem comum.

À margem do fato que nada na experiência humana e social é incondicional, o primeiro ponto é posto como a "Defesa incondicional da Democracia", não avançando na caracterização da democracia, compressível, pois de resto não seria próprio para o Memorial, mas não realçando a natureza polissêmica da ideia de democracia.

Pressuposta a democracia como assimilação das pluralidades, é natural que se guarde reservas quanto "aos extremismos, quer da direita, quer da esquerda". Neste particular, o Memorial também não indica em que consiste direita, esquerda, ou extremismo, deixando ao leitor as ideias pressupostas, notadamente aquelas ligadas ao momento republicano no que concerne ao pensamento comunista e ao integralismo, este último denunciado várias vezes como associado ao catolicismo (SANTOS, 2014).

Assim sendo, o postulado que abraça a democracia e que a preserva contra suas ameaças extremas está cativo do imaginário, dos seus símbolos, e constitui uma parte importante no momento histórico da República Velha e do Estado Novo e o papel que novos protagonistas políticos tinham como destinação. Este processo abrange a afirmação de princípios, a análise de conjuntura, a interpretação histórica e a caracterização de grupos tidos como adversários.

Para o estabelecimento da experiência de uma democracia ampla, de ordem, justiça e direito, era inevitável a "separação absoluta entre a Igreja e o Estado", que se faria "estabelecendo-se o ensino puramente leigo, em todos os estabelecimentos de instrução pública". Em seu embate com o catolicismo romano era imprescindível a separação, pois inibia que um grupo social específico tivesse prerrogativa objetada a outros. E neste particular, preocupava principalmente o controle sobre a instituição escolar que era um instrumento privilegiado de controle social.

Efetivamente, como vimos argumentando, a pluralidade de crenças são modos de ordenamento e domesticação do mistério do mundo, e se elaboram sob o influxo das diversas sociedades e suas respectivas ambiências culturais, o que faz das instituições religiosas um elemento fundamental de expressão e identidade cultural, e de organização social. Tal identidade, forjada em valores, no caso, remissa a doutrina religiosa abraçada, sugere que tais valores elevados podem progressivamente tutelar a dinâmica social, além de que as ações nelas fundadas e sua missão espiritual, pretensamente, leva o grupo que as advoga a um grande prestígio na comunidade, quando anuncia a liberdade do seu povo da destruição e da morte, da degradação social e da exclusão.

Tais perspectivas de uma sociedade erigida sobre valores (religiosos) sólidos são sinônimo de "plena liberdade a todo cidadão, com o devido respeito à liberdade alheia", e neste particular o protestantismo se ressentia de ser ele mesmo o alheio, o que se retificaria desde que se fizesse efetiva e concreta "a ordem do Estado".

Este exercício da liberdade plena numa ordem social concreta e duradoura pode ser entendido também pela argumentação de Campbell, no sentido que liberdade e ordem podem ser compreendidas como estágio superior e ideal da vida social. Segundo o autor,

> Você deixa o mundo onde está e se encaminha na direção de algo mais profundo, mais distante ou mais alto. Então atinge aquilo que faltava à sua consciência, no mundo anteriormente habitado. Aí surge o problema: permanecer ali, deixando o mundo ruir, ou retornar com a dádiva, tentando manter-se fiel a ela, ao mesmo tempo em que reingressa no seu mundo social (CAMPBELL, 1990: 137).

Após mencionar de passagem uma remissão generalista à "ampla defesa da paz nacional e internacional", o Memorial volta-se para sua questão fundamental "mais profunda, mais distante e mais alta": "Integral liberdade de consciência" via expropriação do controle católico da "assistência nas santas casas, asilos, sanatórios, e demais instituições beneficentes estaduais e municipais, e particulares, desde que recebam subvenção dos cofres públicos".

A afirmação de princípios é um exercício inócuo se não promove algum nível de impacto no ambiente e nas práticas sociais. As empatias pragmáticas do Presidente Vargas com a Igreja Católica pacificada na literatura não era desconhecida do protestantismo. A "lenda urbana" que Vargas daria privilégios ao catolicismo na educação, nas Forças Armadas e nas instituições de assistência social, em troca da ação da Igreja Católica no controle social, não poderia se concretizar. Estado Novo, nova Constituição, era hora dos protestantes lançarem o debate e tentar agregar os liberais. Por isso, com o princípio da liberdade de consciência defendido vinham expressas as circunstâncias mais evidentes em que ela era necessária.

O princípio filosófico e político do laicismo não é antirreligioso, como o catolicismo denunciava incessantemente; na verdade, assume o enfrentamento a confessionalidades religiosas quaisquer quando estas se apresentam como *projeto de dominação temporal*, ou seja, não a religião enquanto tal, mas como agente político de controle do Estado e exercício do poder, sempre discricionário.

No que concerne à liberdade de consciência, argumenta Peña-Ruiz, que consiste na liberdade de julgamento e ação, esta tem como condição que o Estado não arbitre crenças, não as favoreça, que seja neutro. Não policiar convicções particulares não é sinônimo de desarmar consciências. É competência do Estado prover as condições de afirmação plena da liberdade de consciência não apenas no aspecto negativo da neutralidade, mas positivamente, na sua promoção e oferecendo garantias da igualdade de *status* dentro da ordem política (PEÑA-RUIZ, 2003).

Como a Igreja Católica era beneficiária dos favores do Estado, o Memorial acrescenta como expectativa a "Justiça igual na tributação de impostos, sem distinção entre os cultos religiosos, salvo escolas gratuitas, asilos, sanatórios, creches, e outros estabelecimentos de caridade que ficarão isentos". Em questão tão específica a lógica era a mesma, o enfrentamento do catolicismo e as disputas no campo religioso que transbordavam para a vida social.

Referir à igualdade de direitos é afirmar que a laicidade consiste na erradicação de qualquer dominação e privilégio em nome de uma convicção de pensamento qualquer, contexto no qual a separação jurídica entre a Igreja e o Estado é garantia de imparcialidade e liberdade recíprocas. A religião é reconhecida em sua condição de associação voluntária de testemunho de convicções espirituais, emancipada de comprometimentos teopolíticos.

Para o protestantismo o mais importante era afirmar a existência de uma forma tangível de igualdade a ser identificada no arcabouço jurídico universal e igualitário e num espaço público que se institua com uma única razão de ser: a promoção do que é comum projetado para além da diferença, ou seja, seu princípio de universalidade. Nessa universalidade está incluída a imposição da distinção do espaço público e do espaço privado, isto é, o patrimônio de todos os homens, e o patrimônio de certos homens. A distinção jurídica público e privado é essencial enquanto permissão da conciliação sem amálgamas da universalidade que fundamenta a vida social. Reconhecer a pertença das convicções, religiosas inclusive, ao espaço privado não impõe a subtração do seu significado na vida coletiva e como dimensão do tecido social.

O texto vai se encerrar com o moralismo protestante de uma ética privada através de uma "assistência social, incluindo o *combate ao jogo, álcool, tabagismo e sífilis*", e a defesa da norma jurídica vigente na Constituição, nestes termos: "Fiel observância dos itens 1, 4, 6, 11, 12 e 16 do artigo 113 da Constituição Federal, de 16 de julho de 1934"[12].

Finalmente

O protestantismo estava em consonância com o princípio segundo o qual não são as constituições e fórmulas jurídicas que irão estabelecer a unidade do Estado, mas sim a ativação, por meio de símbolos ou mitos, daquelas emoções e estados de consciência que repousavam no inconsciente coletivo da massa; e isso tanto mais se percebe desde que os efeitos do pós-guerra evidenciaram a "visível *ausência de substância* e de *método espiritual* de *certas formas tradicionais de cultura moral e política* – como a democracia liberal, o individualismo, o racionalismo – que apenas deixavam latentes aqueles estados do inconsciente coletivo", conforme a tese de Corrêa (2009).

Além disso, a defesa do laicismo não significa afirmar que os segmentos privados, particulares, estejam inaptos a participação na ordem democrática, inclusive como crítica ética e política à ordem, mas apenas que os particularismos são independentes dos poderes temporais, e que a esfera pública está

---

12. Art. 113 – A Constituição assegura a brasileiros e a estrangeiros residentes no país a inviolabilidade dos direitos concernentes à liberdade, à subsistência, à segurança individual e à propriedade, nos termos seguintes: 1) Todos são iguais perante a lei. Não haverá privilégios, nem distinções, por motivo de nascimento, sexo, raça, profissões próprias ou dos pais, classe social, riqueza, crenças religiosas ou ideias políticas. 4) Por motivo de convicções filosóficas, políticas ou religiosas, ninguém será privado de qualquer dos seus direitos, salvo o caso do art. 111, letra b. 6) Sempre que solicitada, será permitida a assistência religiosa nas expedições militares, nos hospitais, nas penitenciárias e em outros estabelecimentos oficiais, sem ônus para os cofres públicos, nem constrangimento ou coação dos assistidos. Nas expedições militares a assistência religiosa só poderá ser exercida por sacerdotes brasileiros natos. 11) A todos é lícito se reunirem sem armas, não podendo intervir a autoridade senão para assegurar ou restabelecer a ordem pública. Com este fim poderá designar o local onde a reunião se deva realizar, contanto que isso não o impossibilite ou frustre. 12) É garantida a liberdade de associação para fins lícitos, nenhuma associação será compulsoriamente dissolvida senão por sentença judiciária. 16) A casa é o asilo inviolável do indivíduo. Nela ninguém poderá penetrar, de noite, sem consentimento do morador, senão para acudir a vítimas de crimes ou desastres, nem de dia, senão nos casos e pela forma prescritos na lei.

isenta das intromissões particulares. O espaço público e o Estado regulador imparcial não se constituem um mosaico de comunidades, mas o espaço de referência dos sujeitos livres nas escolhas das suas associações, consideradas problemáticas de direito individual.

Em tudo isso se evidencia como a narrativa mítica constitui o mito como indicador das bases do ordenamento do mundo, da ordem social politicamente erigida, cujas tensões indicam as cosmovisões das diversas sociedades, para com ela analisar o efeito histórico do mito na organização social e cultural. A liberdade e a democracia são mitos da cultura ocidental sob os quais se edifica a sua estrutura social. Esta ordem exige emancipação da tutela religiosa; portanto, demanda o laicismo como sistema de afirmação das diferenças que somente ganha sentido se viabilizada a coexistência. O laicismo representa a conjunção inseparável de ideal político e comandos jurídicos. O ideal político visa a organização de uma comunidade de direitos que opera a vigência das liberdades de consciência, da igualdade de prioridade absoluta do bem comum, assegurado na ordem jurídica, cujo agente é o Estado, ainda quando o demandante dessa proteção jurisdicional para a ordem laicista seja um agente movido por diversas crenças, elas mesmas modos de ordenamento e domesticação do mistério do mundo, que se elaboram sob o influxo da ambiência cultural de cada grupo, o que faz da crença um elemento fundamental de expressão e identidade cultural, e de organização social.

Referências

AZZI, R. *A Cristandade colonial*: mito e ideologia. Petrópolis: Vozes, 1987.

BERGER, T. & LUCKMANN, T. *Modernidade, pluralismo e crise de sentido –* A orientação do homem moderno. Petrópolis: Vozes, 2012.

BOER, N. *Clericalismo e militarismo*. São Paulo: TAO, 1980.

BOFF, C. *O livro do sentido* – Crise e busca de sentido hoje [parte crítico-analítica]. São Paulo: Paulus, 2014.

CAMPBELL, J. *The Hero with a thousand faces*. Mythos, 1973.

CARVALHO, A. *Epistemologia e ciências da educação*. Porto: Afrontamento, 1996.

CINTRA, A.C.A.; GRINOVER, A.P. & DINAMARCO, C.R. *Teoria Geral do Processo*. São Paulo: Revista dos Tribunais, 1986.

CORRÊA, P.C.L. Massa, mito e Estado em Francisco Campos – A política de uma era de transição. *Achegas.Net*, n. 42, ago.-dez./2009 [Disponível em http://www. achegas.net/numero/42/paulo_celso_42.pdf].

DURVERGER, M. *Introdução à política*. Lisboa: Studios Cor, 1974.

ELIADE, M. *Mito e realidade*. São Paulo: Perspectiva, 2002.

_____. *Mito e realidade*. São Paulo: Perspectiva, 1986.

EHRLICH, E. *Fundamentos de Sociologia do Direito*. Brasília: UnB, 1986.

FERRATER-MORA, J. *Dicionário de Filosofia*. 4 vols. São Paulo: Loyola/Sudamericana, 1969.

FRAZER, J.G. *La rama dorada:* magia y religión. México: FCE, 1981.

GUIMARÃES, A.C. Sobre os fundamentos da Ordem [Disponível em: http://www. sinergia-spe.net/editoraeletronica].

GUSDORF, G. *Mito e metafísica* – Introdução à filosofia. São Paulo: Centauro, 1980.

KOLAKOWSKI, L. *A presença do mito*. Brasília: UnB, 1981.

LASSWELL, H. *A linguagem do poder*. Brasília: UnB, 1982.

MANO, M. Mito e história: perspectivas do debate entre estrutura e evento em etnologia. *Opsis,* vol. 9, n. 13, jul.-dez./2009, p. 191-216.

MAYNEZ, E.G. *Filosofia del Direcho*. México: Porrua, 1974.

MIGUEL, L.F. Em torno do mito político. *Dados*, vol. 41, n. 3, 1998. Rio de Janeiro.

MILLER, N.P. *The religious roots of the first amendment*. Nova York: Oxford, 2012.

MOURA ROCHA, J.E.D. *Poderes do Estado e ordem legal*. Recife: UFPE, 1994.

NOVAES, A. (org.). *Tempo e história*. São Paulo: Cia. das Letras, 1992.

PEÑA-RUIZ, H. *La laïcité*. Paris: Flammarion, 2003.

PROPP, V. *Morfologia do Conto Maravilhoso*. São Paulo: Forense Universitária, 1984.

RÜSSEN, J. *Cultura faz sentido* – Orientações entre o hoje e o amanhã. Petrópolis: Vozes, 2014.

RUST, L.D. *Mitos papais* – Política e imaginação na história. Petrópolis: Vozes, 2015.

SANTOS, J.M.L. O protestantismo brasileiro e o integralismo. *Fatos e Versão* – Revista de história, vol. 6, n. 11, 2014 [Disponível em http://www.seer.ufms.br/index. php/fatver/issue/view/86/showToc].

_____. Interfaces das relações entre Direito e Religião e Ordem Social. In: *Anais do XII Simpósio Nacional da Associação Brasileira de História das Religiões*. Juiz de Fora, 2011 [Disponível em http://www.abhr.org.br/plura/ojs/index.php/anais/article/view/231/235].

SODRÉ, M. *Best-seller*: a literatura de mercado. 2. ed. São Paulo: Ática, 1988.

SOREL, G. *Reflexões sobre a violência*. Petrópolis: Vozes, 1993.

TILLICH, P. *Substance catholique et principe protestant*. Paris/Genebra: Cerf/Labor et Fides, 1995.

VEYNE, P. *Acreditam os gregos em seus mitos?* Lisboa: Ed. 70, 1987.

WEINGARTNER NETO, J. *Liberdade religiosa na Constituição*: fundamentalismo, pluralismo, crenças, cultos. Porto Alegre: Livraria do Advogado, 2007.

3
Istafti qalbak: consulte seu coração*

Francirosy Campos Barbosa**

> *Meu objetivo [...] não é descrever exaustivamente todas as situações sociais nas quais a magia, os oráculos e bruxaria se apresentam, mas estudar as relações entre essas práticas e crenças entre si, mostrar como formam um sistema racional e investigar como este sistema racional se manifesta no comportamento social* (EVANS-PRITCHARD, 2005: 26).

Este capítulo segue caminhos diversos para falar sobre o coração no Islam. Em geral quando se trata de falar do coração na religião, vincula-se ao sufismo, como se a vertente mística do Islam fosse *por si* a única a estabelecer esta conexão com o sagrado, mas esta conexão na verdade é base da religião como um todo e não de uma tradição[1]; entretanto, os sábios mais conhecidos, como Al Ghazali tiveram influência Sufi (*Tasawwuf*), ou eram sufis. Como leitora de Rumi[2] sempre compreendi a descoberta do coração, como a aproximação direta com Deus, mas venho buscando no próprio Alcorão passagens que me levem também aos significados desta conexão. Importante dizer que

---

* Para o Professor Tariq Ramadan, que tão generosamente me enviou os artigos para este texto. Seu coração certamente é repleto de devoção a Allah.

** Antropóloga, *Academic Visitor* na Universidade de Oxford, sob a supervisão do Professor Tariq Ramadan em 2016, docente do Departamento de Psicologia da USP/FFCLRP, coordenadora do Gracias (Grupo de Antropologia em Contextos Islâmicos e Árabes), autora do livro *Performances Islâmicas em São Paulo: arabescos, luas e tâmaras*, 2017. E-mail: francirosy@gmail.com

1. Aqui entende-se por tradição o sunismo e o xiismo.

2. Rumi (1207-1273) Mawlānā Jalāl-ad-Dīn Muhammad Rūmī foi um poeta e mestre espiritual persa do século XIII. Seus poemas adquiriram grande popularidade principalmente entre os persas do Afeganistão, Irã e Tajiquistão.

não irei neste texto discorrer sobre um grupo específico, mas sim considerar alguns aspectos apreendidos nas Ciências Islâmicas que nos levem a pensar sobre alguns significados que encontramos em narrativas de comunidades muçulmanas diversas, impressões do sensível islâmico que me interessam em demasia nesses 20 anos de pesquisa entre os muçulmanos. Destaco, portanto, algumas boas descobertas sobre o coração no texto sagrado dos muçulmanos, mas também faço uso de fontes sunitas e xiitas, que auxiliam nesta descoberta que é o próprio coração, dar voltas, e dar voltas é tão simbólico no Islam quanto nos remetermos às voltas dadas na Caaba por ocasião do *Hajj* (quinto pilar da religião).

Compartilho do pensamento de Tariq Ramadan quando se refere que a liberdade é pré-requisito da Sharia, uma das condições que permite que ela seja realizada em fidelidade aos seus objetivos (2017: 170). Sendo a Sharia "o caminho que leva às águas", isto implica uma limpeza diária do comportamento dos muçulmanos, dos seus sentimentos... é a regra que ajuda a purificar esses sentimentos e coloca em sintonia com o divino. Os objetivos da Sharia indicados por Al Ghazali e citados por Ramadan são: direito à religião, à pessoa (nafs), à família (parentesco), à consciência (intelecto), à propriedade, à vida (p. 151). Todos esses objetivos devem ser considerados na vida de uma pessoa religiosa.

Uma inspiração deste texto é Rumi[3]. Este sempre foi leitura de cabeceira para o entendimento da mística. Recentemente me deparei com o livro *A purificação do coração*, e ele traz um universo muito denso sobre as ações que beneficiam ou não o coração. Nessas voltas pelo coração chego ao número de citação da palavra no Alcorão: 123 vezes. Em sendo assim, para empreender esta peregrinação (*hajj*) pelo coração, ou ao coração..., retorno à década de 1990 quando começo a estudar as comunidades islâmicas nas quais aprendi todas as regras, o lado prescritivo da religião, podemos até dividi-lo em *haram e halal* (ilícito e lícito), mas isso não é tudo quando se trata de apreender o Islam e sua densidade teológica.

O caminho da espiritualidade e do sensível desta entrega a Deus é permeado por saberes diversos. No Islam a fé parte do conhecimento. Aquele que tem conhecimento tem fé e é temente a Deus.

---

3. Rumi (1207-1273) foi um poeta e mestre espiritual persa do século XIII. Seus poemas adquiriram grande popularidade principalmente entre os persas do Afeganistão, Irã e Tajiquistão.

Porque todas as coisas são limitadas e numeradas/ Saiba que o espelho do coração é sem limites/ Aqui o entendimento torna-se silencioso,/ Senão ele induz ao erro,/ Pois o coração está com Deus, ou melhor, o coração, É ELE (Masnavi, I, versos 3.489-3.490).

Para Rumi "O coração é um jardim secreto onde se ocultam árvores / ele manifesta cem formas, mas não tem mais que uma só. / É um oceano imenso, sem limites e sem rios. / Cem vagas aqui se quebram: vagas de cada alma" (RUMI, 1993: 42)[4].

Antes de prosseguir é importante destacar aqui minha inspiração em Geertz e no método interpretativo, que nada mais é que uma forma de explicar o significado que instituições, ações, imagens, elocuções, eventos, costumes – ou seja, tudo que interessa aos cientistas sociais, por isso, afirma o autor, não elaboramos leis e sim construções – um sistemático desfazer de malas no mundo conceptual onde vivem *condotiere*, calvinistas ou paranoicos (1999: 37) e essas construções variam imensamente e buscam formas de explicar os sentidos atribuídos. Este texto é por assim dizer um *desfazer de malas* de tudo que aprendi nesses anos de pesquisa de campo islâmico que nunca cessa, mas sempre me deixando afetar por um universo singular que são as conexões dos fiéis com a sua espiritualidade. Compartilho uma experiência similar com Evans-Pritchard (2005) quando este afirma que não teve dificuldade em descobrir o que pensam os Azande sobre a bruxaria, nem em observar o que fazem para compreendê-la, pois isso é explícito no seu cotidiano, na mesma medida acontece em campo islâmico, pois os muçulmanos vão se referir às práticas de recordação de Deus e, portanto, à limpeza que se faz do coração com certa frequência. O que mudou de fato foi o modo como a pesquisadora, no caso, eu, passei a me colocar em campo, não como uma *observadora participante*, mas sim com um *corpo participante* como exemplifiquei no capítulo "Pesquisadoras e suas magias – uma meta-antropologia" (FERREIRA, 2013).

Os anos se passaram e aprendi outras nuanças da religião, o lado que se conta no chão das mesquitas, em conversas paralelas, um universo sensível que fala sobre a adesão à religião. O primeiro impacto foi ouvindo histórias

---

4. Cf. WERNECK FILHO, M.G. & OLIVEIRA, H.M. *Rumi e o jardim secreto do coração*, vol. 4, n. 7, dez./2005, p. 95-109. Belo Horizonte: Horizonte.

sobre a *Noite do Decreto (Lailat Qadr)*, "a melhor do que mil noites". Noite na qual o Alcorão foi revelado, não se sabe ao certo qual é essa noite, mas se sabe que está entre as últimas dez noites do mês do Ramadan. Durante as noites ímpares os muçulmanos suplicam a Deus os seus pedidos, e esses são variados: saúde, filhos, reconciliação com amigos, familiares, viagem para estudo, marido, esposa, paz, uma infinidade de coisas. Conta-se que nesta noite o silêncio predomina, o fiel sente uma tranquilidade, encontra conforto para o seu coração. Foi durante as noites do Ramadan (mês do jejum) que compreendi um pouco mais do sensível que envolve *ser muçulmano* e é, sobretudo, o *start* para este texto, no qual o coração, e a consulta que se faz a ele, deve ser algo buscado dentro da espiritualidade islâmica. Deslocamos de uma religião prescritiva, cheia de regras, para uma religião na qual o sensível é o canal de comunicação com o divino, com o sagrado. Recordar Deus é a chave para se chegar ao coração.

Se a *Noite do Decreto* me levou a pensar o sensível islâmico, pois há uma busca por uma noite abençoada, no qual se encontra a serenidade e tem-se pedidos atendidos por *Allah*, por outro lado confirmei que toda ação islâmica tem por trás uma intenção. O fiel deve intencionar fazer o jejum do mês do Ramadan antes de iniciá-lo, e/ou intencionar fazer a *salat* (oração), e/ou intencionar fazer o *Hajj* (Peregrinação a Meca). Há um *hadith* que descreve perfeitamente a importância da intenção:

> Todas as ações são julgadas pelos motivos e cada pessoa será recompensada de acordo com sua intenção. Então, aqueles que migraram por Deus e Seu Mensageiro, sua migração será por Deus e Seu Mensageiro, mas aqueles que migraram por alguma coisa terrena que pudessem obter ou por uma esposa com a qual pudesse se casar, sua migração será por aquilo pelo qual migrou (Saheeh Al-Bukhari, Saheeh Muslim).

Pode-se dizer que a intenção vem do coração (*qalb*). Ouvir o coração requer uma limpeza anterior dos nossos desejos (nossas intenções), e isso só é possível com a recordação de Allah. Se o coração deve ser purificado constantemente é porque existem doenças do coração. No texto de *Matharat al-Qulub del Imam Al-Maulud*, que foi copilado pelo Sheikh Hamza Yusuf (2004), algumas dessas doenças são apresentadas: o rancor, ódio, avareza, insatisfação, pensamentos negativos, isto é, uma infinidade de sentimentos que vão adoecendo o coração do fiel.

Outro *hadith* relatado por Bukhari diz que o Profeta (SAAS) disse: "Na verdade, existe no corpo um pedaço de carne que, se é sã, então todo o corpo é são, e se ele é corrupto, em seguida, um corpo inteiro é corrupto. Na verdade, é o coração.

No Alcorão a surata 26 (88-89) menciona o coração espiritual. Por exemplo, o Dia do Juízo:

> Dia em que de nada valerão bens ou filhos,
> Salvo para quem comparecer ante Deus com um coração sincero
> *(livre de todos os tipos de hipocrisia, e sem associar parceiros a Deus).*

No Islam são quatro os sinais da hipocrisia: 1) Quando fala, mente; 2) Quando promete não cumpre; 3) Quando lhe confiado algo, trai; e 4) Quando diverge, exagera.

O coração sincero é aquele que é temente a Deus e só a Ele recorre, a *Tawhid* – unicidade de Deus é algo de valor primordial para o muçulmano. Repetir "Não há Deus, se não Deus" é atribuir o lugar de centralidade a Ele, e quando se repete o seu nome está se limpando o coração. A limpeza do coração passa pela proximidade com Deus, quanto mais conectado com o divino, mais limpo o coração.

Al-Qalb

A palavra *qalb* (coração) vem da palavra *qalaba (q l b)* que significa mudança, flutuação, transformar, retornar etc. O coração é constantemente transformado. Quando os muçulmanos recitam cotidianamente a surata *Al Fatiha (Abertura)* eles dizem:

> *Guia-nos à senda reta*, à senda dos que agraciaste, não à dos abominados, nem à dos extraviados (1, 6-7 – grifo nosso).

Saber que o homem é guiado por Deus e é Ele que mostra o caminho e afasta o homem de todo mal. Em conversa com Sheik Mohamad El Bukai[5] sobre o coração e a sintonia com Deus, ele diz que até mesmo pessoas que fa-

---

5. Sheik e Iman da Mesquita da Misericórdia em São Paulo, também conhecida como Mesquita de Santo Amaro.

zem *dhikr (recordação de Deus – que pode ser na forma de repetição das expressões Alhamdulillah, Subhan Allah, Allahu Akbar, ou outras formais mais elaboradas que duram 30 minutos)* diariamente podem receber influências negativas e serem levadas pelo ego, por isso é fundamental repetir constantemente: *Guia-nos à senda reta*, pois é a forma de estarmos conectados com Deus e isto só se faz com a recordação constante e a atenção redobrada aos sentidos que se dá em oração. O muçulmano repete a surata *Al Fatiha* em todas as cinco orações diárias, isto renova a importância da senda reta. Na surata da Caverna temos a obediência expressa: *E robustecemos os seus corações; e quando se ergueram, dizendo: Nosso Senhor é o Senhor dos céus e da terra e nunca invocaremos nenhuma outra divindade em vez dele; porque, com isso, proferiríamos extravagâncias (18,14)*. Esta surata deve ser recitada toda sexta-feira *(jummah)* antes do pôr do sol. Alguns hadices comprovam a importância desta recitação às sextas-feiras:

> Sa'eed Abu al-Khudri (رضي الله عنه) disse: "Quem lê Surat AL--Kahf, na noite de Jumu'ah, terá uma luz que se estenderá entre ele e a antiga Casa (Kaaba)". [Narrado por al-Daarimi, 3407. Este hadith foi classificado como saheeh por Shaykh al-Albani, em Sahih al-Jaami, 6471.]

> O Profeta ﷺ disse: "Quem recitou Surat al Kahf numa sexta-feira, Allah irá acender para esta pessoa uma luz abundante para iluminar o período entre as duas sextas-feiras (sexta-feira em que a recitação foi feita até a sexta-feira seguinte)" [Hakim 2 / 367, Mishkat al-Masabih, 2175].

O *dhikr* conforme Pinto (2016: 85) é composto de cantos e recitações de poemas louvando a Deus, a Muhammad, ou aos membros de sua família (ahl al-bayt). Cada uma dessas figuras sagradas personifica um conjunto de qualidades morais e emocionais, e constitui símbolos concretos que expressam aspectos distintos da realidade divina (haqiqa). Paulo Pinto tendo etnografado o sufismo sírio nos conta que o principal elemento do *dhikr* é a evocação e indução de estados emocionais ligados à noção de "amor" (hubb), evocando personalidades do Islam com o Profeta Muhammad, sua filha Fatima, seu genro Ali, seu neto Hussein. Importante considerar que não há uma forma única de *dhikr*, e também que, embora seja uma prática explícita de tariqas sufi, ele é recomendado a todos os muçulmanos que devem estar em sintonia com o sagrado o tempo todo. O que notamos é que alguns *dhikr* carregam em si baraka, muitas vezes está expressa nos líderes que a transmitem, pois, como bem afirmou Pinto (2016: 75), é a capacidade que algumas pessoas e objetos têm de produzir uma transformação contínua do seu ambiente natural e social.

Importante dizer que as várias tradições islâmicas (xiismo, sunismo)[6] vão destacar pontos variados da sunnah e do Alcorão para suas práticas mais espiritualizadas. Essas divisões entre sunismo e xiismo nascem na sucessão após a morte do Profeta Mahummad e desencadeia em uma diversidade de práticas e de personalidades mais ou menos qualificada dentro das simbologias de cada tradição. No entanto, algumas coisas são bases de todo e qualquer muçulmano, como expõe Aisha Utz (2011) em seu texto: uma definição de psicologia na perspectiva islâmica inclui o estudo da alma considerando o processo mental, comportamental, emocional. A psique humana, afirma a autora, não é apenas psicológica: é espiritual e metafísica. A *fitra* (natureza do homem inclinado a Deus) e a confirmação do monoteísmo são atributos desta alma.

No Islam o ser humano é composto de corpo e espírito. O espírito é a dimensão interior do ser. A realidade essencial do ser humano reside no *ar-ruh* ou espírito, referido como *nafs (alma), al-Qalb* ou *al'aql*, a alma, o coração ou o intelecto. A palavra *Al nafs* (alma) é a união do corpo e o espírito (*ruh*), o espírito e a matéria. *Al nafs* é corpo inserido de alma. Para o coração (*Al Qalb*) existem dois conceitos: o conceito físico – coração, este que fica batendo, distribuindo o sangue –, e significa também a *consciência (fuad)*. Na verdade, não é a visão que fica cega, mas o coração que está no peito.

> Não percorreram eles a terra, para que seus corações verificassem o ocorrido? Talvez possam, assim, ouvir e raciocinar! Todavia, a cegueira não é a dos olhos, mas a dos corações, que estão em seus peitos!" (Alcorão 22:46).

A consciência está relacionada com a nossa alma e o sensor disso é o coração. *Fuad* se trata desta consciência, mas da consciência espiritual. O coração, segundo o Profeta Muhammad, quando um muçulmano faz um pecado cai um pingo preto no coração, quando insiste, cai outros pingos e vai tornando-se pálido, sem consciência. Toda vez que faz uma boa ação tem um pingo lumi-

---

6. Importante destacar que o sufismo não é uma tradição separada do sunismo e do xiismo, a *Tasawwuf* está presente nas duas tradições.

noso. O Alcorão alerta que antes de dizer qualquer coisa que venha machucar alguém que se reflita:

> Ó fiéis, quando um ímpio vos trouxer uma notícia, examinai-a prudentemente, para não prejudicardes ninguém, por ignorância, e não vos arrependerdes depois (Alcorão 49:6).

Para os muçulmanos a injustiça para com as palavras deve ser evitada, a suspeita, por isso, a importância de avaliar o que foi dito etc.

> 49,7 – E sabei que o Mensageiro de Deus está entre vós e que se ele vos obedecesse em muitos assuntos, cairíeis em desgraça. Porém, Deus vos inspirou o amor pela fé e adornou com ela vossos corações e vos fez repudiar a incredulidade, a impiedade e a rebeldia. Tais são os sensatos.
>
> 49,10 – Sabe que os fiéis são irmãos uns dos outros; reconciliai, pois, os vossos irmãos, e temei a Deus, para vos mostrar misericórdia.

Aisha Utz (2011) dirá em seu livro que Allah tem influência sobre o coração e a alma

> 8,24 – Ó fiéis, atendei a Deus e ao Mensageiro, quando ele vos convocar à salvação. E sabei que Deus intercede entre o homem e o seu coração, e que sereis congregados ante Ele.

Em uma literatura xiita, Muhammadi Ray Shahri (2008, 202-203, 210) vai considerar alguns hadices[7] atribuídos a Iman Ali que dizem: *O coração é a fonte da sabedoria e o ouvido é atenuador / Os olhos formam a arte dos corações / O coração forma as páginas do pensamento / O coração é a fonte da hikmah (sabedoria).* O que se pode apreender desta literatura nativa é que o ser humano tem três fontes para o conhecimento, são elas: *os sentidos*, pois quem carece de um dos sentidos, carece de um tipo de conhecimento; *o intelecto* – o centro das sensações e percepções, sua função é discernir o bom e o mal das ações; *o coração* – esta se apresenta em quatro sentidos: 1) O órgão bombeador do sangue; 2) O intelecto (*Em verdade, nisto há uma mensagem para aquele que tem coração, que escuta atentamente e é testemunha (da verdade), Alcorão 50,37*); 3) O centro dos conhecimentos contemplativos; 4) O espírito (*Deus não vos recriminará por vossos juramentos involuntários;*

---

7. Tradição do Profeta, seus ditos e falas.

porém, responsabilizar-vos-á pelas intenções dos vossos corações. Sabei que Deus é Tolerante, Indulgentíssimo – 2, 225).

Para fechar Shahri afirma (2008: 210) que ao se mencionar o coração acompanhado do intelecto como uma das fontes de conhecimento, isto é, ele é o centro dos conhecimentos contemplativos. Há três fontes de conhecimento: os sentidos, o intelecto e o coração, e é desta forma que o espírito se conecta com a existência.

Alcorão como fonte do/para coração

Henri Corbin estudou profundamente Ibn Arabi, e diz que a imaginação é a voz autêntica do coração, sendo que o pensamento do coração é o pensamento de imagens.

A sede da sabedoria, a que se refere o Alcorão, é o "coração". O Alcorão fala sobre "os corações que aprendem a sabedoria". Sabedoria, portanto, não é inteligência, mas aquilo que está no coração, juntamente com a alma. É necessário ter sabedoria para compreender por que seus corações estão selados:

> Temos criado para o inferno numerosos gênios e humanos com corações com os quais não compreendem, olhos com os quais não veem, e ouvidos com os quais não ouvem. São como as bestas, quiçá pior, porque são displicentes (Alcorão 7:179).

> Preferiram ficar com os incapazes e seus corações foram sigilados; por isso não compreendem (Alcorão 9:87).

> E sigilamos os seus corações para que não o compreendessem, e ensurdecemos os seus ouvidos. E, quando, no Alcorão, mencionas unicamente teu Senhor, voltam-te as costas desdenhosamente (Alcorão 17:46).

A fé não é algo completamente físico, mas está vinculada ao coração. *A fé é conhecimento*, diz Sheik Mohamed El Bukai em uma palestra na Mesquita da Misericórdia, em São Paulo. A pessoa cujo coração não se endureceu tem uma tendência natural para conhecer Deus e obedecê-lo. Quando a religião lhe é transmitida, ela percebe a verdade com o seu coração e imediatamente crê. Por outro lado, quem não crê, não tem conhecimento, seus corações estão destituídos de sabedoria porque se endureceram. Posto que, corações endurecidos, não creem. Os versículos abordam a dificuldade de uns não ouvirem ou verem, nem todos acreditam:

> A palavra provou ser verdadeira sobre a maioria deles, pois que são incrédulos. Nós sobrecarregaremos os seus pescoços com correntes até ao queixo, para que andem com as cabeças hirtas. E lhes colocaremos uma barreira pela frente e uma barreira por trás, e lhes ofuscaremos os olhos, para que não possam ver. Tanto se lhes dá que os admoestes ou não; jamais crerão. Admoestarás somente quem seguir a Mensagem e temer intimamente o Clemente; anuncia a este, pois, uma indulgência e uma generosa recompensa (Alcorão 36:7-11).

No livro pode-se destacar que além dos incrédulos, cujos corações se endureceram e, por isso, perderam a sabedoria, existem também as pessoas que ainda não conhecem a religião, mas seus corações estão vivos e elas possuem almas. Quando a religião lhes é transmitida, elas compreendem que a religião é verdadeira e imediatamente passam a crer em Deus e em sua religião. O grande contraste entre estes dois grupos de pessoas, os incrédulos com os corações endurecidos e aqueles que não conhecem a religião, é que o primeiro é arrogante e o outro grupo é modesto, simples e humilde, "seus corações se endureceram" (Alcorão 5:13), e aqueles que são modestos.

Quando a religião é transmitida às pessoas que têm uma natureza mais parecida com a dos crentes, dizem "Senhor Nosso! Ouvimos um pregoeiro que nos convoca à fé dizendo: Crede em vosso Senhor! E cremos..." (Alcorão 3:193).

Um texto clássico que remete ao sufismo, *A linguagem dos pássaros*, de Farid ud-Din Attar, lemos: "É necessário ouvir com o ouvido do espírito e do coração, e não com o do corpo. O combate entre o coração e o desejo concupiscente é terrível a cada instante" (p. 88). No entanto, a linguagem dos pássaros seria a linguagem transcendente, elevada, mas ela é citada no Alcorão.

Salomão foi herdeiro de Davi, e disse: Ó humanos, tem-nos sido ensinada a linguagem dos pássaros e tem-nos sido proporcionada toda graça. Em verdade, esta é a graça manifesta (de Deus) (Alcorão 27:16).

A maneira pela qual a vertente sufi acessou o real divino foi através do coração que é como um espelho que reflete a luz da divina Realidade. No dizer de Henri Corban para o sufismo, o coração (*qalb*) é tido como "órgão sutil da percepção mística", capaz de projetar a cada instante a presença diversificada das teofanias (CORBAN, 2001: 35).

Istafti qalbak: consulte seu coração – o retorno e o arrependimento

Hazrat Amr Bin 'Aas (R) narra que o Profeta disse:

> O coração do homem perdura depois de tudo. Deus não se importa com um homem que coloca seu coração à disposição de tudo; ele pode ser destruído em qualquer lugar (e forma – Deus não se importa com ele). Quem tem confiança em Allah, Allah é suficiente para ele em todos os assuntos (Ibn Majah).

A ideia de consultar o coração sempre me pareceu muito sensível, afinal, não se fecha o coração para coisas do mundo, muito mais para as coisas de Deus, me disse um fiel certa vez. Barbosa de Souza (2008: 418) nos diz que *o coração se constitui também como um barzaḫ, "cavidade secreta", "princípio" que serve de ponto de contato entre o humano e o divino.* A experiência mais importante no Islam é a conexão com Deus. Quando em minha tese de doutorado (FERREIRA, 2007)[8] optei pela expressão entrega e não submissão a Deus estava convicta que esta só poderia ser feita pelo coração e, portanto, é a ele que se deve consultar constantemente, sendo ele o órgão que deve ser limpo constantemente, pois, como bem deixamos entrever neste texto, um coração impuro acaba por danificar todo o resto. A necessidade de voltar-se para esta purificação constante do coração por meio de práticas de adoração *(ibadat)* como o jejum do mês do Ramadan, as cinco orações diárias, mas também as orações não obrigatórias, o *dhikr*, o *Hajj*, a repetição constante da *shahada*, a purificação como já diz o próprio nome do zakat, tudo isso constrói toda uma simbologia importante que modela, limpa e purifica o coração dos fiéis. O retornar ao Islam é sobretudo uma consulta ao coração que antes estava adormecido.

Mas este retorno está muitas vezes ligado ao conceito de arrependimento *tawba*. Tawba consiste em sentir-se arrependido. Os arrependidos devem pronunciar *astaghfirullah* (Deus me perdoe) como no ḥadīth "aquele que proferiu *astaghfirullah* não é considerado como persistente no pecado". O ḥadīth é narrado por Al-Tirmidhī através de Abū-Bakr Al- Ṣiddīq raḍy Allāhu 'anhu (que Allah esteja satisfeito com ele).

---

8. Cf. tb. a versão em livro: BARBOSA, F.C. *Performances islâmicas em São Paulo*: arabescos, luas e tâmaras. São Paulo: Terceira Via, 2017.

Arrepender-se é algo que os muçulmanos devem fazer cotidianamente. Quando finalizam sua oração eles repetem *astaghfirullah* três vezes. Durante o *dikr* há também a repetição de 100 vezes desta expressão. Um coração em contato com o divino tem que ter o sentimento de arrependimento. E só Allah é capaz de perdoar completamente. O Profeta dirá que: "Não olha Allah a vossa aparência nem as vossas ações, senão ao coração e à intenção".

Penso, por fim, que a consulta ao coração pode ser o caminho mais próximo da espiritualidade islâmica. O fiel se arrepende com sinceridade e busca conforto nas palavras de Deus e consegue, assim, moldar seu comportamento, aumentar seu conhecimento e porventura a sua fé. Um coração ligado à recordação de Deus é um coração satisfeito e entregue a experiência religiosa.

Referências

BARBOSA, F.C. *Performances islâmicas em São Paulo*: entre arabescos, luas e tâmaras. São Paulo: Terceira Via, 2017.

BARBOSA DE SOUZA, C.F. *Religio Cordis* – Um estudo comparativo sobre a concepção de coração em Ibn 'Arabi e João da Cruz. Juiz de Fora: UFJF, 2008 [Tese de doutorado].

El Mensaje de Az-Zaqalan – Publicación Periódica de Estudios Islámicos, ano XI, n. 31-32, 2007 [Disponível em https://www.ghazali.org/site/ihya.htm – Acesso 02/03/2018].

EVANS-PRITCHARD, E.E. *Bruxaria, oráculos e magia entre os Azande*. Rio de Janeiro: Zahar, 2005.

FERREIRA, F.C.B. Pesquisadoras e suas magias – Uma meta-antropologia. In: DAWSEY, J.; MULLER, R.; HIKIJI, R. & MONTEIRO, M. (orgs.). *Antropologia e performance* – Ensaios Napedra. São Paulo: Terceiro Nome, 2013.

_____. *Entre arabescos, luas e tâmaras* – Performances Islâmicas em São Paulo. São Paulo: USP, 2007, p. 372 [Tese de doutorado].

GEERTZ, C. *O saber local*. Petrópolis: Vozes: 1999.

OLIVEIRA, M.F. Jung e o Islam: contribuições à diversidade religiosa. In: *El Azufre Rojo*, n. 2, 2015.

RAMADAN, T. *Islam*: The Essentials. A Pelikan Book, 2017.

SHAHRI, M.R. Los fundamentos del saber. In: *El Mensaje de Az-Zaqalan* – Publicación Periódica de Estudios Islámicos, ano XII, n. 33-34, 2008.

YUSUF, H. *La purificación del corazón*. [Espanha]: Sandala, 2016.

UTZ, A. *Psychology from the Islamic perspective*. Riyadh: Internacional Islamic Publishing House, 2011.

WERNECK FILHO, M.G. & OLIVEIRA, H.M. *Rumi e o jardim secreto do coração*. Horizonte, vol. 4, n. 7, dez./2005, p. 95-109. Belo Horizonte: Horizonte.

4
As duas narrativas bíblicas do dilúvio
A função político-social do mito na Bíblia Hebraica

*Osvaldo Luiz Ribeiro**

Para a discussão da função histórico-social do mito da Bíblia Hebraica, comecemos com uma declaração categórica:

> A função do mito consiste em consolidar e estabilizar a sociedade; sobre a base da psicologia da massa e a lealdade inquestionável a um chefe ou a um grupo, dotados de uma autoridade sobrenatural ou quase divina, cumpre seu objetivo como uma força cultural ou uma carta constitucional sociológica (JAMES, 1973: 110).

Ainda que se pudesse considerar que não se trata sempre de estabilizar, mas, às vezes, também de desestabilizar (LEICH, 1968: 184-198), considero estar diante de uma aproximação aplicável à função do mito na Bíblia Hebraica. Se, todavia, nossa preocupação é "compreender [...] culturas da mesma forma que elas próprias se compreenderam" (DETIENNE, 2004: 67), é preciso ir além de uma definição genérica, e debruçar-se sobre os instrumentos com que aquelas culturas operavam o jogo de "consolidar [...] a sociedade".

Nesse sentido, já ensaiei uma aproximação geral ao tema da função do mito na Bíblia Hebraica (RIBEIRO, 2003), investigação que redundou em tese de doutorado (RIBEIRO, 2008a), em parte publicada (RIBEIRO, 2015).

---

* Pós-doutor em Ciência da Religião (UFJF), doutor em Teologia (PUC-Rio), professor e coordenador do Programa de Mestrado Profissional em Ciências das Religiões da Faculdade Unida de Vitória. E-mail: osvaldo@faculdadeunida.com.br

Naquele caso, tratava-se especificamente de analisar uma de suas duas narrativas de criação. Em outra ocasião, ensaiei investigação sobre aqueles capítulos do Gênesis que, muitas vezes desconsiderando-se o fato de que se trata, na verdade, de duas narrativas imbricadas uma na outra, se costuma tratar como "'a' narrativa de dilúvio" (RIBEIRO, 2004). Desta vez, o exercício de reflexão sobre a função histórico-social do mito na Bíblia Hebraica será desenvolvido através da análise das duas narrativas de dilúvio da Bíblia Hebraica, depois de separadas uma da outra e analisadas em seus plausíveis contextos históricos.

Tendo em mente esse objetivo, penso que ainda se justifica recorrer às declarações que Croatto expôs em seu manual de Fenomenologia da Religião (CROATTO, 2001), desde que não se perca de vista o contexto político da instrumentalização dos mitos. Sim, é verdade que não narra nenhum acontecimento histórico, senão que ele encena figurativamente acontecimentos que se situam em seu próprio horizonte de produção (CROATTO, 2001: 301-302; RIBEIRO, 2004, 2005), tanto quanto é igualmente verdadeiro que o mito pretenda ser "história verdadeira" (CROATTO, 2001: 300). Mas é preciso esclarecer essas declarações, acrescentando a elas tanto o que acima se citou de James quanto ao que mais abaixo se dirá a partir de Detienne. O mito não funciona por si mesmo e sequer funciona a partir do conjunto harmônico da sociedade: ao menos no que diz respeito à Bíblia Hebraica, é preciso situar o conflito (de classes? (LOSURDO, 2015)) e o contexto de poder no qual, "sobre a base da psicologia de massa", o mito é empregado como instrumento de intervenção social.

Insistirei nesse ponto: deixar de considerar o contexto agônico da instrumentalização do mito suscita a interpretação de que o corpo social como um todo é o gestor da peça narrativa, fazendo do mito um produto do gênio do povo e uma manifestação holística da comunidade. Nesse caso, que me parece metodologicamente equivocado, porque deforma a realidade na qual o mito é instrumentalizado, deparamo-nos com um fenômeno de ocultação, nesse caso, do conflito social, semelhante àquele que, em um nível mais sofisticado da instrumentalização de mitos, o teólogo postula imbricar Teologia e Fenomenologia da Religião: "'Deus' é o símbolo para Deus" (TILLICH, 2002: 34). Ora, Tillich sabe que "reconhecer Deus no símbolo de uma imagem divina é uma questão de fé" (TILLICH, 2002: 34), mas a fórmula apresentada por ele esconde justamente esse fato, como se por si mesmo e independentemente da ação fideísta voluntarista do crente, "Deus" fosse símbolo para "Deus". Mas "Deus" só é símbolo para "Deus" para uma pessoa que acredita em "Deus", de modo que suprimir o agente operador da fé e, portanto, atualizador do símbolo, constitui uma operação de ocultamento (RIBEIRO, 2008b). Assim como ocorre com a fórmula de Tillich, na discussão sobre o seu papel histórico-social, corre-se o risco de esconder, ou mesmo negligenciar, o papel do conflito social na estratégia de instrumentalização dos mitos. Nunca é "a sociedade" a criá-los, a operá-los. Trata-se, sempre, ao menos no caso específico da Bíblia Hebraica, de determinado grupo social formulá-lo *contra* outro grupo social. Nesse caso, quando fala que o que o "mito [...] faz é 'interpretar' sucessos vividos *no horizonte da produção do próprio texto*, ou seja, da vida de Israel, num momento determinado de sua história" (CROATTO, 2000: 15-16), Croatto esquece-se de indicar mais precisamente quem é que de fato interpreta. O mito é uma narrativa, não um sujeito. O mito não interpreta. Quem interpreta os "sucessos vividos no horizonte da produção do próprio texto" é quem elabora e instrumentaliza esse mito. Falta ao tipo de declaração feita por Croatto apontar precisamente qual o grupo social responsável pela interpretação, e contra quem a interpretação é construída e instrumentalizada. Falta chão material à declaração. Sem isso, patina-se em idealismo.

Mais tarde voltaremos a esse ponto. Todavia, para evitar que se trate abstratamente o tema, convém materializar o mito, a fim de que se possa ao menos apontar para o que se está classificando como tal. Para tanto, vamos tomar Gn 6,5–9,18 e separar as duas narrativas de dilúvio que aí se encontram imbricadas, para, então, analisarmos separadamente cada narrativa com vistas a enfrentar a questão sobre o uso histórico-social do mito na Bíblia Hebraica.

Sobre as duas antigas narrativas do dilúvio

Se se trata de "quem sabe prestar atenção" (DETIENNE, 2004: 113), o leitor da Bíblia Hebraica percebe que há duas narrativas de "criação" (WESTERMANN, 2004). A primeira será identificada mais ou menos com Gn 1,1–2,4a, enquanto a segunda será identificada com Gn 2,4b–3,24. Uma vez identificadas as duas narrativas, o leitor depreenderá que elas foram justapostas uma à outra. Ainda nosso leitor poderá considerar que, seja quem for que tenha unido uma narrativa à outra, em uma das mãos tinha um rolo, em que estava escrita a narrativa de Gn 1, e na outra mão, outro rolo, no qual estava escrita a narrativa de Gn 2–3 (RENDSBURG, 1986: 13). Com os dois rolos nas mãos, o redator de Gn 1–3 tomou um terceiro rolo, de dimensões maiores, e nele transcreveu inteiramente, primeiro, a narrativa do primeiro rolo, e, depois de terminada a transcrição desta, a narrativa do segundo rolo. O leitor, então, imaginará o resultado: um novo rolo que, agora, contém o que, em nossas modernas Bíblias, corresponde a Gn 1,1–3,24 (BARRERA, 2000). Ainda que aquele redator antigo as tenha transcrito em um novo rolo, as duas narrativas estão preservadas exatamente da forma como constavam nos seus respectivos rolos "originais", de sorte que o leitor de hoje pode ler uma narrativa e, depois, ler a outra. Elas estão juntas, mas, uma vez que foram unidas pelo fim de uma e início da outra, ambas estão integralmente preservadas em sua forma e disposição originais. A despeito de "unidas", o leitor pode lê-las em separado. Lendo-as em separado, o leitor pode perceber as diferenças entre elas. Por exemplo, a divindade criadora é sistematicamente designada de um modo em Gn 1,1–2,4a, mas designada também sistematicamente de outro modo em Gn 2,4b–3,24. Em uma, a divindade age como um rei a dar ordens, ao passo que na outra a divindade parece ela mesma modelar sua criatura. Naquela, ainda que dela pareça gostar, e muito, a divindade apenas contempla sua obra. Já nesta, a divindade passeia por ela. Lá, nenhuma tragédia. Cá, tentação, pecado e castigo. O elenco de distinções é vasto (THOMPSON, 1987: 61-72).

Tendo anotado suas observações, o leitor avança pelos capítulos do Gênesis e, então, se depara com um longo trecho – Gn 6,5–9,18 –, no qual ele identifica *uma* narrativa de "dilúvio". Se o leitor permanece atento, ele percebe que apenas aparentemente se trata de *uma* narrativa. Com efeito, essa aparentemente "única" narrativa de dilúvio é o resultado da imbricação de duas narrativas (RIBEIRO, 2004). Da mesma forma como aconteceu com as duas narrativas "originais" de criação, também o que se lê hoje em Gn 6,5–9,18 é o resultado da colagem de duas narrativas de dilúvio. Talvez até o mesmo redator tenha colado as duas narrativas de "criação" e as duas narrativas de dilúvio (THOMPSON, 1987: 61-72). De qualquer forma, duas narrativas de dilúvio foram unidas em uma só.

Há, todavia, uma significativa diferença entre o modo como as duas narrativas de "criação" foram juntadas e o modo como foram imbricadas as duas narrativas de dilúvio. Estas não foram unidas pelo fim de uma e o início da outra, de modo a permitir que a leitura do novo rolo preservasse a leitura integral de uma e, depois, a leitura integral da outra. Elas não foram justapostas. Quem as uniu intercalou seções equivalentes de uma e de outra, de modo que o resultado é a fragmentação sincrônica de ambas, dissolvendo-as em uma aparente narrativa unificada (RENDSBURG, 1986: 13). Em termos de processo, o redator transcreveu no rolo em que escrevia a porção inicial de uma das narrativas de dilúvio de que dispunha, interrompeu essa transcrição, tomou a outra narrativa e, logo em seguida ao que já tinha transcrito da primeira, transcreveu a sua porção inicial naquele mesmo rolo. Desse modo, uma após a outra, podem-se ler as duas porções iniciais das duas composições originais no novo rolo. Em seguida, o redator transcreveu partes das porções intermediárias de ambas, sempre umas após as outras. Finalmente, transcreveu a seção final de uma, e, depois, a seção final da outra. O rolo final contém, pois, em sequência, primeiro as partes iniciais das duas composições, depois, suas seções intermediárias, e, finalmente, ambos os epílogos. Com isso, o rolo final contém uma aparente narrativa que, todavia, é, na verdade, o resultado da transcrição, umas após as outras, de faixas equivalentes das duas composições originais (CASSUTO, 2002; RIBEIRO, 2004).

O trabalho de imbricação das duas narrativas de dilúvio, todavia, foi tão grosseiro que não se pode imaginar qualquer tentativa de escamotear o processo por parte do redator. Este parece apenas ter tido a ideia de criar *uma* narrativa de dilúvio, dissolvendo as duas que ele tinha em mãos. Por isso a preocupação de juntar começo com começo, meio com meio, fim com fim, de sorte a que a leitura final do rolo reproduzisse a impressão e a expressão de *uma* narrativa de dilúvio, e não de duas. O redator sequer teve a preocupação de alterar partes de uma das narrativas que diferissem muito da outra. Um exemplo bastante útil é a questão dos animais que as divindades fazem entrar na arca. Em uma das narrativas não havia distinção entre animais puros e impuros. O texto tão somente falava de entrarem na arca um casal de cada animal. Na outra narrativa, todavia, além de distinguirem-se animais puros de impuros, dizia-se que a quantidade de casais de animais puros eram sete e a quantidade de animais impuros era de um casal. A conta não fecha. O redator, então, decide escrever ele mesmo um novo verso, no qual diz que entrou na arca a mesma quantidade de animais puros e impuros (RIBEIRO, 2004). Se o redator tivesse alguma intenção de disfarçar o seu procedimento de colagem, teria sido muito fácil ter deixado de transcrever uma das informações e ter transcrito apenas a outra. Evitaria que ele mesmo tivesse de redigir uma conta de chegada.

Essa questão é relevante por uma questão muito precisa: uma vez que o redator criou ele mesmo uma porção do novo rolo, deve-se admitir que o processo previsse a possibilidade de glosas textuais. Isso significa que acréscimos poderiam aparecer no processo de transcrição (BADEN, 2002: 248-252). A questão é: E ele poderia simplesmente deixar de transcrever alguma informação constante no texto a ser transcrito? Difícil questão. Todavia, parece ser adequado considerar que o exemplo do descasamento das informações sobre a quantidade de animais que entraria na arca justifica dizer que não se trabalhava com a hipótese de deixar de transcrever algum elemento do texto ou dos textos transcritos – o que se aventa pelo fato de o redator ter transcrito as duas informações mutuamente contraditórias. Nesse caso, o redator procurava resolver o problema criando uma glosa que, na prática, resolvia a questão. Essa glosa parece impor a compreensão de que deixar de copiar um trecho da narrativa não estava em questão.

Com o que se chega à questão que aqui nos traz. Se for correto considerar que, por força da transcrição de textos anteriores, o redator até incluísse glosas no texto que produzia, mas que não trabalhava com a hipótese de deixar de transcrever alguma passagem, por mais embaraçosa que fosse, então resulta necessário concluir que o resultado do texto final expressa a integralidade dos textos imbricados no processo de transcrição, mais, eventualmente, as glosas redacionais. Mas nunca *menos* do que constava dos rolos originais. Por conseguinte, se formos capazes de separar o mais adequadamente possível as duas narrativas aglutinadas no novo texto, então teremos as duas narrativas "originais", exatamente da forma como eram, antes de terem sido imbricadas uma na outra.

Quanto ao caso específico de Gn 6,5–9,18, essa é uma tarefa relativamente fácil. Como se disse, foi tão grosseiro o trabalho de aglutinação das seções das duas narrativas "originais" de dilúvio que se torna relativamente fácil, camada a camada, recortar as porções equivalentes a cada narrativa original e reconstruí-las. O trabalho ainda é facilitado por um aspecto comum às duas narrativas de criação: da mesma forma que em cada narrativa de criação, em cada narrativa de dilúvio a divindade também era tratada de um modo diferente. Em uma, ela é tratada como "*Yahweh*", que as versões, por vício de

122

tradição, vertem por "Senhor". Na outra, como "*Elohim*", que as versões optam por traduzir por "Deus". Qualquer leitor pode separar as duas narrativas apenas por meio da separação dos versos que usam "*Yahweh*" e "*Elohim*", ajustando depois dos demais versos, ligando-os a uma ou outra passagem, por meio da coesão narrativa (CASSUTO, 2002; RIBEIRO, 2004).

Mais do que isso: a linguagem, os termos, as ideias, os referenciais são diferentes em cada narrativa. Numa, o dilúvio é anunciado como fruto de arrependimento de "*Yahweh*". Na outra, trata-se de uma decisão soberana de "*Elohim*". Numa, aparece um calendário agrário, repetindo-se diversas vezes o número sete, uma vez antes dos quarenta dias e noites que perdura o dilúvio, e três vezes depois. Na outra, o dilúvio é descrito como 150 dias de chuva e 150 dias de escoamento de águas. Numa narrativa, o dilúvio ocorre por meio de uma chuva torrencial. Na outra narrativa, nada disso: as comportas dos céus se abrem, as fontes lacradas do grande abismo se rompem, e as águas cosmogônicas – de onde a terra saiu – retornam a cobrir a terra. Numa, fala-se de "lavar", bem-entendido, dissolver na água, já que de barro e água são constituídos os seres vivos. Na outra, destruí-los. Item a item sistematicamente se repetindo, cada narrativa é, todavia, construída a partir de uma rede semiótica própria.

Pois bem, separadas as duas narrativas, expurgados os acréscimos, o resultado é interessante: duas narrativas que funcionam perfeitamente uma sem a outra. Cada qual conta sua história de dilúvio de um modo muito diferente da outra. E é com essas duas narrativas recompostas que se pretende analisar a função do mito na sociedade judaíta. Ao menos a função desses dois mitos.

A narrativa "de aliança" do dilúvio

[6,9]Um homem justo, Noé era perfeito na sua geração. Noé andava com o *Elohim*. [11]E a terra corrompeu-se diante do *Elohim*, e a terra encheu-se de violência. [12]E *Elohim* viu a terra, e ela estava corrompida, porque toda carne destruíra o seu caminho sobre a terra. [13]E *Elohim* disse a Noé: "o fim de toda carne veio diante de mim, porque a terra está cheia de violência por causa deles. E eis-me, eu destruo eles com a terra. [17]E eis que eu faço vir o dilúvio, águas sobre a terra, para destruir toda carne em que haja fôlego de vida de debaixo dos céus. Tudo que há na terra perecerá. [18]E eu estabelecerei a minha

aliança contigo, e entrarás na arca tu e teus filhos, tua mulher, e as mulheres dos teus filhos. [19]E de todo vivente, de toda carne, dois de cada, farás entrar na arca, para fazer viver contigo; macho e fêmea eles serão. [20]Da ave, segundo a espécie dela, e do animal, segundo a espécie dele, de todo réptil do solo, segundo a espécie dele, dois de cada, virão a ti, para fazer viver". [22]E Noé fez conforme tudo que *Elohim* lhe ordenara; assim ele fez. [7,6]E o dilúvio sobreveio, águas sobre a terra. [11]Nesse dia, romperam todas as fontes do grande abismo, e as comportas dos céus se abriram. [13]Nesse mesmo dia, entrou Noé, os filhos de Noé, e a mulher de Noé, e as mulheres dos filhos dele com eles na arca; [14]eles e toda a fera, segundo a espécie dela, e todo animal, segundo a espécie dele, e todo réptil que rasteja sobre a terra, segundo a espécie dele, e toda a ave, segundo a espécie dela, todo pássaro de toda asa. [15]E entraram com Noé na arca dois de toda a carne em que havia fôlego de vida. [16]E os que entraram eram macho e fêmea, de toda carne entraram conforme *Elohim* ordenara a ele. [17]E as águas cresceram, e elas levantaram a arca, e ela se elevou por cima da terra. [18]E as águas prevaleceram, e cresceram muito sobre a terra. E a arca flutuava sobre as faces das águas. [19]E as águas prevaleceram muito, muito sobre a terra, e foram cobertas todas as altas montanhas que estão debaixo de todos os céus. [20]Quinze côvados para cima prevaleceram as águas, e elas cobriram as montanhas. [21]E pereceu toda a carne do que rasteja sobre a terra, da ave e do animal, e da fera, e de todo fervilhante que fervilha sobre a terra e todo o homem. [23]E ficou só Noé, e quem com ele entrou na arca. [24]E prevaleceram as águas sobre a terra cento e cinquenta dias. [8,1]E *Elohim* lembrou-se de Noé, e de toda a fera, e de todo o animal que com ele estavam na arca, e ele fez passar um vento sobre a terra, e abaixaram as águas. [2]E fecharam-se as fontes do abismo, e as comportas dos céus. [3]E minguaram as águas depois de cento e cinquenta dias. [5]E as águas foram indo e minguando até que apareceram os cumes das montanhas. [13]E enxugaram as águas de sobre a terra. [15]E falou *Elohim* a Noé: [16]"Sai da arca tu, e tua mulher, e teus filhos, e as mulheres dos teus filhos contigo. [17]Toda a fera que está contigo, de toda carne de ave e de animal, e de todo réptil que rasteja sobre a terra, farás sair contigo. E eles fervilharão na terra, frutificarão e crescerão sobre a terra". [18]E Noé saiu, e os filhos dele, e a mulher dele e as mulheres dos filhos dele com ele. [19]Toda a fera, todo o réptil, e toda a ave, tudo o que rasteja sobre a terra, segundo as espécies deles saíram da arca. [9,1]E *Elohim* abençoou Noé e os filhos dele, e disse-lhes: "Frutificai e crescei, e enchei a terra. [2]E o temor de vós, e o terror de vós estará sobre toda a fera da terra, e sobre toda a ave dos céus, em tudo que rasteja o solo, e em todos os peixes do mar: na mão de vós foram dados. [3]Todo réptil que é vivente para vós servirá de alimento. Como a erva verde, eu dei para vós tudo. [7]E tu, frutificai e crescei, fervilhai na terra e crescei nela". [8]E *Elohim* disse a Noé e aos filhos dele: [9]"e eis que eu estabeleço a minha aliança convosco, e com a semente de vós, depois de vós, [10]e com toda a garganta vivente que está convosco, da ave, do animal e de toda fera da terra convosco, de todos os que saem da arca, de toda fera da terra. [11]E eu estabelecerei a aliança de mim convosco, e não será cortada toda carne de novo pelas águas do dilúvio, e não servirá de novo o dilúvio para destruir a terra". [12]E disse *Elohim*: "este é o sinal da aliança que eu ponho entre mim e entre vós, e entre toda a garganta vivente que está convosco pelas gerações para sempre. [13]O meu arco eu coloquei na nuvem, e servirá de sinal da aliança entre mim e entre a terra. [14]E será pelo anuviar de mim uma nuvem sobre a terra, e aparecerá o arco na nuvem, [15]e eu me lembrarei da minha aliança que está entre mim e entre vós e entre toda garganta vivente de toda carne, e não servirão de novo as águas do dilúvio para destruir toda carne. [16]E estará o arco na nuvem, e aparecerá para lembrar a aliança para sempre entre *Elohim* e entre toda garganta vivente de toda carne sobre a terra". [17]E *Elohim* disse a Noé: "este é o sinal da aliança que estabeleci entre mim e entre toda carne que está sobre a terra".

Permita-me o leitor chamar sua atenção para uma curiosidade interessante: na primeira narrativa do dilúvio, Noé entra em uma arca que não se diz ter sido construída por ele, sai dela e, depois que sai dela, *Elohim* celebra uma aliança com ele. O que isso quer dizer?

Não se trata de uma decisão definitiva, mas no presente ensaio decidiu-se chamar a primeira narrativa de "narrativa da aliança do dilúvio". À segunda narrativa, decidi também provisoriamente chamar de "narrativa sacrificial do dilúvio". No caso da primeira, a razão é fácil de explicar. Na primeira parte da narrativa, a divindade diz que celebrará uma aliança com Noé. A palavra aliança aparece uma vez. No final da narrativa, a divindade cumpre a sua promessa: Noé sai da arca e a divindade celebra uma aliança com Noé. A palavra aliança aparece sete vezes. A necessidade de reproduzir sete vezes a palavra aliança no epílogo faz dessa parte uma procissão enfadonha de versos, uma vez que o compositor precisa demorar-se, dizendo as mesmas coisas, porque tem em mente escrever sete vezes a palavra aliança. Quer-me parecer que a palavra aliança seja a razão de ser dessa narrativa, e penso que a análise de conteúdo me permite fazê-lo (PÁDUA, 2002; ROCHA & DEUSDARÁ, 2006). Por seu turno, a segunda narrativa começa e termina com o tema da culpa do judaíta, desenvolve o tema da fúria e do arrependimento divinos e encaminha o enredo para a solução da crise por meio da instauração do ritual de sacrifício aplacante, razão pela qual escolher, para esta, o nome de "narrativa sacrificial do dilúvio" me pareceu razoável.

A narrativa da aliança do dilúvio revela uma divindade soberana que, diante da corrupção geral da terra, decide destruí-la, exceção feita ao justo Noé. A divindade diz que celebrará uma aliança com Noé, instruindo-o a entrar em uma arca. Ele, sua família e animais indistintos entram na arca e a terra é devastada durante 150 dias pelas águas que saem, de cima, pelas comportas dos céus, e por baixo, pelas fontes do grande abismo. A terra retorna à sua condição pré-criacional e, então, a divindade faz um vento começar a empurrar as águas, que, por outros 150 dias, escoam. Seca a terra, a divindade manda que Noé saia da arca, ele sai e a divindade celebra a prometida aliança com ele: uma nova ordem é estabelecida, com a garantia de não haver mais dilúvio, como prova do que é dado o arco-íris.

Em termos apenas sincrônico-semióticos, trata-se da decisão da divindade de estabelecer uma nova ordem na terra. A justificativa é a corrupção desta, diante do que destoa a figura do justo Noé. É com esse justo que a divindade começará a nova ordem, celebrando com ele uma aliança. Todavia, é necessário, primeiro, destruir a velha ordem. Noé então é colocado na arca, que se mantém acima do poder destruidor das águas do dilúvio. Destruída totalmente a velha ordem, Noé sai da arca, a divindade celebra com ele a aliança da nova ordem e, como garantia da sua palavra, dá o arco-íris como promessa de que, dessa vez, não haverá mais dilúvios...

A questão é: Em termos histórico-sociais, o que a narrativa de aliança do dilúvio quer dizer? Nos termos de Croatto, que acontecimentos de seu horizonte de produção estão projetados no mito? Antecipando a resposta, diria que estamos diante de uma narrativa cuja função é, na sequência de uma catástrofe de proporções nacionais, estabelecer o marco inaugural de uma nova ordem político-social. O imódico uso da palavra "aliança" – uma vez no prólogo e sete vezes no epílogo – dificilmente tem função secundária na narrativa. Pelo contrário: a aliança é sua razão de ser.

Sob a alcunha de "narrativa sacerdotal do dilúvio", a narrativa que aqui estou chamando de "narrativa de aliança do dilúvio" é normalmente datada no século VI. Além disso, ela é dada como intimamente relacionada à também chamada de "narrativa sacerdotal da criação" – Gn 1,1–2,4a. Concordo com as duas assertivas (RIBEIRO, 2004). Em termos histórico-sociais, estamos nos anos 20 do século VI. O templo de Jerusalém acaba de ser reconstruído e, em termos traditivo-teológicos, esse feito foi registrado como a "criação dos céus e da terra", exatamente como preconizava o salmista: "quando *Yahweh* construir Sião [...] o povo criado louvará Yah" (Sl 102,17.19) (RIBEIRO, 2008a, 2015). É costume vincular-se a "narrativa sacerdotal da criação" diretamente ao grupo sacerdotal que retorna do cativeiro babilônico, mas ainda tenho reservas quanto a isto. Parece-me que se está diante de uma narrativa ideologicamente monárquica, composta quando ainda Zorobabel estava presente nos esforços de reconstrução de Jerusalém. Representada no mito pela "aliança", a nova ordem que no mito se cogita se refere à restauração da monarquia. Judá somente se tornará uma sociedade hierocrática após o "desaparecimento" do representante da dinastia (RIBEIRO, 2003; DONNER, 2000), com a subida ao poder da classe sacerdotal (CAZELLES, 1986: 218; GALLAZZI, 2002: 46-48). Seja como for, a aliança mencionada na narrativa de aliança do dilúvio está ligada a essa nova ordem judaíta, seja ela ainda monárquica (minha aposta), seja a nova ordem já sacerdotal.

Por meio dessa metodologia de análise, Noé representa a golah. O dilúvio em si não é outra coisa que a destruição de Jerusalém, que a devastou totalmente, setenta anos antes. Se, no nível do horizonte de produção do mito, a golah é deportada para a Babilônia, no nível da narrativa "Noé" é retirado da terra e posto na arca para ser preservado, enquanto a terra é devastada. Logo se vê que a arca "é" a Babilônia. É por isso que, na narrativa, Noé não constrói a arca. A arca está pressuposta, e aparece mencionada apenas quando a divindade manda que Noé entre na arca. E ele entra, da mesma forma como a golah "entrou" na Babilônia. A destruição de Jerusalém é lida como purgação. A terra está corrompida. Jerusalém está corrompida. Deve ser destruída. O "justo", todavia, deve ser preservado. O "justo" é "Noé". A golah é preservada na Babilônia, para, depois da destruição da terra, sair da arca e celebrar uma aliança com a divindade. Com efeito, em termos históricos, quem estabelece a nova ordem em Judá não é ninguém mais do que a golah.

Há indícios espalhados pela narrativa. Não há preocupação com detalhes. A cronologia do dilúvio é dada em duas datas – 150 dias de um lado e 150 dias de outro (RIBEIRO, 2004). Leio essa cronologia como uma referência justamente ao antes e ao depois: uma ordem política antes, o dilúvio no meio, uma nova ordem política depois. É a única coisa que interessa: Noé – a golah – como titular da nova ordem. Nenhuma preocupação com o culto. Sequer a distinção entre animais puros e impuros há. Não se trata de prescrever procedimentos rituais, teológicos, sacerdotais. Trata-se apenas de estabelecer um fato: depois da destruição, uma nova ordem política. A narrativa de aliança do dilúvio é a golah dizendo: acabou o dilúvio, nós voltamos para casa, a terra é nossa, o poder é nosso.

A narrativa "sacrificial" do dilúvio

[6,5]E *Yahweh* viu que a maldade do homem da terra era grande, e que toda obra das intenções do seu coração era unicamente má todo o dia. [6]E *Yahweh* arrependeu-se, porque fizera o homem da terra, e o coração dele se enfureceu. [7]E *Yahweh* disse: "Lavarei o homem que criei de sobre as faces do solo, porque me arrependo de tê-los feito". [8]Mas Noé encontrou graça aos olhos de *Yahweh*: [14]"Faze para ti uma arca de madeira de gofer. Compartimentos farás para a arca, e a calafetarás por dentro e por fora. [15]E é assim que a farás: trezentos côvados o comprimento da arca, cinquenta côvados a largura dela, e trinta côvados a altura dela. [16]Um teto farás para a arca, e ao côvado arrematarás por cima; e a entrada da arca no lado dela disporás; inferiores, segundos e terceiros farás para ela. [21]E tu, toma para ti de toda comida que será comida, armazenai-a para ti". [7,1]E disse *Yahweh* a Noé: "Entra tu, e toda a casa de ti na arca, porque te vi justo diante de mim nesta geração. [2]De todo animal puro tomarás para ti sete casais, o homem e a mulher dele, e do animal que não é puro, serão dois, o homem e a mulher dele, [3]bem como da ave dos céus, sete casais, para fazer viver a semente sobre as faces de toda a terra. [4]Porque daqui a sete dias, eu farei chover sobre a terra quarenta dias e quarenta noites, e lavarei todo o levantado que fiz de sobre as faces do solo". [5]E fez Noé conforme tudo que lhe ordenara *Yahweh*. [7]E Noé entrou na arca por causa das águas do dilúvio. [10]E em sete dias,

as águas do dilúvio vieram sobre a terra. [12]E esteve a chuva sobre a terra quarenta dias e quarenta noites. E fechou *Yahweh* atrás dele. [17]E foi o dilúvio quarenta dias sobre a terra. [22]Tudo em que havia respiração nas narinas, de tudo que estava na sequidão, morreu. [23]E lavou todo o levantado que havia sobre as faces do solo, e foram lavados da terra. E cessou a chuva dos céus. [9,3]E retiraram-se as águas de sobre a terra, indo e se retirando. [6]E foi ao fim de quarenta dias, e abriu Noé a janela da arca que fizera. [7]E soltou o corvo, e ele saiu e retornou antes de secarem as águas de sobre a terra. [8]E soltou a pomba depois dele, para ver se eram rasas as águas de sobre as faces do solo. [9]E não encontrou lugar de descanso para a planta da pata dela, e retornou para a arca, porque as águas estavam sobre as faces de toda a terra. E tomou-a com a mão, e a fez entrar consigo na arca. [10]E aguardou ainda outros sete dias, e repetiu soltar a pomba da arca. [11]E veio para ele a pomba ao tempo da tarde, e eis uma folha de oliveira arrancada no bico dela! E Noé soube que eram rasas as águas de sobre a terra. [12]E esperou ainda outros sete dias, e soltou a pomba, e ela não repetiu retornar para ele de novo. E Noé retirou a cobertura da arca, e viu, e eis enxugadas as faces do solo. [20]E Noé construiu um altar para *Yahweh*, e tomou de todo o animal puro e de toda a ave pura, e fez subir holocaustos sobre o altar. [21]E *Yahweh* cheirou o cheiro aplacante. E *Yahweh* disse ao seu coração: "Não repetirei amaldiçoar de novo o solo por causa do homem, porque a obra do coração do homem é má desde a sua juventude. [22]Até todos os dias da terra, semeadura e colheita, frio e calor, verão e inverno, dia e noite não descansarão".

Anote-se: dessa vez, Noé constrói a arca, mas não sai dela, e constrói aí o seu altar a "*Yahweh*"... Antes, todavia, de analisar essa questão fundamental, convém sintetizar a narrativa.

A narrativa começa com o diagnóstico e a sentença divinos: o homem é mau desde que nasce. O criador se arrepende de sua criatura e, enfurecido, decide dissolvê-la nas águas do dilúvio. Mas há uma exceção: Noé. Noé encontra graça aos olhos de *Yahweh*. Por isso, *Yahweh* manda que Noé construa uma arca. Ele a constrói. *Yahweh* manda que Noé e sua família entrem na arca. Eles entram e, com eles, animais puros e impuros. Por 40 dias e noites, a chuva não para, e todos os seres vivos da terra são dissolvidos pelas águas do dilúvio. A chuva para e escoam as águas. Noé abre a cobertura da arca e depois de um tempo a terra está seca. Noé constrói um altar a *Yahweh* e sacrifica à enfurecida divindade um de cada animal puro. *Yahweh* aspira o cheiro aplacante do magnífico holocausto. Aplacado, ele ainda pensa de sua criatura o mesmo que pensava no início da hecatombe: é má desde que nasce. Mas algo mudou: a divindade não vai mais dissolvê-la nas águas do dilúvio, enquanto houver dia e noite.

Por enquanto, sem sair da narrativa para o horizonte de sua produção, seu sentido parece bastante óbvio. O diagnóstico divino abre e fecha a narrativa: a criatura que *Yahweh* criou é má desde que nasce. Trata-se de uma moldura teológica precisa: a culpa intrínseca e total da criatura. Essa culpa provoca no Deus criador uma "fúria sagrada". A "fúria sagrada" leva o Deus criador ao arrependimento de sua obra, e, desde aí, à sua destruição. Arrependido, pois, e tomado de fúria, dissolve toda a sua criação nas águas, exceto aquele que vai, agora, oferecer os holocaustos. Oferecidos, e por força do efeito aplacante deles, o que muda na divindade? O diagnóstico? Não. Depois de aplacada a sua fúria pelos holocaustos de Noé, aos olhos de *Yahweh* a sua criatura é ainda a mesma criatura má – ela é má antes do dilúvio e é má depois do dilúvio. O que muda então? Muda a sentença. Aplacada a sua fúria, *Yahweh* decide não dissolver mais a criatura má. Má ela ainda é, de sorte que o holocausto não faz dela uma coisa que ela não é. Mas, a despeito de má, será poupada. Bem, será poupada ela, a criatura, porque uma vida, todavia, será ceifada no lugar dela – a vida dos animais puros sacrificados no holocausto de Noé. Moral da história: o dilúvio não resolve a questão da maldade da criatura de *Yahweh*, mas o holocausto resolve a questão do dilúvio...

Quando se transfere o olhar da narrativa para o mundo político-social que a engendrou, a questão é: O que isso significa? Para responder à pergunta, deve-se tentar perceber a ligação entre a narrativa e o mundo desde onde ela brota. É um mundo sacerdotal. É um mundo de diagnóstico divino. É um mundo de sacrifícios pelo pecado. Em algum momento após a reconstrução do templo de Jerusalém, mas não muito distante do início do século V, Judá se torna uma hierocracia sacrificante (GALLAZZI, 2002). *Yahweh* passa a ser descrito como um Deus preocupado com a santidade. A teologia do pecado se torna peça-chave da estratégia de controle social. Todo judaíta é culpado e condenado. Para manter-se vivo, deve dirigir-se ao templo de Jerusalém e fazer sacrifícios de animais – rolinhas, pombas, cabras, bois, eventualmente. Pobre ou rico, não importa, sangue deve escorrer pelo altar e a fumaça do holocausto deve subir até a divindade.

Não se trata do mesmo enredo? Sem tirar nem por. Nesse sentido, a narrativa sacrificial do dilúvio tem uma função histórico-social muito precisa: assume-se aqui que ela constitua o momento de inauguração do culto sacrificial cruento pelo pecado centralizado em Jerusalém. Quem a escreveu a teria escrito *para isso* – para dizer aos judaítas que *Yahweh* os tinha a todos como maus, e que a sentença divina era a morte, mas que, graças à operação sacerdotal, a ira de *Yahweh* podia ser – ao menos provisoriamente – aplacada. Após ouvir a leitura pública do pequeno rolo sacrificial do dilúvio, todo judaíta sabia exatamente o que tinha de fazer: dirigir-se à "arca", levar um animal puro até "Noé" e oferecer holocausto a *Yahweh*, como condição de, a despeito de ser ele uma criatura má, a vida poder continuar, dia e noite, inverno e verão, semeadura e colheita...

Na narrativa sacrificial do dilúvio, "Noé" e a "arca" não são outra coisa além de "sacerdote" e "templo". É por isso que nesse mito Noé constrói a arca, porque Noé representa os sacerdotes, enquanto, pela mesma chave instrumental, a arca representa o templo. É por isso que o rolo diz que Noé constrói a arca, diz que Noé entra na arca, diz que Noé constrói um altar e diz que Noé faz holocaustos a *Yahweh*, mas não diz que Noé sai da arca – porque o sacerdote constrói o templo, entra no templo, constrói o altar e faz sacrifícios a *Yahweh*, e não "sai" dele. Um indício da procedência dessa leitura como eficaz para a recuperação do sentido histórico da narrativa é o fato de que, nela, teve-se de distinguir entre animais puros e impuros que entram na arca. Uma vez que o objetivo fundamental da narrativa é, no contexto político-religioso da distinção entre puro e impuro, introduzir o rito do sacrifício expiatório cruento de animais puros, importava introduzir na narrativa a distinção entre animais puros e impuros, uma vez que o mito tem de espelhar a realidade que ele pretende representar e na qual ele pretende ser eficiente.

O pequeno rolo sacrificial de dilúvio não foi escrito para contar a história do dilúvio. O pequeno rolo sacrificial do dilúvio foi escrito para servir-se da história do dilúvio. Instrumentaliza-se a história do dilúvio para introduzir a teologia do sacrifício vicário: o animal puro pelo judaíta. Nesse sentido, é preciso dirigir uma crítica às formulações do tipo do historiador preocupado com a crença grega nos mitos, quando ele diz que "o mito é verídico, mas no sentido figurado; não é verdade histórica misturada com imposturas: é um alto ensinamento filosófico inteiramente verdadeiro, com a condição de que em vez de tomá-lo literalmente se veja uma alegoria" (VEYNE, 1984: 75). Pelo menos quanto à função histórico-social do mito em Judá, não se trata de "um alto ensinamento filosófico inteiramente verdadeiro", cuja chave para abrir é tomá-lo como "alegoria". Trata-se de um instrumento de intervenção social programático (DETIENNE, 1984). Para todos os fins, está-se diante de uma narrativa inventada, moldada a partir das condições concretas do seu horizonte de produção, no qual se encenam as questões críticas que se enfrentam no campo político-social, com cujo artefato se intervém na sociedade com fins a garantir a consolidação de projetos de poder.

Observações sobre a função histórico-social do mito na Bíblia Hebraica

Se recorrermos à Epopeia de Gilgamesh (GADOTTI, 2014) e ao mito de Atrahasis (CLAY, 2003), constataremos que, seja na Mesopotâmia, seja em Judá, nunca se conta exatamente a mesma história do dilúvio. Se se abstrai o núcleo comum a todas elas (a divindade opera um genocídio diluviano, mas preserva um eleito), todo o restante difere nos detalhes, na teologia, na cosmologia, no tratamento da divindade, nas intenções da divindade, nas razões do dilúvio, na conclusão da história. Deve-se considerar que estamos diante da evidência robusta de que considerar tais narrativas como expressão arquetípica de verdades não se justifica. Em cada uma das narrativas, trata-se não de contar "a" história do dilúvio, ou mesmo "uma" história do dilúvio, mas de instrumentalizar a história do dilúvio, o que poderia ser dito através das palavras do historiador preocupado em saber se os gregos acreditavam em seus mitos: "uma utilização 'ideológica', ou melhor, retórica, da mitologia" (VEYNE, 1984: 55), se bem que, seguindo Detienne, talvez se devesse escrever "mitologia", e não mitologia (DETIENNE, 1992). Inserido em determinado contexto histórico-social e tendo em mente determinado interesse e objetivo, o responsável ou os responsáveis pela composição da narrativa servem-se da tradição do dilúvio como instrumento, moldando os detalhes da narrativa em função de interesses específicos: interesses políticos, datados, circunstanciais.

Nesse momento, é forçoso recorrer a Marcel Detienne e seu *A invenção da mitologia* (DETIENNE, 1992). Detienne recorta a estratégia de governo da Cidade Bela esboçada por Platão na *República* e nas *Leis*. Como fazer para que a Cidade Bela possa ser governada de acordo com os interesses de seu mandatário? A resposta é simples e direta: o governador da Cidade Bela decide as leis que devem reger a vida e o comportamento de todas as pessoas da cidade. Decididas as leis, está na hora de fazer com que as pessoas obedeçam a essas leis. A recomendação de Platão é novamente simples e direta: deve-se recorrer aos mitos. Claro está que não se trata – nem de longe – de recorrer a "arquétipos da humanidade", ao "depósito profundo das verdades ontológicas". É bem mais simples e pragmática a questão. Contratam-se mitoplastas, que plasmarão os mitos por meio dos quais a população da Cidade Bela vai se convencer a cumprir as leis. Mas como os mitos convencerão as pessoas a cumprirem as leis ditadas pelo governador? Mais uma vez, a resposta é simples: os mitos serão plasmados em conformidade com as leis. O governador dita a lei e o mitoplasta a transforma em mito. O mito será narrado, cantado, declamado, dia e noite, aos ouvidos dos moradores da Cidade Bela. O objetivo é claro: a única voz que pode ser ouvida na Cidade Bela é a voz do governador. Mais nenhuma. Mais ainda: as leis se transformam em mitos, e os mitos se transformam em canções. Por que canções? Porque os mitos devem descer até as regiões mais profundas do coração e da mente das pessoas, e cantados os mitos, estes escorrerão como calda quente em bolo macio, entranhando-se nas carnes de todos que os cantam. Deixemos Detienne descrever o procedimento:

> Os responsáveis por *A república* determinam o procedimento a ser utilizado em matéria de "mitologia" em função deste modelo revelado por sua clarividência: caberá aos filósofos modelar os "tipos", em conformidade com as "leis", segundo as quais os artesãos do Estado, poetas oficiais, terão a missão de fabricar os "mitos" destinados a serem estampados na alma dos futuros cidadãos. E a fim de que estas histórias exemplares marquem cada um de maneira "irreversível e imutável" (DETIENNE cita *A república*, II, 378 *e* 1), os velhos e as velhas serão obrigados a repeti-las para as crianças, a derramá-las nos ouvidos dos bebês (DETIENNE cita *A república*, II, 378, *d* 1-3). Do cume à base, do filósofo à ama de leite, os "mitologemas" indispensáveis à saúde da cidade serão ditos e repetidos (DETIENNE, 1992: 176-177).

Coros são criados para isso. Se as pessoas são já idosas demais para o serviço, devem destinar-se à pedagogia dos mitos aos infantes, igualmente incapazes de comporem os coros da cidade. O ciclo se fecha. O soberano dita as leis, as leis transformam-se em mitos, os mitos transformam-se em canções. A cidade passa sua vida inteira cantando os mitos e introjetando em sua "consciência cívica" a letra das leis. Estamos diante da utopia de Hannah Arendt: o "poder" é a ação em uníssono (ARENDT, 1994). Eis uma cidade poderosa! Eis uma cidade que pensa, canta e age em concerto. E tanto que, se, vindos sabe-se lá de onde, aparecem poetas pelas ruas a cantarolar outros mitos, outros acordes, outras leis, que sejam imediatamente escorraçados da Cidade Bela, para que não quebrem o encantamento – o "poder"...

Não penso que seja preciso outro teórico aqui. Detienne e sua leitura da *República* nos oferece "quadro teórico" suficiente para sustentarmos a hipótese de que nossos olhos tinham visto o que tinham visto. A transposição é simples. Onde se lê governador da Cidade Bela, leia-se a golah. Tanto faz se em sua fase eventualmente ainda monárquica ou se na fase já sacerdotal. Em se tratando da golah, o mecanismo é o mesmo: a realidade será lida por ela, as leis serão estabelecidas por ela, e ela comporá mitos com os quais vai convencer a população campesina a não apenas ver as coisas como ela vê, mas também a se comportar da forma como a golah quer que ela se comporte.

Deve-se ter em mente, portanto, que, em termos comparativos (DETIENNE, 2004), a função histórico-social dos mitos na Bíblia Hebraica corresponde ao programa "utópico" da *República*: trata-se da instrumentalização de narrativas tradicionais, próprias ou importadas, para a modulagem de consciência, discurso e comportamento de pessoas. Não se trata de obra coletiva, patrimônio da "sabedoria" de um povo, manifestação de forças e valores arquetípicos. Trata-se de, na forma de narrativas mais ou menos curtas, atualizar o projeto da classe dominante em contexto de sobredeterminação político-cultural. Migram para dentro do mito o contexto histórico, o projeto colimado e as partes sociais envolvidas (RIBEIRO, 2005).

Nesse sentido, não se trata de contar a história do dilúvio. No caso das duas narrativas, importado da Babilônia, o mitoplasma básico é a narrativa tradicional do dilúvio, mas ela deve sofrer completa reformulação, de sorte que o contexto histórico e o projeto político da classe social envolvida no processo e instrumentalizadora do mito sejam reproduzidos na narrativa.

No fundo, é o contexto histórico da destruição e da reconstrução de Jerusalém que impõe a instrumentalização dos mitos de dilúvio. Em termos histórico--sociais, o dilúvio é, na forma de mitoplasma, o que a destruição de Jerusalém é no nível histórico-social, da mesma forma como a "criação" não é outro fenômeno que a reconstrução de Jerusalém (RIBEIRO, 2008a, 2015), ainda que esta, dita em chave histórico-social, e aquela, em chave mitológica. Nas duas narrativas de dilúvio, portanto, o mitoplasma dilúvio encarna mitologicamente o contexto da destruição de Jerusalém. Convenhamos: o contexto encaixa-se perfeitamente. Jerusalém destruída – a rigor, a devastação de Judá – é as águas do dilúvio tudo destruindo ou lavando. O Noé na arca é a golah. Que ele tenha que sair da terra, entrar na arca e ser poupado nada mais é do que, em chave mitológica, a leitura que a golah faz de si mesma, de seu exílio, agora preservação. Entrar na arca, sair da arca e fazer aliança são códigos mitoplásticos que encarnam eventos reais: a deportação da golah, seu retorno e tomada de poder. No plano histórico-social não há verdades profundas, há apenas uma: a projeção da leitura política da golah na consciência da população, na forma de mitos instrumentalizados em cerimônias, leituras e cânticos públicos.

Mas os judaítas creram nisso? Bem, respondo a questão com um trecho alguma coisa entre irônico e realista, de Detienne: "'Conheces algum meio', pergunta Sócrates, 'para fazer com que se acredite neste mito?' 'Nenhum', responde o interlocutor, 'pelo menos para a geração de que falas, mas talvez se consiga persuadir seus filhos, seus descendentes, e os homens do futuro'" (*A república*, III, 414 *c* 1-415 *d* 2, apud DETIENNE, p. 174).

Referências

ARENDT, H. *Da violência*. Rio de Janeiro: Relume-Dumará, 1994.

BADEN, J.S. *J, E, and the Redaction of the Pentateuch*. Tübingen: Mohr Siebeck, 2002.

BARRERA, J.T. *A Bíblia judaica e a Bíblia cristã* – Introdução à história da Bíblia. Petrópolis: Vozes, 2000.

CASSUTO, U. *A Commentary on the Book of Genesis* – From Adam to Noah. Jerusalém: Magnes Press/Varda Books, 2010.

CAZELLES, H. *História política de Israel, desde as origens até Alexandre Magno*. São Paulo: Paulinas, 1986.

CLAY, A.T. *Atrahasis*: An Ancient Hebrew Deluge Story and Other Flood Story Fragments. São Diego: The Book Tree, 2003.

CROATTO, J.S. *As linguagens da experiência religiosa* – Uma introdução à fenomenologia da religião. São Paulo: Paulinas, 2001.

_____. Quem pecou primeiro? – Estudo de Gênesis 3 em perspectiva utópica. *Ribla*, n. 37, 2000, p. 15-27.

DE PÁDUA, E.M.M. Análise de conteúdo, análise de discurso. *Revista de Educação PUC-Campinas*, n. 13, 2002, p. 21-30.

DETIENNE, M. *Comparar o incomparável*. Aparecida: Ideias e Letras, 2004.

_____. *A invenção da mitologia*. Rio de Janeiro/Brasília: José Olympio/UnB, 1992.

DONNER, H. *História de Israel e dos povos vizinhos* – Vol. 2: Da época da divisão do reino até Alexandre Magno (com um olhar sobre a história do judaísmo até Bar Kochba). 2. ed. São Leopoldo/Petrópolis: Sinodal/Vozes, 2000.

GADOTTI, A. *Gilgamesh, Enkidu, and the Netherworld and the Sumerian Gilgamesh Cycle*. Berlim: Walter de Gruyter, 2014.

GALLAZZI, S. *A Teocracia Sadocita* – Sua história e ideologia. Macapá: Ed. do autor, 2002.

JAMES, E.O. *Introducción a la Historia Comparada de las Religiones*. Madri: Cristiandad, 1973.

LEACH, E. Myth as a Justification for Faction and Social Change. In: GEORGES, R.A. (ed.). *Studies on Mythology*. Illinois/Ontário: The Dorsey Press/Irwin-Dorsey, 1968, p. 184-198.

LOSURDO, D. *A luta de classes* – Uma história política e filosófica. São Paulo: Boitempo, 2015.

RENDSBURG, G. *The redaction of Genesis*. Winona Lake: Eisenbrauns, 1986.

RIBEIRO, O.L. *Homo faber* – O contexto da "criação" em Gênesis 1,1-3. Rio de Janeiro: Mauad, 2015.

_____. *A cosmogonia de inauguração do Templo de Jerusalém* – O Sitz im Leben de Gn 1,1-3 como prólogo de Gn 1,1-2,4a. Rio de Janeiro: PUC-Rio, 2008 [Tese de doutorado].

_____. Por que se escondeu esse menino? – A Teologia de Tillich à luz da Semiótica de Peirce. *Correlatio*, vol. 7, n. 13, 2008, p. 95-113.

_____. Narrativas de funcionalidade mítico-literária. *Revista Brasileira de Teologia*, n. 3, 2005, p. 36-59.

_____. Dilúvio(s): as narrativas sacerdotal e pós-sacerdotal da Bíblia Hebraica em contexto histórico-social. *Revista de Cultura Teológica*, n. 47, 2004, p. 99-136. São Paulo.

_____. "Príncipe de 'élöhîm (és) tu no meio de nós" – Pesquisa semântico-fenomenológica do termo näSî' na Bíblia Hebraica. *Revista de Cultura Teológica*, vol. 11. n. 43, 2003, p. 79-117. São Paulo.

_____. Vento tempestuoso – Novas reflexões sobre Gn 1,2 à luz da Fenomenologia da Religião. *Revista Teológica Londrinense*, n. 5, 2003, p. 103-169. Londrina.

ROCHA, D. & DEUSDARÁ, B. Análise de conteúdo e análise do discurso: o linguístico e seu entorno. *Delta – Documentação de Estudos em Linguística Teórica e Aplicada*, vol. 22, n. 1, 2006, p. 29-52.

THOMPSON, T.L. *The Origin Tradition of Ancient Israel I –* The Literary Formation of Genesis and Exodus 1-23. Edimburgo: A&C Black, 1987.

VEYNE, P. *Acreditavam os gregos em seus mitos? –* Ensaio sobre a imaginação constituinte. São Paulo: Brasiliense, 1984.

WESTERMANN, C. *Genesis*. Londres: Bloomsbury Academic, 2004.

5
Dimensões mitológicas da narrativa e cosmologia espírita

Marcelo Camurça*

Introdução

Este texto enfrenta o desafio de contemplar uma dimensão mitológica dentro do espiritismo que se reivindica uma doutrina religiosa-científica-filosófica moderna que dispensaria ritos, dogmas, cultos, sacerdócio, santidades (CAVALCANTI, 1983: 50) e consequentemente mitologias.

No entanto, tal como no domínio dos ritos, que se impõem nas diversas atividades das sessões espíritas como os "passes fluídicos", "irradiações", "desobsessões" com suas prescrições, marcações, posturas, papéis predefinidos, disposição espacial, o que Maria Laura Cavalcanti dentro de uma perspectiva antropológica chamou de "sistema ritual" (1980: 50-78), seguindo também o mesmo *aproach* antropológico, pode-se chegar a detectar uma presença mitológica incrustada no espiritismo.

Mas onde estaria o Mito no Espiritismo? Minha sugestão é que ele esteja na sua monumental *Cosmologia*. Esta se estrutura em um transcendente evolucionismo espiritual que explicaria a gênese e o destino de todos os seres do universo, que criados por Deus numa condição de "espíritos simples e ignorantes" estariam destinados à perfeição – pela lei inexorável da justiça divina,

---

* Professor titular da Universidade Federal de Juiz de Fora, no Departamento de Ciência da Religião atuando no Programa de Pós-Graduação em Ciência da Religião e no Programa de Pós-Graduação em Ciências Sociais.

marcada por um moto-contínuo mecânico de causa-efeito (CAVALCANTI, 1980: 30-50; CAMURÇA, 1998: 385-402). Esta mecânica espiritual/ético/ moral evolutiva se daria num processo de encarnações, desencarnações, reencarnações por entre planos espirituais e materiais (planetas), onde o espírito, indivíduo moral, portador de livre-arbítrio realizaria seu percurso, com marchas e contramarchas, avanços e paralisações em direção a uma condição de espírito puro. As ações morais dos espíritos-indivíduos nos períodos "encarnados", para o bem ou para o mal, teriam consequências – a lei da causa-efeito ou carma – na sua trajetória evolutiva.

Desta forma podemos tomar a acepção de Max Weber, de que a Doutrina Espírita[1] se constitui numa forma particular de teodiceia, aspecto crucial das religiões que expressa uma explicação para a finitude, o sofrimento e a dor (WEBER, 1991: 350-355). No caso espírita, esta teodiceia racionalista e ética (a "fé raciocinada") veio atraindo indivíduos de camadas letradas que por essa extração rejeitavam como explicação "religiosa" para seu sofrimento, a ideia fatalista da "vontade de Deus", aderindo aos encadeamentos de causa-efeito que a lógica explicativa desta cosmologia oferecia aos seus infortúnios[2] (CAMURÇA, 1998: 200-201).

Mas é quando a cosmologia espírita se coloca no campo das "revelações" do transcendente que os contornos do Mito podem ser mais delineados. "Revelação" cercada de uma aura "filosófica" e "científica", é fato, mas que guarda na escolha dessa autodefinição continuidades com as religiões do tronco judaico-cristão de onde a referência foi tomada. Esta consistiu em mensagens enviadas pelos mais elevados espíritos – São João, Santo Agostinho,

---

1. Contida nos cinco livros que compõem a chamada codificação de Alan Kardek: *O livro dos espíritos* (1858), *O livro dos médiuns* (1861), *O Evangelho segundo o espiritismo* (1864), *O céu e o inferno* (1865) e *A gênese, os milagres e as pregações segundo o espiritismo* (1868).

2. Interessante que como pensador do "desencantamento do mundo" e do primado da "racionalidade moderna" Weber diz que a doutrina indiana do "carma" é a "solução formalmente mais perfeita do problema da teodiceia" (1991: 354). Embora o reencarnacionismo espírita diferencie-se do indiano por seu conteúdo evolucionista e "científico" (AUBRÉE & LAPLANTINE, 2009: 88), em ambos, diferente da ideia de "salvação/perdição" via uma intervenção externa de seres onipotentes, Deus/diabo, se impõe a noção do "autoaperfeiçoamento" que evoca a iniciativa do próprio sujeito. Por isso, do ponto de vista racional e ético, este esquema pareceu a um dos pais fundadores da sociologia, do ponto de vista da lógica formal e da moral, o "mais perfeito" entre as religiões antigas.

São Luís, São Vicente de Paulo[3] – codificadas pelo fundador da doutrina Allan Kardec, sob a orientação do "Espírito da Verdade" (AUBRÉE & LAPLANTINE, 2009: 43-44). Foi Kardec quem sugeriu, e isto foi reproduzido na cultura espírita, que o "Espírito da Verdade" seria, na verdade, o próprio Jesus Cristo (ARAÚJO: 2016: 246-265).

Desta maneira, a revelação espírita em plena modernidade do século XIX se reivindica como "3ª Revelação", completiva e evolutiva em relação às revelações mosaica/judaísmo e crística/cristianismo (VAN ROSSUM, 1993: 71). Nesta perspectiva, o "Paráclito", ou seja, a vinda do Espírito Santo do Novo Testamento é interpretada como a "boa-nova" anunciada pelos Espíritos superiores instituindo a era do espiritismo na terra.

Por isso, em trabalhos anteriores, tenho tipificado o espiritismo como um "neocristianismo", que busca inovar e reinterpretar a tradição judaico-cristã em meio a uma tensão envolvendo ruptura e permanência com esta (CAMURÇA, 1998: 217-220; 2014: 64-67). Neste sentido, os símbolos mais caros da História Sagrada do cristianismo/catolicismo são reinterpretados na direção evolucionista e "científica" deste neocristianismo: santos, milagres, transubstanciação, dogmas etc., enquanto, espíritos superiores/mentores, mediunidade, fluido universal e "lei" de reencarnação e do carma, enfim, nada escapando a capacidade desta cosmologia científico-cristã de incorporar, deglutir e ressignificar um "veterocristianismo" considerado como sua etapa anterior e evolutivamente inferior, o que vai culminar com um *Evangelho segundo o espiritismo*, uma das obras centrais na codificação kardequiana.

Mas é só com o traslado do espiritismo da França para o Brasil no final do século XIX que esta característica mais "religiosa" e "católica" vai se explicitar nos desenvolvimentos que o movimento espírita experimentará nestas paragens. Intérpretes do espiritismo no Brasil já salientaram esta feição "religiosa" que a Doutrina toma no Brasil, principalmente através da condução que Bezerra de Menezes imprimiu à frente da Federação Espírita Brasileira no final do século XIX (DAMAZIO, 1994: 101-147). Para Donald Warren, aqui no Brasil, o princípio da inexorabilidade da lei divina da causa-efeito determi-

---

3. Além destes "homens santos" do catolicismo, figuram também, entre os que enviam as mensagens da revelação, filósofos gregos como Sócrates, Platão, representando "espíritos" elevados enquanto sábios (DAMAZIO, 1994: 30).

nante de doenças e infortúnios devido à exigência do cumprimento de dívidas cármicas é flexibilizado através das curas espirituais obtidas pelos caridosos médiuns sob a orientação dos "santos" espíritos superiores. Para o autor, uma influência da cultura espiritualista brasileira difusa anterior à chegada do espiritismo. Tanto na diagnose, que atribuía a origem dos males à influência dos "encostos" e "almas penadas", quanto na terapia das operações espirituais e desobsessões, que revelavam o poder taumatúrgico dos curadores apoiados pelos "santos fortes" (WARREN, 1984: 56-83).

Neste particular, como aponta Sandra Stoll, emerge a figura do médium Chico Xavier, curador, consolador e missionário, que criado em ambiente católico, reconstitui através da sua vida todas as virtudes do modelo de santidade. Vida devotada à caridade, entremeada de sofrimentos e martírio, doação, desapego aos bens materiais, castidade e celibato, pobreza e obediência aos desígnios do plano espiritual e às orientações dos mentores (2003: 193-197). Para a autora, a figura e a exemplaridade de Chico Xavier vão ensejar um "estilo brasileiro de ser espírita", modelado por um "modo católico de ser espírita", que teria por base a noção católica de santidade, com seu corolário de sofrimento e renúncia, móvel quase consensual da devoção religiosa na nossa cultura (2003: 196). A obra mediúnica e a exemplaridade de Chico Xavier terminam por criar um novo "sistema simbólico" que, na interpretação do antropólogo Bernardo Lewgoy, "nacionalizou o kardecismo *francês*" e logrou adequar o espiritismo à religiosidade pregressa à sua chegada no Brasil (2004: 101). Ao temperar a lógica evolucionista e meritória da Doutrina com uma "teodiceia cármica do sofrimento humano", o espiritismo, no modelo de Chico Xavier, oferece outra expressão da "fé raciocinada", não tão elitista e liberal como a do tempo de Kardec, mas adequada às crenças e práticas de um catolicismo popular, e assim correspondente às camadas médias urbanas (funcionários públicos, professores, militares etc.), setor onde o espiritismo se enraíza. Neste sentido, o modelo de espiritismo "a la Chico Xavier" "ofereceu a estes setores uma alternativa religiosa [...] sem radicalismos ou ruptura com os valores católicos, como a caridade" (2004: 103). Como consequência, no Brasil, os espíritas praticam um "intercessionismo religioso [...] personalizando súplicas a Jesus e aos benfeitores nas preces", distinto do padrão original francês (LEWGOY, 2004: 104). Isto pode ser confirmado em Roger Bastide que avalia que os espíritas no Brasil dirigem-se aos seus Espíritos mentores como os católicos peticionam aos seus santos protetores, e que replicam uma moral católica – da humilhação, da não ofensa e do amor ao próximo – com a única diferença de que estes praticam aquilo que os católicos em geral apenas pregam (BASTIDE, 1967: 13-14).

Desta forma, toda essa modelagem cristã-católica que o espiritismo vai adquirindo no Brasil – das revelações, santidades, devoções etc. – converge para a proeminência que o rito e, no nosso caso, o mito terão na sua configuração.

1 O imaginário e o "romance espírita", como indicativos da dimensão mitológica no espiritismo

A culminância da expressão do mito no espiritismo[4] se dá, no meu entender, através da força persuasiva da obra psicografada de Chico Xavier (através dos espíritos Emmanuel, André Luiz e Humberto de Campos). Foi neste domínio que se consubstanciou aquilo que veio a ser conhecido como o "romance espírita". Através destas obras, podemos falar da criação de um rico e diversificado imaginário dentro do espiritismo, alternativo às clássicas abstrações filosóficas da obra de Kardec, que definiam, até então, o perfil do que era esta doutrina. Para Aubrée e Laplantine, "o *mito* fundador do espiritismo brasileiro [...] encontra sua legitimidade num *discurso narrativo*, e não, como no espiritismo francês, num discurso *didático*, dentro de um encadeamento de proposições explicativas" (2009: 294 – grifo nosso).

Esta nova literatura espírita inaugurada no Brasil por meio da psicografia de Chico Xavier nada mais é do que a projeção da lei de evolução do espiritismo em narrativas romanceadas com personagens, enredos, ambientações etc. No entanto, não foram tomadas pelos espíritas apenas como uma ficção exemplar, mas como revelações com a mesma finalidade, provindas do "plano espiritual" sobre como se deu o processo evolutivo em situações reais ocorridas com indivíduos/espíritos como qualquer um de nós, sob a interveniência de espíritos superiores e mentores e até do próprio Jesus Cristo, o maior deles.

Estas narrativas míticas estão assentadas em dois grandes eixos, um que aponta para um vetor *horizontal* e outro para um vetor *vertical*. O primeiro,

---

4. Dentro da trajetória de sua constituição enquanto uma cosmologia e teodiceia, de uma autointerpretação enquanto "3ª revelação" e de sua acomodação à religiosidade existente no Brasil das "almas", "santos", "entidades" presentes na vida cotidiana.

horizontal, está assentado no devir histórico, ou seja, o processo histórico enquanto uma contextualização da dinâmica evolutiva espiritual; a historicidade obedecendo a lógica reencarnacionista evolutiva tal como descrita – filosoficamente – na doutrina espírita (STOLL, 2003: 97-98)[5]. E o segundo, vertical, é uma descrição do mundo espiritual e da situação do espírito desencarnado inserido nele em convivência com outros espíritos, embora de graus evolutivamente distintos. Ambas narrativas, segundo a antropóloga Sandra Stoll, "podem ser vistas como complementares [...] duas fases de um único e mesmo processo" (2003: 107).

No primeiro conjunto de romances (do vetor horizontal), cujo modelo é o livro fundador da série *Há 2.000 anos* (1939), a história milenar-evolutiva do personagem através do tempo – em sucessivas desencarnações e reencarnações, renascendo como pessoas diferentes em contextos diferentes (senador, escravo, padre etc.) – obedece ao princípio evolutivo e de causa-efeito, que acontece, segundo a doutrina com qualquer espírito, onde colhemos no futuro (de outras vidas) a resultante de todos os atos morais cometidos numa vida anterior. Ao passo que no segundo grupo (do vetor vertical), cujo paradigma é também o livro que inicia a série, *Nosso lar* (1943), descortina-se uma paisagem intensa e detalhista dos planos espirituais, até então inédita na cultura letrada espírita e muito "pouco explorada nas obras de Kardec" (STOLL, 2003: 105). O que era mencionado apenas como "erraticidade", na obra kardequiana – *Livro dos espíritos* e *O céu e inferno* – como a condição do espírito no plano espiritual no intervalo entre suas encarnações para cumprimento de sua evolução, assume caráter de evidência nesta obra de "revelação". Nela é apresentado um mundo espiritual dividido em vários planos hierarquicamente situados. Neles habitam os espíritos de acordo com seu grau de evolução. São eles: o Umbral, zona inferior do plano astral, situada perto da Terra, lugar de expiação e purificação visando patamares mais elevados; as Colônias ou Cidades Espirituais, regiões intermediárias entre a terra e os planos superiores, local de aprendizagem e evolução; assim como de "socorro espiritual" aos que se encontram no Umbral ou encarnados na Terra. E, por fim, os planos superiores, onde habitam os espíritos evoluídos (STOLL, 2002: 116n.41).

---

5. Parodiando outra grande teleologia científica moderna, esta, ao contrário fundada no materialismo, aqui teríamos um "Espiritualismo Histórico" que demonstraria os princípios do seu correlato "Espiritualismo Dialético".

O primeiro eixo histórico que se traduz na sequência de romances que se inicia com *Há 2.000 anos* (1939) e se estende até o quinto, *Ave Cristo!* (1954), se não se pretende uma explícita reescritura da história do cristianismo, há pelo menos uma demonstração da lei da evolução espiritual nos marcos do neocristianismo espírita. O livro tem seu ponto de partida na ambiência da Roma imperial dos Césares, onde esta narrativa paradigmática do neocristianismo evolutivo espírita começa com o episódio do encontro do próprio Cristo com o Senador romano Publius Lentulus. Neste encontro o Nazareno lança a questão ao livre-arbítrio de Lentulus, sobre a oportunidade de reabilitação de suas dívidas cármicas através do exercício da humildade naquele momento, ou a procrastinação destas, numa escala de milênios. Com a recusa do Senador, que na verdade é a primeira encarnação noticiada do espírito superior Emmanuel, prossegue sua saga de desencarnações e reencarnações através do tempo, retratado nos outros romances: "50 anos depois", "Paulo e Estêvão", ainda na Antiguidade e "Renúncia" e o último mencionado no século XV na França e Espanha (STOLL, 2003: 97).

O segundo eixo, das revelações sobre o plano espiritual, traz o relato do espírito de André Luiz no seu *post-mortem* e a sua trajetória pelo Umbral e em seguida na cidade espiritual chamada Nosso Lar. A descrição do transcendente impressiona pela riqueza "etnográfica": ruas, casas, escolas, edifícios, hospitais, museus, parques, lagos, "quase tudo cópia melhorada da terra" (XAVIER, 1974: 39, apud STOLL, 2003: 109). Segundo Sandra Stoll, uma representação do mundo do além que evidencia a urbanidade (2003: 11), com meios de transporte, o aerobus, com trabalho e remuneração, os bônus-hora, instituições, ministérios, departamentos, burocracia, que estabelecem relações com os planos inferiores, de ajuda, e com os superiores, de aprendizado. Ou seja, segundo a autora, ao contrário das outras escatologias que enfatizam as descontinuidades entre mundo dos vivos e dos mortos, a visão espírita que emerge desta descrição do transcendente reafirma o princípio doutrinário – com a novidade do colorido de enredos e paisagens, digo eu – da sua dessobrenaturalização como espaços de igual natureza, mais "sutis" e menos "densos", mais elevados e evoluídos (STOLL, 2003: 114-116).

Este filão literário-mediúnico, menos abstrato e mais imagético, tem seguimento no livro psicografado pela liderança espírita Edgar Armond, *Os exilados de capela*, publicado em 1951, "que trazia revelações amplamente apocalípticas e não obstante extremamente populares no movimento espírita, desde então" (LEWGOY, 2004: 114-115). E mais recentemente nos livros de Zíbia Gasparetto, pelo espírito de Lucius, tem-se optado por uma linguagem mais do cotidiano, do "diálogo", "dinâmica", "menos descrição e mais vivência" com grande aceitação no público consumidor (STOLL, 2003: 220).

Portanto, por todo o relatado, a compreensão que se forma do transcendente, através da obra de Chico Xavier – e dos desdobramentos dela em outros autores médiuns referidos – completiva e inovadora em relação à codificação Kardequiana e respaldada pelo pujante movimento espírita aqui desenvolvido, colocou o Brasil como lugar de proeminência do espiritismo. E este protagonismo foi legitimado e referendado, segundo agentes e instituições do movimento espírita no Brasil, por mensagem explícita do "plano espiritual".

Desta forma, na nova fase doutrinária do espiritismo a partir do Brasil, entendida por Aubrée e Laplantine, mais como uma *"epopeia mítica"* do que um "fundamento teórico", como na Codificação original (2009: 291 – grifo nosso), nosso país vai ser compreendido como jogando um papel espiritual central no processo de regeneração dos espíritos que habitam no Planeta Terra. Da Palestina, passando por Roma, Espanha, Portugal, Estados Unidos e a França, a planificação espiritual, tendo no comando o próprio Cristo, terminará por eleger o Brasil como o fulcro onde se situará a "pátria do Evangelho" e o "coração do mundo" de onde emanará a grande missão de paz e justiça, que fará evoluir o próprio planeta como *lócus* de passagem de espíritos mais elevados.

A "revelação" deste desígnio se encontra de forma acabada na obra *Brasil, coração do mundo, pátria do evangelho* psicografada por Chico Xavier e ditada do além pelo espírito de Humberto de Campos sob orientação de espíritos superiores. Através dela, se explicita, nos dizeres de Aubrée e Laplantine, "o mito fundador do espiritismo brasileiro contemporâneo: a brasilodisseia" (2009: 291).

2 A "Pátria do Evangelho", a História Sagrada da Nação

A obra *Brasil, coração do mundo, pátria do Evangelho*, publicada em 1938, se enquadra no espectro de uma grande revelação que visou consolidar o espiritismo, no país desde o século XIX, clarificando-o como portador de sua missão universal, agora a partir da centralidade do Brasil[6].

Discurso de teor grandiloquente, "na qual a própria história da formação da nação passa a ser lida à luz de uma *programação no plano espiritual superior*" (LEWGOY, 2004: 97); incorporado como conteúdo doutrinário ao espiritismo, porta, no meu entender, no seu enredo, uma nítida estrutura mitológica. A raiz mítica desta narrativa é que a história do Brasil obedece a uma "*minuciosa planificação do além*, guiando a marcha vitoriosa da Doutrina [Espírita] e fazendo da história um destino" (AUBRÉE & LAPLANTINE, 2009: 296). Daí por que estes autores franceses, Aubrée e Laplantine, se referirem à obra como uma "brasilodisseia" (no meu entender, uma junção de ideia de odisseia, narrativa mítica e heroica, com teodiceia, narrativa que justifica a dor e o sofrimento), quando "um Brasil invisível comanda os destinos do Brasil concreto" (2009: 296).

O livro começa com a visita do "Cordeiro de Deus" à terra com sua "corte" celeste de "Anjos e Tronos" (XAVIER, 2002: 20) e a constatação por Jesus da situação de desalento – orgulho, impenitência, ingratidão e egoísmo – em que se encontravam os espíritos encarnados neste planeta. Então decide buscar um lugar de regeneração para a humanidade encarnada nele. Com a ajuda do espírito Helil, uma espécie de "braço direito", encontra as terras nas quais se ergueria o Brasil: "A região do cruzeiro, onde se realizará a epopeia do meu Evangelho" (XAVIER, 2002: 32). Confia depois ao anjo Ismael a missão de zelar espiritualmente para a construção da "pátria do evangelho" com a convocação das "incansáveis falanges do infinito" (XAVIER, 2002: 36-37).

Para Bernardo Lewgoy, este livro "representa um divisor de águas na história do espiritismo brasileiro", constituindo-se numa "das obras mais influentes a nortear a prática dos espíritas", num momento onde o movimento robustece-se e unifica-se em torno da Federação Espírita Brasileira (2004: 96). No caso, uma abordagem que aproximaria a espiritualidade à Nação, e com isso se associando – à sua maneira, com o aporte e chancela do "mundo espiritual" para este empreendimento – a uma forte vertente que nos anos de 1930/1940 busca engendrar um projeto nacional (2004: 96, 101).

---

6. Segundo a escritora espírita Sueli Caldas Schubert, a obra psicografada de Chico Xavier cumpria um plano dos espíritos superiores, segundo Emmanuel, "de aviso" com o livro *Parnaso de além-túmulo*, "da chegada" da assistência espiritual com *Brasil, coração do mundo, pátria do evangelho* e "de entendimento" com *Nosso lar*, ao concluir a revelação do transcendente em outros planos espirituais (SCHUBERT, 1996: 169, apud LEWGOY, 2004: 93).

Além de revelar o Brasil – como o epicentro de uma grande missão universalista (descumprida pelas grandes civilizações da Europa), tornando-se a seiva que tonifica a "árvore do evangelho" transplantada por Cristo da Palestina para o solo pátrio – o contexto gerador do mito do Brasil como "pátria do Evangelho" promove também sua afinidade eletiva com outros mitos nacionalistas em voga no país durante o período do Estado Novo Varguista (2004: 120).

Ideias caras ao projeto de nação são evidenciadas no mito da "pátria do Evangelho", como o princípio da Unidade e sua sacralização. Unidade territorial, exceção mundial celebrada nas páginas do livro, de um país que "conseguiu manter-se uno e indivisível" por obra e graça divina, devido "à mão do Senhor [que] se alça sobre sua longa extensão". Afinal, como diz o espírito narrador Humberto de Campos: "o coração geográfico do orbe não se podia fracionar" (XAVIER, 2002: 2). Exemplos desta perspectiva pontuam ao longo do livro, como na menção às "lutas fratricidas e tenebrosas" perpetradas por "espíritos infelizes e perturbados, inimigos das obras de Jesus" (XAVIER, 2002: 63). Neste caso, curiosamente, referindo-se à "revolução" separatista paulista de 1932, reprovada e conjurada do "plano espiritual", por ninguém menos que José de Anchieta, o fundador da cidade, e um grupo de espíritos de luz, que velam do além sob o emblemático Colégio de Piratininga, *lócus* original da cidade (XAVIER, 2002: 63-64). Da mesma forma, a independência do Brasil, sob o comando da dinastia dos Bragança, é programada desde o alto por Ismael e suas falanges, de forma a evitar o "êxito incerto das revoluções fratricidas" (XAVIER, 2002: 123), "sempre com a finalidade de preservar a unidade territorial do Brasil, para que não se fragmentasse o coração geográfico do mundo" (XAVIER, 2002: 157).

Junto com a noção de Unidade estava a de Ordem. Na Introdução ao livro, o seu narrador/escritor, o espírito de Humberto de Campos, conclama os (espíritos encarnados) brasileiros ao "cumprimento do dever pela *ordem* [...] e mediante o trabalho honesto" para o "engrandecimento da pátria". Da mesma forma, exorta ao recolhimento das "armas homicidas das revoluções" (XAVIER, 2002: 17).

Ordem na condução da evolução do país, que se dá por intervenção espiritual sempre nos marcos do pacificismo. Em todos os momentos de transição histórica, a ruptura e o conflito eram evitados pela força espiritual das falanges condutoras do destino do país. Na independência, na abolição da escravatura e na proclamação da república: "sem um tiro, o chefe português obedeceu [...], a intimação de Dom Pedro, capitulando (XAVIER, 2002: 155); "a proclamação da República Brasileira, como índice da maioridade coletiva da nação do evangelho, há de fazer-se sem derramamento de sangue" (XAVIER, 2002: 212); nas "ideias republicanas [...] preponderam elementos positivistas, para que as novas instituições não pecassem pelos excessos de paixão sanguinolenta (XAVIER, 2002: 213).

Além disso, como sublinhado por Lewgoy, o livro reproduz o mito das três raças formadoras do país (brancos, negros e índios), aqui, também afinidade com a "ideia, de grande circulação na época, do congraçamento harmonioso das três raças num povo com tendências pacifistas"[7] (LEWGOY, 2004: 97). Mito este, já interpretado por DaMatta como uma "fábula" do "triângulo racial", onde o antropólogo "critica a ideia de que esses contingentes humanos se encontraram de modo espontâneo, numa espécie de carnaval social e biológico" (1994: 46).

Nesta mesma perspectiva épica, "heróis da pátria" são projetados nos espíritos superiores, como sendo a encarnação destes, melhor dizendo, sucessivas encarnações de espíritos superiores com a missão de elevar a nação na trilha de seu destino glorioso. Aqui se observa a fusão da cosmologia transcendental do espiritismo com a epopeia da nação. Nela, os principais personagens da história do país são apresentados como "espíritos missionários" engajados na tarefa espiritual que lhes confiou o próprio Cristo e o anjo Ismael (LEWGOY, 2004: 98). Dentro do livro, do Infante Dom Henrique (na verdade, o espírito Helil) aos jesuítas Anchieta e Manoel de Nóbrega, passando por Fernão Dias Paes, o "bandeirante", até Dom Pedro II como o espírito Longinus e os abolicionistas Castro Alves, Luiz Gama, José do Patrocínio junto com a própria Princesa Isabel, todos foram designados em assembleias espirituais ou a chamamentos pessoais para estas missões planejadas da construção da "Pátria do Evangelho". Além disso, neste mito, os grandes personagens da História do Brasil quase sempre reencarnam em outros grandes personagens de momentos históricos posteriores. Por exemplo, Rui Barbosa foi José Bonifácio

---

7. "[...] as energias portuguesas, expandindo as suas possibilidades realizadoras para além dos ares. O elemento indígena foi chamado a colaborar na edificação da pátria nova; almas bem-aventuradas pelas suas renúncias se corporificaram nas costas da África flagelada e oprimida [...] formaram a falange abnegada que veio escrever na Terra de Santa Cruz [...] um dos mais belos poemas [...] (XAVIER, 2002: 25s.).

148

em outra encarnação e Getúlio Vargas foi Dom João VI (LEWGOY, 2004: 98n.10). Segundo este antropólogo, "o espírito André Luiz teria sido Oswaldo Cruz ou Carlos Chagas, ambos médicos sanitaristas de fortes ideais republicanos. E anteriormente teria sido Estácio de Sá, capitão-mor e fundador do Rio de Janeiro" (2004: 99).

É nesta conjuntura de afinidade entre um espiritismo em ascensão social e cultural no Brasil com um projeto de Estado e nação que se torna hegemônico, que, segundo Lewgoy, se consolida uma perspectiva brasileira própria de leitura – e, acrescento eu, de complementação na formulação – da Doutrina Espírita original do século XIX. Perspectiva que vem marcada por uma mensagem, no entender desse autor, de teor "nacionalista, profética e cristã" (2004: 120).

Aubrée e Laplantine registram a passagem de um espiritismo francês marcado pelo "desencantamento do mundo", na acepção weberiana, calcado na pesquisa e "expurgado de qualquer referência religiosa, como de qualquer emoção poética" para um espiritismo brasileiro que promove um "reencantamento do mundo" constituído pela "força do imaginário, mas sobretudo [pelo] sabor incomparável apenas proporcionado pelos *mitos*" (2009: 298 – grifo nosso).

O livro *Brasil, coração do mundo, pátria do evangelho*, um dos pilares desta "brasilodisseia", ao dispensar as mediações – políticas, econômicas, sociais e culturais – como interpretação do devir histórico e social, centrando-se num enfoque onde o espiritual incide e conduz diretamente a história, terminou por se constituir numa História Sagrada[8], nos moldes daquela do cristianismo/catolicismo, que a doutrina espírita pretendeu desmistificar.

3 Sugestões para uma abordagem de *Brasil, coração do mundo, pátria do Evangelho* como uma narrativa mítica

Para levar a cabo um empreendimento de análise das estruturas míticas contidas neste intrincado livro – que buscou, munido da revelação espiritual, contribuir para a "elucidação da história da civilização brasileira" (XAVIER,

---

8. O filósofo marxista G. Plekhanov refere-se na sua obra a uma "concepção teológica da História" que aparece nos escritos de Santo Agostinho e de Bossuet, onde todos os fatos sociais e políticos estavam submetidos à "providência divina" (1980: 10-15). Considero que o livro em apreço repete esta concepção teológica da história do Brasil, onde os acontecimentos cruciais são explicados por intervenção direta do "plano espiritual".

2002: 16) – seria preciso um conhecimento denso de análise do discurso, de História do Brasil e da Doutrina Espírita, conteúdos em que não possuo suficientemente domínio. Da mesma maneira, se tornaria impossível, nos marcos deste texto, dar conta de todos os meandros da obra apontando neles suas equivalências míticas. Portanto, o que passo a fazer, a partir de intuições que tive na leitura deste fascinante relato, é colocar algumas pistas para a interpretação.

Penso que o que dá um caráter mítico ao livro é o seu propósito de renarrar a história do país à luz das leis espirituais evolutivas do espiritismo. Isto se faz, reelaborando *a posteriori* o transcurso de sua história, tendo como ponto de observação o ano de 1938, quando a revelação do destino do Brasil "de ser o maior celeiro de claridades espirituais do orbe inteiro" foi dada a ser conhecida (XAVIER, 2002: 10). Esta revelação foi transmitida do 'plano espiritual' pelo espírito do escritor Humberto de Campos, por missão conferida a ele pelos espíritos superiores, visto ser este versado no *metier* narrativo, quando recolhe, compila e elabora "os dados das tradições do mundo espiritual" (2002: 13). Para tal, segundo minha hipótese, o encadeamento dos fatos de nossa história terá sua explicação dentro da dialética teleológica/evolucionista espírita, na seguinte sequência: 1) programação espiritual, 2) livre-arbítrio, 3) lei de causa-efeito, ação-reação, "carma".

Entretanto, a ênfase desta dialética evolutiva na Doutrina espírita, comumente centrada no espírito/indivíduo, nesta narrativa é deslocada para espíritos (no plural) ou para uma coletividade[9] e até para a nação[10] – enquanto lugar

---

9. Em outros minimitos narrados pela psicografia de Chico Xavier, mecanismos da evolução espiritual como a lei de causa-efeito ou carma, são transpostos de uma escala individual para outra coletiva. Como na explicação de uma tragédia ocorrida em Niterói em 1961, onde morreram queimadas centenas de pessoas num incêndio num circo, como uma dívida espiritual a ser paga pelos assistentes de um espetáculo em uma arena romana no ano 177 d.C. que decidiam e se regozijavam com o sacrifício de cristãos atirados às feras (*Cartas e crônicas*, 2010: 31-35).

10. Entretanto, no livro aparecem exemplos onde a "programação espiritual" e "lei de causa-efeito" se encontram conjugadas entre um indivíduo e uma coletividade. Um primeiro caso foi o do "bandeirante" Fernão Dias Paes que foi chamado na condição de espírito desde o plano espiritual para se encarnar na terra com a missão de comandar a expansão da colonização do Brasil, "despendendo todas as reservas de energia", dentro "da mais rigorosa justiça [...] e disciplina" (2002: 92-93). Para tal, no seu entendimento do cumprimento da missão, mandará enforcar seu próprio filho porque este comandara ato de insurreição e motim. Na hora do desencarne do espírito de Fernão, quando este implora "misericórdia do Altíssimo para o delito com que exorbitara suas funções na terra", recebe do anjo Ismael a certeza de que "nas mesmas paragens, onde turvastes a consciência, levado pelos rigores da disciplina,

espiritual, para onde "Jesus transplantou da Palestina [...] a árvore magnânima do seu Evangelho" (2002: 14).

Em minha opinião, o caráter de infalibilidade deste mito, evitando contradições e incongruências no transcurso histórico contido nele, se impõe através de um estratagema que reparte cada um dos componentes da grande Lei da Evolução Espiritual (citados acima), encaixando-os em situações históricas particulares para serem explicadas nesta fórmula. Desta maneira, os fatos históricos consagrados como grandes marcos da História do Brasil são atribuídos à programação espiritual; os genocídios, atrocidades e violências ao livre-arbítrio; as crises e os retrocessos sociopolíticos à lei de causa-efeito. Contudo, eles são apresentados num processo, implicados uns aos outros, expressando a sequência evolutiva pela qual o plano espiritual conduziu progressivamente a trajetória da nação.

Para entendermos melhor essa minha formulação genérica, apresento-a relacionada a um leque de fatos históricos, extraídos do livro com suas explicações cármicas e espirituais.

Exemplos de grandes marcos históricos do Brasil vistos como resultantes da programação espiritual iniciam-se com a escolha das terras continentais do que viria a ser o país, pelo próprio Cristo e sua legião de espíritos evoluídos e anjos (2002: 20-25). Daí a determinação de Jesus para que Hilel, um espírito coadjutor, se encarnasse como Dom Henrique, o Infante de Sagres, e dirigisse todo o expansionismo marítimo de Portugal com vistas à descoberta do Brasil (2002: 24, 25). Orientações mediúnicas através de sonhos davam a Pedro Álvares Cabral o roteiro para sua esquadra na direção destas terras, e as "falanges no Infinito" comandadas pelo espírito de Dom Henrique de Sagres impulsionavam as caravelas para o destino predeterminado (2002: 30). Uma assembleia no além foi convocada pelo anjo Ismael, onde é acertada a colaboração de "espíritos santificados", que na terra foram os jesuítas, como José de Anchieta e Manoel da Nóbrega enquanto missionários na colonização do

---

voltarás com teu filho [...] a fim de repararares o passado" (2002: 94). Outro exemplo foi o do espírito Longinus, convocado por Jesus para se encarnar como Dom Pedro II, com a missão de ser Imperador do Brasil e conduzir a nação "até sua maioridade" (2002: 164). Mas o Mestre adverte ao espírito que sua missão será de sacrifício, pois ao cabo de sua missão será expulso do "solo abençoado". Por fim, na hora do desencarne deste 'espírito superior' no seu "resgate" do "planeta das sombras", nesta hora da "amargura final", a luz de Cristo desceu "sobre seus cabelos brancos, santificando a sua morte" (2002: 165).

Brasil nos primeiros quinquênios de 1500 (2002: 45, 46). São também programados espíritos para cumprir expiações e provas enquanto nova encarnação, com a missão de desbravar as grandes extensões territoriais da colônia no século XVII, como Fernão Dias Paes e Bartolomeu Bueno, no evento que foi conhecido como as "bandeiras" (2002: 89-95). São as "falanges espirituais" do anjo Ismael que vão inspirar Dom João VI e as cortes portuguesas no seu deslocamento e instalação no Brasil em 1808, para criar as condições de progresso econômico e cultural, já com vistas a nossa emancipação política (2002: 134-137). É a "assistência espiritual" de Ismael e seus companheiros espirituais que "incitam [D. Pedro I] a completar a obra da emancipação política da Pátria do Evangelho" (2002: 154). Comandando esta falange, em missão conferida por Ismael, está o espírito de Tiradentes "que auxiliará o coração [de Dom Pedro] no grito supremo de liberdade" fazendo-o "deixar escapar o grito de 'Independência ou Morte!', sem suspeitar de que era dócil instrumento de um emissário invisível que velava pela grandeza da pátria" (2002: 158). No episódio da abolição dos escravos são ainda as "falanges de Ismael" que estão por trás do "movimento libertador" de "Castro Alves, Luís Gama, Rio Branco e Patrocínio" e também da Princesa Isabel "que viera ao mundo com sua tarefa definida no trabalho abençoado da escravidão" (2002: 202). Por fim, a proclamação da República, embora registrada sem o determinismo da programação, se deu com um acompanhamento espiritual das "falanges" de Ismael, que se reúnem em assembleia espiritual presidida pelo próprio Cristo, onde este afirma que com o evento se iniciava o processo de "maioridade coletiva da nação" (2002: 210). Este também teve o desfecho pacífico pela aquiescência de Dom Pedro II, que no plano espiritual foi Longinus, um espírito designado por Jesus para se encarnar enquanto Imperador com a missão de conduzir o país por decênios (2002: 162-166).

Mas se a história do Brasil é obra de um grande plano divino, como explicar as imensas atrocidades ocorridas ao longo desta mesma história? Aqui então é acionada a explicação clássica do "livre-arbítrio" concedido por Deus e pelo plano espiritual aos homens para cometerem seus erros e desvios[11].

---

11. Através dessa noção do "livre-arbítrio", o espiritismo acompanha o cristianismo histórico do catolicismo e os protestantismos, na sua interpretação teológica que Deus permite ao homem a liberdade de optar entre o bem e o pecado. Mais um elemento que o identifica, segundo minha visão, como um "neocristianismo".

Livre-arbítrio que terá, no entanto, segundo a Lei Divina da ação-reação, sua correspondente consequência. Na narrativa frente a um anjo Ismael transtornado e aos prantos diante do fato da escravidão dos negros do Brasil Colônia, o "Divino Mestre" Jesus lhe responderá:

> Bem sabes que os homens têm sua responsabilidade pessoal nos feitos que realizam em suas existências isoladas e coletivas. Mas, se não podemos tolher-lhes aí a liberdade, também não podemos esquecer que existe o instituto imortal da justiça divina, onde cada qual receberá de acordo com seus atos (2002: 50-51).

Em seguida, Jesus afirma que sua determinação era pela aproximação das três raças harmonicamente visando a construção da "pátria do Evangelho": "para que essa cooperação fosse efetivada sem o atrito das armas, aproximei Portugal daquelas raças sofredoras, sem violências de qualquer natureza" (2002: 51).

Jesus conclui sua explanação, ressaltando a liberdade concedida, mas mal--empregada e vaticina sobre a inexorabilidade das consequências dos "nefandos" atos cometidos a partir dela:

> Eles terão a liberdade de humilhar seus irmãos, em face da grande lei do arbítrio independente [...] mas os que praticaram o nefando comércio sofrerão, igualmente, o mesmo martírio, nos dias futuros, quando forem também vendidos e flagelados em identidade de circunstâncias (2001: 51).

Portanto, a derrocada da dinastia de Avis de Portugal, com a morte do rei Dom Sebastião em Alcácer-Quibir e a consequente anexação do reino de Portugal pela Espanha do rei católico Felipe II, é creditada segundo a narrativa do livro à reação ou efeito à ação ou causa deste reino ter promovido "o tráfico hediondo dos escravos" (2002: 54). Da mesma forma devem-se à lei de causa-efeito "os mais tristes reveses" sofridos pelos "donatários cruéis" escravocratas, resultando em catástrofes: naufrágios, mortes e destruição de suas colônias pelos tupinambás e tupiniquins (2002: 53). Também a morte cruenta pela forca e esquartejamento, que sofreu Tiradentes na Inconfidência Mineira de 1792, se deveu a dívidas cármicas que este teria contraído em vidas passadas quando "ocupava o nefando mister de inquisidor" (2002: 122). A lei de ação e reação de um ponto de vista coletivo, ainda serve para explicar os "cinco anos de martírio e derrames de sangue" da Guerra do Paraguai, vista no livro, como "uma provação coletiva que o povo brasileiro jamais poderá esquecer" (2002: 198-199) em razão do expansionismo e intervencionismo bélico do Brasil em relação a seus vizinhos no II Reinado dos anos de 1849-1852 (2002: 196-197).

Também a lei espiritual de causa-efeito é acionada para explicar situações de escravidão e subalternidade de grupos inteiros, como o contingente de escravos negros do Brasil Colonial/Imperial. Estes, segundo o livro, foram espíritos com dívidas cármicas, que para sua evolução foram convocados no plano espiritual pelo anjo Ismael para expiar suas culpas coletivamente na condição dos escravos negros (2002: 67-69). Na verdade, segundo sugere a narrativa, estes espíritos – quando encarnados – tinham desenvolvido o dom da "ciência", mas careciam de "humildade e de amor", desta forma sua missão na nova encarnação seria a de "sustent[ar] nos ombros feridos o peso de todo o trabalho [...] [para] construir as bases da terra do Cruzeiro" (2002: 70).

3.1 Experimento do autor de reconfigurar o Mito do Brasil "Pátria do Evangelho" a partir das mesmas premissas doutrinárias da Lei de Evolução do espiritismo

Mas se invertêssemos os termos desse mito na correlação dos fatos históricos tal como foram apresentados na narrativa com os três princípios da Lei da Evolução: 1) programação espiritual; 2) livre-arbítrio; 3) lei de causa-efeito, ação-reação, carma. Ou seja, se os mesmos fatos fossem correlacionados a estes princípios, mas trocados uns em relação aos outros na formulação original do livro-revelação. Teríamos então, variações interpretativas destes mesmos fatos, à luz dos mesmos princípios e leis espirituais.

Permito-me traçar agora um exemplo aleatório e uma ficção alegórica dentro dos princípios espíritas, na direção de uma visão mais igualitária e de justiça social. Por exemplo, e se o espírito de Tiradentes, ao invés de um espírito com dívidas cármicas, fosse um "espírito missionário" como foi Longinus, a encarnação de Dom Pedro II, com a missão de antecipar e semear os ideais de liberdade e de justiça na "Pátria do evangelho"? E se ele depois se reencarnasse em Frei Caneca, o líder e mártir da insurreição libertária da Confederação do Equador de 1824? E se depois se reencarnasse como João Cândido, o "almirante negro" líder da "Revolta da Chibata" contra os castigos impostos pela hierarquia da marinha aos marinheiros em 1910? Não estaríamos emprestando a esta narrativa mítica um tom mais libertário e menos expiatório, punitivo?

Também como outro exemplo, se os negros escravos – ao invés de espíritos expiando faltas de vidas passadas – fossem uma falange de "espíritos superiores" encarnados com missão de mostrar a luta pela liberdade e a insubordinação diante da opressão, assim como experiências igualitárias étnicas e sociais? Com isto poderia estar se produzindo novas interpretações com mais proximidade com uma revisão histórica contemporânea e com os movimentos sociais e identitários dos negros brasileiros. No próprio livro – a despeito da visão predominante de que dos negros escravizados pela docilidade de seu coração resignado e triste surgiu o apaziguamento contra o "orgulho" , dotando a "alma brasileira" de fraternidade, ternura e perdão[12] – há também indicadores desta perspectiva libertária e de justiça social quando menciona a experiência "da solidariedade humana [...] na comuna fraterna de Palmares, onde não havia nem ricos nem pobres e onde resistiram com o seu esforço e a sua perseverança, por mais de setenta anos, escrevendo com a morte pela liberdade o mais belo poema dos seus martírios nas terras americanas" (2002: 71).

O que quis demonstrar com este experimento ficcional a partir dos fatos históricos mencionados no livro e o deslocamento dos mesmos três princípios da Lei Espírita de Evolução que realizei para estabelecer novas correlações, é que a prevalência da ênfase da expiação e provação contidas em *Brasil, coração do mundo, pátria do evangelho*, espelha uma visão que realça mais o sofrimento, mortificação que a liberação/"evolução". O que o médium Luiz Gasparetto, portador de um "Espiritismo de tipo Nova Era", já havia sugerido como um ranço de "catolicismo" na Doutrina (STOLL, 2003: 233).

Portanto, como procurei demonstrar, se esta narrativa produzida no contexto dos anos de 1930, ou seja, situada historicamente, for tomada como a "palavra divina revelada", logo, uma revelação literal proveniente do plano espiritual, poderemos estar constituindo um "fundamentalismo" espírita. Ao

---

12. "Sobre seus ombros flagelados carrearam-se quase todos os elementos materiais para a organização física do Brasil, e, do manancial de humildade de seus corações resignados e tristes, nasceram lições comovedoras, imunizando todos os espíritos contra os excessos [...] dotando-se a alma brasileira dos mais belos sentimentos de fraternidade, de ternura e perdão" (2002: 54-55).

passo que se a tomarmos como um mito, logo passiva de uma hermenêutica, poderá se abrir um exercício interpretativo pelos espíritas, dessa linguagem vista como alegórica em relação aos desígnios morais mais profundos advindos do "plano espiritual".

Enquanto docente de disciplinas envolvendo o espiritismo, sociedade e cultura no Brasil, na Graduação e no Programa de Pós-Graduação em Ciência da Religião da UFJF, pude registrar o incômodo de alguns de meus alunos de confissão espírita, mas com formação acadêmica em História ou Ciências Sociais, diante desse tipo de explicação "nativa" para a conquista colonial do Brasil ou para a escravidão negra no país. Dessa forma, penso que uma geração de intelectuais espíritas, mas *up date* com a linguagem da modernidade, tem a tarefa e o desafio de, diante deste e de outros textos "míticos" do espiritismo brasileiro – tal como fazem os teólogos cristãos com relação às suas Sagradas Escrituras[13] – realizar uma hermenêutica, cotejando estas narrativas com os valores, a ética e os princípios da Doutrina Espírita e com os saberes filosóficos, sociológicos, antropológicos, psicológicos e dos estudos comparados das religiões. Com isso proponho novas leituras, por dentro do espiritismo, destas narrativas consagradas no imaginário espírita brasileiro.

Conclusão: do imaginário à impostura

O princípio da evolução do espírito – enquanto uma individualidade moral, sujeito à lei da causa-efeito dentro do processo de sucessivas encarnações contido na Cosmologia Espírita – combinado com os adornos das narrativas sobre "vidas passadas" e sobre as vivências do espírito desencarnado no "plano espiritual", que o romance espírita acrescentou, produziu um tipo de obstinada especulação na cultura religiosa do cotidiano espírita. Esta diz respeito a uma espécie de tentativa de mapeamento sobre quem teria sido quem, em encarnações anteriores (por curiosidade ou por vontade de comprovação de sua crença). Cito aqui alguns casos ilustrativos que apareceram registrados em estudos acadêmicos e na literatura e mídia espíritas.

---

13. E tal como fez Kardec e seus espíritos mentores em relação à Bíblia e o Novo Testamento, propondo uma interpretação espírita destes textos sagrados, condensados na obra *O Evangelho segundo o espiritismo*.

Marion Aubrée registra que na época da comoção que cercou o país quando do falecimento de Tancredo Neves, alguns espíritas propuseram a ela – se apoiando no romance espírita *Confidências de um inconfidente* psicografado pela médium Marilusa Vasconcellos, pelo espírito do poeta inconfidente Tomás Antônio Gonzaga publicado no mesmo ano do funesto acontecimento que vitimou o primeiro presidente civil pós-ditadura militar, 1985 – uma explicação reencarnacionista para a tragédia. Tancredo Neves teria sido reencarnação de Joaquim Silvério dos Reis, o traidor do movimento libertário de 1789. E as circunstâncias de sua morte seriam um pagamento da dívida cármica que tinha contraído pelo seu ato de vilania. Da mesma forma, José Sarney, o vice de sua chapa que terminaria assumindo a presidência da República, teria sido a reencarnação de um amigo que teria dado guarida ao traidor. Para a autora, "a sequência reencarnacionista e a dinâmica evolucionista" da explicação espiritual "colocam em evidência o modo como o *mito* pode, numa sociedade histórica, jogar [...] um papel protetor [...] em um real angustiante e complexo" (1994: 215-216).

Muito recentemente, em meio à crise política que divide o país, circulou em sites promovidos por indivíduos do meio espírita que o juiz Sérgio Moro – responsável pelos encaminhamentos jurídicos e penais da chamada Operação Lava Jato de investigação de corrupção no governo – seria a reencarnação do espírito evoluído Emmanuel[14], este, mentor da obra psicografada de Chico Xavier, como se pôde constatar na sequência deste texto. Esta associação foi possível pela *performance* – polêmica e um tanto espetaculosa, distinta do recato de muitos dos seus pares magistrados – que o referido juiz procurou desempenhar na sociedade, como um moralizador e regenerador público das viciações do sistema político brasileiro, o que lhe valeu adesão e reconhecimento de parcela da elite e da classe média no país como um novo "paladino da justiça". No entanto, muitos espíritas rejeitaram a especulação como de caráter manipulatório, pois, de acordo com a crença espírita, Emmanuel enquanto espírito mentor de Chico Xavier ainda estava orientando do plano espiritual o médium benfeitor até o momento do seu "desencarne" em 2002. Logo, se tivesse decidido encarnar como missão no Brasil, em seguida à "passagem"

---

14. Cf. a ligação "espiritual – reencarnatória" entre Sérgio Moro e Emmanuel no site http://www.espiritbook.com.br/m/discussion?id=6387740%3ATopic%3A2401314

de Chico para o plano espiritual, hoje seria um adolescente de 14 anos e não um homem feito como o juiz.

Como contraponto, vai a pilhéria circulante em meio espírita intelectualizado, mais afeito a discussão dos princípios cosmológicos da doutrina e suas implicações em termos de conduta moral e avesso a qualquer tipo de especulação ou "fofocas de bastidor espiritual", de que nunca se ouve a divulgação de alguém que tenha sido em outra encarnação uma pessoa comum; ao contrário, só faraós, príncipes, escritores, generais ou papas. O que me faz evocar o poema de Brecht: "Quem construiu Tebas [...]. Nos livros constam os nomes dos reis. Os reis arrastaram os blocos de pedra? [...] A grande Roma estava cheia de arcos de triunfo: Quem os levantou? O jovem Alexandre conquistou a Índia: Ele sozinho? [...] Uma vitória a cada página: Quem cozinhava os banquetes da vitória? Um grande homem a cada dez anos. Quem pagava suas despesas?"

No entanto, o que o "romance psicografado" indica como orientação do plano espiritual vai na direção da reserva e discrição com relação à necessidade em se saber a identidade dos espíritos em encarnações passadas, em prol do ensinamento moral que seu personagem deve encarnar. No caso de André Luiz, o que Emmanuel revela no prefácio ao *Nosso lar* é que ele teria sido um médico, que no desígnio de sua missão "necessitou despojar-se de todas as convenções, inclusive do seu nome" (XAVIER, 1974: 7). A despeito do conselho, as especulações sobre se ele teria sido Carlos Chagas grassaram (LEWGOY, 2004: 99). O que o relato no "romance espírita" visa comunicar, através da biografia evolutiva de um espírito superior, geralmente conhecido no panteão da cultura religiosa espírita como Emmanuel, é a máxima do ensinamento moral da doutrina: cada indivíduo produz o seu destino pelas suas boas/más ações (STOLL, 2003: 91). Geralmente, de caráter testemunhal, confessional, o relato do espírito revela suas múltiplas encarnações passadas, para dar caráter de concretude histórica e fática – a exemplo das narrativas judaicas das parábolas tão usadas por Jesus nos evangelhos – revestindo-lhe de caráter didático e exemplar. As estórias deste espírito/indivíduo através de suas várias "vidas" concretas, com seus erros/acertos, avanços/reincidências, visam produzir no leitor uma "reforma íntima", uma revisão de sua experiência de vida, de acordo com os princípios doutrinários do espiritismo: sacrifício, renúncia, resignação, tolerância, humildade (STOLL, 2003: 33, 91, 93).

Portanto, desde as crenças mais inspiradoras a atos de moral elevada – ainda que cercadas com o epíteto de "raciocinadas" – aos tipos relatados de impostura, um poderoso imaginário ronda o espiritismo, qual as "almas penadas" da "casa mal-assombrada "do livro de Bezerra de Menezes, no qual este tentava demonstrar sua dessobrenaturalização. Nesta questão, creio que o que ocorre é uma revanche das estruturas míticas impregnando doutrinas que julgaram possuir e manejar de forma peremptória a chave da razão e da ciência para desvendar os "acasos" da realidade, e no caso, a realidade transcendente.

Referências

AUBRÉE, M. "De l'Histoire au Mythe: le dynamique des romans spirites au Brésil". In: MARTIN, J.B. & LAPLANTINE, F. (orgs.). *Le défi magique*: esotérisme, occultisme, spiritisme. Lyon: PUL, 1994, p. 207-217.

AUBRÉE, M. & LAPLANTINE, F. *A mesa, o livro e os espíritos* – Gênese e evolução do movimento social espírita entre França e Brasil. Maceió: EdUFAL, 2009.

ARAÚJO, A. *Espiritismo, esta loucura do século XIX* – Ciência, filosofia e religião nos escritos de Allan Kardec. São Paulo: Fonte, 2016.

BASTIDE, R. "Le spiritisme au Brésil". *Archives de Sociologie des Religions*, n. 24, 1967, p. 3-16.

CAMURÇA, M.A. *Espiritismo e Nova Era*: interpelações ao cristianismo histórico. Aparecida: Santuário, 2014.

_____. "Le Livre des Esprits" na Manchester Mineira: a modernidade do espiritismo face ao conservadorismo católico nas primeiras décadas do século em Juiz de Fora. *Rhema* – Revista de Filosofia e Teologia do Instituto Teológico Arquidiocesano Santo Antônio, vol. 4, n. 16, 1998, p. 191-223.

CAVALCANTI, M.L.V.C. *O mundo invisível* – Cosmologia, sistema ritual e noção de pessoa no espiritismo. Rio de Janeiro: Zahar, 1983.

DAMAZIO, S. *Da elite ao povo* – Advento e expansão do espiritismo no Rio de Janeiro: Bertrand Brasil, 1994.

LEWGOY, B. *O grande mediador* – Chico Xavier e a cultura brasileira. Florianópolis: Edusc, 2004.

PLEKHANOV, G. *A concepção materialista da história*. Rio de Janeiro: Paz e Terra, 1980.

STOLL, S.J. *Espiritismo à brasileira*. São Paulo: Edusp, 2003.

VAN ROSSUM, R. Reencarnação dentro do contexto do espiritismo e da umbanda. *Concilium*, 249, 1992, p. 68[728]-80[740].

WARREN, D. A terapia espírita no Rio de Janeiro por volta de 1900. *Religião e Sociedade*, 11/3, 1984, p. 56-83.

WEBER, M. *Economia e sociedade*. Vol. 1. Brasília: UnB, 1991.

XAVIER, F.C. [pelo espírito do Irmão X]. *Cartas e crônicas* [1966]. Rio de Janeiro: Federação Espírita Brasileira, 2010.

_____ [pelo espírito de Humberto de Campos]. *Brasil, coração do mundo, pátria do evangelho* [1938]. Rio de Janeiro: Federação Espírita Brasileira, 2002.

_____ [pelo espírito de André Luiz]. *Nosso lar* [1943]. Rio de Janeiro: Federação Espírita Brasileira, 1974.

PARTE II

Narrativas nas religiões afro-indígenas

Dedicatória

"Para o querido Sergio Ferretti, que se juntou aos encantados e aos voduns do Tambor de Mina, o nosso carinho e a nossa gratidão pelo legado deixado."

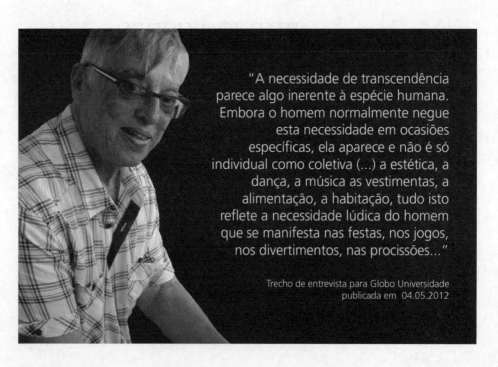

"A necessidade de transcendência parece algo inerente à espécie humana. Embora o homem normalmente negue esta necessidade em ocasiões específicas, ela aparece e não é só individual como coletiva (...) a estética, a dança, a música as vestimentas, a alimentação, a habitação, tudo isto reflete a necessidade lúdica do homem que se manifesta nas festas, nos jogos, nos divertimentos, nas procissões..."

Trecho de entrevista para Globo Universidade publicada em 04.05.2012

1
Os *itans* e o porquê das coisas
A função do mito na tradição religiosa do Candomblé

Prof.-Dr. Volney J. Berkenbrock*

Introdução

A tradição do Candomblé é repleta de histórias, ditos, provérbios, expressões que são a base para a interpretação religiosa. Este conjunto de fontes de interpretação é conhecido pelo nome coletivo de *itans*, e através deles se sabe o porquê das coisas. Quando no Candomblé se quer saber algo não se costuma dar uma explicação teórica ou abstrata. O mais comum é lançar mão de algum *itan*, uma narrativa que dê conta de fazer a explicação. Este tipo de narrativa pode ser classificado como um modo de pensar religioso, que não vê a origem das coisas e seu significado simplesmente num dado momento de invenção histórica, mas um modo que tudo explica a partir de tempos e situações imemoriais. Este será o foco inicial de nosso texto: mostrar como os mitos são não apenas histórias, mas expressão de um modo de pensar religioso. Avançando, o texto irá mostrar como este modo de pensar religioso aparece no Candomblé e em sua rica mitologia. Ao final, iremos apontar como estas narrativas são aplicadas na prática da religião do Candomblé, explicando o porquê das coisas.

---

* Professor do Departamento de Ciência da Religião da Universidade Federal de Juiz de Fora (MG) e membro do Instituto Teológico Franciscano de Petrópolis, RJ. E-mail: volney@itf.org.br

1 Os mitos como expressão de um modo de pensar

Antes de iniciarmos a tarefa propriamente dita a que este texto se propõe, faz-se necessário uma reflexão a modo de introdução apenas, sobre o que se está entendendo aqui por mito. Esta é uma discussão longa e não há de forma alguma uma definição de mito que possa por todos ser aceita. Justamente por isso, é necessário colocar alguma informação aqui sobre o que se está pensando ao abordar o tema. Uma discussão sobre a compreensão de mito tem por pano de fundo a aceitação implícita de que existem mitos, ou seja, quando se está falando de mitos, se está apontando para um gênero comum de expressão e não apenas para um conjunto que existisse particularmente para os gregos, mas não para os celtas, por exemplo, ou outro grupo cultural. Claro que a palavra mito é de origem grega e apontava para narrativas daquela cultura. O uso desta palavra, no entanto, foi universalizado e hoje falamos em mito para apontar expressões de outras culturas. Ou seja, mito tornou-se uma palavra usada para apontar algo que também pode ser visto em outras tradições e povos. E a partir disso se vai criar o vocábulo genérico *mitologia* para o conjunto de mitos. E assim se fala, por exemplo, na mitologia hindu, na mitologia iorubana, na mitologia germânica etc., apontando com isso um modo de expressão e não um conteúdo específico de expressão. Assumimos aqui isto como um pressuposto: a mitologia como um modo de expressão que ocorre em culturas e tempos diversos, mas conservaria em comum o fato de ser um modo comparável de expressão[1].

Qual seria, pois, este modo de expressão mitológico? O que o caracterizaria? Isto é o que aqui mais nos interessa nesta introdução. Nossa abordagem do mito nestas páginas tende a considerá-lo não a partir de seu conteúdo variável histórica e geograficamente, mas como uma espécie de linguagem que traduz, neste modo variável no tempo e espaço, fatos elementares do espírito humano, exprimindo-os por assim dizer através do drama mítico e de seus elementos constitutivos.

---

1. Essa ideia foi explorada por Cláudia Cerqueira do Rosário que desenvolvia sob minha orientação sua tese de doutorado sobre os mitos de Oxum e o conhecimento na religião do Candomblé, quando veio a falecer em 2009, deixando inconclusa a pesquisa. Resgato aqui parte de suas reflexões como uma maneira de lembrar sua memória e ao mesmo tempo uma maneira de disponibilizar ao público suas reflexões.

Dessa forma, buscaremos caracterizar a especificidade do mito enquanto linguagem simbólica e, mais, como uma forma específica de linguagem adequada à transmissão de certos tipos de conhecimento – como religioso ou sagrado, como iremos apontar. A finalidade é mostrar a importância do mito como narrativa por excelência capaz de transmitir, por exemplo, aspectos aparentemente contraditórios do real que são autoexcludentes do ponto de vista do conceito, mas não do modo de pensar.

É preciso dissociar o mito de sua interpretação como lenda ou fábula, embora não se exclua necessariamente do mito este aspecto de narrativa ético-moral edificante. No mito se exprime uma verdade do espírito na forma de história ou modelo em sua linguagem peculiar. Destarte, a narrativa mitológica está presente tanto nos motivos centrais pelo qual se expressou e expressa o pensamento religioso tomado em geral quanto nas idolatrias e modelos de comportamento no mundo contemporâneo. Este é, pois, um aspecto a ser considerado na forma mitológica de expressão: sua capacidade de não se prender a um tempo cronologicamente fixado. A narrativa mitológica transpassa o conceito do cronologicamente delimitado.

Isto se contrapõe não apenas à noção comum de lenda ou fábula, mas também às abordagens iniciais do estudo sistemático da mitologia, nas quais o mito é considerado um fruto da selvageria da mente humana anterior à razão, e cujo conhecimento deve visar extirpá-lo como escandaloso, amoral, para nos prevenirmos de sua influência desordenadora sobre nossa mente racional. Um longo percurso marca a mudança destas concepções até que se chegue, a partir da própria especificidade do mito, a entendê-lo como *história verdadeira*.

As obras de José Severino Croatto e Marcel Detienne nos fornecem importantes revisões bibliográficas acerca da evolução dos estudos sobre o mito e a mitologia. De acordo com eles, o mito já foi compreendido por W. Wundt como aquilo que "reproduz as representações do espírito popular enquanto condicionado pelo sentimento e o impulso. [...] Manifesta uma cosmovisão primitiva anterior ao pensamento científico" (CROATTO, 2002: 189). Assim sendo, não há no mito qualquer verdade para além da expressão tão somente subjetiva. E.B. Tylor e seus discípulos J.G. Frazer e A. Lang – influenciados fortemente por uma compreensão evolucionista – entendiam que a mitologia é algo que surge na passagem da magia (mais primitiva) à religião

165

(mais evoluída, mas não científica), que ele distingue como sendo um dos estágios desta última, constituindo seu elemento "irracional e degradante", ainda não propriamente religioso (CROATTO, 2002: 190). W. Schmidt sustenta que "a mitologia se cria pelo trabalho da imaginação que personifica os acontecimentos como também os objetos da natureza e da vida humana" (apud CROATTO, 2002: 190) e que a fonte própria dos mitos são as reações afetivas que acompanham as representações imaginativas – como o medo, o desejo, a esperança. Schmidt enfatiza a distinção entre pensamento mítico e pensamento lógico e sustenta que o surgimento da religião – mesmo que possa ter sido influenciado pelos mitos – é marcado por uma compreensão lógica e não mítica (CROATTO, 2002: 190-191). Para L. Lévy-Bruhl, os mitos são veículos de *participação mística* do ser humano primitivo em seu mundo circundante, sendo esta entendida como a crença em forças, influências e ações imperceptíveis aos sentidos, mas de qualquer modo reais. Os mitos, para L. Lévy-Bruhl, são formas de expressão de solidariedade grupal e lugares onde se conserva e reaviva os laços sociais. Entende esta mentalidade, porém, como pré-lógica. R. Bultmann introduz a noção de desmitologização (*Entmythologisierung*) no campo religioso: não se trata de eliminar os mitos, mas de interpretá-los em função das necessidades do ser humano moderno, cujas necessidades já superaram as então supridas pelo mito. A proposta bultmanniana de desmitologização não é contra o mito, mas sim a de transmitir a mensagem cristã hoje por uma linguagem mais existencial e menos mítica. Enfim, com maior ou menor virulência, são visões que podem ser sintetizadas pela visão de A. Lang:

> A dificuldade encontrada pela mitologia (como "ciência") está em explicar as questões que se seguem e que, ao lado de outros elementos de aparência irracional, estão contidas nos mitos: as histórias *selvagens* e *absurdas* sobre o início das coisas, as origens do homem, do sol, dos animais, das estrelas, da morte e do mundo em geral; as aventuras *infames* e *ridículas* dos deuses; explicar por que os seres divinos são vistos como incestuosos, adúlteros, assassinos, ladrões, cruéis e canibais e por que tomam a forma de animais e estrelas; esclarecer as histórias repugnantes sobre o reino dos mortos; as descidas dos deuses à morada dos mortos e seu retorno desses lugares (apud DETIENNE, 1998).

Os estudos sobre a mitologia ganham impulso significativo quando os mitos passam a ser vistos não mais ligados apenas a narrativas presas ao passado e ao desenvolvimento histórico-cultural do ser humano, mas como estruturas permanentes de apreensão, compreensão e expressão do mundo: os mitos como estruturas representativas. Foi o que fizeram autores, entre os quais se destacam Mircea Eliade, Ernst Cassirer e Carl G. Jung, que, a partir de diferentes aproximações – da História das Religiões, da Filosofia, da Psicologia – logram reconstruir a função e o sentido do mito em primeiro lugar diferenciando-o da literalidade das narrativas para sua compreensão como linguagem simbólica. Em segundo lugar, atribuem ao mito um lugar positivo na economia do espírito humano. Para Eliade, os mitos pertencem à esfera do espiritual, pertencendo à estrutura íntima da psique, e, embora se diferenciando do pensamento lógico, transmitem através de seus símbolos e imagens verdades sobre uma realidade ontológica inacessível à experiência lógica. Sobre seu pensamento, Croatto assinala:

> O mito explora de forma plástica e dramática o que a metafísica e a teologia definem de forma dialética. O mito manifesta, melhor que a experiência racional, a própria estrutura da divindade, que se situa além dos atributos e reúne em si todos os contrários. Eliade emprega o termo *ontologia arcaica* para referir-se à captação do verdadeiro transcendente que se dá no mito (2002: 202).

Para Cassirer, o mito é uma forma intelectual de apreensão do mundo ao lado de outras como a arte, a linguagem, a religião e a ciência. O mito tem, pois, um sentido lógico próprio de exprimir a verdade, diverso de outros, mas a eles comparável (CROATTO, 2002: 190-191).

Já para Jung, os mitos teriam sua fonte no que denomina de um "inconsciente coletivo" que constituiria uma porção inata da psique, distinta do inconsciente pessoal e constituído por arquétipos, entendidos como centros energéticos, como pré-formas profundas de conteúdos representativos significantes. O inconsciente coletivo tem uma linguagem simbólica própria, que pode se manifestar de formas distintas, como, por exemplo, nos sonhos, mas também fundamentalmente através dos mitos: os mitos e as religiões teriam sua verdade na realidade psicológica que revelam. C.G. Jung dá uma grande importância aos mitos como linguagem pela qual a psique humana se exprime e por isso se deixa conhecer. Em Jung, de subproduto do pensamento primitivo e arcaico, o mito vai ser tornar exatamente o contrário: uma fonte para se entender o ser humano, seu pensamento e seus sentimentos. Impulsiona assim um campo muito amplo de perspectivas pelas quais se pode apreender os conteúdos transmitidos pelas mitologias, da psicologia à religião; da filosofia à arte; da linguagem à antropologia.

Um dos pensadores que bebe na fonte aberta por Jung para a interpretação da mitologia no campo da religião será Eliade, que terá como princípio a noção de *arquétipos míticos* entendidos como acontecimentos primordiais que o *homo religiosus*[2] vive como momentos instauradores de sua própria realidade. Nas narrativas mitológicas estão consignados elementos de experiências fundantes do próprio humano, não apenas no sentido histórico, mas ontológico.

2 O mito como ideia-matriz

O que temos nestes autores é a compreensão do modo mítico de pensar. Este se reveste de algumas características peculiares. O pensamento mítico, em primeiro lugar, opera por analogia, pela percepção da semelhança, pelo "assim como" que acaba gerando uma das características do mito que é essencialmente a de funcionar como "modelo matriz". A analogia leva a um simbolismo no qual cada representação carrega o que se pode chamar de "excedente de significação", quer dizer, transporta compreensões que em muito excedem, por exemplo, as que podem transportar as representações do modo lógico-racional de pensar. Transportam sentidos muito além de si mesmos, e por eles se transmitem verdades que dizem respeito à vida do espírito e do fazer humanos. É o segundo ponto que levamos em conta.

O mito assim entendido não se refere somente às mitologias específicas (no sentido de coletâneas de narrativas de alguma cultura). Estas são localizadas culturalmente no tempo e no espaço; mas sim a uma matriz atemporal da qual as mitologias específicas são a manifestação numa forma delimitada.

---

2. A expressão *homo religiosus* é utilizada por Mircea Eliade em várias de suas obras para designar uma determinada dimensão da espécie humana e que constitui uma forma característica de realizar sua humanidade: a capacidade de perceber uma unidade fundamental nos diversos fenômenos religiosos.

O mito é o arquétipo que se manifesta diferentemente conforme a época, mas continua presente como questão perene e, mais ainda, presente em nossas representações do mundo. Por expressar dramaticamente um fato fundamental da vida – o nascimento, a morte, o amor e o ódio, a glória, a guerra etc. – está presente em nossas representações coletivas mais caras, presente ainda no mundo contemporâneo. Pode ser percebido na construção da imagem do político, da idolatria ao astro de *rock*, do sacrifício por algum ideal inatingível de beleza. Nas formas de manipulação e opressão e, por outro lado e ao mesmo tempo, nas mais vigorosas formas de libertação.

Esta ambivalência do mito o coloca na posição de algo como um embrião de sentido, de um lugar onde se colocam todas as possibilidades de sentido, um permanente e inesgotável nascedouro do sentido. E por isso o estamos chamando aqui de ideia-matriz, isto é, ideia de onde nascem as representações. Como linguagem não linear, constrói um espaço de conciliação com os aspectos caóticos da realidade, com as contradições que se manifestam coexistindo no mundo e contrariando os princípios mais elementares da lógica. No mito coexistem ser e não ser, verdade e erro, e todos os fatos essenciais do espírito. Na sua forma dramática de expressão há a possibilidade de acesso à compreensão de vários aspectos da cultura, já que através do mito pode-se ter acesso ao conjunto de valores e aspirações de um grupo ou de uma época, e estes valores são determinantes do modo de ser e de se expressar de uma cultura.

O mito é assim, antes de tudo, uma ontofania, ou seja, uma manifestação de ser. Ele torna presente o próprio fenômeno da existência em sua plenitude de ser e de sentido, coloca-nos diante da própria gênese dos deuses e homens. O mito é a palavra que revela o ser. Revela-o, note-se bem; isto é, aponta para ele. Não o conceitua ou esgota, ou delimita-o a um sentido. O mito é, antes, a revelação da própria pluralidade de sentidos, ou do próprio excedente de sentido que o conceito, por sua natureza, não pode conter. Por isso, a fala do mito não conceitua, mas revela e mostra. A narrativa mítica é uma espécie de seta; ela aponta. E mostra o ser, como o *sendo* do tempo original, em que se constituiu o ser do mundo, dos deuses e dos homens. E o mito, nas sociedades arcaicas – diz Eliade –, tem o papel essencial de reatualizar aquilo que se passou na origem dos tempos, o que torna fundamental seu conhecimento. Ele nos afirma:

Não só porque os mitos fornecem uma explicação do Mundo e da própria maneira de estar no mundo, mas sobretudo porque, ao recordar, ao reatualizá-los, ele é capaz de repetir o que os deuses, os heróis ou os antepassados fizeram *ab origine*. Conhecer os mitos é aprender o segredo da origem das coisas. Por outras palavras, aprende-se não só como as coisas passaram a existir, mas também onde as encontrar e como fazê-las ressurgir quando elas desaparecem (2000: 19).

Esta concepção será fundamental para a compreensão do mito como linguagem sob o prisma religioso. O mito sugere uma metafísica e uma ontologia próprias ao modo de ser do sagrado. É fundamental que esta relação seja aqui explorada.

3 O *Orum* iorubano: o Lugar sem-Tempo

A compreensão de mito como ideia-matriz, derivada do pensamento, sobretudo de Jung e Eliade, poderia teoricamente ser aplicada certamente a muitas tradições culturais na análise de seus mitos. Concretamente queremos fazer isto aqui em relação à tradição dos iorubanos, povo africano do qual descende a religião do Candomblé no Brasil[3]. Um dos sentidos mais correntes para a compreensão do termo religião – do latim *religio* – seria a derivação do verbo *religare*, ligar de novo. Embora este sentido etimológico evidentemente não esgote a discussão sobre a origem do termo, nos dá uma pista interessante para o desenvolvimento de nossa questão[4].

Ligar de novo (*religare*) é juntar coisas que estariam desligadas, mas que já estiveram juntas. Religar remete à restauração de uma condição – se não original – pelo menos já existente anteriormente: a condição de já terem estado ligadas. Independente da discussão sobre a ideia de separação (e suas

---

3. A religião descendente da tradição iorubana recebeu no Brasil diversos nomes. Além de Candomblé, também é chamada de Xangô em Pernambuco e Batuque no Rio Grande do Sul, mas Candomblé é o nome mais difundido e por isso será o utilizado neste texto.

4. A afirmação de que a palavra religião provém de *religare* é atribuída ao pensador cristão Lactâncio (séc. III-IV). Embora o pensador romano Cícero (106-43 a.C.), muito antes disso, houvesse afirmado ser a origem da palavra religião o verbo *relegere* (agir cuidadosamente), sua proposição não ficou tão conhecida como a de Lactâncio. Um detalhamento da questão da origem da palavra *religio* e suas implicações pode ser visto em HOCK, K. *Introdução à Ciência da Religião*. São Paulo: Loyola, 2010, p. 17-30.

causas) implícita no verbo religar, ele evoca o restabelecimento de um elo, de um vínculo com algo já havido e é especialmente esta ideia que aqui nos interessa no contexto da narrativa mitológica iorubana. Nossa existência, na compreensão desta cultura, é uma realidade descendente de uma outra: e esta outra é uma realidade original ou – talvez melhor – originante. E este original não é compreendido como um mundo parado ou separado no passado, mas uma realidade permanentemente originadora. *Orum* é o termo utilizado para indicar esta realidade da qual toda a nossa realidade se origina e descende:

> O *òrun* é o espaço sobrenatural, o outro mundo. Trata-se de uma concepção abstrata de algo imenso, infinito e distante. É uma vastidão ilimitada – *ode-òrun* – habitada pelos *ara-òrun*, habitantes do *òrun*, seres ou entidades sobrenaturais. [...] O *òrun* era uma concepção abstrata e, portanto, não é concebido como localizado em nenhuma das partes do mundo real. O *òrun* é um mundo paralelo ao mundo real que coexiste com todos os conteúdos desse. Cada indivíduo, cada árvore, cada animal, cada cidade etc. possui um duplo espiritual e abstrato no *òrun* (SANTOS, 2012: 56).

O *Orum* é a realidade fundante de toda a nossa realidade. O *Orum* contém todo o abstrato de nossa realidade e esta nossa condição tem no *Orum* a condição-originante. A ideia presente na mitologia iorubana de que existe uma realidade da qual toda a nossa realidade descende – o *Orum* – encerra uma série de pressupostos interessantes aos quais podemos aqui apenas acenar: O *Orum* representa o sempre-possibilidade. Cada coisa que existe, seja ser humano e tudo o que a ele diz respeito (corporeidade, relações, capacidades, história pessoal) seja qualquer elemento da natureza (plantas, animais, minerais) ou então acontecimentos que dizem respeito ao ser humano ou à natureza (envolvendo ou não o ser humano), o desenrolar do tempo, das estações, das plantas, das chuvas, enfim todas as situações que se possa imaginar, só acontecem porque são possíveis de acontecer. Uma árvore só cresce porque é possível que ela exista; uma fase da lua só ocorre porque há esta possibilidade; dois seres humanos só se encontram e interagem porque isto é possível. Esta compreensão de que as coisas só existem e acontecem porque é possível que existam ou aconteçam parece à primeira vista um tanto simplista. Na compreensão iorubana ela é, porém, muito importante para o conceito do *Orum*: ele encerra a possibilidade absoluta, isto é, todas as possibilidades. As existências e todos os acontecimentos dela não são criações *ex nihil*, elas existem porque fazem parte de uma lógica do todo, elas descendem do todo. A existência concreta e fática é sempre uma existência dependente. A ideia de que tudo existe no *Orum* é uma espécie de "reserva de existência" nunca esgotada pela existência no presente. A existência não se esgota num existir. Assim, a existência atual é fenomênica, é aquela que agora ocorre e pode se esvair com o tempo. Mas a possibilidade de existir não se esvai nisto, pois o seu absoluto é a existência no *Orum*. Por isso o *Orum* é, como afirmávamos acima, o sempre-possibilidade, de onde toda existência descende e sempre novamente pode vir a ser. Uma outra compreensão que chama a atenção no conceito de *Orum* é a ideia do duplo. Dado que tudo possui o seu duplo no *Orum*, ele é a matriz do todo. Como do *Orum* tudo descende, o surgimento de qualquer coisa em nossa existência não esgota a possibilidade deste existir absoluto. E, por isso, de tudo o que existe, existe um duplo no *Orum*. Não se trata simplesmente de imaginar uma cópia, mas sim de compreender que se o *Orum* é a origem absoluta de toda a realidade, qualquer realidade descendente não irá esgotá-lo. A ideia de um duplo nele encerra justamente uma compreensão de realidade permanente, uma condição pois sem-tempo, sem-limite e absoluta, quer dizer, que de nada depende ou a nada submisso. Pelo contrário, as existências concretas é que dependem da existência absoluta do *Orum*. Aponto aqui para mais uma ideia interessante sobre o *Orum*: ele é o lugar sem-tempo, o tempo-matriz; o lugar sem o limite da condição de existência concreta. Tudo o que descende do *Orum* (as existências concretas) passam a estar sujeitas ao tempo, ao limite. Mas como isto não esvai a possibilidade do existir, isto equivale a dizer que no *Orum* está a matriz do tempo, o tempo que não corre, que não passa, que é sempre matriz em qualquer tempo. Por fim, pode-se dizer que a ideia de *Orum* encerra a compreensão da condensação do todo, o tempo todo. A ideia de *Orum* encerra não apenas o lugar-matriz das existências, mas de todos os acontecimentos das existências, assim o lugar-matriz de todo sentido. O *Orum* é também a "reserva de sentido". As existências concretas, descendentes, portanto, têm no *Orum*, além da sua possibilidade de existir, também o sentido de seu existir; todo o sentido está já ali, sem tempo, condensado. Em outras palavras, poder-se-ia dizer que no *Orum* está toda a sabedoria de cada existência concreta, pois esta está como um todo dentro do *Orum*. É esta compreensão que sustenta na cosmovisão do Candomblé os sistemas divinatórios, ou seja, as consultas. Não iremos entrar aqui nem nas técnicas nem nos diversos sistemas concretos de consulta divinatória, mas apenas acenar para o fato de que eles só são possíveis dentro da compreensão de que o *Orum* condensa toda a possibilidade de existência. Assim, uma consulta não é entendida como um exercício de adivinhação, de acerto e erro ou de magia. Pelo sistema divinatório, se consulta o *Orum*, ou seja, ele é um acesso ao todo, mesmo que feito de forma limitada, por um momento e fragmentada. Mas a consulta é um momento de olhada para o todo, donde se poderá então influir dele algo para o particular e temporal. No processo divinatório aconteceria uma espécie de reverso da existência: se a existência é descendente de uma existência matriz, um *de-lá-para-cá*, sem esvair ou esgotar a origem permanecendo ela na totalidade, no momento da consulta há uma mirada *de-cá-para-lá*. Nele se consegue acessar (ver) a matriz, o todo. Daí se influi que a consulta diz algo ao atual não como um palpite ou um desejo ou a explanação de uma possibilidade, mas diz sim algo do que é.

Dado que tudo possui o seu duplo no *Orum*, ele é a matriz do todo. Do duplo no *Orum* é que descende, origina toda a realidade, mas sem nunca esgotá-lo, pois a ideia de um duplo nele encerra justamente uma compreensão de realidade permanente, uma condição, pois, não sujeita ao mecanismo do tempo – cuja característica é o passar – e absoluta, quer dizer, que de nada depende, solta de qualquer originação. Pelo contrário, as existências concretas é que dependem da existência absoluta do *Orum*. Como existência absoluta, o *Orum* é a condensação do todo.

A existência concreta com a qual lidamos no dia a dia é chamada de *Aiyê*. Ela está sujeita ao tempo, ao espaço, à finitude. É uma condição passageira, epifânica, fenomênica. Ela é, no limite, um descendimento, um aparecer da matriz *Orum* em condições não *Orum*. Não só em sua origem é ela descendida do *Orum*, mas o seu transcorrer é também um reflexo do *Orum*. Toda existência individual no *Aiyê*, toda interação desta existência, bem como todo o conjunto de existências no *Aiyê* são reflexos do *Orum*. Talvez se pudesse usar aqui uma outra imagem: a existência no *Aiyê* é o que se percebe, se vê, se sente, se faz do todo. Como a percepção, a visão, o sentimento e a ação são limitados, temporais, finitos, a condição daquilo por ela gerado carrega igualmente estas mesmas características.

4 O mito iorubano: instrumento, método e conteúdo do Tempo-Matriz

Esta estrutura de compreensão da existência, descrita rapidamente acima na estrutura *Orum-Aiyê*, é sustentada pela narrativa mitológica. Não sei se poderia afirmar também que esta estrutura de compreensão tem sua origem no mito ou se o mito seria o resultado narrado de uma compreensão. A relação entre surgimento de narrativa mitológica e surgimento de estrutura religiosa correspondente é certamente mais complexa do que a definição de uma cronologia de originação. O que se aponta aqui é que a compreensão religiosa na tradição do Candomblé é sustentada basicamente pela narrativa mitológica. A memória da interpretação desta concepção de mundo é conservada à medida que uma narrativa mítica a sustenta e a mantém viva no tempo. O mito não é somente, como iremos explorar adiante, o elemento que carrega conteúdos religiosos da tradição. Ele é, antes de olharmos seu conteúdo, um instrumento e um método. Como instrumento o mito é um veículo que transporta conteúdos religiosos, sabedorias, tradições. Pelo mito, não só se conserva esta sabedoria: ele a leva adiante à medida que o mito é narrado. Como instrumento, o mito não é só mito: é narrativa mítica. Quer dizer, é conteúdo contado. E o acento que se quer dar aqui é sobre o contado: transformado em um encadeamento de histórias no qual os elos vão se ligando dinamicamente e transportando adiante uma mensagem. A narrativa mítica não é só a mensagem, ela é a dinâmica pela qual corre a mensagem que é – ao ser narrada – transportada adiante. O mito é assim – em forma de narrativa mítica – veículo transmissor, veículo de transporte de elementos religiosos que passam destarte de pessoa a pessoa, de grupo para grupo, de comunidade para comunidade. Para a tradição religiosa do Candomblé, mesmo havendo já muitas coletâneas de mitos recolhidos publicadas – especialmente por pesquisadores –, a narrativa mitológica como instrumento, como veículo, é em boa parte realidade nos ilês. Ali ele é contado adiante no processo de iniciação, contado adiante na fundamentação do mito, contado para esclarecer as características de um determinado Orixá etc. E nisto, além de veículo, o mito é também método, no sentido bem pedagógico do termo. O aprender o mito, o contar o mito adiante, ou seja, transformar o mito em narrativa mitológica, caminho de aprendizado. Vendo a narrativa mitológica em seu aspecto metodológico, fica claro o porquê de na tradição do Candomblé não ser tão decisivo o cuidado para que o mito seja contado adiante sempre com os mesmos conteúdos. Cada iniciado na tradição entra neste processo de aprendizado das narrativas mitológicas. Ao se apropriar de uma narrativa – isto é, não apenas ouvir e saber, mas também contar adiante – o iniciado irá fazer sua versão, colocar seus acentos, torná-la exatamente própria e não simplesmente reprodução exata de palavras. Esta realidade, de cada qual poder narrar a versão do mito com acentos próprios, mostra exatamente a narrativa mitológica funcionando como metodologia: o iniciado começa a andar ele mesmo num caminho (como diz a origem da palavra método: através de um caminho). Por este instrumento, e com esta metodologia, os membros da tradição religiosa candomblecista adentram passo a passo (se apropriam) em compreensões religiosas presentes nas narrativas mitológicas. E é nesta compreensão mais usual que o mito é visto: como uma narrativa portadora de um conteúdo, de saberes, de determinados conhecimentos. Estes saberes ou conteúdos, assim abordávamos anteriormente, advêm de um tempo original e sempre originante. Queremos apontar aqui agora para esta relação entre a compreensão cosmológica do sistema *Orum-Aiyê* no Candomblé e as narrativas mitológicas como expressão da origem de tudo no *Orum*.

Este tempo-matriz ou condição-matriz sem tempo subsiste para o sistema religioso do Candomblé nos elementos presentes nos mitos. Antes de começarmos a expor o mundo dos mitos no Candomblé e suas funções, vamos reproduzir aqui uma versão do mito criacional, onde aparece o que acabamos de relatar. Optamos por apresentar aqui a versão recolhida por Verger (1997: 83-87)[5]. Mesmo sendo um texto um tanto longo, o apresentamos completo, pois nele há elementos que retomaremos mais adiante para explicitar funções diversas do mito no sistema do Candomblé.

Olofin-Odudua cria o mundo em lugar de Oxalá

Olodumaré, o Deus Supremo, residia no além. No além de um mundo que ainda não existia. Ele aí vivia arrodeado de seiscentos

---

5. Esta narrativa mítica criacional foi recolhida e publicada em muitas versões, cada qual com seus tons e nuanças próprios. Assim, ela pode ser encontrada na grande coletânea de mitos feita por Reginaldo Prandi (2001: 502-503); na obra de Juana Elbein dos Santos (2012: 64-66), onde a autora faz toda uma interpretação deste mito como uma narrativa fundante da concepção do mundo em sua estrutura *Orum-Aiyê*; outra versão do mito pode ser encontrada na obra *Igbadu – A Cabaça da Existência*, de Adilson de Oxalá (1998: 13-51), onde pelo nome do autor já se pode inferir tratar-se de alguém de dentro da comunidade do Candomblé. Esta narrativa, um tanto quanto longa em relação às outras (quase 40 páginas), é muito interessante por trazer muitos elementos do contexto, sobretudo ritual, mostrando a estreita relação mito-rito.

Imalés, as divindades criadas por ele. Duzentos Imalés permaneciam à sua direita. Quatrocentos permaneciam à sua esquerda. Dos primeiros, pouco falaremos. Eles eram maus, orgulhosos, desleais e mentirosos. Eles discutiam e lutavam sem parar. Olodumaré não tinha mais um minuto de descanso. Num instante de impaciência e de cólera, ele devolveu ao nada todos os Imalés da direita. Todos, menos Ogum.

Ogum, o valente guerreiro.

O homem louco dos músculos de aço que,

tendo água em casa, lava-se com sangue!

E o colocou como guia dos quatrocentos Imalés da esquerda. Num dia deste passado longínquo, Olodumaré os convocou e disse:

"Eu vou criar um outro lugar. Um lugar que será para vocês. Vocês, aí, serão numerosos. Cada um será um chefe e terá um lugar para si. Cada um terá seu poder e seu trabalho próprios".

Deu a todos o que necessitariam e criou, com perfeição, tudo o que prometera. Olodumaré reúne, então, num só lugar, os quatrocentos e um Imalés. Orunmilá *Eleri-Ipin*, o testemunho do destino, mantém-se a seu lado. Todos os Imalés deverão pedir-lhe a palavra. Ele mostrará a cada um deles o caminho a seguir. O primeiro a responder é Obatalá, o rei do pano branco, chamado, também, Oxalá, o "Grande Orixá". Ele é a segunda pessoa de Olodumaré. É a ele que Olodumaré encarrega de criar o mundo e lhe dá os poderes (*abá* e *axé*) do mundo (é por esta razão que é saudado com a expressão "Alabalaxé"). Obatalá os examina, coloca um sob o boné e o outro dentro do seu saco. O saco da criação que Olodumaré lhe confia. Antes de partir, ele vai a Orunmilá pedir-lhe a palavra, o caminho que ele deverá seguir e o que deverá fazer. Orunmilá lhe diz: "Olodumaré lhe confiou a criação de um outro lugar. Faça uma oferenda para ser capaz de realizá-la e para que a realize com perfeição".

Obatalá, que é muito obstinado, respondeu:

"Oh! Orunmilá! A missão que tens, nós te demos, foi por nós decidida, antes que fosses criado! Olodumaré e eu, Oxalá! Olodumaré, que é Deus Supremo, me envia em missão. Eu, sua segunda pessoa. Tu, Orunmilá, me dizes agora, que devo fazer oferendas para ser capaz de realizar meu trabalho com sucesso! Que acontecerá se não faço oferendas? Oferendas para a missão que vou realizar? Eu, portador do poder (*abá* e *axé*), alabalaxé! Mas, por quê? Que necessidade de fazer oferendas?"

Obatalá contradiz Orunmilá. Ele tapa os ouvidos, recusando-se a escutar, e não faz as oferendas.

Todos os outros Imalés vão consultar Orunmilá. Este escolhe para cada um deles uma oferenda determinada. Olofin-Odudua é o que mais se evidencia. É uma espécie de Obatalá. Mas ele não tem posição nem reputação comparáveis às de Oxalá. Orunmilá responde:

> "Se tu fores capaz de fazer a oferenda que vou te indicar, este mundo que criarei, ele será teu. Lá, tu serás o chefe!"

Olofin pergunta qual é a oferenda. Orunmilá lhe diz que ofereça quatrocentas mil correntes. Que ofereça uma galinha que tenha cinco garras, que ofereça um pombo, que ofereça um camaleão, que ofereça, ainda, quatrocentos mil búzios. Olofin-Odudua fez a oferenda completa.

Chegou o dia de criar o mundo. Obatalá chamou todos os Imalés. Eles começaram a caminhar e se vão. Já na estrada, eles chegam à fronteira do além. Exu é o guardião (*onibode*) desta fronteira e o mensageiro dos outros deuses. Obatalá recusa-se a fazer oferenda neste lugar, para que a viagem seja feliz. Exu aponta uma cabacinha mágica na direção de Obatalá. A sede começa a atormentá-lo. Ele vê um dendezeiro. Agita seu cajado de estanho (*opaxorô*) e se serve dele para perfurar o tronco da palmeira. O vinho escorre copiosamente. Oxalá se aproxima e bebe à vontade. Ele está plenamente satisfeito, mas fica embriagado. Ele não sabe em que lugar está, nem o que faz. O sono o invade e ele adormece à beira da estrada. Dorme profundamente e ronca. Todos os outros Imalés sentam-se à sua volta. Respeitosamente, eles não ousam acordá-lo. Esperam que ele acorde espontaneamente. De repente, Olofin-Odudua levanta-se e apanha o saco da criação, caído ao lado de Obatalá. Ele volta a Olodumaré e diz:

> "A pessoa que fizeste nosso chefe, aquele a quem entregaste o poder de criar, bebe muito vinho de dendê. Ele perdeu o saco da criação. Eu o trouxe de volta!"

Olodumaré responde:

> "Ah! Se assim é, tu que encontraste o saco da criação toma-o, vá criar o mundo!"

Então, Olofin-Odudua volta aos Imalés reunidos. Toma as quatrocentas mil correntes e, ainda no além amarra-as a uma estaca. Ele desce até a extremidade da última corrente, de onde vê uma substância estranha, de cor marrom. Esta substância forma um montículo na superfície da água. É terra!

A galinha de cinco garras voa e vai pousar sobre o montículo. Ela cisca a terra e a espalha sobre a superfície das águas. A Terra se forma e vai se alargando cada vez mais. Odudua grita:

> "Ilè nfè!" (a terra se expande), que veio a ser o nome da cidade santa de Ilê Ifé. Olofin-Odudua coloca o camaleão da oferenda sobre a terra. Ele anda sobre ela com passos cautelosos. Odudua só ousa descer porque está atado à ponta da corrente. A terra resiste e ele caminha. Seu olhar não pode alcançar os limites. Todos os outros Imalés ainda estão no além. Odudua os convida a descer sobre a terra. Apenas alguns deles o seguem; os demais permanecem sentados à volta de Obatalá adormecido.

Obatalá acorda, enfim. Ele constata que o saco da criação lhe foi roubado.

"Ah! Quem ousou fazer este furto?"

Os deuses que permaneceram fiéis lhe dizem:

> "Foi Odudua que se apoderou do saco da criação".

Ele entende o que ocorreu. Encolerizado, Obatalá volta a Olodumaré que queixa-se do roubo do qual foi vítima. Olodumaré lhe pergunta:

> "Que fizeste para adormecer assim?"

As pessoas desta época não mentiam jamais. Obatalá, responde com sinceridade:

> "Eu vi uma palmeira de dendê, furei o seu tronco com o meu *opaxorô*. Deste furo começou a sair água. Dela eu tomei e adormeci".

> "Ah! – diz Olodumaré – não beba mais, nunca mais, desta água. O que fizeste foi grave!"

Por esta razão, até hoje, o vinho de dendê é proibido a Oxalá e a seus descendentes. Olodumaré declarou:

> "Não tendo criado a Terra, tu criarás todos os seres vivos: os homens, os animais, os pássaros e as árvores".

Alguns elementos a serem aqui destacados na narrativa, que mostram como a narrativa mítica se apresenta como a narrativa do tempo-matriz, exercendo assim a função de base e guardiã da estrutura de compreensão religiosa (além das funções instrumento e método, já analisadas anteriormente neste texto). Um primeiro elemento a ser apontado nesta narrativa mítica é a concepção de que o *Orum* é o sem-tempo, ele é descrito acima como "além de um mundo que ainda não existia". Adilson de Oxalá, em sua narrativa (1998: 14) diz que "Olórun [...] havia tido uma ideia [...]. Resolvera criar um novo mundo que seria habitado por seres mortais, mas semelhantes em tudo a ele próprio". Nada se fala de uma originação do *Orum*. Somente a realidade do *Aiyê* é originada, criada, passa a existir. A narrativa mítica parte do princípio que a realidade *Orum* simplesmente existe. É por si mesma. Ou, como diz também Adilson de Oxalá em sua descrição (p. 13) "em um tempo imemoriável, nada mais existia além do Orun". Não há, pois, ali o tempo antes do *Orum*, de modo que a narrativa mítica, ao falar dos inícios, fala dos planos do surgimento da existência. Na narrativa recolhida por Verger: "Eu vou criar um outro lugar". Com os preparativos para a criação do *Aiyê* é que começa o tempo, assim aponta o mito.

Outro elemento que se infere da narrativa mítica é que o mundo temporal, limitado, originado é claramente uma realidade descendente: isto o mito o diz pelas diversas formas de um vir para baixo, descer. A realidade temporal surgida foi aquela lá em baixo; foi preciso descer do nível do sem-tempo para um outro nível, o nível do com-tempo. O mortal, temporário, limitado se origina no descer: "[Olofin-Odudua] Toma as quatrocentas mil correntes e, ainda no além amarra-as a uma estaca. Ele desce até a extremidade da última corrente, de onde vê uma substância estranha, de cor marrom". Na estrutura mítica, o surgimento da existência onde os seres humanos e tudo à sua volta se encontram, acontece quando a existência originante *desce*, sai de seu nível, sai de sua condição. Na narrativa mítica recolhida por Prandi (2001: 502) se diz que o mundo temporal era no início "um lugar inóspito, sem nenhuma serventia". Os que estavam "acima dele" às vezes "desciam para brincar", "desciam por teias de aranha penduradas no vazio". Quando – continua a narrativa recolhida por Prandi – da criação do mundo "Orinxalá desceu ao pântano e depositou a terra da concha" (p. 502). A narrativa de Santos (2012: 64-65) vai apontar que Odúa levava consigo "dois mil elos de cadeia", além de outros elementos. E "chegando diante do *Òpó-òrun-oún-Àiyé*, o pilar que une o *òrun* ao mundo, eles colocaram a cadeia ao longo da qual Odúa deslizou até o lugar indicado por cima das águas". Novamente, o mundo é este mundo e para chegar a ele foi preciso deslizar (descer). A narrativa de Adilson de Oxalá descreve como uma caminhada o cortejo de Odudua que levou a um lugar onde "o deserto de areia terminava, como se fosse a borda de um imenso tabuleiro que se estendia infinitamente à direita e à esquerda" (p. 43). E continua: "Adiante, o nada, o vazio absoluto, aquilo que chamavam, sem nunca terem conhecido, o Oceano do Não Ser" (p. 43). Mas para dentro deste nada, a descrição de Adilson de Oxalá vai jogando uma série de elementos que traz consigo, fazendo com que estes elementos da existência *Orum* passem também a existir no *Aiyê*. Não apenas o *Aiyê* é uma realidade descendente: cada existência é ali uma existência descendente: uma realidade descida do *Orum*. E finalmente,

> Odudua pegou a corrente de 2 mil elos, prendeu-a firmemente à borda do abismo e, com a terra miraculosa dentro da cabaça que estava amarrada à sua cintura, desceu, destemida, em direção ao desconhecido. No meio da descida, parou e gritou para o camaleão: Ole? Kole? (A terra está firme? A terra não está firme?) Como resposta, o réptil, que já havia retomado sua forma original, andou em todas as direções, mostrando que o solo já podia ser pisado com total segurança (p. 50).

Na narrativa mitológica aparece este outro aspecto ao qual já fizemos menção anteriormente: a existência do duplo. Não se trata de entender que a cada existência nesta realidade há um duplo no *Orum*. Mas exatamente o contrário: cada existência nesta realidade é uma existência descendente da existência no *Orum*. Existência esta que é sem tempo, perene, sempre possibilidade. Por isso, uma existência nesta realidade (temporal, delimitada, finita) não esgota nela a possibilidade do existir desta realidade. Assim, na narrativa mítica é óbvio que apareçam muitos elementos (cabaça com terra, sementes, camaleão, caramujo, pombo, galinha), conforme cada narrativa. Todas as existências individualizadas são também descendimentos do *Orum*. A versão da narrativa mítica recolhida por Verger, e apresentada acima na íntegra, vai resumir esta ideia na expressão "saco da criação". Não se trata de uma cartola de onde as coisas são magicamente retiradas, mas uma imagem da condensação do todo: todas as existências estão ali contidas e podem descer ao *Aiyê*.

5 Os mitos na religião dos Orixás

A mesma função que o mito criacional acima descrito exerce para se poder entender os dois níveis de existência da compreensão cosmológica iorubana, onde a existência *Aiyê* (limitada, temporal e finita) é uma existência descendente da existência *Orum* (absoluta, atemporal, permanente), poderíamos utilizar para expor a função central dos mitos na religião dos Orixás: há uma origem de todas as explicações e compreensões. Se no mito, todas as existências individuais descendem, são tiradas do "saco da criação", na compreensão das coisas, todas as explicações são tiradas do "saco dos mitos". A isto nos voltaremos agora: evidenciar o conjunto de mitos na tradição iorubana, conjunto originante de todas as explicações.

Existe na tradição iorubana um mito que narra a origem, natureza e função dos mitos, como numa metalinguagem mítica. Este mito foi recolhido assim por Reginaldo Prandi (2001: 17) com a seguinte versão:

> Um dia, em terras africanas dos iorubás, um mensageiro chamado Exu andava de aldeia em aldeia à procura de solução para terríveis problemas que na ocasião afligiam a todos, tanto os homens como os orixás. Conta o mito que Exu foi aconselhado a ouvir do povo todas as histórias que falassem dos dramas vividos pelos seres humanos, pelas próprias divindades, assim como por animais e outros seres que dividem a Terra com o homem. Histórias que falassem da ventura e do sofrimento, das lutas vencidas e perdidas, das glórias alcançadas e dos insucessos sofridos, das dificuldades na luta pela manutenção da saúde contra os ataques da doença e da morte. Todas as narrativas a respeito dos fatos do cotidiano, por menos importantes que pudessem parecer, tinham de ser devidamente consideradas. Exu devia estar atento também aos relatos sobre as providências tomadas e as oferendas feitas aos deuses para se chegar a um final feliz em cada desafio enfrentado. Assim fez ele, reunindo 301 histórias, o que significa, de acordo com o sistema de enumeração dos antigos iorubás, que Exu juntou um número incontável de histórias. Realizada essa pacientíssima missão, o orixá mensageiro tinha diante de si todo o conhecimento necessário para o desvendamento dos mistérios sobre a origem e o governo do mundo dos homens e da natureza, sobre o desenrolar do destino dos homens, mulheres e crianças e sobre os caminhos de cada um na luta cotidiana contra os infortúnios que a todo momento ameaçam cada um de nós, ou seja, a pobreza, a perda dos bens materiais e de posições sociais, a derrota em face do adversário traiçoeiro, a infertilidade, a doença, a morte.

O conjunto de mitos é um conjunto de histórias que tem como função precípua a prática de resolver os problemas. São assim, conjunto de explicações para todas as coisas, conhecimento de todos os níveis: "necessário para o desvendamento dos mistérios sobre a origem e o governo do mundo dos homens e da natureza, sobre o desenrolar do destino dos homens, mulheres e crianças e sobre os caminhos de cada um na luta cotidiana contra os infortúnios", como está na narrativa. Este conjunto de histórias não são informações sobre uma outra realidade, sobre o mundo de deuses ou espíritos, mas a fonte a partir da qual se entende esta realidade. Por isso a comparação que fazíamos acima: se o *Aiyê* é originado sempre no *Orum* e dele descende, a compreensão desta realidade é originada no conjunto dos mitos e dele descende.

Este saber – segundo a tradição – foi entregue ao adivinho Orunmilá que o transmitiu aos seus seguidores, os sacerdotes denominados babalaôs ou pais do segredo. Para os iorubás antigos, ainda segundo Prandi (2001: 18), "nada é novidade, tudo o que acontece já teria acontecido antes. Identificar no passado mítico o acontecimento que ocorre no presente é a chave da decifração oracular". Não só da decifração oracular, diríamos, mas de todo o complexo de rituais, modos de comportamento, enfim, os mitos seriam a base de toda teologia que norteia o modo de crer e agir na religião dos Orixás. O metamito reproduzido acima o atesta: Exu, o Orixá-mensageiro, aquele que é entre outras coisas o responsável por toda a possibilidade de comunicação, reúne, através da coleção de histórias, um saber fundamental, cosmológico, que fundará um sistema de orientação que diz respeito não só às diversas instâncias da vida humana como da existência em geral. Os mitos constituem tanto a metafísica, o sistema conceitual como instrumental de explicação da realidade, quanto o *ethos*, a orientação para a forma de agir ou os costumes no Candomblé dos Orixás.

Falar da coleção de mitos iorubanos, no entanto, não é algo tão simples. Um primeiro problema que se coloca com relação à mitologia dos Orixás é o fato de ser proveniente de uma cultura tradicionalmente ágrafa. Sobre suas origens, o que temos são narrativas orais e não documentos escritos que pudessem ser localizados em algum códex ou conjunto de escritos antigos que pudesse ser reconhecido como um conjunto. De acordo com Prandi (2001: 24-25):

> Os mitos dos Orixás originalmente fazem parte dos poemas oraculares cultivados pelos babalaôs. Falam da criação do mundo e de como ele foi repartido entre os orixás. Relatam uma infinidade de situações envolvendo os deuses e os homens, os animais e as plantas, elemen-

tos da natureza e da vida em sociedade. Na sociedade tradicional dos iorubás, sociedade não histórica, é pelo mito que se alcança o passado e se explica a origem de tudo, é pelo mito que se interpreta o presente e se prediz o futuro, nesta e na outra vida. Como os iorubás não conheciam a escrita, seu corpo mítico era transmitido oralmente. Na diáspora africana, os mitos iorubás reproduziram-se na América, especialmente cultivados pelos seguidores das religiões dos orixás no Brasil e em Cuba. A partir do século XIX, primeiramente estudiosos estrangeiros, sobretudo europeus, e mais tarde letrados iorubás iniciaram a compilação desse vasto patrimônio.

A lógica de preservação dos mitos transmitidos por narrativas orais é muito diversa da lógica dos mitos que foram postos por escrito. Nas conhecidas e famosas coletâneas de mitos da tradição grega, ou judaica, ou hindu, por exemplo, temos textos muito antigos onde estas narrativas foram recolhidas, independente de serem unificados ou serem textos esparsos que mais tarde foram juntados. O fato de mitos terem sido postos por escrito em algum momento do passado criou como contrapartida uma compreensão de *texto-fonte*, isto é, um texto tido como padrão para se avaliar outras versões de conteúdo igual ou similar. Desta forma, todas as versões encontradas nalgum manuscrito serão comparadas com o *texto-fonte*. Se for encontrado um manuscrito mais antigo, este irá ser então o padrão com o qual os outros passarão a ser medidos. E, na maioria dos casos religiosos, estes textos-fonte passam a ter autoridade religiosa para dentro do próprio sistema religioso em questão: são reconhecidos como fonte de sabedoria religiosa e como tal protegidos e fielmente transmitidos. A fixação por escrito de uma narrativa mitológica cria, pois, um ponto de referência, um ponto fixo, a partir do qual outras narrativas serão comparadas. Em contrapartida, uma cultura ágrafa não tem este fenômeno de criar um ponto de referência a partir do qual a narrativa mítica será fixada e considerada narrativa-fonte. Com isso não há a narrativa padrão e as versões derivadas, a narrativa correta e as desvirtuadas. Todas as narrativas são igualmente narrativas-fonte. A fonte não é o texto, mas o narrador; não é aquilo que é narrado, mas quem o narra. Com a expansão da cultura iorubana para as Américas, sobretudo Brasil e Cuba, muitas narrativas míticas aqui chegadas continuaram a ser narradas e tantas versões quase quanto o número de narradores. Somente a partir do século XIX, afirma Prandi, algumas versões destas narrativas começaram a ser recolhidas e postas por escrito. E, o que não é desprezível, isto foi feito não por nativos da cultura e religião, mas por estudiosos estrangeiros. Tendo, pois, claro que estas coletâneas de versões dos mitos não podem ser consideradas como textos-fonte no sentido tradicional das religiões, elas representam, mesmo assim, um interessante marco no estudo da tradição mitológica dos iorubanos, pois nos permitem uma série de comparações e interpretações diferentes de narrativas com conteúdos iguais ou similares, mostrando elementos de desenvolvimentos diferentes havidos na dinâmica da organização e expansão da religião em terras brasileiras.

Este crescente registro da oralidade é o registro de mitos que são tradição escrita na memória e têm um papel importante na construção coletiva de uma teologia. Apesar das diferenças que podemos perceber, do ponto de vista etnográfico, entre as diversas religiões iorubanas na África e na diáspora, do ponto de vista teológico as diversas variantes dos mitos apontam para algumas características constantes deste modo de crença. Esta equivocidade das fontes aponta para a questão sobre o factual e o simbólico. As interpretações sobre os mitos da religião dos Orixás variam desde o evemerismo mais radical até a mística mais metafísica. Exemplo disso no contexto brasileiro é a polêmica entre Pierre Verger (1982: 4-10) e Juana Elbein dos Santos (1982: 11-14). Há uma discrepância frequente entre o que Verger chamaria de fontes factuais históricas identificáveis em determinadas regiões da África e que seriam o fundamento dos mitos, e o significado simbólico dos mitos independente de sua factualidade e que norteia a crença e a cosmovisão das pessoas, como prevalece em Santos.

Para ilustrar, Odudúa, que no rigor histórico da versão de Verger é um antepassado histórico masculino cuja disputa pela cidade de Ifé com outro antepassado, Oxalá, é expressa em termos mitologizados nas narrativas criacionais, opõe-se à versão que Elbein dos Santos utiliza, que de resto não aparece só nela, de Odudúa como princípio feminino complementar a Oxalá, versão que, segundo Verger, estaria *errada*. A propósito da mesma questão, Idowu (1962), por exemplo, entende que havia uma divindade feminina Odudúa e um guerreiro de mesmo nome, este também sacerdote daquela (1962: 22-29) e que teria introduzido seu culto ao conquistar a cidade de Ifé, o "umbigo do mundo" da tradição iorubá, onde tudo teria começado. É preciso ter cuidado ao aplicar categorias como *certo* e *errado* quando se está falando de mito que, como apontam autores como Eliade, tem um modo específico de ser "história verdadeira" que prescinde do dado histórico.

Assim, pois, é simplesmente de se constatar a existência de diferentes narrativas do mito, que florescem entre a África como matriz religiosa e a sua diáspora. Mesmo tendo em vista esta diversidade de narrativas, um eixo mais ou menos comum percorre a religião do Candomblé, identificável através de elementos que podem ser percebidos através de sua vasta mitologia. Ousaríamos mesmo dizer que o estudo da mitologia dos Orixás – mais que a tentativa de compreender esta tradição religiosa pela diversidade ritual imposta pelo espaço, ou pelo tempo, ou pelo contexto cultural, enfim – é o estudo da evolução (entendida aqui como movimento dinâmico e inevitável de transformação) dos mitos que nos dará, através da permanência do culto dos Orixás e de sua presença constante na vida daquele que neles creem, os fundamentos teológicos daquilo em que se crê quando se crê nos Orixás. Entende-se que a busca por uma coerência intelectual deve ser parte de uma concepção mais ampla que envolve a questão da experiência religiosa, ou não poderia aspirar à boa teologia. E como a experiência religiosa tem em cada qual que a faz uma matriz própria, também as narrativas mitológicas são impregnadas por esta mesma dinâmica experiencial na sua diversidade de expressão.

Assim, as diversas variantes dos mitos, as diversas formas em que são registrados de acordo com os diversos informantes das fontes etnográficas, são tanto amostra da dinâmica religiosa como podem dar margem a diversos equívocos. É preciso, pois, uma atenção especial à quantidade enorme destas variantes encontradas nas narrativas, das quais se deve buscar antes o sentido que a literalidade, a diversidade como riqueza de interpretação, antes de imaginar algum erro de transmissão. Uma série de fontes pode ser auxiliar importante para construção de uma interpretação, já que a crescente redescoberta acadêmica do simbolismo e, com ele, a compreensão da veracidade do mito enquanto linguagem tem sido amplamente estudada, como também foi mostrado anteriormente.

Ao mesmo tempo, é preciso atenção a uma inevitável tendência à aculturação de elementos. A Religião dos Orixás, se pode remontar a milênios da história humana no que hoje conhecemos por continente africano, se espalhou pelo mundo na época moderna para ser praticada ao lado de outras religiões, notadamente as cristãs – e frequentemente de modo concomitante. Temos então dois cuidados a tomar: a necessidade de relativização de conceitos acadêmicos produzidos em contexto diferente daquele em que florescem as tradições iorubanas e a necessidade de relativização dos elementos teológicos que se amalgamaram a estas religiões e fizeram parte de sua perpetuação de modo distinto das matrizes africanas. Na literatura no campo da Religião dos Orixás se pode encontrar, por exemplo, o adjetivo *dionisíaco* (CARVALHO, 1994: 85) aplicado ao transe ritual comum a essas religiões, ou a expressão *Vênus Africana* (MURPHY & SANFORD, 2001: 1) para referir-se a Oxum. As associações não são gratuitas. Na esfera do mito, o que se está querendo refletir com estas associações aqui é que ecoam verdades cosmológicas longínquas. Por outro lado, é inevitável a amálgama cultural – tanto a prática dos cultos como uma teologia dos Orixás estão impregnadas de elementos culturais não africanos. Assim, no mito criacional apresentado anteriormente, na versão recolhida por Prandi (2001: 502), ao se referir à contraposição ao *Aiyê*, a narrativa diz que "acima dele havia o *céu*" (grifo nosso), utilizando claramente um termo típico da tradição cristã. O mesmo se pode perceber na narrativa de Adilson de Oxalá (1998: 13-51), que irá qualificar Olorum (literalmente, *Senhor do Orum*), um dos nomes usados para o ser do qual tudo descende, como *Deus, Pai, Deus único e absoluto*, expressões típicas do monoteísmo cristão. Ou irá chamar Obatalá de *filho predileto de Deus*, também expressão cristã mais usada para Jesus Cristo. Ao falar dos seres que acompanham Olorum, o texto fala de "Orixás, Eboras, *Anjos* e *Arcanjos, Devas, Pitris*" (grifo nosso), usando claramente termos advindos de outras tradições. A presença destes elementos e expressões na narrativa, antes de sinais de degeneração de alguma narrativa original, são sinais da interação cultural dinâmica onde elas se encontram. Esta questão, no entanto, de introdução de elementos advindos de outras tradições nas narrativas dos mitos não é vista necessariamente pela tradição do Candomblé como algo normal ou positivo. Como entende Odé Kileuy e Vera de Oxaguiã (2009: 164): "Muitas lendas sofreram erros em suas traduções ou foram mostradas de acordo com entendimentos que as direcionavam a outras religiões, sendo deturpadas". Como se percebe na afirmação, a questão da discussão da preservação da tradição – presente em muitas comunidades religiosas – é também uma realidade no Candomblé.

Assim, que fique claro que, quando se fala na mitologia dos Orixás ou no conjunto de mitos do Candomblé, não se está fazendo referência a um conjunto de escritos já fixados em algum lugar e com *status* de *texto-fonte*, mas a um conjunto de narrativas vivas, muito amplo, não unificado, cheio de versões (inclusive com incoerências e contradições), mas que carrega – no conjunto – uma compreensão teológica deste sistema religioso. E a própria tradição do Candomblé acolhe esta realidade da multiplicidade das narrativas míticas sobre os mesmos temas como fato e não como divergência a ser esclarecida. Assim, por exemplo, assinala Cossard, membro da tradição religiosa:

> Os mitos que descrevem a criação do mundo, nas religiões brasileiras de raiz africana, são numerosos e muitas vezes contraditórios. Como aconteceu em outras religiões, eles foram transmitidos por diversas gerações e sofreram inúmeras modificações. A inexistência, na África, da forma escrita da língua dos povos trazidos para o Brasil fez com que seus costumes e rituais fossem transmitidos oralmente, através das lendas resgatadas dos adivinhos – os *babalaôs* – que detinham os segredos e eram, e ainda são, os verdadeiros pais (*Babás*) desses segredos (*awô*). São os primeiros que devem ser consultados, se quisermos desvendar os segundos (2006: 15).

Ou seja, como assinalávamos acima, na lógica da tradição oral, a autoridade está mais no narrador do que no narrado: em caso de dúvida, como aponta Cossard, são os babalaôs (pais do segredo) que devem ser consultados. Diferentemente da lógica escrita, na qual, em caso de dúvida, procurar-se-ia o escrito mais antigo, que seria entendido como o original.

6 Os *itans* e o porquê das coisas – A função do mito na tradição religiosa do Candomblé

Anteriormente, neste texto, afirmávamos que a linguagem mítica é um "excedente de significação". A narrativa do mito consegue carregar em si uma gama maior de significados para os quais aponta, pois é uma espécie de condensação de linguagem e de símbolos. Sabidamente, a palavra mito é de origem grega e ao aplicar o mesmo termo à tradição iorubana, o estamos fazendo como que de empréstimo, por um lado, e por outro por poder legitimamente dizer que o que os gregos condensaram em suas narrativas míticas para expressar o seu mundo também pode ser dito dos iorubanos em suas narrativas. Por isso dedicamos parte deste texto para apontar o fato de que a narrativa mítica é uma linguagem que pode ser classificada de comum a diversos povos. Tendo sido isto posto e apontado, logo em seguida apontamos para a compreensão de que mito representa um modo de pensar, um tipo de estrutura de narrativa de compreensão da realidade. Após acenar para estes dois aspectos – que poderiam ser ditos de toda e qualquer tradição mitológica – adentramos ao mundo iorubano, demonstrando como isto ocorre nesta tradição específica: os mitos como forma de expressão desta cultura relatam sua compreensão de mundo, para em seguida apresentarmos o lugar dos mitos e dar em breve panorâmica uma visão geral do conjunto de mitos da tradição iorubana.

Queremos voltar nosso olhar agora, no último bloco deste texto, para tentar mostrar na linguagem iorubana o significado particular do mito, seu uso e sua função. Não se trata tanto aqui de fazer teorias sobre a função do mito entre os iorubanos, mas mostrar na prática a função do mito na religião do Candomblé.

É preciso assinalar primeiro que os iorubanos tinham uma palavra específica para dizer este tipo de narrativa: *itan*. Santos (2012: 57) afirma que "a palavra *Nàgô itàn* designa não só qualquer tipo de conto, mas também essencialmente os *itàn àtowódówó*, histórias de tempos imemoriais, mitos, recitações, transmitidos oralmente de uma geração a outra, particularmente pelos *babaláwo*, sacerdotes do oráculo de *Ifá*." Os *itans* são composições que guardam em si e transmitem a compreensão teológica do sistema religioso iorubano. Por serem muitos *itans* conhecidos em forma de uma narrativa, tornou-se mais fácil chamá-los de mitos, embora não apenas histórias narradas sejam *itans*. Também um dito, um provérbio, uma sentença podem ser classificados como *itan*. O que o caracteriza não é necessariamente a forma, o estilo ou o tamanho, mas sim o significado: o *itan* carrega o sentido das coisas. Como todas as coisas têm um duplo no *Orum*, ou melhor dito, têm a origem permanente no *Orum*, os *itans* apresentam, então, narrativas, afirmações, ditos do âmbito do *Orum*. Eles "são histórias, lendas e versos que contam e reproduzem, no decorrer dos tempos, os fatos e os feitos das divindades" (KILEUY & OXAGUIÃ, 2009: 164). Com isso, os *itans* acompanhariam a lógica da compreensão da nossa realidade exposta no sistema *Orum-Aiyê*: como esta realidade é descendente do *Orum*, igualmente os *itans* são narrativas das quais se entende serem do *Orum*. Como o *Orum* é o nível da realidade absoluta, do sempre-possível, as narrativas descendentes do *Orum* têm então como finalidade primeira explicar o porquê das coisas, pois eles sabem de tudo (de todas as possibilidades). Como dizem Kileuy e Oxaguiã (2009: 164), os *itans* "servem para que possamos entender e conhecer melhor a tradição religiosa, seus simbolismos e os mitos que explicam as particularidades de cada divindade". As falas dos *itans* são como que acessos às origens e como lá a realidade é absoluta, eles dela narram. Assim todas as coisas no *Aiyê* são explicadas (entendidas), no Candomblé, a partir de *itans*. A origem da tradição de *itans*, Santos entende que está justamente na busca por explicações da realidade, pois são "histórias e lendas provenientes do sistema oracular" (2012: 52). Como já afirmado anteriormente, o sistema divinatório é uma espécie de olhar para dentro do *Orum*. Nestas *olhadas* se vê o todo – mesmo que em fragmentos – da existência. Noutras palavras, o sistema divinatório vê o destino. O conceito central do processo divinatório é *Odu*, palavra traduzida comumente como destino no contexto do sistema oracular. Este é baseado em 16 *odus* básicos, que são as dezesseis combinações possíveis quando se faz o Jogo de Búzios: ao se jogar os 16 búzios, pode-se obter 16 posições. Cada posição destas é chamada de *Odu*. Ao se recolher os búzios e fazer uma segunda jogada, para cada uma das 16 posições, pode-se obter mais 16, ou seja, 256 combinações. Cada uma destas posições tem um significado próprio e este significado foi transformado historicamente em *itans*, contando, pois, cada qual, a história do porquê daquele oráculo. A partir da respectiva história pode-se ler o destino de cada pessoa. Assim, como afirma Prandi (2001: 576), os *odus* são "signos do oráculo iorubano, formados de mitos que dão indicações sobre a origem e o destino do consulente". Esta é, portanto, uma função importante do *itan*: guardar a informação sobre origem e destino das coisas. Para dar um exemplo prático de como isto é utilizado, podemos tomar os *odus* anotados por Agenor Miranda da Rocha (1999). Em seu caderno, o respeitado *Oluô* (aquele que vê o segredo, também chamado de *Babalaô*), conhecido como Pai Agenor, anotou os *itans* dos 256 *odus*. A cada *odu*, a sua interpretação. Vejamos, a título de exemplo, a anotação de Pai Agenor para a 1ª posição do 4º *Odu* (*Irossum*) (1999: 59):

> É o dizer das histórias que a onça era um animal odiado, porém muito respeitado por todos os seus semelhantes. Um dia, projetaram todos os bichos uma cilada, a fim de eliminarem da existência essa fera intolerável. Porém, a onça já tinha feito o ebó determinado a ela. Quando chegou o dia, todos foram ao parque. Em dado momento a onça veio toda sutil e, inesperadamente, caiu no buraco preparado para aquele fim. Porém, a onça, que tinha as pa-

tas dianteiras e traseiras almofadadas, nada sentiu, podendo sair ilesa da traição malévola. Este jogo promete uma alta falsidade. Com muita precaução, é possível evitar essas coisas más que há na vida – que ninguém duvide. Faz-se o ebó para se poder tornar o senhor da situação.

O exemplo mostra claramente a função prática do *itan*, no contexto do sistema oracular: carrega um significado do destino do consulente. A partir do *itan* do respectivo *odu*, se abre ou se mostra um significado para a vida da pessoa que está se consultando.

A função do *itan* no processo divinatório parece ser central no sistema religioso do Candomblé, pois é da consulta oracular que derivam as ações religiosas. Assim, derivadamente, os *itans* têm funções múltiplas de serem sempre a resposta ao porquê das coisas. Vejamos alguns âmbitos:

O âmbito dos rituais: nos rituais, todas as ações são explicadas por base nalgum *itan*. Qualquer ritual do Candomblé deve começar sempre com uma oferenda a Exu. Por quê? Evoca-se algum *itan* para explicar a primazia de Exu nas oferendas. Na coletânea de mitos recolhidos por Reginaldo Prandi (2001) foram descritas três histórias que explicam por que Exu recebe as oferendas antes dos outros Orixás: "Exu come tudo e ganha o privilégio de comer primeiro" (p. 45); "Eleguá ganha a primazia nas oferendas" (p. 53); "Exu vinga-se e exige o privilégio das primeiras homenagens" (p. 82). Os *itans* também estão na base das coreografias utilizadas nas danças dos Orixás, quando incorporados num ritual. Assim, por exemplo, na dança da Orixá Obá, quando incorporada, seus filhos e filhas levam a mão tapando a orelha. De onde vem esta coreografia? Novamente é um *itan* que conta seu por quê: Obá foi enganada por Oxum, que a convenceu de cortar e cozinhar a própria orelha para tentar conseguir as boas graças de seu esposo Xangô. Esta narrativa foi recolhida tanto por P. Verger (1997: 47) como por R. Prandi (2001: 314).

O âmbito da relação entre Orixás e seus filhos: O conhecimento dos Orixás e de suas preferências por parte de seus filhos é aprendido através de *itans*. Assim, no processo de iniciação, por exemplo, é importante o iniciando ser introduzido no mundo destas narrativas que lhe vão explicando o porquê das cores de seu Orixá, o porquê de suas comidas preferidas, o porquê de suas bebidas, o porquê de suas folhas, de seus símbolos, de seus metais, de suas vestimentas etc. Cada detalhe no conhecimento do Orixá é explicado pela transmissão de algum *itan*.

O âmbito do comportamento dos filhos dos Orixás: A harmonia na vida de um membro da religião do Candomblé é entendida como sinal de harmonia com seu Orixá; já o advento de problemas, doenças, dificuldades é interpretado como resultado de um desequilíbrio na relação com o Orixá. Por isso é importante conhecer tanto qual o comportamento próprio de filho de um determinado Orixá, bem como conhecer o que este deve evitar, as chamadas *quizilas* (ou *euó*), ou seja, como dizem Kileuy e Oxaguiã (2009: 167) "proibição, tabu, ojeriza, impedimento sagrado do iniciado". No mito criacional narrado acima neste texto, Obatalá bebeu vinho de dendê, dormiu, e com isso não realizou a tarefa recebida. Disto se conclui que os filhos deste Orixá devem evitar de beber vinho.

Com os exemplos dos âmbitos apontados acima fica claro como o sistema dos *itans*, as histórias do porquê das coisas, tem uma função de importância ímpar no Candomblé, tanto na compreensão interpretativa da religião como uma função muito grande na condução da prática religiosa.

Considerações finais

Falar dos *itans* na tradição do Candomblé é apontar para a importância destas narrativas na transmissão da cultura. Cultura que carrega consigo uma compreensão de mundo e de comportamento. A partir disso são extraídos valores e atitudes para a vida religiosa do membro da religião. A preservação da religião do Candomblé não é tão somente a preservação de uma estrutura religiosa. Esta, por mais importante que seja, só é possível se estiver assentada numa compreensão cultural de base. Nisto reside, a nosso modo de ver, uma das grandes forças da tradição do Candomblé: ela oferece aos seus iniciados uma proposta de entender e viver no mundo. Mesmo sob situações muito adversas, a sobrevivência desta cultura se deu pela resistência e conservação de um modo de pensar. A isto, como dizia Jorge Amado no discurso de saudação à Mãe Senhora, no IV Colóquio Luso-Brasileiro em Salvador no ano de 1959, discurso este recolhido e publicado por Mestre Didi (Deoscóredes Maximiliano dos Santos):

> Eis por que vos peço respeito, o respeito que se deve à grandeza humana, à vitória do fraco sobre o forte, da liberdade sobre a opressão.

E humildade ante este povo pobre, violentado e agredido, que soube guardar a cultura, preservar a dança e o canto, fazendo do amor a sua fortaleza (DIDI, 1988: 26).

Na preservação da cultura, da dança e do canto, como afirma Jorge Amado, sem dúvida têm os *itans* um papel estratégico imprescindível. Por preservarem os conteúdos, os valores, as formas de pensar desta religião, por um lado, mas também por serem eles mesmos veículos e instrumentos no processo de preservação.

Ao mesmo tempo, esta forma de pensar presente nos *itans* não pode ser entendida como algo isolado, condizente apenas com este povo. Ela se insere na corrente das escolas de pensamento das grandes tradições da humanidade. Estes dois polos tentamos demonstrar no texto: A inserção do modo mítico de pensar em ligação com o mundo do pensar iorubano e o modo de pensar iorubano que está presente em sua narrativa mítica conhecida como *itan*, o porquê das coisas.

Referências

CARVALHO, J.J. Violência e caos na experiência religiosa – A dimensão dionisíaca dos cultos afro-brasileiros. In: MOURA, C.E.M. (org.). *As senhoras do Pássaro da Noite*. São Paulo: Edusp/Axis Mundi, 1994.

COSSARD, G.O. *Awô, o mistério dos Orixás*. Rio de Janeiro: Pallas, 2006.

CROATTO, J.S. *Experiencia de lo sagrado*. Buenos Aires: Guadalupe, 2002.

DETIENNE, M. *A invenção da mitologia*. Rio de Janeiro: José Olympio, 1998.

ELIADE, M. *Aspectos do mito*. Lisboa: Ed. 70, 2000.

HOCK, K. *Introdução à Ciência da Religião*. São Paulo: Loyola, 2010.

IDOWU, E.B. *Olodumare*: God in Yoruba Belief. Londres: Longman, 1962.

KILEUY, O. & OXAGUIÃ, V. *O Candomblé bem explicado*. Rio de Janeiro: Pallas, 2009.

MESTRE DIDI [Deoscóredes Maximiliano dos Santos]. *História de um Terreiro Nagô*. São Paulo: Max Limonad, 1988.

MURPHY, J. & SANFORD, M.-M. (eds.). *Òsun Across the Waters*: a Yoruba Goddess in Africa and the Americas. Indiana: Indiana University Press, 2001.

OXALÁ, A. *Igbadu, a cabaça da existência*. Rio de Janeiro: Pallas, 1998.

PRANDI, R. *Mitologia dos Orixás*. São Paulo: Companhia das Letras, 2001.

ROCHA, A.M. *Caminhos de Odu*. Rio de Janeiro: Pallas, 1999.

SANTOS, J.E. *Os Nagô e a morte*. Petrópolis: Vozes, 2012.

_____. Pierre Verger e os resíduos coloniais: o "Outro" fragmentado. *Religião e Sociedade*, n. 8, jul./1982.

VERGER, P. *Lendas africanas dos Orixás*. Salvador: Corrupio, 1997.

_____. Etnografia religiosa ioruba e probidade científica. *Religião e Sociedade*, n. 8, jul./1982.

2
Narrativas míticas da Casa das Minas e do Tambor de Mina do Maranhão

Sergio F. Ferretti*

1 Introdução

A religião dos voduns foi trazida para as Américas e para o Brasil por escravos procedentes do antigo Reino do Daomé, embora o nome vodum não fosse conhecido e divulgado no Brasil até a década de 1930. Assim, além de sua região original na África, algumas outras regiões nas Américas, como o Haiti, o Sul dos Estados Unidos e o Maranhão tornaram-se "terras" de voduns, de onde esta religião se expandiu para outras áreas. Atualmente, no Brasil e nas Américas, dentre as religiões dos orixás nagôs ou yorubás, o candomblé é mais conhecido e desenvolvido do que a religião dos voduns ewê-fon ou jeje, que predomina em certos lugares. A religião dos voduns possui características específicas que a diferenciam da religião dos orixás, embora tenham origens similares e próximas.

O antigo Reino do Daomé na África Ocidental, que se desenvolveu aproximadamente entre 1600 a 1900, na região hoje pertencente à atual República do Benin, falante dentre outras da língua ewe-fon, conhecida como jeje, foi o berço desta religião. Segundo Arthur Ramos, entre os jejes, a família patrilinear e poligâmica era a unidade fundamental da vida social, onde o chefe habitava em grupos de casas ("compounds") e vivia com suas esposas, cada uma morando na sua própria casa junto com os filhos casados e os irmãos mais

---

* Antropólogo, professor da UFMA. E-mail: ferrettisf@gmail.com

jovens com suas esposas e filhos. Os membros mortos da família tornavam-se espíritos deificados. A vida econômica, social, política e religiosa girava em torno da monarquia absoluta.

Segundo Maurice Glélé (1974: 75), o rei do Daomé não era um deus, mas tinha um caráter sagrado. O culto da família real é chefiado por Zomadonu, divindade originada do ancestral mítico, a pantera. Este culto, pouco comentado na literatura sobre o Daomé, é encontrado no Maranhão, para onde, segundo Pierre Verger (1990: 151), teria sido trazido pela Rainha Nã Agontimé, viúva do Rei Agongonu ou Agonglô (1789-1797) e mãe do Rei Guezo (1818-1858). Constatando que na Casa das Minas cultuavam-se ancestrais da família real até a época do Rei Agonglô, Verger levantou a hipótese de que Na Agontimé teria fundado no Maranhão esta Casa, onde em 1948 ele recolheu nomes de divindades cultuadas que foram reconhecidas no antigo Daomé, como sendo da família real. Em 1985, a Unesco organizou em São Luís um Colóquio Internacional para discutir Sobrevivências das Tradições Religiosas Africanas no Caribe e na América Latina. Neste Colóquio, Alfred Glélé (1985) apresentou um comunicado afirmando que, segundo a tradição oral e grandes historiadores, a Rainha Agontimé, mãe do Rei Guezo, foi vendida aos negreiros pelo Rei Adandozan (1797-1818), tendo sido encontrada em São Luís do Maranhão, onde introduziu o culto vodum no Brasil. Glélé informa que Zomadonu é o chefe dos Toxosu ou voduns das águas, seres anormais, divindade suprema entre os fons e que os templos de Zomadonu são considerados o centro do poder espiritual, situando-se hierarquicamente depois os demais.

O povo ewê-fon é vizinho dos yoruba, que os dominou por certo tempo e exerceu grande influência sobre ele. A multiplicidade de deuses, de cultos e de mitos é uma das características da religião daomeana, que sempre adotou divindades e ideias resultantes de conquistas dos povos vizinhos. O reino aceitava cultos das sociedades dominadas e os casamentos de reis com mulheres de outras tribos, que traziam seus cultos, fez com que a religião englobasse inúmeras entidades de outros povos.

2 Voduns do Daomé

Para muitos autores como Verger, voduns e orixás são sinônimos, tendo o termo vodum prevalecido entre os fon do Daomé, chamados no Brasil de jejes e o termo orixá entre os iorubas da Nigéria, conhecidos no Brasil como nagôs. O termo vodum é mais difundido no Benin, no Togo, no Haiti e no Maranhão, apresentando algumas diferenças dos orixás. Os voduns são difíceis de definir e caracterizar. Constituem uma força, um poder, um mistério. Segundo Maupoil (1961: 55-59) os voduns e os homens se complementam. Por suas orações e sacrifícios os homens dão forças aos voduns, que se alimentam dos símbolos que lhes são oferecidos. Têm a capacidade de possuir seus servidores, no estado de transe ou possessão. Para guardar sua força, o orixá ou vodum tem necessidade de receber sacrifícios e oferendas diante de um símbolo que o representa, geralmente uma pedra de raio, de rio ou outro objeto. Para Herskovits (1967: 171), vodum pode ser traduzido por deus ou por santo, sendo um espírito e ao mesmo tempo estando localizado num altar, próximo a uma jarra, com a qual não se confunde.

Os voduns representam ancestrais divinizados ou forças da natureza. Como os santos católicos, eles são considerados intermediários entre os homens e o Deus Superior. Muitos foram sincretizados com os santos da Igreja, mesmo na África, num processo que continuou nas Américas, com variantes regionais, a partir de semelhanças na representação simbólica.

A religião no Daomé estava subordinada ao poder político através de um ministério do culto (GLÉLÉ, 1974: 75). As cerimônias religiosas não podiam ser realizadas sem autorização do rei. Todas as divindades pertenciam ao rei, que ao morrer também se tornava vodum. Membros da família real e dignitários do culto não podiam ser investidos de funções religiosas. Os reis descendiam da família real exclusivamente pelo lado paterno. As esposas do rei eram de origem plebeia ou de outros países. Aquela cujo filho se tornasse rei era elevada à dignidade de rainha-mãe através de cerimônia pública especial e instalada num trono, recebendo nome específico e tendo sucessora entre suas parentes.

A partir de depoimentos de diversos observadores, Paul Falcon (1970) comenta longamente a religião dos voduns e a crença daomeana na existência de um ser supremo. Lembra que os yoruba denominam o deus supremo de Olorum e os éwé/fon o chamam de Màwù, mas o culto se destina aos orixás e voduns. Segundo Falcon, os voduns se agrupam em famílias entre as quais a de Xangô ou Quevioçô, o deus das tempestades, na qual se encontram suas três mulheres: Oiá, Oxum e Obá. Informa que em Abomey esta família inclui entre outros Sobô, Lissá, Averequete, Badé. Entre os deuses da terra Falcon indica a família de Sakpatá para os fon, ou Xapanã entre os yorubas, conhecido como o vodum da varíola; e sua família inclui entre outros o vodum Alokpe.

O mesmo autor cita Iroko como vodun da árvore; Osanha, divindade das folhas; Oxossi, vodun das florestas; Ogum ou Gu, vodun do ferro. Entre as divindades dos animais, inclui Dangbé, a serpente; Agassu, o leopardo ou pantera, considerado por alguns como totem das famílias reais de Porto Novo, Allada e Abomey. Um dos filhos de Agassou foi Ajauto de Alladá, outro foi Dako-Donu, fundador do reino do Daomé. Alguns voduns têm um animal favorito, como o camaleão para Lissá. Falcon lembra ainda a importância do culto dos gêmeos, denominados de Hoho entre os daomeanos e de Ibeji entre os yorubas.

Entre os orixás e voduns femininos, Falcon inclui Nana Buruku, considerada mãe dos orixás e voduns, e Iemanjá, considerada vodum das águas. Cita ainda os Tohossu, ou reis das águas, os filhos anormais dos reis que ao nascer eram afogados nos pântanos. Mostra que os voduns são numerosos e se agrupam em famílias. Diz que cada comunidade familiar tem seus voduns fundadores e há ainda muitos outros voduns locais. Falcon cita Fá, o oráculo ou deus do destino, e Exu ou Legba, mensageiro dos orixás, guardião dos caminhos, senhor da fecundidade, da desordem, considerado como demônio pelos cristãos.

Falcon inclui no culto aos ancestrais o culto da família real, o culto dos reis, notadamente Agassou e Ajautó, os filhos anormais ou Tohosus e as Nessohué. Ajautó é o filho do leopardo e ancestral das famílias reais. Os Tohosu, que foram os primeiros membros da família real a terem um culto, são deuses das águas. Cada rei teve vários filhos anormais. O primeiro e mais célebre é Zomadonu, filho de Akabá. As Nessohué são princesas e príncipes reais. A maioria dos voduns indicados por Falcon, que destacamos aqui, bem como outros não apontados por ele, são cultuados na Casa das Minas do Maranhão, exceto o culto de Fá e o de Exú ou Legba que não foram trazidos para o Maranhão.

Após referir-se aos diferentes voduns, Falcon se indaga sobre o que é o vodum. Constata que se trata de tema extremamente complexo e sobre o qual não há uma definição satisfatória. Os seguidores dizem que os adoram sem saber exatamente o que são e o fazem por herança dos antepassados. Cada um tem ideias particulares sendo difícil fazer generalizações. Constata que os voduns não estão reunidos num panteão bem organizado, como propõem alguns pesquisadores, pois esta religião provém de diferentes fontes. Lembra que houve muitas guerras entre tribos vizinhas e os vencedores se apossavam dos deuses dos vencidos, acrescentando os mais eficazes ao seu panteão. Assim considera impossível descobrir a origem de cada vodum. A hierarquia entre os voduns varia entre as cidades. Sabe-se que eles se agrupam em famílias, mas a composição de cada uma varia com a localidade. Afirma que não se pode conhecer exatamente seu número nem sua hierarquia.

Segundo Falcon, dizem que o vodum é uma força da natureza, um poder do alto, do mar, da própria terra, do ferro, das plantas, dos animais, das montanhas, dos rios, dos ancestrais e pode realizar tanto o bem quanto o mal. Pode realizar prodígios, dar riquezas, filhos, felicidade, mas pode também acarretar doenças, paixões, mortes. Periodicamente a força do vodum deve ser revitalizada com banhos de infusão de folhas, libação de sangue de certos animais, oferenda de alimentos e orações. Os voduns são potências personificadas. Eles são amados e temidos. Alguns são ancestrais fundadores das tribos ou heróis divinizados, outros representam forças da natureza. Queviossô representa ao mesmo tempo uma força da natureza, sendo também o rei de uma cidade. Seriam intermediários de Deus, mas a maioria dos devotos tem a atenção fixada somente no vodum. No Daomé, cada região ou cidade tem seu vodum preferido, colocado acima dos demais. Cada pessoa também tem seu vodum preferido.

3 Difusão da religião dos voduns

A região da Costa da África Ocidental, onde se localizava o antigo Reino do Daomé, era chamada de Costa dos Escravos e também de Costa da Mina. Nesta área foi estabelecido pelos portugueses, no século XVII, o Forte de São Jorge da Mina, localizado na atual República do Gana. Existe também na área uma etnia denominada Mina. Os negros procedentes da Costa dos Escravos, situados a leste do Castelo de São Jorge da Mina, eram conhecidos como negros Minas, e a religião dos voduns por eles praticada é conhecida até hoje, no Maranhão e na Amazônia, como Tambor de Mina[1].

---

1. O termo tambor deriva da importância do instrumento no culto e mina do Forte do mesmo nome. Existe uma música gravada pela cantora maranhense Alcione Nazaré em que aparece a afirmação de que "terra de mina é o Maranhão".

A religião dos voduns se expandiu pelas Américas, especialmente no Caribe, no Haiti, em Cuba, em Trindade, nos Estados Unidos e em outros locais. Assim o culto dos voduns se espalhou pelos dois lados do Atlântico. Alladá ou Ouidah, no litoral do Daomé, foi um dos centros de expansão do tráfico de escravos e do culto dos voduns. De Alladá derivam os nomes Radá e Arará, pelos quais esta religião é também conhecida no Haiti e em Cuba. No Brasil, recebeu a denominação de jeje.

Mariza Soares (2000) informa que, no século XVIII, uma grande quantidade de escravos procedentes da Costa da Mina chegou ao Rio de Janeiro. Soares documentou a presença de negros Makis (Mahis?) que se concentraram na Irmandade de Santo Elesbão e Santa Efigênia, fundada em 1740, que funciona até hoje. A autora descreve práticas do grupo maki, onde escravos alforriados tornaram-se proprietários de outros escravos, converteram-se ao catolicismo e entraram em disputas com escravos angolas e de outros grupos minas. Na primeira metade do século XVIII foi redigido em Ouro Preto – Minas Gerais – um dicionário da língua Mina destinado a facilitar contatos dos senhores com os escravos procedentes da Costa da Mina, que na época eram abundantes no Rio de Janeiro e em Minas Gerais, onde vieram para trabalhar na mineração, como mostram estudos de Mariza Soares e Yeda Castro.

No Haiti, em função da independência conseguida mediante revolta de escravos negros e mestiços, desde inícios do século XIX, o país ficou muito isolado do resto do mundo. Segundo Alfred Metraux, o nome vodum ou vodu, palavra da língua fon que significa espírito ou deus, foi dado ao conjunto de crenças e ritos de origem africana, estreitamente associada a práticas católicas e constitui a religião das massas camponesas da república negra do Haiti. Uma lenda sinistra se desenvolveu em torno desta religião e seus seguidores foram acusados de práticas de canibalismo e de orgias. Jornalistas, cineastas e autores, sobretudo norte-americanos, em busca de exotismos, difundiram a crença na barbárie inata desta religião e dos povos negros que a praticam.

Segundo Metraux (1958: 292), no Haiti há um paralelismo entre o calendário litúrgico e as festas dos loas ou entidades cultuadas, que coincidem com as dos santos católicos e os santuários dos voduns ficam fechados no período da quaresma. Fato similar ocorre no Maranhão, onde rituais não são realizados nos terreiros durante a quaresma; mesmo os rituais fúnebres e o calendário dos voduns relacionam-se com o calendário dos santos católicos. Metraux faz também breve referência à presença no Haiti de voduns relacionados à família real do Daomé, como Agassou, associado à pantera e fundador ancestral da linhagem real, e Bossou, referente ao culto dos filhos anormais dos reis que foram divinizados. Sugere que alguns membros da família real reduzidos à escravidão teriam sido levados ao Haiti. Baseado na bibliografia disponível, Metraux constata que desde fins do século XVIII a religião dos voduns estava organizada na Ilha de São Domingos, com características africanas mais acentuadas do que posteriormente.

Metraux considera difícil construir uma teologia do vodu que apresenta representações fragmentárias e contraditórias. Afirma que a noção de Deus parece com uma força impessoal e vaga, superior à dos loas. Para Metraux (1958: 73), o termo divindade é reservado para as entidades de origens africanas e o termo loa tem o significado de gênio, espírito ou mistério, de origem crioula, que são autóctones, de criação mais recente e enriquecem constantemente o panteão vodu. Para Metraux (1958: 80-81), a religião do Haiti é prática e utilitária e quase não subsistem mitos africanos relatando a origem dos deuses, suas aventuras e papéis cósmicos.

Cita diversas entidades cultuadas no panteão dos voduns do Haiti, como Legba, o guardião ou intérprete dos deuses; Agoué, o mar, sua flora e fauna; Damballah-wedo, o deus serpente; Sogbo, deus do trovão; seu irmão Badé, o deus dos ventos; Ogoun, senhor das guerras; Xangô; Loco; Zaká, senhor da agricultura; Erzili-Fréda, deusa do amor e muitos outros.

Metraux considera que a Igreja Católica é em parte responsável pela sobrevivência dos cultos africanos no Haiti, por haver negligenciado a catequese dos escravos no período colonial. Os conflitos do século XIX não favoreceram a difusão do cristianismo. Após a concordata de 1860, foram enviados missionários para combater a idolatria, a maioria originários da Bretanha. A primeira perseguição oficial da Igreja contra o vodu data de fins do século XIX. Ao longo do século XX, houve diversas tentativas de combater e extirpar o culto vodu, especialmente durante a dominação norte-americana a partir de 1915 e, sobretudo, depois de 1939, propagando-se até meados da década de 1950. Laennec Hurbon (1988: 72) considera "surpreendente que, apesar de todas as perseguições, o vodu tenha sobrevivido no Haiti".

Ao longo dos séculos XIX e XX, em diferentes regiões, a religião dos voduns sofreu perseguições da Igreja Católica, dos diversos estados, da polícia e continua sendo perseguida por preconceitos que permanecem. Em 1992/1993, foi organizado no Benin o *Festival Ouidah 92* sobre a presença africana da religião dos voduns em diferentes países em comemoração aos quinhentos anos de contatos entre europeus e africanos. O Festival foi uma forma de o governo do Benin reconhecer a importância desta religião, que, no próprio país de origem, também foi recentemente perseguida pelo regime socialista vigente nas décadas de 1970 e 1980.

Durante o *Festival Ouidah 92*, além de exposições e conferências, houve desfiles e apresentações de grupos de culto aos voduns em diversas ruas e praças públicas das principais cidades, que atraíram multidões de apreciadores nacionais, estrangeiros e grande número de grupos de culto se apresentaram livremente nas ruas. Neste Festival compareceram alguns líderes religiosos de outros países e dona Maria Celeste, vodunsi da Casa das Minas Jeje do Maranhão, entoou cânticos africanos conhecidos no Maranhão que foram reconhecidos e acompanhados pelos mais velhos.

No Brasil, a religião dos voduns se difundiu em diversas áreas, no passado na Bahia e Rio de Janeiro e hoje, sobretudo na região Amazônica e também em São Paulo e no Sul, levado por imigrantes procedentes da Amazônia. Até a década de 1930, a religião e o nome vodum eram pouco conhecidos no Brasil. A partir dos anos de 1930 começaram a ser realizadas no Maranhão e no Pará visitas de interessados, que iniciaram a pesquisa e documentação sobre os voduns no Brasil. A Missão de Pesquisas Folclóricas, coordenada por Mário de Andrade, esteve rapidamente no Maranhão e no Pará em junho de 1938 e documentou cânticos do culto do Tambor de Mina onde se encontra a palavra vodum. Na década de 1940 e daí em diante, começaram a ser realizadas pesquisas, como as de Octávio da Costa Eduardo e de Nunes Pereira, que documentaram a presença desta religião no Maranhão, fazendo referência a sua ocorrência em Belém e Manaus, levada por negros procedentes do Maranhão. Foi publicado também material da Missão de Pesquisas Folclóricas no Maranhão e Pará (ALVARENGA, 1948). Em meados dos anos de 1950, estudos de Roger Bastide e Pierre Verger ampliaram o conhecimento desta realidade. Depois disso, a partir da década de 1980, o Tambor de Mina passou a ser mais estudado.

Entre fins do século XIX e inícios do século XX, sobretudo no período áureo da borracha na Amazônia, a religião dos voduns se difundiu por diversos estados, destacando-se o Pará, o Amazonas e Rondônia onde temos maiores notícias de sua presença. Seth e Ruth Leacock e Chester Gabriel, entre outros, apresentam importantes informações sobre caboclos e voduns em Belém e em Manaus respectivamente. Levado por devotos provenientes destas regiões, desde as últimas décadas do século XX, a religião dos voduns tem se difundido principalmente em São Paulo, no Rio de Janeiro, em Brasília, no Paraná e em outros Estados. Há também um ramo da religião dos voduns, especialmente de tradição voduns Mahi ou Savalu, que se desenvolveu na Bahia e de lá se difundiu pelo Rio de Janeiro e outros estados. Na Bahia, o culto dos voduns é importante, sobretudo em Salvador e em Cachoeira.

4 Voduns no Tambor de Mina

No Maranhão, o Tambor de Mina se desenvolveu a partir de duas casas principais fundadas em meados do século XIX, a Casa das Minas Jeje e a Casa de Nagô que hoje se encontram praticamente em extinção. O Tambor de Mina funciona também em outras casas direta ou indiretamente relacionadas com as primeiras, como os antigos Terreiros do Egito, o da Turquia, e o ainda atuante Terreiro do Justino, fundado igualmente no século XIX. O Tambor de Mina também funciona em muitas outras casas mais recentes organizadas a partir de 1950; algumas modernas, com grande número de participantes, e outras mais tradicionais. Certas regiões do interior do Maranhão, como principalmente Codó, no Vale do Itapecuru e Cururupu, no litoral Norte, foram locais de concentração de grande número de escravos e até hoje são focos importantes de difusão das religiões por eles trazidas da África e aqui mescladas com crenças em entidades de outras procedências. Em Cururupu e na Região da Baixada Maranhense a Pajelança ou Cura é a forma de religião mais difundida e em Codó e no Vale do Itapecuru, a religião é conhecida como Terecô e como Umbanda. Ambas são variantes da religião afro-maranhense, que em São Luís e na Amazônia é conhecida como Tambor de Mina.

A Casa das Minas Jeje do Maranhão, que funcionou em São Luís entre meados da década de 1840 e meados da década de 2010, atualmente encontra-se com o culto interrompido pela falta de seguidoras. Ao longo do século XX a Casa teve grande prestígio e foi visitada por muitos pesquisadores nacionais e estrangeiros. Hoje se encontra em declínio ou em extinção. Uma ideia difundida pelos estudiosos é que as narrativas míticas neste grupo eram muito reduzidas e quando iam falar sobre as entidades os membros lembravam-se sempre de antigos participantes relacionados com os fatos míticos. Esta parece ser uma das características deste grupo afro-religioso. Não que os mitos sejam pobres ou inexistentes, mas o fato é que estão relacionados com a história dos que os vivenciaram.

> Minha mãe, tenho sede, minha garganta está em tuas mãos – Entra como entrei, bebe como bebi, sai como saí (Mãe Andresa a Nunes Pereira; 1979: 29).

Outro aspecto comentado é que o quarto dos santos ou comé, como é denominado pelo grupo, não pode ser penetrado a não ser pelos filhos ou filhas da Casa. Nunes Pereira, que descendia de antigas participantes do grupo, que frequentou em sua infância, realizou pesquisas na Casa das Minas na primeira metade da década de 1940. Escreveu um depoimento em que destaca a figura da líder do grupo, a famosa Mãe Andresa. Sua frase que, destacamos na epígrafe acima, refere-se à entrada no quarto dos santos, que era visitado apenas por membros do grupo de culto ou por crianças pequenas, e eram levados pelas filhas mais velhas com a frase: – "Entra como entrei, bebe como bebi e sai como saí".

O grupo refere-se a muitos alimentos, que são proibidos aos membros do culto como o caranguejo, o sarnambi ou certos condimentos como o gergelim, em determinadas épocas do ano. Geralmente narram estas proibições contando um fato acontecido com uma pessoa da Casa. Assim a história de vida das pessoas encontra-se mesclada com elementos da mitologia, que devem ser procurados principalmente junto com estas histórias.

As entidades espirituais cultuadas pelo grupo são denominadas voduns mina jeje e acredita-se que sejam procedentes do antigo Reino do Daomé, localizado na atual República do Benin. São também chamados de encantados, no sentido de que não são pessoas que morreram, mas que se encantaram e entraram no mundo sobrenatural ou na encantaria. São também comumente conhecidos como "os brancos" ou senhores e senhoras. Os voduns são mencionados como "sombra" no sentido de entidades ocultas e misteriosas e também como invisíveis. O nome dos voduns femininos é precedido pela palavra "nochê" – minha mãe, e dos masculinos, por "toi" – meu pai.

Na visão do grupo, acredita-se que, acima de tudo, há um Deus Superior que chamam de Avievodum ou Evovodum, identificado com o Divino Espírito Santo do catolicismo. Todo o culto e os ritos dirigem-se exclusivamente aos voduns, mas formalmente adota-se a ideia da existência de um ser supremo. Dona Denis dizia:

> É muito difícil chegar até Deus, tudo depende dele através dos vo-
> duns. Depois de Deus vêm os santos que são puros, mas também
> estão longe e não precisam de nós. Nós precisamos dos voduns para
> chegar até eles. Os santos são mais puros e os voduns sempre têm
> algumas falhas [...]. Não se dá ordem aos voduns. Pede-se algu-
> ma coisa e eles dizem – vou ver se Evovodum quer. Se der certo
> mandam agradecer a Evovodum. Eles não vivem para fazer o que
> a gente quer. É preciso arranjar amizade com eles, pois os voduns
> precisam de nós para entrar em contato com a humanidade, mas eles
> têm a missão deles. Os sacrifícios que lhes oferecemos constituem
> uma troca entre o nosso sangue e o dos animais. Nas festas os vo-
> duns cantam e dançam e o fardo deles fica mais leve. Cada vodum
> tem devoção a um santo, mas o santo é um e o vodum é outro.

Os voduns se agrupam em famílias e cada família ocupa um espaço especial no prédio da Casa. Eles se distinguem em masculinos, femininos, velhos, adultos e crianças. Os mais jovens formam um grupo denominado de "toquens". São os que vêm na frente e chamam os outros. Os "toquens" são guias. As "tobossis" são entidades femininas infantis, consideradas meninas ou princesas. Eram chamadas de sinhazinhas e eram recebidas apenas pelas vodunsis que tinham participado da iniciação completa, chamadas vodunsis gonjaís. Elas vinham algumas vezes por ano e usavam vestes especiais que incluía pano da Costa, manta de missangas coloridas nos ombros, rodilha na cabeça, e brincavam com bonecas. A última iniciação completa foi realizada na Casa em 1914 e as últimas gonjaís faleceram em inícios da década de 1970, assim as "tobossis" deixaram de baixar nas festas desde fins da década de 1960. Alguns outros terreiros de mina do Maranhão, entretanto, afirmam que continuam preparando e recebendo "tobossis".

Elas só baixavam em festas especiais organizadas em sua homenagem em três datas do ano, no Carnaval, em São João e no fim do ano. Elas brincavam como crianças, falavam em língua africana e eram chamadas de sinhazinha. Em algumas festas elas ficavam até sete ou nove dias. Eram consideradas filhas dos voduns e cada "tobossi" só vinha em uma "gonjaí". Naé é a chefe das tobossi e na Casa de Nagô é Iemanjá.

As famílias de voduns cultuadas são: família real ou de Davice, que agrupa membros da família real do Reino do Daomé (diversos membros desta família são identificados como membros da família real de Abomé, conforme Costa Eduardo (1948: 77) e Verger (1952: 160); família de Dambirá, também chamada de Odã, de Acossi Sakpatá, que agrupa voduns relacionados com a cura de doenças, chamada de reis da terra; família de Quevioçô, que reúne os voduns nagô cultuados na casa e que são mudos e só se comunicam por sinais, exceto os dois mais jovens que falam pelos demais. É a família responsável pelos astros, os ventos e tempestades. Há ainda a família de Savaluno, que reúne voduns reais que são hóspedes do dono da Casa, Toi Zomadonu, e também a família de Alladá ou Alladanu que reúne voduns que são hóspedes do povo de Quevioçô e também são mudos.

O espaço da Casa das Minas é dividido entre as famílias de voduns. Cada vodum possui um nome mais conhecido e outros privados, que não costumam ser divulgados. Na Casa das Minas são conhecidos 49 voduns e são lembrados os nomes de 16 tobossis. Poucas casas de culto afrodescendentes no Brasil preservam número tão elevado de entidades africanas. Os terreiros de candomblé que se dizem de tradição jeje-nagô conservam o culto dos orixás Nanã, Oxumaré ou Becém e Obaluaiê. Dizem que os outros voduns jeje teriam subido e não são mais conhecidos. Na Casa das Minas se diz também que há voduns que subiram e não vêm mais, teriam sido esquecidos ou são pouco lembrados como Afrufru, Naité. Os outros são lembrados e conhecidos mesmo que não venham há muitos anos como Daco-Donu e outros que nunca tenham vindo como Nochê Naé.

Com a morte dos voduns da Casa das Minas constatamos que os voduns jeje não têm mais vindo e com o encerramento do culto parece que eles irão desaparecer. Mas em outros terreiros de mina eles continuam sendo recebidos e venerados por outros devotos. Sobre o esquecimento e permanência dos voduns, Karin Barber (1989: 142) apresenta as seguintes e interessantes observações:

> O conceito de que os deuses são criados pelos homens e não os homens pelos deuses é um truísmo sociológico. Pertence obviamente a uma tradição de pensamento distanciada e crítica, incompatível com a fé naqueles deuses. No entanto a religião tradicional yoruba apresenta uma concepção muito semelhante que, longe de indicar ceticismo ou declínio da crença, parece constituir um impulso vigoroso

em direção à devoção. De acordo com o pensamento tradicional yoruba, os orixás ("deuses") são mantidos vivos graças a atenção que os humanos lhe dedicam. Sem a colaboração de seus fiéis, o orixá seria atraiçoado, ridicularizado e reduzido a zero. Tal concepção parece ser intrínseca à religião desde eras remotas.

Na Casa das Minas, acima de todos os voduns e das famílias em que eles estão agrupados, encontra-se Nochê Naé, chamada de Sinhá Velha. É a velha mãe ancestral, dona da árvore sagrada. Ela é comemorada em duas festas anuais, no dia 25 de dezembro e no dia 24 de junho, datas dos dois solstícios. Ela não baixa nas vodunsis. É a vodun maior, superior a todos e que decide tudo. Em todos os toques cantam-se cantigas para ela. É muito velha, como uma rainha mãe. Naé é a chefe das tobossi que a chamam de Dindinha. Seu culto costuma ser comparado por alguns ao culto das Iami Oxorongá, do Benin e da Nigéria, que tem sido documentada entre os yorubas, são consideradas bruxas ou feiticeiras, representando o poder ancestral feminino das velhas matriarcas, ou o poder místico das mulheres, e são invocadas como pássaros. Na Casa das Minas Nochê Naé é respeitosamente tratada como Sinhá Velha e não possui o carácter de bruxa ou feiticeira, como são conhecidas as Iami, cujo nome não deve nem ser pronunciado.

O dono e chefe da Casa é Toi Zomadonu, que foi o vodum da fundadora, conhecida como Maria Jesuína e de dona Luiza, mãe de santo que a sucedeu. Ambas governaram a Casa até fins do século XIX e inícios do século XX. Depois disso Zomadonu veio em algumas filhas até os anos de 1960, mas não foi mais o vodum da dirigente do grupo. Ele veio com as fundadoras para organizar a Casa. Qualquer festa tem que ser começada por ele, pois é o que abre as portas. Sabem que ele é um rei, filho de outro rei. Ele é conhecido por vários nomes, entre os quais Babanatô. No Relatório Final do Colóquio realizado pela Unesco em São Luís em 1985, se afirma que seu culto era o mais importante no antigo Reino do Daomé e que seu nome significa "não se põe o fogo na boca". Segundo Herskovits (1967: 13) Zomadonu era o filho do Rei Acabá, que governou o Daomé entre 1680 e 1708. É conhecido como filho anormal do rei, que chefia o grupo dos filhos reais nascidos como crianças anormais – os "tohossus". São os reis da água, pois eram jogados no pântano. Foi Zomadonu que ensinou os daomeanos a realizar cerimônias aos ancestrais e lhe revelou os deuses do céu, da terra, das águas e do trovão. Na Casa das Minas dizem que ele é um homem normal, escuro, usa túnica com torso branco ou estampado. Dizem que não sabem a história dele, sabem apenas que ele é um rei, filho de outro rei e teve quatro filhos. Sua festa é no dia primeiro do ano quando se realiza a festa de pagamento dos tocadores e de descida das tobossis. Na Casa das Minas Zomadonu tem como filhos: os gêmeos Toçá e Tocé, Jogoroboçu e Apoji. Seu pai é Acoicinacaba. Na despedida das festas há um cântico em que todos ficam de pé, inclusive os tocadores e a assistência. É um cântico em homenagem ao pai do dono da Casa e uma saudação aos que vão sair. Ele é dono de um dos tambores grandes.

Zomadonu é o chefe da Casa, que é homenageado com cânticos em todas as festas. No entanto, nochê Naé é a mãe de todos os voduns e é mais importante do que o dono da Casa. A cajazeira sagrada é a árvore dela, ela é a chefe das tobossis. Só ela é comemorada em duas festas na Casa. Muitas cantigas são oferecidas em sua homenagem. É um ser primordial, que não incorpora nos fiéis. Segundo alguns Naé corresponde a Vó Missã ou Nanã Burucu, ou a Oxum entre os nagô. Em todas as festas oferecem cantigas para ela no início e na despedida. É muito velha, como uma rainha mãe. Talvez a primazia da importância do culto de Nochê Naé, entre outros fatores, seja responsável pelo culto da Casa das Minas ser dirigido e realizado basicamente por mulheres. A Casa é chefiada por mulheres e só elas dançam e recebem voduns. Os homens são tocadores e possuem um papel secundário no culto, embora sua presença seja indispensável.

Quando falam dos voduns as vodunsis lembram os nomes das vodunsis que os carregavam e já faleceram. Nos cânticos e nos rituais aparecem diversos nomes atribuídos às diferentes divindades, mas a história destas entidades é pouco comentada. Também comentam relações de parentescos, sexo ou idade das divindades. Alfred Metraux (1968: 80-81) constata também que no Haiti "não subsiste quase nada da mitologia africana sobre os deuses". Outra característica é que a mitologia do tambor de mina está muito influenciada pelas doutrinas da Igreja Católica e por certas ideias do espiritismo kardecista.

O vodun Legba não é cultuado na Casa, nem no tambor de mina do Maranhão em geral, que não utiliza a adivinhação com nozes ou búzios. Tal fato foi observado com estranheza por diversos pesquisadores que passaram pela Casa[2]. Dizem na Casa que Legba por seu caráter maligno corresponde ao

---

2. Bastide (1978: 79), Correia Lopes (1947: 82), Costa Eduardo (1948: 79), Nunes Pereira (1979: 188), Pereira Barreto (1977: 64-71), Verger (1952: 159), e outros.

demônio dos cristãos e que foi o responsável pela escravidão das fundadoras. Que ele equivale à confusão e Zomadonu não quis que ele ficasse lá, onde não é considerado mensageiro dos voduns. Lá os mensageiros são os toquens ou voduns meninos, que vêm na frente e abrem o culto, convidando os voduns mais velhos. São chefiados por nagono Toçá, filho de Toi Zomadonu.

Os grupos de cultos mais tradicionais do Maranhão, como a Casa das Minas e a Casa de Nagô, hoje se encontram praticamente em extinção em São Luís. Acreditamos que isto se deve, por um lado, na Casa, à preservação de costumes tradicionais, o transe e a dança só acessíveis a mulheres, a ênfase nos segredos e mistérios do culto, e, por outro lado, as grandes transformações sociais e as mudanças culturais ocorridas na sociedade envolvente, quando os filhos não dão continuidade à religião dos pais, mudam de religião ou não conservam nenhuma crença e também com a grande difusão atual de igrejas evangélicas e pentecostais.

Dadarro é o vodum mais velho e chefe da família de Davice. Dadarro tinha um filho Coisinakaba, pai de Zomadonu. Dadarro é casado com nochê Naiadono e tem os filhos: nochê Sepazin, Doçu, Bedigá, nochê Nanin e Apojevó. Arronoviçavá é um vodum velho, usa bengala, é como Oxalufã dos nagôs. Ele é o irmão mais velho de Dadarro de quem criou os filhos. Dizem que ele é um vodum que virou cambinda, pois teria vindo com os jejes de Codó, região de onde vieram muitas dançantes. Na Casa das Minas chamam os cambinda de caxias ou cacheu e dizem que são voduns da mata.

Sepazin é a princesa da família real, filha dos reis, casada com um príncipe, e dão esmolas aos pobres e doentes. Nochê Sepazin adora o Divino Espírito Santo, cuja festa na Casa é realizada em sua homenagem com crianças e mordomos representando os imperadores e a corte. Sepazin foi a senhora de Mãe Hosana que chefiou a Casa até 1914, antes de Mãe Andresa. Sepazin é casada com Daco-Donu que só veio na Casa em um filho, tio Basílio.

Entre os voduns da família real ou de Davice, um dos mais conhecidos no Maranhão é Toi Doçu, que tem vários nomes como Doçú Agajá, Poveçá, Huntó, Maçon e costuma vir em festas de vários terreiros. É considerado filho do Rei Dadarrô. É jovem, boêmio, poeta, compositor e tocador. Dizem que ele compôs grande parte dos cânticos da Casa das Minas. É cavaleiro, usa rebenque, gosta de farra, vive no mundo e teve filhos com muitas mulheres. Quando o pai lhe entregou a coroa ele recusou e entregou a seu irmão Bedigá, pois preferia mais viver na rua do que sentado no trono. Dizem que nasceu no dia de São Jorge, que é cavaleiro, mas é festejado no dia de Reis, a 6 de janeiro. O orixá nagô Ogum seria de sua família. Doçu foi carregado por Dona Amélia que chefiou a Casa até falecer em 1997. Sua avó que era africana foi uma das dançantes fundadoras da Casa, dona Cecília Maria do Nascimento Bandeira.

Na Casa das Minas os voduns da família de Savalunu são amigos de Zomadonu e do povo de Davice, não são jeje, mas são incluídos na família de Davice. Agongonu ou De Aguidá foi o senhor de Dona Aneris, mãe pequena de Mãe Andresa. Seria o Rei Agonglo (1789-1797), cuja viúva, Nã Agontime, mãe do futuro Rei Ghezo (1818-1858), teria sido vendida como escrava para o Maranhão, onde fundou a Casa das Minas.

Entre os voduns da família de Dambirá na Casa das Minas encontramos o panteon da terra, que combate as doenças, chefiado por Acossi Sakpatá. Ele fez um pacto para mostrar as doenças, pois só se cura a doença sabendo-se como ela é. Ele cura com plantas, benze e ensina remédios. Acossi adora São Lázaro, seu irmão Azile adora São Roque e Azonce adora São Sebastião. Entre os voduns mais novos desta família, que fazem papel de toquens, temos Boça Labê que anda e sempre procura o irmão Boçucó. Boçucó esconde-se num termiteiro e se transforma numa serpente. Ele é protegido por Boça e sempre andam juntos. Boça e Boçucó correspondem a Oxumaré, a serpente arco-íris dos nagô. Outro vodum desta família é Alogue, que se transforma num sapo. Entre os voduns mais velhos desta família temos Lepon, que foi vodum de Dona Deni, a última vodunsi que chefiou a Casa e Poliboji, que foi vodum de Mãe Andresa.

Os voduns da família de Quevioçô são nagôs e são mudos na Casa das Minas. Só quem fala e traduz suas mensagens são os dois mais novos: Averequete e Abê, que fazem papel de toquens. Seus cânticos são em língua nagô. Nochê Sobô é considerada a mãe dos voduns de Quevioçô. É um astro, representa o raio e adora Santa Bárbara, que é considerada a chefe dos terreiros de mina do Maranhão. Ela é comparada com a orixá Iansã ou Oiá. Badé Quevioçô representa o trovão e está encantado numa pedra de raio. Equivale a Xangô entre os nagô e é o dono da Casa de Nagô. Lissá representa o sol, anda muito e carrega os irmãos para onde vai. Há uma dança que representa uma peleja de Lissá, o sol, com Badé, o trovão. Lissá é representado por um camaleão. Abé é a vodum dos astros, da água do mar, que se encantou numa pescada. Abê corresponde à Iemanjá dos nagô e é muito amiga de Averequete, que é como a estrela do mar. Averequete junto com Sobô são considerados como chefes dos terreiros de mina do Maranhão. Averequete era o vodum de dona Celeste, falecida em 2010 e que por muito tempo organizou a festa do Divino na Casa das Minas. Ajautó de Aladanu e Avrejó são amigos da Casa e hóspedes de Quevioçô.

5 Considerações finais

As histórias dos voduns da Casa das Minas são diferentes das histórias dos orixás do candomblé nagô que lhes correspondem e que hoje são razoavelmente divulgadas. Também se diferenciam da mitologia dos voduns do Daomé e do Haiti conhecida na etnografia. Estas diferenças são frutos do isolamento e da falta de contatos por mais de um século, quando devem ter sofrido alterações no ambiente de segredo e mistério com que foram conservadas. Muitos voduns não têm correspondência com orixás nagôs nem se identificam com nenhum santo católico. Outros são considerados devotos dos santos ou reconhecidos como correspondentes a orixás nagôs embora haja diferenças.

A maioria dos voduns cultuados na Casa das Minas é masculina, trinta e seis e apenas onze são femininas. As vodunsis que são mulheres cultuam e recebem, sobretudo, voduns masculinos. As tobossi são exclusivamente do sexo feminino. Os cânticos, cujo sentido nem sempre é totalmente compreendido, transmitem nomes privados dos voduns e informações sobre os mesmos. Muitos voduns se transformam ou são representados por animais como a serpente, o sapo, o camaleão, a pescada. A história dos voduns e a mitologia da Casa é influenciada pelas doutrinas da Igreja Católica e por princípios do espiritismo. Diz-se que os voduns adoram ou são devotos dos santos católicos e geralmente são comemorados nos dias dos santos da Igreja.

O catolicismo está muito presente nesta religião, uma vez que os escravos eram obrigados a serem católicos, que era a religião oficial do país até fins do século XIX e oficiosa, no século XX. É comum a participação dos devotos dos terreiros em missas de santos, procissões e ladainhas que costumam ser cantadas em latim e rezadas antes dos principais ritos e festas. Outro aspecto do sincretismo nas religiões afro é a presença de diversos rituais e festas da cultura popular realizadas nas casas de culto e incluídas em seu calendário, inclusive a festa do Divino Espírito Santo que está muito presente nas casas de mina.

Crenças sebastianistas estão também presentes em certos aspectos do Tambor de Mina e na Pajelança[3], especialmente no Maranhão e no Pará. Existe a crença que el rey Dom Sebastião teria se encantado e vive com sua corte na Praia dos Lençóis, próximo a Cururupu, no Maranhão, ou em outros locais, e que no mês de junho aparece encantado num touro ou como um nobre e se incorpora nos médiuns durante rituais de Cura ou de Tambor de Mina, havendo uma linhagem atuante da família de Dom Sebastião, com diversos nobres e caboclos auxiliares.

No Maranhão e no Pará, a religião dos voduns, ou Tambor de Mina, se aproxima também da Umbanda e do Candomblé, religiões afro-brasileiras que se expandiram no país ao longo do século XX. Em decorrência de contatos com o Centro Sul, muitos terreiros do Maranhão se dizem de Umbanda, porém se diferenciam pouco da Mina, exceto pelo predomínio de cânticos em português. A partir dos anos de 1970, o Candomblé se difundiu também no Maranhão, no Pará e na Amazônia, pelos contatos com outras regiões. O Candomblé passou a gozar de grande prestígio, sendo considerado por muitos devotos como uma religião melhor estruturada do que o Tambor de Mina, destacando-se a presença de vestimentas rituais específicas como paramento dos orixás, de cânticos em língua nagô, tradução de mitos africanos especialmente nagôs e ritos de iniciação elaborados. Com a difusão do Candomblé, nota-se a valorização de uma ideologia de dessincretização e africanização ou reafricanização, com a difusão de elementos considerados como sendo mais puros do que os rituais com entidades caboclas do Tambor de Mina. Esta valorização tem ocorrido, sobretudo, em grupos de culto que contam com a presença de pessoas mais jovens, muitos vinculados aos movimentos negros.

No Tambor de Mina, como em toda religião, a presença do sincretismo é importante e não pode deixar de ser levada em consideração. Este sincretismo é mais evidente com aspectos do catolicismo popular e em algumas casas com o Espiritismo Kardecista. Há também um sincretismo com ele-

---

3. A Pajelança ou cura é uma religião desenvolvida no Maranhão e na Amazônia, praticada predominantemente por negros, que possui elementos de influência ameríndia e que se assemelha ao culto da Jurema existente no Nordeste do Brasil.

mentos da história, com a incorporação de entidades com nomes derivados da nobreza de Portugal e de outros países, introduzidos através da história e da literatura popular.

Com a morte das vodunsis da Casa das Minas, os voduns que elas recebiam e o seu culto não é mais realizado. Será que com isso os voduns vão morrer? Parece-nos que não, pois apesar do desaparecimento das velhas vodunsis e de antigos terreiros, o tambor de mina continua se expandido em muitas novas casas, tendo seguidores, sendo cultuados e homenageados por novos devotos.

Ao lado dos voduns e orixás africanos, no tambor de mina se desenvolveu uma outra mitologia afro-brasileira com entidades que são denominadas de caboclos junto com entidades nobres chamadas gentis. Estas entidades também se agrupam em famílias como os voduns e estão muito presentes em todos os terreiros de tambor de mina. São entidades nascidas no Brasil, semelhante aos loas do vodu do Haiti, que são entidades autóctones criadas mais recentemente e que enriquecem o panteon vodu. Suas histórias são inspiradas na cultura e na literatura popular e em fatos históricos. Assim se construíram famílias de entidades como do Rei Dom Sebastião, do Rei da Turquia, de Dom Luís rei de França e de outras entidades como seu Légua Boji Bua, que é um vaqueiro em Codó. Há entidades que são Pretos-Velhos e muitos caboclos que são valorizados, cultuados e exercem grande influência no tambor de mina. Os voduns e orixás são conhecidos e cultuados geralmente no começo dos rituais e depois são chamados caboclos, gentis encantados. Reginaldo Prandi (2001) e Mundicarmo Ferretti (2000; 2000b; 2001) têm publicado diversos trabalhos narrando histórias e mitos destas entidades.

Referências

ALVARENGA, O. *Tambor de Mina e Tambor de Crioula* – Registros sonoros do folclore musical brasileiro. São Paulo: Discoteca Pública Municipal, 1948.

BARBER, K. Como o homem cria deuses na África Ocidental – Atitudes dos yoruba para com o orixá. In: MOURA, C.E.M. *Meu sinal está no teu corpo* – Escritos sobre a religião dos orixás. São Paulo: Edicon/Edusp, 1989, p. 142-173.

BARRETO, M.A.P. *Os voduns do Maranhão*. São Luís: Fundação Cultural do Maranhão, 1977.

BASTIDE, R. *O candomblé da Bahia (rito nagô)*. São Paulo: Nacional, 1978.

CASTRO, Y.P. *A língua Mina-Jeje no Brasil* – Um falar africano em Ouro Preto do século XVIII. Belo Horizonte: Fundação João Pinheiro/Secretaria de Estado da Cultura, 2002.

EDUARDO, O.C. *The Negro in Northern Brazil*: a study in Acculturation. Nova York: J.J. Augustin, 1948.

FALCON, P. *Religion du vodu*. Cotonu: Institut de Recherches Appliquées du Dahomey, 1970 [Études Dahomeennes, n. 18-10].

FERRETTI, M.M.R. Terecô, a Linha de Codó. In: PRANDI, R. *Encantaria brasileira* – Livro dos mestres, caboclos e encantados. Rio de Janeiro: Pallas, 2001, p. 59-73.

_____. *Desceu na Guma*: o caboclo no Tambor de Mina. São Luís: Edufma, 2000a.

_____. *Maranhão Encantado* – Encantaria Maranhense e outras histórias. São Luís: Euma, 2000b.

FERRETTI, S.F. *Repensando o sincretismo*. 2. ed. São Paulo: Edusp/Arché, 2013.

_____. *Querebentã de Zomadonu* – Etnografia da Casa das Minas. 3. ed. Rio de Janeiro: Pallas, 2009.

_____. Voduns da Casa das Minas. In: MOURA, C.E.M. *Culto aos Orixás* – Voduns e ancestrais nas religiões afro-brasileiras. Rio de Janeiro: Pallas, 2004, p. 197-224.

GABRIEL, C.E. *Comunicações dos espíritos* – Umbanda, cultos regionais em Manaus e a dinâmica do transe mediúnico. São Paulo: Loyola, 1985.

GLÉLÉ, A.K.A. O Vodun na cultura do Danxomé e sua implantação nas Américas. In: UNESCO. *Culturas africanas* – Documentos da Reunião de Peritos sobre As Sobrevivências das Tradições Religiosas Africanas no Caribe e na América Latina. Paris: Unesco, 1985.

GLÉLÉ, M.A. *Le Danxomé* – Du Pouvoir Aja à la Nation Fon. Paris: Núbia, 1974.

HERSKOVITS, M.J. *Dahomey*: an ancient Western African kingdom [1938]. Evanston: Nortwestern University Press, 1967.

HURBON, L. *O Deus da Resistência Negra* – O vodu haitiano. São Paulo: Paulinas, 1987.

LEACOCK, S. & LEACOCK, R. *Spirit of the Deep*: a study of an Afro-Brazilian Cult. Nova York: Anchor, 1975.

LOPES, E.C. A propósito da Casa das Minas. *Atlântico* – Revista Luso-Brasileira, 1947, p. 78-82, Lisboa.

MAUPOIL, B. *La geomancie à l'ancienne Côte des Esclaves* [1938]. Paris: Institut d'Ethnologie/Musée de l'Homm, 1961.

MÉTRAUX, A. *Le vaudou haitien*. Paris: Gallimard, 1958.

PEREIRA, M.N. *A Casa das Minas*: culto dos voduns jeje no Maranhão. 2. ed. Petrópolis: Vozes, 1979.

PRANDI, R. (org.). *Encantaria brasileira* – O livro dos mestres, caboclos e encantados. Rio de Janeiro: Pallas, 2001.

RAMOS, A. *As culturas negras* – Introdução à Antropologia Brasileira. Rio de Janeiro: Casa do Estudante do Brasil, 1972.

SOARES, M.C. *Devotos da cor* – Identidade étnica, religiosidade e escravidão no Rio de Janeiro no século XVIII. Rio de Janeiro: Civilização Brasileira, 2000.

UNESCO. *Culturas africanas* – Documentos da Reunião de Peritos Sobre As Sobrevivências das Tradições Religiosas Africanas no Caribe e na América Latina. São Luís, 24-29/06/1985. Paris, 1986.

VERGER, P. Uma rainha africana mãe de santo em São Luís [1952]. *Revista USP*, n. 6, jun.-ago./1990, p. 151-158, jun./ago., 1990.

_____ Le culte des voduns d'Abomey aurait-il été apporté a Saint Louis de Maranhão para la mère du roi Ghèzo? In: *Les Afro-americains*. Dakar: Ifan, 1952, p. 157-160.

3
Boto e Mãe d'Água na religião afro-brasileira do Maranhão

*Mundicarmo Maria Rocha Ferretti**

Introdução

O Maranhão é conhecido nos meios religiosos afro-brasileiros como "terra do tambor de mina", "terra de vodum" e como o principal centro de preservação da cultura jeje-Daomé do Brasil, devido à divulgação que foi dada à Casa das Minas, terreiro (casa de culto) de matriz africana que funciona em São Luís desde meados do século XIX, fundado por uma sacerdotisa do culto de Zomadonu, que pode ter sido a mãe do Rei Guezo, vendida como escrava após a morte do Rei Agonglô, ocorrida em 1797 (FERRETTI, S. 2009). A divulgação da ligação da Casa das Minas com o culto da família real do Daomé foi realizada por pesquisadores a partir da constatação da existência ali de culto a voduns com nomes de reis e nobres daomeanos (EDUARDO, 1948; PEREIRA, 1979; VERGER, 1990). Mas o tambor de mina do Maranhão não é apenas jeje e culto a voduns daomeanos.

Além da existência na capital maranhense de outro terreiro aberto por africanas, mais ou menos na mesma época da fundação da Casa das Minas – a Casa de Nagô (iorubana) –, e de dois terreiros do final do século XIX – o do Justino, oriundo da Casa de Nagô, e do terreiro da Turquia, conhecido como "tapa" (ou taipa), que comemorou em 1989 o seu centenário –, existem em São

---

* Antropóloga; Doutora em Ciências/Antropologia Social, pela Universidade de São Paulo (USP). É professora emérita da Universidade Estadual do Maranhão (Uema); professora do Programa de Pós-graduação em Ciências Sociais/UFMA. Pesquisadora na área de Antropologia das Populações Afro-brasileiras (Tambor de Mina, Pajelança de Negro), Cultura Popular e Folclore do Maranhão. E-mail: mundicarmorf@gmail.com

Luís muitos outros que cultuam voduns, orixás iorubanos, entidades africanas classificadas por eles como voduns cambinda e Caxias ou Caxeu (como Vandereji, Bossujara e outras) (FERRETTI, M. 2000). São também cultuadas na Casa de Nagô e em terreiros de mina maranhenses abertos por afrodescendentes, entidades espirituais com nomes de personagens históricos e/ou míticos pertencentes à realeza europeia (os gentis, como: Rei Sebastião, Dom Luiz rei de França, Dom Manuel e Príncipe da Itália) e entidades caboclas (encantados associados a categorias sociais populares) (FERRETTI, M. 2000b, 2014).

A religião afro-brasileira tradicional do Maranhão compreende também terreiros de terecô (denominação originaria de Codó e muito antiga no interior do estado) e terreiros de curadores (ou pajés), que continuam a pajelança realizada por negros no Maranhão desde o século XIX, apresentada no Maranhão, no final daquele século, como "uma nova religião" ou como "uma mina cá da terra", embora muitos a considerem originária da pajelança indígena (FERRETTI, M. 2015). Nos terreiros maranhenses tradicionais são também recebidas entidades caboclas relacionadas a categorias populares e encantados associados à mitologia amazônica ou ao folclore brasileiro como: os turcos, os botos e a Mãe d'Água, de quem já nos ocupamos em trabalhos anteriores (FERRETTI, M. 1998, 2000b, 2003, 2007). Nesse trabalho vamos tratar mais detidamente sobre boto e Mãe d'Água na religião afro-brasileira do Maranhão.

1 Revisitando Boto e Mãe d'Água em águas maranhenses[1]

O imaginário maranhense é povoado por numerosos seres das matas e das águas. Muitos deles têm como matriz original a mitologia indígena ou africana, outros a cultura ibérica, e muitos têm mais de uma matriz. Como o Maranhão é o estado nordestino de maior proximidade com a Amazônia, realiza muitas trocas culturais com os do Norte, principalmente com o Pará,

---

1. Publicado originalmente em 2003 (FERRETTI, M. 2003), retomando trabalho apresentado em 2001 no V Ifnopap – seminário promovido pelo Projeto Integrado de Pesquisa "O imaginário nas formas narrativas orais populares da Amazônia paraense" (Ufpa). Em 2014 foi atualizado para publicação em capítulo de livro organizado por Antônio Evaldo Almeida Barros e, em 2015, retomado nessa publicação.

seu vizinho, o que pode ser percebido tanto no tambor de mina como na cura/pajelança, que têm sido nosso objeto de pesquisa desde 1984, como também na umbanda. Neste trabalho pretendemos analisar como duas categorias de entidades míticas das águas – Boto e Mãe d'Água –, recebidas em transe mediúnico em terreiros maranhenses, são representadas no imaginário de comunidades de terreiros de São Luís.

1.1 Água-doce e água salgada – "terra" de encantaria

Na cultura popular maranhense a crença em encantados é muito difundida. Embora o termo encantado seja utilizado de forma genérica como sinônimo de entidades espirituais que incorporam nos terreiros, designa especialmente seres ligados à natureza, semi-humanos (como a Mãe d'Agua) ou pessoas (adultos e crianças) que viveram entre nós e desapareceram misteriosamente (como o Rei Sebastião), passando a viver nas encantarias ou "encanturias" da mata, do mar, de água-doce (rios, lagoas, cacimbas). Entre os encantados que incorporam no tambor de mina, uns pertencem a encantarias africanas – os voduns – e outros a encantarias brasileiras, como os botos (do Pará) e o Rei Sebastião (da encantaria da Praia de Lençóis – no litoral ocidental do Maranhão). Os encantados são conhecidos como seres invisíveis, que podem se comunicar conosco em sonho, incorporados em médiuns, e que podem ser percebidos de forma sensível (vistos, ouvidos, sentidos) por algumas pessoas dotadas de dons especiais, que vivem principalmente em lugares afastados dos aglomerados urbanos.

Geralmente, as entidades espirituais que surgiram na mina (religião afro-brasileira típica do Maranhão) são conhecidas como *da água salgada* e baixam em rituais com tambor (com abatás – tambor de duas membranas e outros). As que surgiram da cura/pajelança são conhecidas como *da água--doce* e invocadas com maracá (em São Luís) ou batendo-se no solo, alternadamente, duas tabocas (pedaços de bambu), como ocorre em Cururupu, no litoral ocidental, nos toques de tambor realizados por curadores. As entidades surgidas no terecô (religião afro-brasileira típica de Codó e da região do Mearim), mais conhecidas como *da mata*, são chamadas em rituais onde se toca o "tambor da mata" (de uma só membrana) que lembra o tambor

217

grande da mina jeje e do tambor de crioula, mas que, como os tambores de crioula, é afinado a fogo[2].

As fronteiras entre água salgada, água-doce e mata não são absolutas. Fala-se que, além de existir terra sob as águas e na beira d'água, e de existir pedras, crôas e bancos de areia dentro dos rios e mares, a mata é cortada por rios e estes correm para o mar, de modo que entidades de um daqueles domínios podem passar para outros. E, entre os encantados das águas, muitos são os que "navegam nas duas águas" – doce e salgada. Outra explicação para o grande entrosamento existente entre aqueles três domínios da encantaria (mata, água-doce e água salgada) é o alto índice de sincretismo existente em terreiros abertos por curadores e por terecozeiros que se tornaram mineiros ou umbandistas. Como nos terreiros de curadores e de terecozeiros a religião é muito ligada a práticas terapêuticas e o curandeirismo ainda é contravenção penal no Brasil, os rituais daqueles terreiros foram alvo de maior perseguição policial do que os de mina, o que pode explicar por que muitos sacerdotes se estabeleceram nos lugares mais afastados das cidades e passaram a realizar rituais com tambor (abatá e atabaque) em seus salões, e a se apresentarem como "mineiros" ou, mais tarde, como "umbandistas" (FIGUEIREDO, 1975/1976; SANTOS & SANTOS NETO, 1989).

Atualmente, muitos terreiros de mina abertos para entidades não africanas realizam, pelo menos uma vez no ano, um ritual público e festivo de cura/pajelança ("Brinquedo de Cura", de "maracá" ou de "pena e maracá"), apresentado geralmente pelos pais de santo como "de origem indígena" (FERRETTI, M., 2011). Naqueles rituais, em vez de se louvar voduns e orixás (entidades africanas), são chamadas entidades não africanas – caboclas e outras –, algumas vezes encantadas em animais e pertencentes a encantarias das águas, como é o caso do francês Antônio Luís, o "Corre Beirada", encantado no peixe cambel; da Princesa Doralice, encantada numa troirinha (lagartixa) da pedra de Itacolomi; de Rosalina, encantada numa cobra grande de uma lagoa e de tantas outras. Mesmo nas casas onde se procura manter a cura/pajelança ou o terecô separados da mina ou da umbanda há passagem de entidades de uma linha para a outra, pois muitos dos médiuns participam da mina, do terecô ou da umbanda e também da cura/pajelança e entram em transe com entidades

---

2. O tambor da mata lembra também o tambor tocado em cultos "voodoo" do Haiti.

de diversas linhas. Argumenta-se que a realização em um terreiro de rituais de mais de uma linha ou corrente acarreta o sincretismo entre elas, pois as entidades de uma determinada linha terminam entrando em rituais de outra (p. ex.: as da mina passam a vir na cura e vice-versa)[3].

1.2 O boto do tambor de mina

O boto é uma das entidades espirituais recebidas em terreiros da capital maranhense muito conhecidas no folclore da Amazônia (FIGUEIREDO e SILVA, 1972; GALVÃO, 1976; BEZERRA, 1985). Segundo Câmara Cascudo, ele já era conhecido pelos índios como feiticeiro e sedutor, quando os portugueses chegaram ao Brasil (CASCUDO, 1988). Mas, apesar de considerado uma entidade de origem indígena, nos terreiros maranhenses, a linhagem de boto proliferou mais na mina (sistema considerado de origem africana) do que nos de curador/pajé – sistema por muitos considerado de origem indígena, encontrado na capital maranhense em muitos terreiros que se definem como mina[4].

Fala-se nos terreiros maranhenses que os botos não são "espíritos de animais" e sim de pessoas e que são semelhantes aos marinheiros encantados, que surgiram no tambor de mina no Terreiro do Egito – terreiro fundado no século XIX e desaparecido no final da década de 1970, onde foram iniciados importantes pais de santo de São Luís já falecidos (Euclides Ferreira, da Casa Fanti-Ashanti; Jorge Itaci Oliveira, do Terreiro de Iemanjá; Margarida Mota, do Terreiro Deus é Quem Guia, que prepararam muitos pais de santo de Belém-PA; e Denira, que teve terreiro em São Luís, no bairro de Fátima, e preparou mãe Elzita Coêlho, do Terreiro Fé em Deus, que funciona no Sacavém)[5].

---

3. A existência no Maranhão, no século XIX, de uma pajelança de negro apresentada por jornalistas da época como "uma nova religião" ou como uma mina "cá da terra", que, às vezes, funcionava na mesma casa e/ou sob o comando dos mesmos sacerdotes, tem nos levado a considerá-la também uma denominação religiosa afro-brasileira, diferente da mina jeje e da mina nagô.

4. Em São Paulo, no Terreiro de Toia Jarina, fundado e dirigido na época por Francelino de Xapanã, os botos eram apresentados como entidades que vinham mais na linha de cura do que na de mina (PRANDI, 2001: 273) e que, para alguns, tinham origem *peruana* – desceram pelo Rio Amazonas e fizeram sua encantaria no Pará.

5. O Terreiro do Egito funcionou numa área de difícil acesso, próxima ao Porto do Itaqui, onde se afirma ter sido, antes da Abolição, esconderijo de negros fugidos. Embora até agora não se tenha localizado informações sobre ele em documentos policiais e em notícias de jornais

Afirma-se em São Luís que os botos foram numerosos no Engenho – terreiro antigo, filho também do terreiro do Egito e, como aquele, já desaparecido –, onde João de Lima (boto) era uma das principais entidades espirituais. Hoje, embora os botos continuem baixando anonimamente em alguns terreiros de São Luís, são chamados e homenageados principalmente no Terreiro de Iemanjá, na festa de Santa Luzia, padroeira dos marinheiros, e no toque realizado ali no dia de São João, quando João de Lima é um dos homenageados.

Mas há também quem diga que os botos surgiram nos terreiros de cura/pajé (pajelança de negro) e que talvez tenham começado a incorporar em terreiros do Pará, onde se diz que a cura é mais antiga do que a mina, o que explicaria por que eles são, às vezes, classificados em São Luís como "povo do Pará". Com efeito, em um dos mitos de origem da linhagem de boto no tambor de mina, afirma-se que eles entraram na mina maranhense no terreiro de Nhá Alice, mãe de santo que pertenceu à Casa de Nagô, que teve terreiro em São Luís e também em Belém do Pará, onde faleceu em 1934 (FERRETTI, M. 2000: 75n.3).

Segundo o pesquisador Napoleão Figueiredo, no Pará, a falange de boto é muito numerosa e é ligada à linha de cura – "pena e maracá" (FIGUEIREDO, 1983: 25). Segundo a mesma fonte, no Pará, pertencem à linha de cura encantados também classificados, no Maranhão, como botos (João de Lima, Parazito e outros), vários marinheiros e entidades conhecidas em São Luís como barqueiros (João de Una) ou como encantados em peixe (Antônio Luís); Dona Ina, que em águas maranhenses é uma princesa da família do Rei Sebastião, que governa toda a área do porto do Itaqui; muitos caboclos de nome indígena; e vários mestres, alguns deles invocados, por volta de 1937, no catimbó nordestino (ALVARENGA, 1949).

O boto do folclore amazônico é um animal encantado que pode se manifestar como homem e voltar a ser boto; que gosta de festa; e que é capaz de seduzir e fecundar mulheres. Segundo Ararê Bezerra, quando ele escolhe

---

pesquisados em arquivos públicos de São Luís, são abundantes os relatos de festas e rituais ali realizados por pais de santo preparados ali na década de 1950, quando estava sob o comando de sua segunda mãe de santo – Maria Pia –, que chefiou o terreiro entre 1912 e 1967. Embora se afirme que o boto é ligado à linha de mina e o Egito seja muito lembrado por um ritual denominado Baião, classificado como linha de Cura/Pajelança, Zé Lutrido, um dos filhos do Egito que tinha terreiro em Guimarães, MA, nos informou que Maria Pia tinha linha de Cura, mas quase não curava (FERRETTI, M. 1994).

uma moça para sua namorada costuma visitá-la em determinada hora e pode ensinar-lhe como proceder para desencantá-lo, mas, se ela não tiver coragem de executar o plano, seu encanto será dobrado por mais sete anos (BEZERRA, 1985: 62). Na mina maranhense, o boto encantado tem fama de namorador, de inconstante no amor, comparável a marinheiros, de quem se diz que têm um amor em cada porto, mas, na mina, nunca se diz que os botos podem aparecer como homens (materializados) e seduzir mulheres, como nas lendas amazônicas. Mas, embora nunca se diga que os botos que dançam incorporados em "mineiras" costumam visitá-las em seu leito ou podem aparecer materializados como homens em bailes e ter contato com as mulheres, ouvimos falar uma vez que uma mulher, do interior do Estado, teve um filho com um encantado das águas, com um "mãe d'água" (boto?), que veio a ter com ela em sua própria casa e que depois que a criança nasceu todo fim de tarde parece que a visitava, pois ela ficava quase desmaiada, como se o seu espírito tivesse ausente. E, como o menino viveu pouco tempo, falou-se que ele foi levado pelo pai[6].

Em São Luís, os botos da mina são representados como marinheiros encantados e não como espíritos de animais (de botos). Um deles, de nome Aloísio, incorporado em pessoa amiga que pertenceu ao extinto terreiro do Engenho, nos revelou em 1992 (ou 1994), numa festa do Espírito Santo do Terreiro da Turquia, que é filho de João de Lima, comandante do navio encantado de Dom João, que era visto no mar, do Terreiro do Egito (localizado próximo ao porto do Itaqui), na abertura do Baião – ritual realizado na festa de Santa Luzia – quando se começava a invocar os encantados. No fim da festa, fala-se que muitos também avistavam o navio submergindo no oceano com toda a sua tripulação (OLIVEIRA, 1989: 35). Não encontramos referência sobre aquele navio encantado em narrativas de mineiros e curadores do Pará, mas, segundo Seu Aloísio (boto encantado), aquele navio navegara também no Rio Amazonas, entre os estados do Amazonas e do Pará, e que ele teria nascido no "encontro das águas" (doce e salgada)[7].

---

6. O termo Mãe d'Água é usado em terreiros de São Luís para designar entidades femininas das águas – Mãe d'Água Loura, Mãe d'Água Preta –, mas também para designar, genericamente, entidades recebidas nos rituais de pajé, classificados como de água-doce.

7. Depoimento registrado pela pesquisadora Glória Moura, que estava conosco naquela festa, em *Conversando com um "invisível": notas de campo*. São Luís, Terreiro da Turquia: Festa do Divino, 1992.

Não se fala também nos terreiros maranhenses se os botos da mina podem ser desencantados, como o de quem falou Ararê Bezerra (BEZERRA, 1985: 62), e nem por que ou por quem foram encantados. Embora essas informações apareçam em narrativas de princesas encantadas em cobra, que baixam em salões de curadores, como Rosalina e a princesa do Rio Pimenta (FERRETTI, M. 2000b: 25-33), nunca aparecem nos discursos sobre botos e sobre outras entidades espirituais recebidas em transe mediúnico em terreiros maranhenses.

No Terreiro de Iemanjá, os botos "descem" e "sobem" em conjunto nos rituais de tambor; e dançam cambaleando, sem "doutrinar" (puxar cantos) e sem falar com a assistência. Mas podem vir também em terreiros de mina "como caboclo" – alegre, expansivo, conversando com amigos –, como o Seu Aloísio, em Dona Olga, que tivemos oportunidade de encontrar algumas vezes conversando e bebendo no final da festa do Espírito Santo – no Terreiro da Turquia; na casa de Dona Neném, uma das responsáveis por aquele terreiro, já falecida; na Casa das Minas, onde a festa era comandada por vodunsi muito amiga de Dona Olga; e, pelo menos uma vez, em 1983, no Baião (ritual da linha de Cura/Pajé) da Casa Fanti-Ashanti.

Segundo informação da falecida Isabel Mineira, de Cururupu (cidade do litoral ocidental maranhense), os botos eram também recebidos em São Luís, no Terreiro de Papai César, um dos mais antigos de São Luís, que, segundo ela, já existia no bairro da Madre Deus, quando o Terreiro da Turquia começou a funcionar. Conforme Dona Isabel, no Terreiro de Pai César, os botos usavam bengala, dançavam com uma cartolinha na cabeça e falavam "fanho" (com voz nasalada) (FERRETTI, M. 2000: 75n.3)[8].

A análise de narrativas orais populares recolhidas no Pará por pesquisadores da Ufpa (SIMÕES & GOLDER, 1995a, 1995b, 1995c) mostra que o boto tem ali uma importância maior do que tem no Maranhão e que a Mãe d'Água não ocupa ali um espaço tão grande como o ocupado em narrativas maranhenses. Mas parece que, apesar disso, a presença do boto no tambor de mina é maior no Maranhão do que na mina nagô do Pará. Por essa razão,

---

8. Pai César aparece em jornais maranhenses do final do século XIX sempre como pajé, categoria que foi utilizada inicialmente para designar pais de terreiro de mina e de cura/Pajé. Segundo Pai Euclides, o Terreiro da Turquia foi fundado em 1889 (FERREIRA, 1987: 63).

somos inclinados a pensar que o boto pode ter começado a ser recebido em transe mediúnico no Pará, mas foi no Maranhão que ele passou a ter uma presença maior no tambor de mina e passou a "navegar" na "água salgada". A letra de duas "doutrinas" cantadas na mina maranhense deixa bem claro a sua inserção na linha afro-brasileira (na *guma* – barracão) e nos domínios da água salgada (baliza no *mar*):

> Eu desci na *guma*, eu sou pedra fina
> Eu sou boto forte, comandante João de Lima
>
> Meu nome é João de Lima, não nego o meu natural
> A família de boto baliza no *mar* (FERREIRA, 1985: 48).

1.3 A Mãe d'Água e a linha de cura nos terreiros maranhenses

Outro encantado muito conhecido em terreiros maranhenses é a Mãe d'Água. No Maranhão, enquanto se diz que o boto veio do Pará ou que nasceu no Rio Amazonas, fala-se que em toda nascente que tem água borbulhando mora uma Mãe d'Água e que o barulho que se ouve ali é porque ela costuma dar cambalhotas dentro d'água. Várias músicas cantadas para ela em rituais de cura/pajelança realizados em São Luís falam em Mãe d'Água de ilhas do litoral ocidental maranhense (Guarapirá, Mangunça, Caçacueira) e de outras localidades que ficam situadas geralmente entre São Luís e Cururupu (na direção do Pará), onde temos desenvolvido alguma atividade de pesquisa.

> Mãe d'Água do Guarapirá
> é Mãe d'Água traiçoeira
> Ela mora em Mangunça,
> na cabeceira de Caçacueira (Cura – Casa Fanti-Ashanti).

Segundo Câmara Cascudo, ao contrário dos botos, a Mãe d'Água não existia na cultura indígena na época em que os portugueses chegaram ao Brasil, mas é conhecida em todo o país (CASCUDO, 1988: 140, 453). Eduardo Galvão encontrou-a de forma muito expressiva no Maranhão, entre os caboclos que habitavam a região vizinha à dos índios Tenetehara (tupi) que, segundo ele, embora não a conhecessem, acreditavam na existência de seres sobrenaturais "donos" das águas e dos seres aquáticos, os *Ywan*, que teriam seduzido a primeira mulher Tenetehara (GALVÃO, 1976: 76n.70). Segundo Galvão:

> A *mãe* dos bichos e das coisas não foi uma crença tribal. Terá surgido com o índio "domesticado" nas missões ou nas vilas coloniais e com os mamelucos (GALVÃO, 1976: 177n.).

Para Eduardo Galvão, a mudança de "dono" para "mãe" das águas pode ser atribuída à influência da cultura africana (crença em entidades femininas como Iemanjá), das histórias de mouras encantadas e de sereias (trazidas para o Brasil pelo colono português) e do culto católico à Virgem Maria.

Astolfo Serra, tratando em 1941 sobre lendas maranhenses, afirma que a da Mãe d'Água, rainha das águas mansas – das fontes, poços e lagoas –, era conhecida em toda a região da Baixada e que nessas lendas a Mãe d'Água costumava sair da encantaria em certas horas do dia, para tomar banho, sob a guarda de "gente do fundo". Quem a surpreendesse em seu banho era "frechado" pela sua guarda e só ficava bom se "tocasse maracá" (virasse curador) ou se submetesse a uma "sala" de pajé (ritual de cura) (SERRA, 1941: 78).

Conforme Laís Sá, em Pinheiro, MA, a Mãe d'Água é um ser ambíguo que pode fazer o bem e o mal, dependendo do comportamento das pessoas para com ela. E, para não se ter problema, era preciso pedir licença a ela para passar em riacho, tomar banho no rio ou tirar água de poço. No âmbito da pajelança, funcionava como veículo de diagnóstico e de cura ritual (SÁ, 1972: 20).

A Mãe d'Água é também representada nos terreiros de São Luís como uma sereia de água-doce (metade peixe e metade mulher) ou uma mulher que tem guelra ou escamas de peixe, e é também representada como sendo metade mulher e metade rã (com pernas de sapo). Mas, ao contrário do que ocorre com as princesas encantadas em cobra, como a do Rio Pimenta, cuja história é contada em *Maranhão encantado* (FERRETTI, M. 2000b), ela nunca foi ou poderá ser cem por cento mulher. Laís Sá, pesquisando o universo religioso do caboclo de Pinheiro (Baixada Maranhense), ouviu falar que ela foi deixada por Deus no mundo e que nunca foi pessoa que morreu (SÁ, 1972: 20).

A Mãe d'Água que baixa na linha de cura/pajelança dos terreiros maranhenses pode ser preta ou loura, mas costuma ser representada com um cabelo volumoso, que às vezes a tornam assustadora. Vive em poço, gosta de tomar banho na beira do rio e costuma vir em grupo a esses locais ao meio-dia ou às 18h, fazendo grande alvoroço e surrando todo cachorro que aparece por lá[9]. Como a Mãe d'Água tem fama de roubar crianças, ninguém deixa que elas se aproximem daqueles locais nas horas em que ela aparece habitualmente. E, para que as crianças não venham a ser "raptadas" por ela, os pais procuram batizá-las, logo ao nascer, mesmo que seja com a água do banho, pois acredita-se que a Mãe d'Água não tem força para levar consigo as que não são pagãs. Mas afirma-se que as crianças encantadas por ela aparecem, geralmente, muito tempo depois em ritual de maracá (Cura/Pajé), como a que cantou a música cuja letra transcrevemos a seguir:

> A mamãe tá chorando porque eu vou me encantar
>
> a mamãe é culpada da Mãe d'Água me levar [...] (Casa Fanti-Ashanti – Baião/linha de Cura).

No discurso dos terreiros maranhenses, a Mãe d'Água carrega crianças, tal como se diz que fazem as ciganas, mas não se explica o motivo desse comportamento. Não se fala, por exemplo, se ele é motivado por uma dificuldade ou impossibilidade de gerar seus próprios filhos ou se decorre de uma atitude superprotetora, que a leva a considerar abandonada toda criança que se encontra só e que não foi batizada. Nas narrativas maranhenses, ela nunca atrai uma criança para matar e sim para cuidar melhor dela (FERRETTI, M. 2000b: 61-62). Por essa razão deve ser encarada como uma grande mãe e não como uma ninfa ou amante em potencial.

A Mãe d'Água costuma baixar nos terreiros maranhenses em rituais de cura ("pena e maracá" ou, simplesmente, "maracá") ou em salões de curadores (pajés). Nunca vem só e quando chega no salão precisa ser vigiada para que não saia correndo e leve para o fundo das águas o médium que a recebeu. Nos terreiros de São Luís, quando "baixa" na Cura uma corrente de Mãe d'Água, há uma grande tensão e, às vezes, pessoas que estavam na assistência são "arrastadas" por ela (ficam irradiadas ou entram em transe subitamente).

---

9. Segundo Reinaldo Soares Jr. (2009, 2014), em Cururupu, MA, onde são narradas muitas histórias de Mãe d'Água, ela é invisível, mas há quem diga que o cachorro tem capacidade de vê-la, daí apresentar algumas vezes latidos inexplicáveis, como que anunciando a sua presença.

O discurso dos "mineiros" sobre a Mãe d'Água mostra que ela possui alguns atributos que a distanciam dos encantados recebidos na mina e que a impedem de vir na mina "como caboclo". Ao contrário do boto, a Mãe d'Água não fala, não gosta de permanecer no barracão e de participar dos rituais, e, em vez de consumir bebida alcoólica (como muitas entidades caboclas e/ou não africanas), toma água (geralmente usada nas religiões afro-brasileiras para impedir ou afastar o estado de transe). Assim, para passar da "água-doce" para a "salgada" e entrar na mina, a Mãe d'Água precisa passar por outro processo de adaptação e ocupar um espaço já preenchido por Iemanjá, Oxum, Nanã – entidades africanas associadas à água salgada, água-doce, pântanos e poços.

A Mãe d'Água recebida nos terreiros de São Luís não tem o caráter sexual ou sedutor da sereia europeia (que atrai os homens com o seu canto e eles, querendo segui-la, terminam morrendo afogados) ou da *Iara* amazônica (mãe do rio ou senhora das águas, em *nheengatu*), jovem de cabelos compridos que aparece nos lagos (BEZERRA, 1985: 67; ARAÚJO, 2001: 25) e que, às vezes, leva os rapazes para o fundo das águas para casar-se com ela, sendo dotada, portanto, de características da Melusina – mulher-serpente, de narrativas francesas medievais, como lembra Câmara Cascudo. Como adverte Câmara Cascudo, a Mãe d'Água não deve ser confundida com a Boiuna ou Cobra Grande, do folclore amazônico, que se transforma em navios, engole canoas e ataca para matar, apesar desta ser também chamada Mãe d'Água, e que num mito acreano apareça como "uma Melusina do Rio Purus" – uma linda jovem que surge misteriosamente em bailes de São João e a todos deslumbra (CASCUDO, 1988: 132-133), como uma versão feminina do Boto amazônico.

Como já foi comentado neste trabalho, no Maranhão, o envolvimento amoroso com encantados só aparece claramente nas histórias de princesas encantadas em cobra que, tendo cumprido o seu tempo de encantamento, procuram um moço valente para desencantá-las (geralmente cortando-a ao meio) e casar-se com ela, o que o tornaria herdeiro de muitas riquezas (FERRETTI, M. 2000b: 31). Mas aparece também em relatos de experiências fantásticas vividas por médiuns e curadores que se casaram "no fundo" com encantadas (FERRETTI, M. 2000: 189n.12). Mas Melusina, princesa encantada em cobra, e "casamento no fundo" são outras histórias...

Resumindo: os botos encantados e a Mãe d'Água marcam sua presença nos terreiros de mina, salões de curadores, e ocupam um espaço significativo em outros domínios da cultura popular maranhense. Mas, enquanto a crença no boto encantado se apoia em matrizes amazônicas (indígenas, caboclas, folclóricas) e ele aparece na mina maranhense como originário do Pará, a Mãe d'Água aparece na cura (na pajelança de terreiros maranhenses), ligada às águas do Maranhão, e talvez inspirada em outras matrizes indígenas (dos Tenetehara?) ou caboclas (como a Iara?) e na mitologia afro-brasileira. Embora se afirme que a Mãe d'Água é conhecida em todo o Brasil, no Maranhão, principalmente na Baixada, ela tem um destaque especial. Além da influência das culturas indígenas e africanas, a abundância da água e a importância dos rios e de lagos na economia e no transporte da região fornecem uma atmosfera favorável ao desenvolvimento do seu mito.

A Mãe d'Água maranhense tem um perfil diferente do apresentado pela sereia e Melusina europeias, pela *Iara* e Cobra Grande amazônica, pelas entidades espirituais africanas das águas (Iemanjá e outras) e pela Virgem Maria do catolicismo. É dona das águas mansas e tem caráter mais protetor do que sedutor – é mais uma grande mãe do que uma ninfa e seu magnetismo é direcionado para crianças pequenas e não para rapazes. Atrai crianças, mas não tem força para levar as que já foram batizadas e não se interessa pelas que "perderam a inocência". Algumas crianças que foram levadas por ela podem ser trazidas de volta pelo pajé, mas depois devem também passar a curar, e as que não foram recuperadas por ele podem vir com ela como encantadas, em rituais de maracá (pajelança), passando a incorporar nesses rituais.

2 Mãe d'Água: a mãe que leva e traz[10]

Na cultura popular maranhense existe a crença de que, às vezes, as mães precisam batizar o seu bebê no banho, para que ele não seja levado por outra mãe: a Mãe d'Água. Criança que tem convulsão, pesadelo ou sono agitado é vista como "frechada" por Mãe d'Água e nada melhor do que o batismo para quebrar a força daquela encantada.

Em nossa pesquisa sobre religião afro-brasileira na Casa Fanti-Ashanti (1984-1991) ouvimos muitas vezes no ritual do Baião (linha de Cura) uma cantiga falando em Mãe d'Água e em uma menina que foi levada por ela:

---

10. Retoma artigo publicado no *Boletim da Comissão Maranhense de Folclore*, n. 10, jun./1998.

A mamãe tá chorando porque eu vou me encantar

A mamãe é culpada da Mãe d'Água me levar

Ô não chora, não chora, mamãe

Ô não chora, não chora, papai

A Mãe d'Água me leva,

A Mãe d'Água me leva

A Mãe d'Água me traz (Baião – São Luís: Casa Fanti-Ashanti).

A letra daquela música fala do sofrimento da mãe, compartilhado pelo pai, pela perda de uma filha "que a Mãe d'Água levou"... Como acredita-se que Mãe d'Água só leva criança pagã, a mãe é responsabilizada por aquele desaparecimento, pois poderia ter batizado a criança na Igreja ou, pelo menos, no banho. Mas ali aquela perda, talvez por ser muito dolorosa, é "suavizada" pela crença na imortalidade do espírito e, mais do que isso, pela possibilidade de encantamento da criança e reencontro da família com ela num ritual de maracá/pajelança. Assim, ao final na música, é apontada a possibilidade do retorno da criança, como encantada, na "corrente de Mãe d'Água", daí por que se diz que ela leva, mas traz.

No texto analisado, a mãe da terra (genitora) se opõe à da água (a Mãe d'Água). A criança é levada pela segunda que, longe de ser continuadora ou substituta da primeira (da genitora), aparece como sua rival, como alguém que pode "roubar-lhe" a filha. No texto, a mãe da criança chora, mas tem culpa no seu desaparecimento. Já a criança parece encarar o encantamento sem sofrimento, como alguém que tem duas mães e que não precisa optar por uma delas, ou como alguém que já não sofre mais, pois já não pertence ao "mundo do pecado". Teoricamente haveria a possibilidade de conviver com ambas, uma vez que criança levada por Mãe d'Água não morre, se encanta, e vem com ela nos rituais de Cura/Pajelança. No entanto nunca se ouve alguém falar que encontrou seus familiares num ritual de Cura, como encantados, como se fala de reencontro com pessoas mortas em sessões espíritas[11].

---

11. Lembro de ter ouvido apenas uma vez uma pessoa – que perdeu um irmão num incêndio do navio "Maria Celeste", ocorrido no Porto de São Luís, com o navio "Maria Celeste", na década de 1950 – falar que, uma noite, estava num terreiro e alguém em transe se apresentou a ela dizendo ser aquele seu irmão desaparecido...

Mas a Mãe d'Água não leva apenas criança "verdinha" (bebê). No Maranhão muitas pessoas que entram em transe com encantados afirmam que algumas crianças foram caminhando em sua direção, com os seus próprios pés, e se encantaram em poços, rios e igarapés. São meninos que desapareceram sem deixarem vestígios e que foram "vistos" depois falando dentro de um poço, ou que entraram no rio e, como nunca se encontrou vestígios deles, acredita-se que a Mãe d'Água os levou.

Há quem diga que alguns pajés podem recuperar crianças que foram levadas pela Mãe d'Água. Venina Carneiro (FERRETTI, M. 2000b) ouviu da saudosa Mãe Emília (mãe-criadeira da Casa Fanti-Ashanti) uma história onde uma "pajoa", consultada sobre o paradeiro de uma criança desaparecida, afirmou que ela havia sido levada pela Mãe d'Água e se encontrava no fundo de um poço que ficava próximo à casa de seus pais, mas que poderia ser trazida de volta com um trabalho de "pena e maracá" (pajelança). Com o apoio dos pais da criança, a "pajoa" esperou a lua mais favorável e, com o trabalho de Pajelança, conseguiu que ela subisse. Mas, antes de agarrá-la, apareceu no local alguém "inconveniente" e ela escapuliu e voltou para o fundo. Foi preciso esperar a outra lua para fazer nova tentativa e quebrar o poder da Mãe d'Água. Dessa vez, quando ela subiu, a "pajoa" jogou sobre ela uma toalha usada no batismo e conseguiu recuperar a criança.

Na história contada por Mãe Emília, a Mãe d'Água é pagã ou se opõe ao batismo, daí por que o seu poder pode ser vencido por ele. É interessante notar que as crianças levadas por ela, em vez de se tornarem "anjinhos do céu" (como mortas), tornam-se encantadas no fundo de poços e rios, que um dia podem voltar (o que não acontece com os "anjinhos" – crianças que morreram na infância). Nesse sentido, as Mães d'Água são muito diferentes dos voduns e da maioria dos caboclos recebidos em transe mediúnico no Tambor de Mina, pois estes se apresentam como devotos dos santos e subordinados a "Ievô vodum" (o vodum dos brancos?), como se diz na Casa das Minas-Jeje, e costumam ser homenageados na festa de um santo a quem são associados (Dom João e João do Leme, no dia 23 de junho – festa de São João). E, talvez por serem pagãs, as Mães d'Água não são associadas a santos católicos e são mais temidas do que aquelas outras entidades espirituais.

Não conseguimos ainda uma explicação do povo de santo maranhense sobre o porquê das Mães d'Água se interessarem tanto por crianças e nem saber se as mães que acreditam na sua existência costumam oferecer a elas alguns presentes para que não se engracem de seus filhos (como os oferecidos ao temido Légba ou Exu, em terreiros afro-brasileiros, antes das festas, para que ele não venha perturbá-las). Parece que a única forma conhecida de defender a criança da Mãe d'Água é o batismo, pois este conferiria a ela uma imunidade em relação aos seus poderes e aumentaria suas chances de um dia ser adulta e de cumprir sua missão na Terra.

Mas quem é a Mãe d'Água ou quem são as Mães d'Água, já que são muitas – Mãe d'Água Loura, Mãe d'Água Preta, Mãe d'Água do Guarapirá? Ninguém sabe dizer. O que se sabe é que, além de levar crianças inocentes, elas podem "entrar no couro" de qualquer um, como diz a letra de uma cantiga de Cura:

> A Mãe d'Água do rio já vem
> Ela vai entrar no couro não sei de quem
> Ela vai entrar no couro não sei de quem...

3 A força do batismo[12]

Muitas histórias de Mãe d'Água acentuam o seu caráter pagão e o seu interesse e magnetismo sobre as crianças. Não sabemos se essa oposição ao cristianismo teria sido gerada pela catequese em tempos longínquos, em tentativas de missionários cristãos para eliminar a crença em seres espirituais não cristãos e implantação do cristianismo em populações indígenas e caboclas. Apresentamos a seguir uma narrativa recolhida em São Luís onde o batismo cristão aparece como defesa contra a Mãe d'Água:

> Mais ou menos em 1905, no sítio do Queluz, município de Guimarães, um menino caiu num poço e desapareceu. O menino tinha uns cinco anos. Os pais dele, depois de muita busca, consultaram uma

---

12. Baseada em história gravada por Venina em conversa com Mãe Emília – São Luís, maio de 1987. Publicada originalmente em: FERRETTI, M. *Maranhão encantado*: encantaria maranhense e outras histórias. São Luís: Uema, 2000, p. 55-57.

"pajoa" e ela, já sabendo que por ali existia um "olho d'água", fez uma "experiência" e disse que ele estava no fundo do poço. Poço que tem olho d'água tem dono. Eles fazem tanta coisa lá que a água, quando sobe, vem fazendo "tchuco, tchuco, tchuco, tchuco, tchuco" [...]. Tem uma coisa que vira dentro. A terra vem subindo, como se uma coisa estivesse mexendo dentro d'água [...].

É difícil uma pessoa que desaparece num poço não aparecer depois. Quando chega o tempo, elas boiam. No tempo marcado elas sobem, como gente mesmo, e aí vêm "fazer e acontecer" [...]. Os que sobem vêm com um poder diferente do nosso, um poder de pagão. Então tem que se fazer uma festa para batizar essa criatura, para que ela possa conviver conosco. Só então ela fica feito um curador ou curadeira, de acordo com a força dela.

A "pajoa", depois de ouvir os pais do menino, disse que ele ia boiar no tempo marcado e que ia bater um maracá pra ver se ele subia. E, reunindo outros pajés, foi para a beira do poço para chamar o menino. Ele veio, mas quando boiou e chegou perto dela, apareceu uma pessoa "imprópria". Foi só dizer "lá vem fulano" e ele foi pro fundo, escapuliu da mão dela e "fundiou". Esse dia foi perdido. Marcaram então outro dia, em tempo de lua cheia. E o menino ficou "no fundo".

Quando chegou o tempo da lua, tornaram a fazer concentração lá e a "pajoa", tocando numa roupa do menino, começou a cantar. Ele boiou novamente, veio em cima. Então ela pegou ele com uma das mãos e com a outra cobriu o corpo dele com uma toalha usada no batismo e foi logo abraçando ele. Dessa vez ele não fugiu. Ela o pegou com "sustança", arrastou e cobriu com a toalha. A toalha quebrou a fúria dele.

A pajoa agarrou o menino e trouxe ele nos braços para casa, para curá-lo novamente, para que "eles" não tornassem a levá-lo. E teve que "fazer sala", como se diz. Teve que dançar e fazer remédio para ele não fugir novamente. O menino passou mais de oito dias no poço e, se a "pajoa" não tivesse curado ele, hoje ele seria encantado. Foi tirado do poço porque a toalha quebrou a força da Mãe d'Água, que é pagã. Ele só podia ser ainda pagão. É difícil Mãe d'Água levar quem é batizado. Surrupira e Mãe d'Água carrega só pagão [...]. O serviço que devia ser feito nessa criança era batizar ela em cima para que não fugisse de novo.

O certo é que esse menino se criou, ficou homem e o poço onde caiu ainda deve existir por lá. Há quem diga que ele já veio de lá preparado. Se não tivessem achado alguém com força para tirar ele de lá, ficaria encantado para sempre. Voltou com o chamado da "pajoa", mas foi a toalha do batismo que fez ele ficar aqui. Como a Mãe d'Água que agarrou o menino é pagã, o poder da toalha de batismo quebrou sua força.

Fala-se que uma toalha de batismo na mão de quem sabe trabalhar tem poder de tirar até praga de pai, de pai que diz para acontecer uma coisa ruim para a criança. A madrinha, tendo a toalha que batizou aquela criança e sabendo rezar o "Creio em Deus Padre", seja lá o que for, cobre a criança com ela e espanta esse mal de cima dela. Agora, o povo diz que o que uma mãe de leite bota, ninguém tira, só Deus [...].

Conclusão

O conhecimento das narrativas míticas das religiões afro-brasileiras é de fundamental importância para a compreensão dos ritos realizados pelas diversas denominações religiosas tradicionais, já que a maioria delas não dispõe de literatura religiosa abundante que apresente e explique a sua doutrina. Apesar da modernização em curso, a transmissão do saber nas religiões afro-brasileiras tradicionais do Maranhão continua marcada pela oralidade, pelo segredo e muito condicionada pelo nível da relação existente entre pais e filhos de santo.

Quando se fala de mitologia em religião afro-brasileira, muitos acreditam que está se falando exclusivamente de histórias de orixás iorubanos, muito repetidas no Brasil pelos adeptos do Candomblé, e sobre as quais existe uma literatura abundante. Mas, nos terreiros de diversas denominações religiosas de matriz africana, são também conhecidas narrativas míticas de entidades espirituais de outras categorias: gentis (nobres), caboclos, pretos-velhos, exus, pombagiras e outras. A divulgação dessa mitologia enfrenta muitas dificuldades. Além de ter sido pouco pesquisada e de suas narrativas serem pouco sistematizadas, muitos médiuns evitam falar de suas entidades espirituais e de contar seus mitos, por medo de serem castigados por elas e, às vezes, quando falam delas e contam suas histórias, não autorizam os pesquisadores a publicá-las.

Em nossa pesquisa sobre entidades espirituais não africanas dos terreiros maranhenses, como o repertório musical cantado em português, em sua homenagem, é muito rico, tanto no tambor de mina, como na cura ou pajelança, a análise das letras de músicas recolhidas em rituais observados tem se mostrado de grande valor no conhecimento de sua mitologia e forma de classificação (FERRETTI, M. 2014b).

Referências

ALVARENGA, O. *Catimbó*. São Paulo: Discoteca Pública Municipal, 1949 [Registros Sonoros do Folclore Brasileiro, 3].

ARAÚJO, Z.L. *Lendas da Amazônia*. Rio de Janeiro: Ao Livro Técnico, 2001.

BEZERRA, A.M. *Amazônia*: lendas e mitos. 2 ed. rev. aum. Belém: Telepara/Cecafam, 1985.

CASCUDO, L.C. *Dicionário do Folclore Brasileiro*. 6. ed. Belo Horizonte/Itatiaia: São Paulo/Edusp, 1988.

EDUARDO, O.C. *The negro in Northern Brazil, a study in acculturation*. Nova York: J.J. Augustin, 1948.

FERREIRA, E.M. *Casa de Fanti-Ashanti e seu alaxé*. São Luís: Alcântara, 1987.

_____. *Orixás e voduns em cânticos associados*. São Luís: Alcântara, 1985.

FERRETTI, M. Tambor, maracá e brincadeiras de negro do Maranhão na virada do século XIX e início do século XX. In: FERRETTI, M. (org.). *Um caso de polícia! – Pajelança e religiões afro-brasileiras no Maranhão, 1876-1977*. São Luís: Edufma, 2015, p. 13-34.

_____. Reis encantados do tambor de mina: Dom Manuel, Dom João Soeira e Dom Pedro Angassu – Representação da nobreza lusitana em populações afro-brasileiras? In: BAPTISTA, M.M. et al. *Europa das nacionalidades*: imaginários, identidades e metamorfoses políticas. Coimbra: Grácio, 2014a, p. 682-696.

_____. Brinquedo de cura em terreiro de Mina. *Rev. do Instituto de Estudos Brasileiros*, n. 59, dez./2014b (versão on-line], p. 1-12. São Paulo: IEB/USP.

_____. Pajelança e cultos afro-brasileiros em terreiros maranhenses. *Revista Pós-Ciências Sociais*, vol. 8, n. 16, 2011, p. 91-106. São Luís: Edufma.

_____. Origens portuguesas nos folguedos brasileiros: das danças mouriscas ao tambor de mina. *Letras* (Rev. da Univ. de Aveiro), n. 24, 2007, p. 5-14.

_____. Boto e Mãe d'Água em águas maranhenses. *Ciências Humanas em Revista*, vol. 1, n. 2, dez./2003, p. 89-97. São Luís.

_____. *Desceu na Guma: o caboclo do Tambor de Mina em um terreiro de São Luís* – A Casa Fanti-Ashanti. 2. ed. rev. São Luís: Edufma, 2000a.

_____. *Maranhão encantado*: encantaria maranhense e outras histórias. São Luís: Uema, 2000b.

_____. Mãe d'Água: a mãe que leva e traz. *Boletim da Comissão Maranhense de Folclore*, n. 10, jun./1998, p. 2.

_____. Entrevista com Zé Lutrido, 12/11/1994.

FERRETTI, S. *Querebentã de Zomadônu* – Etnografia da Casa das Minas do Maranhão. 3. ed. Rio de Janeiro: Pallas, 2009.

FIGUEIREDO, N. *Banhos de cheiro, ariachés e amacis*. Rio de Janeiro: Funarte, 1983 [Cadernos de Folclore, 33].

_____. Pajelança e catimbó na região bragantina. *Rev. do Instituto Histórico e Geográfico de Alagoas*, vol. 32, 1975/1976.

FIGUEIREDO, N. & SILVA, A.V. *Festas de santo e encantados*. Belém: Academia Paraense de Letras, 1972.

GALVÃO, E. *Santos e visagens* – Um estudo da vida religiosa de Itá-Baixo Amazonas. São Paulo/Brasília: Nacional/INL, 1976.

OLIVEIRA, J.I. *Orixás e voduns nos terreiros de Mina*. São Luís: VCR, 1989.

PEREIRA, M.N. A Casa das Minas – Contribuição ao estudo das sobrevivências do culto dos voduns do panteão Dahomeano no Estado do Maranhão. 2. ed. Petrópolis: Vozes, 1979.

PRANDI, R. (org.). *Encantaria brasileira* – O livro dos mestres, caboclos e encantados. Rio de Janeiro: Pallas, 2001.

SÁ, L.M. Sobre a classificação de entidades sobrenaturais. In: MUSEU NACIONAL (Rio de Janeiro). *Pesquisa polidisciplinar, Prelazia de Pinheiro*: aspectos antropológicos. Vol. 3. São Luís: Ipei, 1975 [org. de Roberto DaMatta].

SANTOS, M.R. & SANTOS NETO, M. *Boboromina*: uma interpretação sociocultural. São Luís: Secma/Sioge, 1989.

SERRA, A. *Terra enfeitada e rica*. São Luís: O Imparcial, 1941.

SIMÕES, M.S. & GOLDER, C. (coords.). *Santarém conta...* Belém: Cejup/Ufpa, 1995 [Série Pará Conta, 1].

_____. *Belém conta...* Belém: Cejup/Ufpa, 1995 [Série Pará Conta, 2].

_____. *Abaetetuba conta...* Belém: Cejup/Ufpa, 1995 [Série Pará Conta, 3].

SOARES JR., R.F. O uivo do cachorro. *Boletim da Comissão Maranhense de Folclore*, n. 56, jun./2014, p. 13.

_____. Mãe d'Água. *Boletim da Comissão Maranhense de Folclore*, n. 43, jun./2009, p. 11.

VERGER, P. Uma rainha africana mãe de santo em São Luís. *Revista USP*, n. 6, jun.-jul./1990, p. 151-158.

4
Zés Pelintras: do sertão ao terreiro

*Lourival Andrade Júnior**

Zé Pilintra no catimbó
É tratado de doutor
Quando abre a sua Mesa.
Tem fama de rezador[1].

Com seu chapéu de palha,
E seu lenço no pescoço
Zé Pilintra está na terra
Pra dizer: Boa noite, moço.
Morador lá do sertão,
Traz sua figa no pé
Se não está aborrecido,
Louva Jesus de Nazaré[2].

Estes dois pontos cantados, utilizados em vários terreiros no Brasil, nos dão algumas pistas desta personagem do mundo religioso brasileiro. Diferente na Umbanda, que é tratado como Exu, no Catimbó, também conhecido como Jurema Sagrada, é reverenciado como Doutor, ou seja, um Mestre. Mesmo tendo migrado para grandes cidades, conforme relatam seus clientes e

---

* Pós-doutor em História pela Universidade Estadual de Londrina (UEL), doutor em História pela Universidade Federal do Paraná (UFPR). É professor-associado da Universidade Federal do Rio Grande do Norte (UFRN), *campus* Caicó, no Departamento de História (DHC). Pesquisador na área de: Cultura dos Sertões, religiões afro-brasileiras, Umbanda, ciganos e catolicismo não oficial (milagreiros de cemitério e de rua). E-mail: lourivalandradejr@yahoo.com.br

1. *3.000 pontos riscados e cantados na Umbanda e no Candomblé*. Rio de Janeiro: Eco, 1974, p. 66.

2. Ibid., p. 66.

até mesmo o próprio Zé Pelintra incorporado em seu cavalo, seu médium, não perdeu a noção de sua origem, ou seja, o sertão nordestino.

Zé Pelintra ou Zé Pilintra é uma das entidades mais conhecidas do panteão das religiões afro-luso-ameríndias ou afro-brasileiras. Neste capítulo discutiremos como ele aparece em diversas dimensões e narrativas. Vamos entender Zé Pelintra a partir dos pontos que são cantados em sua homenagem, da literatura que se produziu sobre ele, da música, dos jornais e sobretudo do cordel, fonte que tem sido recorrente em nossos últimos trabalhos.

Não há um Zé Pelintra, são muitos. A constituição da falange de Zé Pelintra na Umbanda foi herdada dos cultos da Jurema Sagrada ou Catimbó, e as narrativas de sua origem, ou melhor, de sua passagem pela terra, são diversas. Vimos nos pontos em epígrafe sua origem ligada ao sertão, sem dizer exatamente qual.

> Zé Pelintra, Zé Pelintra
> Boêmio da madrugada
> Vem na linha das almas e
> Também da encruzilhada
> Mas o amigo que nasceu lá no sertão
> Enfrentou a boemia com seresta e violão
> Hoje na lei de Umbanda
> Acredito no senhor, sou seu filho de fé, pois tem fama de doutor
> Com magias e mirongas
> Dando forças ao terreiro
> Saravá, seu Zé Pelintra
> O amigo verdadeiro (LIGIÉRO, 2010: 37).

Com esta definição genérica de sertanejo, o mistério se mantém, inclusive sua morada depois de sua morte.

> Sêo Zé Pelintra
> Onde é que o senhor mora?
> Sêo Zé Pelintra
> Onde é sua morada?
> Eu não posso lhes dizer
> Vocês não vão compreender.
> Moro na terra da Jurema
> Minha falange
> É bem pertinho de Oxalá (SANTIAGO & VAZ, 2013: 142).

Em outros pontos observamos outras possíveis origens, sendo no nordeste do Brasil a mais recorrente.

A malandragem fala por si só
O nome dele é Zé Pilintra o rei do catimbó
A malandragem fala por si só
O nome dele é Zé Pilintra o rei do catimbó
Ele nasceu, se criou nas Alagoas
E sua vida sempre levou numa boa
Hoje ele vem no batuque do terreiro
Ele chega sambando e sapateando
Ele é mestre juremeiro
Eu confio nele, nele eu tenho fé
Resolve qualquer problema com a força do seu Axé[3].

Parece bastante evidente que esta origem no nordeste está muito mais relacionada com sua intrínseca relação com o Catimbó-Jurema do que com seu nascimento material. Na esmagadora maioria dos pontos cantados para Zé Pelintra o definem como catimbozeiro e que sua magia está ligada aos conhecimentos adquiridos nesta religião nascida no nordeste. A transposição de práticas e de parte do panteão do Catimbó-Jurema para outras regiões do Brasil colaborou para também dar uma certidão de nascimento para Zé Pelintra.

Não só uma origem terrena foi forjada para Zé Pelintra, mas também uma família. Segundo alguns narradores, nossa personagem possui uma família espiritual e que também é muito presente nos rituais de Jurema. Cito Zé Felintra e Veio Cego da Boca Serena, ambos irmãos de Zé Pelintra, muito conhecidos nos Catimbós nordestinos, possuem características muito próximas de seu irmão famoso, sendo todos um híbrido de malandragem e mestria.

Esta associação de Zé Pelintra com a Jurema, lembrando ser esta uma religião nascida nos sertões nordestinos e exportada para o mundo urbano, sobretudo após as grandes secas do final do século XIX, está presente numa infinidade de pontos e que por si só demonstram com clareza seu pertencimento ao panteão juremeiro.

---

3. Disponível em http://www.noticialvorada.com/ponto-cantado-de-ze-pilintra/ – Acesso 22/06/2017.

A Jurema Preta,
Eu conheço pela tinta
Salve a Jurema sagrada
E o Gongá de Zé Pilintra (BURGOS, 2012: 104).

Eu bem que disse a vocês, mas parece que eu adivinho
Que o feitiço que tu tinha seu Zé Pilintra tirou
Mas deu meia-noite na lua, deu meio-dia no sol
Sustente o ponto seu Zé, que o ponto é de Catimbó[4].

Reforçando esta origem no nordeste e depois sua migração, temos a literatura especializada sobre Umbanda e Catimbó-Jurema ou Jurema Sagrada. Ligiéro aponta esta origem a partir de suas pesquisas, chegando à conclusão de que "Zé Pelintra tornou-se famoso primeiramente no nordeste, fosse como frequentador assíduo, fosse já como uma das entidades dos Catimbós de Pernambuco, Paraíba, Alagoas ou Bahia" (LIGIÉRO, 2010: 26). Segundo algumas de suas fontes, há relatos de que seu nome em vida teria sido José dos Anjos ou José Gomes. Muitos desses narradores declararam que ele não migrou para o Rio de Janeiro e que "foi enterrado em um famoso cemitério de catimbozeiros em Pernambuco" (LIGIÉRO, 2010: 27).

Independente desta versão, o que sabemos é que Zé Pelintra se nacionalizou e como aparecem narrativas de sua presença em giras de Umbanda e toques de Jurema por todo o país, sua figura mítica acabou se ligando de forma orgânica com o malandro estereotipado dos bairros boêmios brasileiros.

Outra origem de Zé Pelintra, diversa das anteriores citadas, é descrita pelo próprio Pelintra incorporado no médium Mizael Vaz, conhecido umbandista dirigente do Templo de Umbanda Imaculada Conceição do Caboclo Estrela do Norte e de Ogum Rompe Mato na cidade de São Paulo. Este relato psicografado informa que em vida ele se chamava José Porfírio Santiago, nascido em 15 de fevereiro de 1886, às 12 horas de um domingo numa pequena localidade do município de Garanhuns, Estado de Pernambuco. O médium inicia seu livro informando estes dados dizendo que José Porfírio Santiago "futuramente seria um dos sete mensageiros do idolatrado Zé Pelintra" (SANTIAGO & VAZ, 2013: 15). Aqui aparece de forma direta que Zé Pelintra são vá-

---

4. Ibid.

rios, formando falanges que trabalham na Umbanda na linha dos Exus, como também apontou Salles afirmando que "Zé Pelintra é famoso como Exu – no sul do Brasil –, e encantado – nos Xangôs do Nordeste" (SALLES, 1984: 32).

Vaz psicografa toda a trajetória de José Porfírio Santiago por Garanhuns, mas querendo alçar voos maiores foi para Caruaru e depois Recife. Tornou-se conhecido, famoso, sobretudo por sua vida boêmia, seu carteado e seu conhecimento sobre ervas medicinais que ajudavam a resolver problemas imediatos daqueles que o procuravam. Segundo seu relato foi em Recife que recebeu o nome de Zé Pelintra, que adveio de Zé Pilantra, mas como ele não gostou desta alcunha, aos poucos foi sendo ressignificado e renomeado para o nome que o imortalizou. Sua fama se espalhou e com ela seus problemas. Seu ímpeto de mulherengo fez com que amores fossem suas alegrias e suas desgraças. O mundo da jogatina, da boemia, dos cabarés e da malandragem fizeram de José Porfírio Santiago um fugitivo constante das perseguições que se impunham a ele. Um grande amor e a passionalidade dos envolvidos fez com que José Porfírio Santiago fosse assassinado e também assassino. Ao ser esfaqueado, conseguiu também, ao mesmo tempo, utilizando sua faca, matar seu algoz. Isto se deu no dia 9 de março de 1920 na cidade de Alhandra/PB (SANTIAGO & VAZ, 2013: 104), para muitos a cidade onde nasceu a Jurema Sagrada.

Esta versão da presença de Zé Pelintra em Alhandra é também defendida pela Juremeira Rita do Acaes no documentário "Os milagres do Catimbó Jurema"[5] filmado em 2011 por Reinaldo de Almeida Silva na cidade de Alhandra/PB. Rita do Acaes afirma que Zé Pelintra está enterrado por trás da igreja da comunidade, espaço este de enorme importância para os juremeiros e juremeiras. Também Cascudo recolhendo informações em suas viagens anotou que Zé Pelintra poderia ser de Alhandra, mesmo também tendo encontrado relatos de que era de Pernambuco ou Ceará (CASCUDO, 1978).

A sua morte também foi sendo contada estabelecendo novos espaços para a tragédia e sua causa. Em alguns pontos cantados ele morreu no Rio de Janeiro, na porta de um cabaré e em todos os casos por conta do amor proibido por uma mulher.

---

5. Disponível em http://www.ileaxeifaorixa.com.br/jurema-catimbo/104-os-milagres-do-catimbo-de-jurema-171 – Acesso em 16/12/2016.

O morro de Santa Luzia chorou
Chorou porque Zé Pelintra morreu
Ele morreu na porta de um cabaré
Com sete facadas no peito por causa de uma mulher (BARBOSA
JUNIOR, 2011: 92).

O morro de Santa Tereza está de luto
Porque Zé Pelintra morreu
Ele chorava por uma mulher
Ele chorava
Ele chorava por uma mulher que não lhe amava[6].

Ou seja, Zé Pelintra parece ser de todos os lugares. No sertão, o bravo sertanejo que não levava desaforo para casa e na cidade grande o afrontador, o desordeiro, o malandro incondicional. Em todos os espaços as narrativas contam de suas habilidades como jogador e lutador, inclusive como um exímio faquista. Da mesma forma que são atribuídas a ele diversas mortes em locais distintos, também suas qualidades no mundo espiritual são constantemente discutidas. Para uns, um grande mestre, amigo e protetor, para outros um espírito que se dedica ao mal.

Um relato que chama a atenção ocorreu no Rio de Janeiro em 7 de setembro de 2008 e foi noticiado pelo *Jornal Meia Hora*. A manchete era "Salvos pelo Zé Pilintra" e relatava que a irmã de um delegado e seu ex-marido foram salvos de um sequestro logo após receberem de Zé Pelintra num terreiro o seu chapéu. Segundo eles, a entidade entregou seu chapéu dizendo que era para protegê-los. Ao chegarem à casa da mulher no Bairro do Flamengo foram abordados pelos sequestradores. A mulher conseguiu sair correndo e os bandidos não atiraram, enquanto o homem foi deixado de lado, já que não cabia no carro de sua ex-esposa, uma Mercedes Classe A. A partir daí, tudo deu errado para os bandidos, sendo três mortos pela polícia e o outro preso após ter sido baleado. Os bandidos antes da troca de tiros bateram com o veículo roubado das vítimas, e segundo a matéria "o carro ficou todo furado, mas o chapéu de Zé Pilintra, que ficou no veículo, continuou intacto"[7].

Zé Pelintra salvou os dois de um crime, e isto ficou simbolizado na presença do chapéu que estava com eles após terem recebido da entidade. A força

---

6. Disponível em https://www.youtube.com/watch?v=XKf--px946I – Acesso em 22/06/2017.

7. *Jornal Meia Hora*, Rio de Janeiro, quarta-feira, 10/09/2008, p. 12.

do mito se constrói por meio de narrativas eloquentes como esta. Não é apenas um dizer, mas também e acima de tudo a materialização deste poder pela presença de elemento considerado sagrado por aqueles que acreditam na força dos espíritos da Umbanda e do Catimbó-Jurema. Neste caso, Zé Pelintra, não apenas disse que iria proteger seus consulentes, ele materializou a proteção, ele ludibriou os ofensivos meliantes que além de roubar o veículo também estavam levando o seu chapéu, que não os pertencia, que foi dado a outrem. Pelo que se entende, isto era imperdoável para Zé Pelintra. Ele em vida roubava no jogo e isso fazia parte de sua estratégia de sobrevivência, no mundo dos espíritos, roubar dele ou de seus clientes, nem pensar.

Esta popularidade de Zé Pelintra pode ser observada em diversos espaços, como em páginas virtuais na internet, que se dedicam a enaltecer suas habilidades, mas também em uma das festas mais importantes do Brasil e reconhecida internacionalmente, o desfile das escolas de samba do Rio de Janeiro. Em 2016 o mundo pôde conhecer Zé Pelintra por meio do desfile da Escola de Samba Acadêmicos do Salgueiro, que apresentou o samba-enredo intitulado "A ópera dos malandros" dos compositores Marcelo Motta, Fred Camacho, Guinga, Getúlio Coelho, Ricardo Fernandes e Francisco Aquino, tendo como carnavalescos Renato Lage e Márcia Lage. Durante o desfile, o mundo conheceu Zé Pelintra e toda a história da malandragem, sobretudo carioca, além disso, a Avenida Marquês de Sapucaí foi tomada por Exus, Pombagiras, Orixás e um enorme panteão das religiões afro-brasileiras. A letra do samba-enredo dava o tom da popularidade de Zé Pelintra e de sua ligação com o universo religioso híbrido brasileiro.

> Laroiê, mojoubá, axé!
> Salve o povo de fé, me dê licença!
> Eu sou da rua e a lua me chamou
> Refletida em meu chapéu
> O rei da noite eu sou
> Num palco sob as estrelas
> De linho branco vou me apresentar
> Malandro descendo a ladeira, ê, Zé!
> Da ginga e do bicolor no pé
> "Pra se viver do amor" pelas calçadas
> Um mestre-sala das madrugadas[8].

---

8. Disponível em https://www.letras.mus.br/salgueiro-rj/samba-enredo-2016-a-opera-dos-malandros/ – Acesso em 22/06/2017.

Zé Pelintra, de sertanejo inquieto e entidade catimbozeira nordestina, conquistou, pelos carnavalescos e pelo público, mais do que um malandro, um dos postos mais importantes em uma escola de samba, o Mestre Sala, e no seu caso, das Madrugadas.

Independente de suas designações é impossível dissociar Zé Pelintra do mundo da malandragem. Ao discutir a malandragem, Ismael Pordeus Junior observa que ela é mais do que uma opção pela ociosidade e um não fazer, segundo ele,

> O malandro responderia assim com a brincadeira à realidade, da espoliação institucional, e à imoralidade dos dominadores. Responderia ao autoritarismo amoral com a irresponsabilidade, à pressão da dominação política, social e econômica, através da falta de engajamento e da frivolidade; mergulha a visão proprietária nas águas do samba, do carnaval e da malandragem (PORDEUS JUNIOR, 2011: 83-84).

Nesta dimensão, Pordeus Junior ao analisar o papel dos Exus na Umbanda, afirma que Zé Pelintra "assumirá simbolicamente o estereótipo do malandro [...] na forma de vestir, linguagem irreverente e obscena" (PORDEUS JUNIOR, 2011: 88).

Na literatura umbandista ou de pesquisadores que tomam esta religião como objeto de estudo, bem como a Jurema, percebemos que a linha dos malandros está diretamente ligada à linha dos Zés, já que ambas são tomadas como falanges eivadas das mesmas características, em que as entidades incorporadas em seus médiuns reviverão em terra os seus gostos, como beber, dançar, contar histórias, rir, conversar e até curar. Na Umbanda, podemos encontrar as seguintes entidades nesta categoria: "Camisa Listrada, Malandrinho, Maria do Cais, Maria Navalha, Sete Navalhas, Zé do Coco, Zé de Légua, Zé da Luz, Zé Malandro, Zé Moreno, Zé Pelintra, Zé Pereira e Zé Pretinho" (BARBOSA JUNIOR, 2011: 92).

Segundo alguns estudos etnográficos realizados em terreiros de Umbanda no Brasil, alguns narradores afirmam que os malandros são "chefiados pela entidade Seu Zé Pelintra" (BARROS, 2012: 304), ou seja, para estes umbandistas Zé Pelintra é mais do que um malandro, ele comanda a sua falange e lidera as outras entidades da linha dos malandros que realizam seus trabalhos nos terreiros.

Já no Catimbó-Jurema ou Jurema Sagrada, estes Zés ou malandros são considerados mestres e não Exus como na Umbanda. Seus conhecimentos são extremamente respeitados e ocupam um lugar de destaque no panteão e na própria constituição do peji, ao lado de caboclos e pretos-velhos. Fazem parte desta falange na Jurema, incluindo Zé Pelintra: Zé Felintra, Zé Pra Tudo, Zé Filipe, Zé Vieira, Zé dos Montes, Zé da Pinga, Zé de Santana, Zé Pretinho, Zé Bebinho, Zé da Virada, Zé Vaqueiro, Zé Pereira, Zé das Águias, Zé da Bagaceira. Zé de Buique, Zé Menino, Zé dos Anjos, Zé Dantas, Zé de Maroca e Zé Bragança (BURGOS, 2012: 109-124).

Essa diversidade de entidades que caminham ao lado de Zé Pelintra nos terreiros do país está sempre assolada por discursos normalmente desqualificantes sobre onde seria seu lugar na dicotômica liturgia umbandista, principalmente, em que Exus e Pombagiras são enquadrados como "esquerda" e as outras, sobretudo os caboclos e pretos-velhos, como "direita". Ou seja, aqueles que trabalham com a irradiação do Orixá Exu são vistos como esquerda, que ao longo da história sempre foi vista como desviante, anormal, que se opõe ao que é o direito, ao senso comum, ao aceitável socialmente pelas forças hegemônicas da elite letrada e branca do mundo ocidental judaico-cristão.

Ao analisar os Zés Pilintras e falas de membros da Umbanda, Negrão toca na questão desta dicotomia e afirma que "em termos da divisão esquerda-direita não há guia mais ambíguo do que ele, embora Exus e Pombagiras possam ser doutrinados, evoluir e se tornar guias de luz, não há dúvida quanto a eles: são de esquerda. Já o mesmo não ocorre com o Zé Pilintra" (NEGRÃO, 1996: 244). Esta discussão, segundo o autor, ultrapassou os terreiros e chegou às federações, que consideram Zé Pelintra como de esquerda somente, mesmo com a discordância de vários pais e mães de santo entrevistados pelo autor. Ao concluir sua análise, Negrão destaca que:

> Em grande parte dos terreiros tem-se esta concepção, o Zé Pilintra como um tipo de Exu. É por isso que depois da virada da meia-noite, ou então nas giras específicas da esquerda, lá estão eles convivendo com Exus e Pombagiras. Em qualquer caso, são muito populares nos terreiros, em razão da forma descontraída de se relacionarem com os clientes e de sua eficácia (NEGRÃO, 1996: 246).

Zé Pelintra na Jurema Sagrada ou Catimbó não se enquadra nesta oposição, esquerda/direita, mas sim em permanente caminho de um lado para outro, conforme a necessidade de sua atuação diante de uma demanda que lhe é entregue para resolver. Além disso, seu lugar está muito bem definido no patamar da mestria, não como Exu recadeiro, mas como mestre conhecedor dos segredos da ciência da Jurema Sagrada.

Neste universo dos mestres e mestras na Jurema, fica evidente os poderes curativos de Zé Pelintra, sua capacidade de resolver problemas imediatos e até mesmo, como descrevem alguns de seus pacientes, moléstias muitas vezes extremamente difíceis de serem resolvidas pelas formas tradicionais e usuais de cura, tanto corporais quanto espirituais. Esta fama se espalhou e, segundo se conta, "no nordeste, teria também adquirido a fama de erveiro, um sábio curandeiro capaz de descobrir e receitar chás medicinais, bem como de arrefecer, com o emprego de folhas poderosas e da benzedura com tabaco, os males provocados por feitiçaria" (LIGIÉRO, 2010: 27).

Na Jurema Sagrada

> O mestre é uma entidade híbrida, podendo assumir várias faces e papéis no desenrolar de suas funções. Pode circular de um universo a outro, trabalhar na direita ou na esquerda. Isso não é um privilégio de Seu Zé Pelintra; esta é uma das características de entidades mestre de "jurema", ou seja, elas podem assumir diferentes posições, papéis, dependendo da necessidade prática e imediata, das circunstâncias impostas pelo "trabalho", pelo médium ou pelo adepto (ASSUNÇÃO, 2004: 208).

Esse papel da mestria é complexo e requer atenção em sua análise. Para um desavisado, ao adentrar uma mesa de Jurema e encontrar os mestres e mestras arriados, pode ter a sensação de estar numa gira de Exu e Pombagira, sobretudo por conta do uso das bebidas alcoólicas, das cores dos trajes, da forma despojada que estas entidades se relacionam com o público que os assiste e os procura. Mas, na visão dos juremeiros, Exu é recadeiro, ou seja, é aquele que leva os recados para os Orixás e até mesmo para os mestres. Neste sentido, Exu não perde a sua função original, ao evocarmos os mitos iorubás, em que o Orixá Exu é o mensageiro entre os humanos e os deuses (Orixás), o mensageiro entre o *Ayé* e o *Orun*. Além disso, os exus (não o Orixá) são vistos como entidades universais, que podem estar em vários espaços e terreiros do Brasil, que não possuem uma identidade local. Já os mestres, indiscutivelmente, estão nos seus locais de domínio e vivência, ou seja, há uma sensação

245

de pertencimento relacionado ao espaço e à memória. Os mestres são nordestinos, conhecem a linguagem e as sensibilidades inerentes a esses espaços culturalmente construídos e apreendidos, desenvolveram habilidades como manipuladores das ervas locais curativas, consolidando esses mestres como herdeiros de uma tradição, de uma ancestralidade embrenhada na caatinga e ao mesmo tempo em que se adaptou às cidades urbanizadas e até cosmopolitas. De qualquer forma, os mestres são do lugar, são pertencentes a uma realidade social e cultural muito específica e são os mantenedores de uma confiança inabalável nos conhecimentos antigos, e sua permanência no tempo presente através de sua inserção neste meio utilizando médiuns dispostos a se colocarem como uma máquina do tempo espiritual em que o passado é buscado para resolver problemas atuais e contemporâneos muito distantes da realidade vivida por esses mestres quando encarnados. O local prepondera em relação ao universal e ganha força por esta peculiaridade.

Zé Pelintra, sobretudo na Jurema mais híbrida e que possui elementos muito presentes da Umbanda, também é encarado como uma entidade de luz que muitas vezes não volta mais ao terreiro, enviando em seu lugar um de seus irmãos, Zé Felintra, por exemplo. A própria dinâmica destes terreiros e de sua liturgia permite esta constante adaptação de seu ritual e a incorporação de novos elementos e entidades ao seu panteão. Como bem apontou Negrão:

> A imaginação mítica dos terreiros é espantosa: novos mitos são produzidos em função das novas experiências vivenciais. [...] Sobre este processo de produção e reprodução mítica, nossa hipótese é a de que, à medida que os mitos mais antigos vão sendo moralizados, outros não moralizados são criados para substituí-los em suas funções. Não é sem razão que Zé Pilintras, Baianos e Marinheiros, ao lado dos Exus e Pombagiras menos doutrinados, têm a preferência nos terreiros. São eles que melhor expressam os anseios e as necessidades de sua aflita e carente clientela (NEGRÃO, 1996: 252).

Esta noção de mito trazida por Negrão nos coloca diante de uma realidade vivida e percebida nos terreiros de Umbanda e Jurema. As narrativas dão conta de uma fabricação de entidades que estão diretamente ligadas às vivências dos participantes dos cultos e suas expectativas. O mito do passado e os forjados no presente servem para reforçar laços de afetividade e racionalidade para com os sentidos do sagrado. No entendimento de Victoriano, os relatos de mitos de temporalidades recuadas do tempo presente (gregos, africanos e de outras religiões), "mostram uma relação inegável com o contexto que os produziu. Falam da humanidade partindo da própria humanidade, do homem vivido, construído historicamente [...]. Falam de um passado remoto continuamente presentificado" (VICTORIANO, 2005: 118).

As entidades ou guias da Umbanda e da Jurema assim se fazem e se constituem. Suas histórias de vida, quando encarnadas, se misturam às realidades de seus médiuns e de seus consulentes. As dificuldades de se enquadrarem nas regras de uma sociedade sedentária, capitalista e produtivista encontra eco nas muitas tentativas de conseguir viver melhor de muitos que procuram os terreiros. Buscar uma vida melhor é o objetivo dos que procuram Zé Pelintra, e encontram nele um excelente e compreensivo ouvinte, já que muitas das necessidades e desejos dos que o procuram se assemelham com o que ele também desejava. A linguagem é a mesma, os gestos se harmonizam e as estratégias para buscar este objetivo são encaradas como plausíveis e aceitas, mesmo que por meios não muito tradicionais e usuais. Zé Pelintra os compreende e dá os caminhos, por meio de magias e conselhos. Ele se faz e se consolida como mito a cada nova atuação em benefício de quem nele confia.

> O mito dá sentido. Mostram uma estrutura social, ritual, cultural e política na qual a natureza e suas forças na relação com personagens diversos apresentam uma realidade semelhante à vivida pelos homens no seu contexto social. Embutem uma visão de mundo: uma cosmovisão e uma sociovisão (VICTORIANO, 2005: 118).

As imagens de Zé Pelintra encontradas nos terreiros de Umbanda e Jurema se diferem. Na primeira, ele aparece com terno branco, chapéu branco no estilo Panamá, sapatos bicolor, gravata vermelha e muito esguio. Já na Jurema ele imageticamente é representado com calça branca com as pernas arregaçadas, descalço, camisa branca, lenço vermelho sobre os ombros, uma bengala e chapéu branco que pode ser de diversos materiais. "No Catimbó ou na Jurema Sagrada, Zé usa chapéu de palha e cachimbo de angico, é um homem forte, robusto e joga capoeira como ninguém"[9]. O que percebemos é que o mito Zé Pelintra está diretamente ligado às vidas de quem o criou e o disseminou. O Zé sertanejo é representado com os elementos característicos deste espaço, já

---

9. Disponível em https://umbandaead.blog.br/2016/11/30/e-malandro-e-exu-e-baiano-quem -e-ze-pelintra-na-umbanda/ – Acesso em 26/06/2017.

o Zé urbano possui os dados que o identificam com os estereótipos do malandro carioca, mais especificamente do Bairro da Lapa, cantado em prosa e verso por poetas e compositores.

Zé Pelintra pode ser visto também como esta personagem que dialoga com o sertão e a cidade, desde os seus mitos de origem até as narrativas de suas proezas em vida e sua atuação no campo espiritual. Esta conexão entre estes dois espaços tem sido nossa preocupação em entender um sertão não dicotômico em que ele só existe como antítese da cidade e da propalada modernidade.

Esta ideia de sertão que já aparece na carta de Pero Vaz de Caminha ao relatar suas impressões sobre a nova terra avistada e que vão ganhar força no livro publicado em 1902, *Os sertões*, de Euclides da Cunha, de um lugar ermo, que deve ser conquistado, que era inóspito, selvagem e distante da civilidade, vai cada vez mais se consolidando nos discursos e nas imagens que se produzirão sobre o sertão, sobretudo o nordestino. Ao mesmo tempo em que o sertão nordestino era visto com estranheza e atraso, também passou a figurar como o repositório de uma tradição e de um folclore representativo de uma nacionalidade brasileira. O nordeste foi inventado (ALBUQUERQUE JUNIOR, 2001) discursivamente e se constituindo como o lugar das secas, do cangaço, dos messianismos, da pobreza, do folclore e do coronelismo. Os sertões espalhados pelo mundo passaram a ter um espaço único e inquestionável. O sertão nordestino se tornou todos os sertões, num processo de homogenizar o que era diverso, complexo e heterogêneo. Alguns produtores culturais de alguma forma reforçaram esses discursos, fazendo de sua obra um eterno estar no passado, reviver um tempo que não voltará, mas que poeticamente poderia colocar este sertão nordestino contemporâneo como o medievo europeu. Podemos perceber isto na obra de Ariano Suassuna no teatro e na literatura. Vassalo ao analisar sua obra percebe "uma forte presença medieval, visível em diferentes instâncias: nos temas ligados à tradição religiosa e à popular; nos modelos formais do teatro religioso, do profano e das dramatizações nordestinas; nos matizes textuais de algumas peças" (VASSALO, 1993: 85). Suassuna é um dos exemplos entre tantos.

Este sertão nordestino, ou até mesmo estes sertões do nordeste e mundo, sempre estão mudando, contrariando as concepções que defendem sua imobilidade e sua permanência no passado, os sertões são moventes e estão em constante conexão com o não sertão, ou com aqueles espaços que não se consideram sertanejos.

> No Brasil, as imagens de sertão vão se transformando de acordo com o período histórico; por ser este um conceito abrangente e movente, será utilizado de diversas formas de acordo com os interesses e as conveniências tanto de uma elite intelectual quanto do artista popular que produz opiniões e pensamentos sobre o país. Desta forma, criam-se novos sentidos que tomam lugar das significações passadas e ampliam os sentidos construídos anteriormente (VASCONCELOS, 2014: 212).

Uma destas conexões é o cordel. Gênero literário originalmente brasileiro, nasceu no sertão da Paraíba e se espalhou por todo o país. Os primeiros cordelistas, Leandro Gomes de Barros, João Martins de Athayde, Francisco das Chagas Batista e Silvino Pirauá de Lima criaram uma forma para a poesia em versos, com métrica e rima, que ao longo do tempo se tornou um dos produtos culturais mais relacionados com o nordeste e o sertão. É importante notar que Leandro Gomes de Barros e João Martins de Athayde cedo migraram para um grande centro urbano, Recife, e de lá expandiram seus negócios e sua poesia, utilizando o que havia de mais moderno nas táticas de divulgação e de produção de folhetos. Suas temáticas mantinham uma narrativa nordestina e sertaneja, mas aos poucos seus cordéis e dos que vieram depois deles incorporaram novos temas, inclusive os citadinos.

O cordel desde sua origem no final do século XIX retratou o vivido por seus poetas e a visão de mundo que estes tinham sobre variados assuntos nacionais e internacionais. Sem dúvida que no início os temas sertanejos eram os mais recorrentes, e como destacou Curran, a seca foi descrita como um grande flagelo, mesmo que, "de vez por outra, os poetas cordelistas compõem versos líricos na sua louvação do árido sertão" (CURRAN, 2011: 146). Nesse universo poético, mas sobretudo real, a fama de determinadas personagens se consolidaram neste caudal de imagens e de resistências, entre elas: Padre Cícero, Lampião, Frei Damião e Antônio Conselheiro. De alguma forma essas pessoas estavam ligadas umbilicalmente com as formas de vivências dos sertões nordestinos. "O sertão é parte de um Brasil mítico e heroico: a terra do sertanejo valente, capaz de aguentar extremo calor e uma vida bastante difícil" (CURRAN, 2011: 142), e nas narrativas dos cordéis, Padre Cícero, Lampião,

Frei Damião e Antônio Conselheiro eram também representantes desta necessidade de lutar contra o meio e o seu entorno e que de alguma forma levavam a fé para todos os lugares. Lampião também cumpriu um papel nas representações do nordestino intrépido e que desafiava o meio e os "poderes", e que na ponta de seu punhal construiu no imaginário de muitos sertanejos a esperança de dias melhores. Essa força emanada pela fé que se incorporou ao dia a dia dos sertanejos foi propulsora na divulgação e manutenção do cordel. Padre Cícero e Frei Damião são lembrados constantemente em cordéis do passado e do presente, da mesma forma que Conselheiro ensejou enorme debate entre cordelistas que, de um lado, o viam como santo, e de outro como um fanático. Da discussão sobrou o homem que carregou sonhos e que foi brutalmente eliminado por um estado belicoso e pretensamente laico.

É inegável a força do catolicismo no sertão nordestino e sua forma peculiar de atuação. A ortodoxia católica e seus cânones tiveram enormes dificuldades de penetração e fixação, por outro lado um catolicismo tradicional, mais popular, se fortaleceu e se espalhou entre a população sertaneja. Gerações e gerações de cordelistas se formaram como católicos, inclusive perseguindo de forma direta os protestantes que aos poucos chegavam à região, chamando-os de "os nova seita" e os demonizando.

Curran, mesmo não dominando os conceitos sobre as religiões afro-brasileiras e suas diferenças com o espiritismo, apresenta sua versão sobre a produção cordeliana a respeito deste tema.

> O cordel, geralmente, não apresenta o espiritismo afro-brasileiro sob uma ótica favorável; o "catimbozeiro" ou "xangozeiro" é visto como praticante de cultos supersticiosos e voltados para o mal. O leitor deve lembrar que a maioria dos poetas e do público de cordel são católicos de nascimento e, em muitos casos, pessoas supersticiosas! (CURRAN, 2011: 72).

O autor lembra de mais uma das características do cordel: ele é escrito e pensado para um público consumidor. Ou seja, não há polêmicas entre quem escreve e seu leitor, já que os dois comungam das mesmas ideias e conceitos sobre o mundo. Não se pode esperar destes primeiros cordelistas o questionamento ao que chamamos atualmente de "politicamente correto", o que para uma análise historiográfica se torna eficiente, já que podemos entender por meio destes cordéis como pensava boa parte da população inserida na produção e consumo de folhetos no sertão e nas cidades. O cordel refletia em grande medida o que um conjunto significativo da população pensava sobre determinados temas. O cordel é uma fonte privilegiada para a pesquisa histórica.

E é no cordel que pretendemos também perceber como é representado Zé Pelintra. Sabemos que o tema das religiões afro-brasileiras no cordel é bastante recente, sobretudo fora da Bahia. Como a Umbanda é uma religião relativamente recente (fundada em 1908) e que se espalhou pelo país a partir da década de 1940, menos folhetos foram dedicados a ela, diferente dos candomblés já enraizados no Brasil neste mesmo período. Sobre a Umbanda encontramos folhetos somente após a década de 1970 e todos bastante respeitosos, já que a Umbanda, também neste mesmo período, tentava se legitimar como uma religião que tinha mais elementos das religiões ditas brancas (catolicismo e kardecismo) do que das negras (candomblé). Fica evidente que elementos depreciativos não foram utilizados nesses folhetos, mostrando de certa forma um distanciamento da Umbanda de termos menos elogiosos, como macumba e catimbó.

Para que pudéssemos chegar nestas conclusões, mesmo que parciais, como deve ser toda pesquisa histórica, é importante destacar que nos anos de 2015 e 2016 visitamos vinte e sete acervos de cordel no Brasil, em quinze cidades e oito estados em busca de cordéis que versassem sobre temas ligados às religiões afro-brasileiras[10]. Tivemos contato com mais de noventa mil folhetos, o que nos garante uma certa legitimidade ao discorrer sobre o assunto. Neste périplo encontramos duzentos e setenta e dois folhetos que tratavam direta ou tangencialmente sobre algum aspecto das religiões afro-brasileiras e todos foram digitalizados.

Não diferente da Umbanda que aparece pouco nos cordéis, até o momento encontramos dezesseis folhetos sobre o tema, Zé Pelintra também aparece muito pouco, e quando aparece também se percebe a ambiguidade referente aos seus poderes e sua atuação no campo religioso.

Faremos a análise de cinco cordéis que citam Zé Pelintra no texto, mas também pretendemos entender o folheto em sua completude, ou seja, o texto

---

10. Esta pesquisa fez parte do projeto "Feitiço, macumba e catimbó: as religiões afro-brasileiras no cordel" desenvolvida no Programa de Pós-Graduação em História Social da Universidade Estadual de Londrina com financiamento do Programa PNPD/Capes, sob a supervisão da Profa.-Dra. Silvia Cristina Marins de Souza.

e a capa, utilizando o conceito de análise "verbovisual" (ROIPHE, 2013) em que não é possível entender toda a dinâmica de produção do folheto sem estabelecer um diálogo entre a textualidade e a imagem que se apresenta nos cordéis. A capa tem um papel importantíssimo na consolidação do cordel no mercado, sobretudo porque muitos compradores sequer eram letrados e adquiriam os folhetos em feiras, por exemplo, ouvindo parte da narrativa sendo recitada pelo poeta e/ou folheteiro ou então pela imagem que aparecia na capa, tendo que ser, neste sentido, bastante objetiva e didática para chamar a atenção do comprador.

Alguns poucos cordéis tratam de entidades de Umbanda e/ou Catimbó-Jurema especificamente, como é o caso do cordel "Salve o Mestre Zé Pelintra" de Francisco Luiz Mendes, sem data, escrito em oito páginas, com trinta e duas estrofes em setilhas[11] e no formato 18cm x 13cm, que utiliza uma xilogravura de Erivaldo em seu folheto. O autor do folheto é bancário aposentado e graduado em Letras pela Universidade Metodista de São Paulo, natural do interior da Paraíba e atualmente residindo em São Caetano do Sul, SP. A capa é de Erivaldo Ferreira da Silva, um dos mais importantes xilogravuristas da atualidade que vive no Rio de Janeiro. Observa-se o protagonista no centro da imagem vestindo as roupas que lhe são atribuídas na Umbanda do sul e sudeste, principalmente, e que estão bem descritas na narrativa do cordel. Ele nos olha, nos observa. No canto direito embaixo está um cacto, mostrando sua origem sertaneja e nordestina. No canto esquerdo está um coqueiro, que aponta para a sua vida no litoral, sobretudo no Rio de Janeiro. O xilogravurista coloca a personagem num cenário noturno, já que o mesmo é descrito como boêmio e um ser que construiu sua vida nas noites cariocas da Lapa. Não vivia na rua, isso aparece no caminho que leva a uma humilde residência. A capa reforça as imagens descritas no corpo do texto e confirma o que se conta sobre Zé Pelintra nos terreiros espalhados pelo Brasil.

O autor descreve seu modo de vestir, característico dos famosos malandros do início do século XX no Rio de Janeiro. O cordelista informa que ele se apresentava "vestido de terno branco / sua gravada grená / seu sapato bico fino / com seu chapéu Panamá / cravo rubro na lapela / essa era sua chancela /

---

11. Setilha é uma estrofe com sete versos, em que as rimas estão assim distribuídas: O 2º verso rima com o 4º e o 7º; o 5º verso rima com o 6º; assim os versos 1º e 3º são livres de rima.

Co'a bengala maracá (p. 3). O diálogo entre capa e texto são bastante eficientes em mostrar o protagonista.

Ao longo do texto Zé Pelintra é reverenciado e suas características aparecem demarcando seu lugar na vida sertaneja (início de sua trajetória) e posteriormente na capital federal, o Rio de Janeiro. O autor não apresenta datas nem informações que pudessem temporalizar seu nascimento e morte, mas como já existem estudos sobre esta personagem, mesmo que bastante heterogêneos e pontuais, é possível delimitar o nascimento de Zé Pelintra entre o final do século XIX e início do XX. Francisco Luiz Mendes cita diversas habilidades de Zé Pelintra no mundo da magia e da boemia, destacando-se como exímio jogador de cartas, mediador, mirongueiro, mas acima de tudo "soldado bendito do Nosso Senhor Jesus" (p. 5). A visão que o autor tem da personagem que biografa fica explícita nos seguintes versos: "Zé Pelintra, catimbó, / Zé Pelintra, feiticeiro. / Às vezes um protetor, / às vezes, um conselheiro" (p. 3) e ainda, "Zé Pelintra, o malandro, / Zé Pelintra, o brasileiro. / Zé Pelintra, o nordestino, / Zé Pelintra, o seresteiro. / Zé Pelintra, o protetor, / Zé Pelintra, o sedutor, / Zé Pelintra, o juremeiro (p. 5). Nestas passagens o autor coloca Zé em todas as suas dimensões, inclusive como juremeiro e catimbozeiro, o que reforça sua origem como aprendiz nos terreiros de Jurema do sertão nordestino, mas que levou estes conhecimentos ao migrar para o Rio de Janeiro e fez disso também seu ofício. Zé Pelintra é respeitado pelo autor, que não poupa elogios à entidade, e isso se consuma na última estrofe do cordel: "Finalizo o meu apreço/ para esse mestre de luz, / O benfeitor Zé Pelintra, / Porta-voz da Santa Cruz. / Boêmio da madrugada, / Senhor da encruzilhada, / Mensageiro de Jesus" (p. 8).

Imagem 1: Capa do Cordel
"Salve o Mestre Zé Pelintra" de
Francisco Luiz Mendes, s.d.
(acervo pessoal).

O mesmo autor publicou o folheto "Umbanda cem anos de amor e caridade" datado de 2008 e publicado pela Editora Coqueiro com onze páginas, trinta e três estrofes em setilhas, no formato 14cm x 10cm, que conta detalhadamente a história da Umbanda.

A capa também é assinada por Erivaldo e mostra de forma inequívoca toda a hibridação da Umbanda e suas conexões. Temos: a pomba do Espírito Santo, Jesus Cristo de braços abertos (não é comum encontrar o Cristo crucificado nos terreiros, a imagem mais presente é Ele ressuscitado), anjos em suas nuvens, São Jorge, Nossa Senhora da Conceição, São Sebastião, um caboclo (índio), criança (Ibejada), Iemanjá, Preto-velho, cigana, Exu e um oxé (machado de Xangô). Abaixo de uma das nuvens parece ser um raio, o que simbolizaria Insã. Ao longo do cordel o autor vai fazendo estas relações, entre santos católicos, Orixás e entidades de Umbanda.

Este cordel pode ser entendido como fazendo parte das comemorações do centenário da Umbanda e no ano de sua publicação (2008) tivemos vários livros, congressos, documentários que tinham a Umbanda como tema.

Não diferente do cordel anterior do autor, o respeito pela Umbanda e seu panteão fica evidente, e não poderia faltar Zé Pelintra nesta história cordelizada da Umbanda. Ao enaltecer todas as linhas da Umbanda e suas entidades, o autor assim convoca Pelintra: "E do mesmo modo salve / Toda linha de direita / Falangeiros. Orixás, / Mãe preta e sua receita / Zé Pelintra e companheiros / Os pajés e curandeiros / Todo o povo dessa seita (p. 10). O autor estabelece o lugar de Zé Pelintra na direita, ou seja, o mesmo não é visto como um Exu, mas sim como uma entidade que adquiriu luz suficiente para não estar mais na esquerda. Neste caso, a visão de Francisco Luiz Mendes se assemelha a muitos outros pais e mães de santo, que inclusive afirmam que o mesmo não baixa mais nos terreiros, corroborando também com a visão dos juremeiros nordestinos que enfatizam a mestria em Zé Pelintra.

Imagem 2: Capa do Cordel "Umbanda cem anos de amor e caridade" de Francisco Luiz Mendes, 2008 (acervo pessoal).

254

Em 2012, Victor Alvim Itahim Garcia, conhecido como Lobisomem, lançou um folheto com onze cordéis curtos em décimas[12], em onze páginas, no formato 20cm x 14,5cm em capa cega, ou seja, sem imagens, apenas com palavras. Nesta capa aparece no alto o nome e pseudônimo do poeta; ao centro o título desta coletânea "No galope do cordel" em que o cordelista apresenta cordéis na estrutura do martelo agalopado[13] e galope à beira mar[14]. Na parte de baixo da capa aparece o ano da publicação "2012". Vale destacar que o autor é capoeirista e umbandista, filho de Ogum, atuando como Ogã na Tenda Espírita Humildes de São Sebastião, fundada em 1948 no Bairro do Humaitá na cidade do Rio de Janeiro. Victor Alvim é um dos raros cordelistas umbandistas atuantes no país e também é membro da Academia Brasileira de Literatura de Cordel, ocupando a cadeira 27 que tem como patrono o cordelista Severino Milanês.

Nesta coletânea, o terceiro cordel intitula-se "Feijoada dos velhos malandros", em que o autor agradece o convite por ter sido convidado para participar de uma feijoada em homenagem aos velhos bambas do samba e que faziam parte da velha malandragem carioca. Aproveitando a ocasião o autor se expõe agradecendo uma entidade da Umbanda, Zé Pelintra.

> Eu jamais poderia me esquecer
> Do malandro que é minha inspiração
> Companheiro que me dá proteção
> Nos caminhos que eu vivo a percorrer
> Ele sempre acompanha meu viver
> Fortalece e inspira minha fé
> Pra enfrentar o balanço da maré
> De canoa remando com cuidado
> Deixo um salve e um muito obrigado
> Meu amigo velho malandro Zé! (LOBISOMEM, 2012: 3).

O autor, além de demonstrar seu respeito e admiração pela entidade, também utiliza nesta estrofe parte de um ponto cantado, bastante presente em giras de Umbanda: "Ô Zé quando vem lá de Alagoas/ Toma cuidado com o

---

12. Décima é uma estrofe com dez versos, sendo que a estrutura das rimas possui alguma variação. O autor utiliza a seguinte estrutura, que inclusive é a mais usada pelos cordelistas: 1º verso rima com os 4º e 5º; o 2º rima com o 3º; o 6º rima com os 7º e 10º; e o 8º rima com o 9º. Não há versos livres ou soltos.

13. Martelo agalopado: Estrofes de dez versos de dez sílabas.

14. Galope à beira mar: Estrofes de dez versos de onze sílabas.

balanço da canoa/ Oi Zé, faça tudo que quiser, oi Zé/ Só não maltrate o coração dessa mulher"[15].

Outros dois cordéis utilizam o nome Pilintra para protagonizar uma discussão entre ele, adepto da "macumba" e um evangélico, designado pelos autores de "crente", de nome Evangelista. O primeiro folheto é "A discussão do macumbeiro e o crente" (sem data), de Gonçalo Ferreira da Silva, com oito páginas, com trinta e uma estrofes em setilhas, no formato 15,5cm x 10,5cm. Gonçalo Ferreira da Silva, nasceu em Ipu, CE, em 1937, atualmente é presidente da Academia Brasileira de Literatura de Cordel, com sede no Rio de Janeiro e ocupa a cadeira de número 01, tendo como patrono o poeta, pai do cordel brasileiro, Leandro Gomes de Barros. O autor produziu mais de duzentos títulos, alguns inclusive traduzidos para outras línguas, e seus folhetos versam sobre lendas, crenças, romances, política, biografias, fatos circunstanciais e históricos, cangaço, ciência e filosofia. A capa é de Erivaldo, e nela percebemos o Pilintra (lado esquerdo), negro, vestido de branco, com um cachimbo na boca, uma guia no pescoço, uma vela acesa na mão direita e uma ave preta na mão esquerda (provavelmente um frango ou galinha), no braço direito uma fita e aos seus pés uma outra vela acesa e um recipiente com comida. Do lado direito a personagem Evangelista, branco, de chapéu na cabeça, vestindo um terno escuro, um livro (Bíblia, segundo o texto do folheto) que segura para baixo com a mão esquerda e o dedo em riste demonstrando que a discussão já se encontra acalorada. Toda narrativa se desenrola na tentativa dos dois oponentes provarem que suas práticas religiosas são as verdadeiras e corretas. Ao final, depois de acusações de ambos os lados, não há vencedor.

Imagem 3: Capa do Cordel "Discussão do macumbeiro e o crente", de Gonçalo Ferreira da Costa, s.d. (acervo pessoal).

---

15. Disponível em http://literaturaze.blogspot.com.br/2011/06/pontos-cantados.html – Acesso em 25/06/2017.

O outro folheto é "O reencontro de Pilintra com Evangelista: mais uma quente discussão entre o macumbeiro e o crente" (2002), de Isael de Carvalho, com oito páginas, estrutura em setilhas com trinta e duas estrofes e no formato 15,5cm x 10,5cm. O autor tem atuação no Rio de Janeiro já com vários títulos publicados sobre assuntos diversos e ocupa a cadeira de número 13 na Academia Brasileira de Literatura de Cordel, que tem como patrono o poeta Delarme Monteiro. A capa é do desenhista José Lucas, e nela encontramos elementos semelhantes da capa do cordel de Gonçalo Ferreira da Silva. Na esquerda está Pilintra em movimento para frente, como num embate, com uma vela preta na mão direita e uma outra no chão, uma vasilha com comida e um pano preto também no chão. No pescoço uma guia, um cachimbo na boca e uma garrafa de cachaça na mão esquerda. Evangelista no lado direito, com sua Bíblia na mão direita para o alto e o dedo em riste da mão esquerda apontando para Pilintra. Como na outra capa, também com seu terno escuro e chapéu na cabeça. As acusações novamente são acaloradas, e desta vez Pilintra se prepara para baixar seu Exu Caveira, informação que aparece no texto do folheto, mas um grande apagão na Central do Brasil faz todos fugirem, e no outro dia os dois se sentem envergonhados pela fuga intempestiva. Novamente não há vencedor.

Interessante nestes cordéis é a utilização do nome de uma entidade da Umbanda tão conhecida para representar o "macumbeiro" que discute com o evangélico. O reconhecimento de Zé Pelintra como ícone da Umbanda no Rio de Janeiro é patente, não só nestes dois títulos, mas em músicas e sambas-enredos, como foi o caso do desfile da Escola de Samba Acadêmicos do Salgueiro em 2016.

Nestes quatro cordéis discutidos até o momento, percebemos que Zé Pelintra ocupa um espaço importante no reconhecimento da Umbanda e do Catimbó-Jurema nas narrativas dos cordelistas e há respeito, independente da visão religiosa do poeta. Mas nem todos os folhetos tratam Zé Pelintra com esta distinção.

No cordel "A chegada de João Bobo e Biu Rolinha num terreiro de macumba" de Silas Silva (poeta cordelista) de 2004, Zé Pelintra ganha uma dimensão pejorativa e grotesca, sobretudo em relação a sua masculinidade. O folheto é escrito em quinze páginas, com quarenta e quatro estrofes em sextilhas e no formato 15,5cm x 10,5cm. O autor do folheto e também da capa, Silas Silva, além de cordelista é artista plástico, xilógrafo e colecionador da obra de Zé Ramalho, Raul Seixas e João Gonçalves. Em 2004, a convite da Prefeitura de Campina Grande/PB, coordenou um projeto para lançar dez títulos de cordelistas da cidade, e um dos cordéis editados foi este que agora analisaremos.

Na capa, Silas Silva nos apresenta as duas personagens da trama. João Bobo está do lado esquerdo, em pé, com uma galinha preta na mão esquerda, vestido com roupa escura e com a camisa aberta. Biu Rolinha está sentado a sua frente, lado direito da capa e também com roupa escura. No meio dos dois, ao centro da xilogravura, perceber-se um prato e três velas de cor escura. Nesta capa, na parte de baixo, além da data em que o cordel foi produzido "2004", observamos a inscrição "Folheto de Feira", remetendo a um dos locais mais tradicionais de venda e recitação de cordel no Brasil, as feiras espalhadas pelo interior de todo o Brasil e também nas grandes cidades. Na parte de cima o título do folheto e do cordelista, e já no título percebemos que a utilização do conceito "macumba" é de forma pejorativa, não percebendo a diversidade das religiões afro-brasileiras. Isso fica claro ao longo do folheto, em que macumba e Xangô são colocados no mesmo campo ritual e litúrgico e com as mesmas significações.

Neste folheto o autor relata uma das histórias contadas a ele por João Bobo e seu amigo Biu Rolinha, os dois mecânicos em Campina Grande/PB, estando este último já falecido. A história contada dá conta de uma noite em que os dois, após o trabalho, saíram de bar em bar bebendo cachaça. Num determinado local, depois de várias "meiotas" os dois passaram em frente ao terreiro de Mãe Mada e Biu Rolinha convidou o amigo para entrar na "batucada", e este afirma: "Meu compadre/ Isso pode dá errado / Porque nuca tive crença / Nesse lote de VIADO" (p. 6). Fica evidente a visão distorcida da personagem João Bobo em relação ao culto em questão e de sua relação com a sexualidade e as práticas sociais de acolhimento que os terreiros espalhados pelo Brasil compartilham. Esta visão de caracterização de homens efeminados, pejorativamente descrito pela personagem, vai ficando cada vez mais perceptível na sequência da narrativa.

Na porta do terreiro está um "neguinho" que os convida para entrar, e de cara os dois se deparam com a Mãe Mada incorporada com uma Pombagira, além de outros médiuns que se aproximam dos dois, convidando-os para a gira, sendo que João Bobo se anima e inicia sua participação junto aos médiuns incorporados. É neste momento que a trama ganha em dramaticidade.

> E depois um XANGOZEIRO
> Magro, alto e careca
> Foi alisar João Bobo
> Sem roupa só de cueca
> E Biu rindo só dizia:
> João segura a PETECA (p. 8).

> O careca recebeu
> ZÉ PILINTRA no salão
> E foi logo apalpando
> O trazeiro de João
> E com isso provocou
> Uma grande confusão (p. 9).

> Nessa hora João Bobo
> Já ficou "MANIFESTADO"
> Ao ver que em seu trazeiro
> Ele estava interessado
> João levantou depressa
> E falou endiabrado (p. 9).

> João disse: eu sou cobra
> E fatal é meu veneno
> Saiba que eu não gostei
> Desse seu gesto obceno
> Com João "MANIFESTADO"
> O salão ficou pequeno (p. 9).

Este folheto se torna *sui generes* por trazer Zé Pelintra distante de sua propalada masculinidade de outros cordéis e da literatura produzida sobre ele. O Pelintra mulherengo, tanto na vida terrena quanto na espiritual, é apresentado pelo cordelista como um homem afetado e que se interessa pelo visitante do terreiro. Isso confirma o que a personagem João Bobo disse no início da trama ao seu amigo Biu Rolinha sobre a homossexualidade nos terreiros. Aqui Zé Pelintra não é visto como o mestre, o curandeiro, o conselheiro, quebrador de demandas e protetor incansável de seus consulentes. Ele é visto quase como uma Pombagira, já que esta foi estereotipada como a fogosa mulher que acedia os que recorrem aos terreiros em que ela se manifesta. Duas formas desqualificantes de se abordar estas entidades da Umbanda. Ao ligá-las apenas a gestos sexualizados, esvaziam as suas potencialidades no complexo universo religioso da Umbanda, ou do Xangô, como se refere o cordelista, mostrando-as superficialmente e de forma grotesca e jocosa suas habilidades. O terreiro descrito pelo poeta parece mais um cabaré do que um lugar sagrado.

Após este assédio, João Bobo cria uma enorme confusão, dizendo estar incorporado com uma entidade poderosa e que botaria abaixo o terreiro. Todos fogem, inclusive a Mãe Mada, principalmente quando a luz se apaga e a escuridão toma conta do lugar. Neste ínterim João Bobo encontra uma galinha preta, velas e um prato dentro do terreiro e decide comer a ave com cachaça, o que é rechaçado pelo amigo, por se tratar de uma "mandinga". Este momento da trama é o que aparece na capa do folheto. Com a escuridão os dois conseguem escapar dos que lá estavam. Ao saírem sem serem notados, João confessa:

> Meu compadre
> Isso não foi manifesto
> Eu estava só brincando
> Para lhe ser mais honesto
> Que XANGÔ e BRUXARIA
> São coisas que eu detesto (p. 14).

Os dois saem rindo e partindo para outra barraca em busca de mais cachaça. A brincadeira de João Bobo, ao dizer que estava incorporado/manifestado com uma entidade endiabrada, buscou ridicularizar o ritual que se desenvolvia no terreiro de Xangô de Mãe Mada. O chiste, neste caso, está a serviço da desmoralização e da tentativa de tornar bizarro um trabalho mediúnico, além disso nos apresenta um Zé Pelintra completamente descontextualizado, servindo apenas para reforçar preconceitos e zombar de uma prática religiosa em que ele se apresenta.

No cordel "Os distúrbios do Satan Zé Pilintra", de José Luís Júnior, sem data definida, podemos aferir que o folheto está entre estas temporalidades: 1942 a 1967, de 1970 a 1986 ou de 1990 a 1993. Isso por conta do preço que está inscrito na parte inferior da capa "Cr$ 1,00" (Um cruzeiro). Neste cordel Zé Pelintra é apresentado ao leitor como um demônio que destrói e sem qualquer piedade causa estragos terríveis no Brasil e no mundo. O folheto é escrito

260

em oito páginas, com trinta e nove estrofes em sextilhas e no formato 15,5cm x 10,5cm. Não há informação do autor da capa.

Na capa observamos um homem segurando um tipo de folha na mão esquerda, e na mão direita parece ser um monóculo levado ao olho direito. Está engravatado e com um chapéu coco. Atrás dele perece ser um muro de pedra ou algo parecido. Estas informações não são precisas por conta do desenho ser bastante poluído e com imagens sobrepostas, o que dificulta a análise. O que fica bastante evidente é o sorriso sarcástico no rosto da personagem.

Zé Pelintra é apresentado como um demônio impiedoso. O autor descreve que é uma história do espiritismo e que Zé Pelintra "fugiu do abismo" (p. 1), e ainda que é um "puro belzebu" (p. 6). Durante toda a narrativa o cordelista apresenta as maldades cometidas por Zé Pelintra, convocando casos clássicos do cordel em que pessoas viram bichos ou homens que têm filhos de suas próprias barrigas por cometerem algum ato tido como imoral. O autor cita que, com a interferência direta de Zé Pelintra, uma moça virou cabra em Salgadinho/PE por ter virado um prato de comida na mãe; um tal Procópio na Fazenda Santa Cruz em Minas Gerais se tornou parturiente por não acreditar em Jesus; na Bahia um protestante chamado Quindú teve a sombra penetrada por Zé Pelintra, e por conta disso se transformou em urubu; e no Maranhão uma moça chamada Ana Aragão se transformou em serpente em uma noite de São João. Mas o autor vai além, dizendo que a primeira manifestação de Zé Pelintra se deu através de Adolf Hitler, sendo este seu primeiro alvo, e por conta disso a Segunda Guerra Mundial ocorreu.

Citando o tempo presente do autor, descreve que Zé Pelintra continua atuando de forma constante e causando atrocidades, sobretudo nos acidentes de carros, aviões e trens por todo o Brasil. Relata diversos acidentes em que muitas pessoas morreram, inclusive aviões que foram derrubados por Zé Pelintra, inclusive incorporando nos pilotos e causando danos em terra por conta de suas acrobacias muito próximas ao chão. Num dos episódios com avião, novamente o autor convoca o seu conhecimento sobre personagens do cordel ao relatar que uma feiticeira, assustada com o avião que destruiu sua casa num dos rasantes, rezou para a "negra d'um peito só", também conhecida entre os cordelistas e seus leitores como uma feiticeira poderosa. Além destas proezas, Zé Pelintra é apontado como uma entidade que, incorporada num médium, ataca os consulentes que o procuram, principalmente mulheres. Num destes episódios a narrativa dá conta de uma cena em que uma mulher negra procura por ele e é atacada, de tal forma que sai correndo, e ao se emaranhar na porta da casa fica quase nua, correndo assim até sua moradia. O autor termina o cordel com uma ameaça

> Quem poder compre um folheto
> Não diga palavra tôla
> Não comprando, "Zé Pilintra"
> Faz o que fez na criôla,
> Da femea inda deixa calça
> E do macho nem a cirôla (p. 8).

O autor utiliza o medo que todos devem ter de Zé Pelintra, que ele mesmo construiu ao longo do cordel para também se utilizar disso para comercializar seu folheto. O medo e a ameaça como estratégia de venda.

Zé Pelintra, ou os Zés Pelintras, vivem nas narrativas dos que neles creem. Sua diversidade não se dá apenas nos rituais da Umbanda ou da Jurema Sagrada, mas também na produção acadêmica e no cordel. Eivado de significações, Zé Pelintra se mantém constante no panteão das religiões afro-brasileiras, e a cada relato e a cada nova gira originais detalhes são incorporados às suas histórias. Da adoração ao ódio, da admiração ao preconceito, Zé Pelintra continua a perambular pelos sertões e pelas grandes cidades como um ser que se ressignifica e que se torna cada vez mais presente no imaginário religioso brasileiro.

Referências

ALBUQUERQUE JUNIOR, D.M. *A invenção do nordeste e outras artes*. 2. ed. Recife/São Paulo: FJN-Massangana/Cortez, 2001.

ASSUNÇÃO, L. Os mestres da Jurema. In: PRANDI, R. *Encantaria brasileira*: o livro dos mestres, caboclos e encantados. Rio de Janeiro: Pallas, 2004.

BARBOSA JUNIOR, A. *Curso Essencial de Umbanda*. São Paulo: Universo dos Livros, 2011.

BARROS, S.C. As entidades "brasileiras" da Umbanda. In: ISAIA, A.C. & MANOEL, I.A. (orgs.). *Espiritismo e religiões afro-brasileiros*. São Paulo: Unesp, 2012.

BURGOS, A.B. *Jurema Sagrada do nordeste brasileiro à Península Ibérica*. Fortaleza: Expressão Gráfica/Laboratório de Estudos da Oralidade/UFC, 2012.

CASCUDO, L.C. *Meleagro* – Depoimento e pesquisa sobre a magia branca no Brasil. Rio de Janeiro: Agir, 1978.

CUNHA, E. *Os sertões*. Ed. esp. Rio de Janeiro: Nova Fronteira, 2016.

CURRAN, M. *Retrato do Brasil em cordel*. Cotia: Ateliê, 2011.

LIGIÉRO, Z. *Malandro divino* – A vida e a lenda de Zé Pelintra, personagem mítico da Lapa carioca. 2. ed. Rio de Janeiro: Nova Era, 2010.

NEGRÃO, L. *Entre a cruz e a encruzilhada* – Formação do campo umbandista em São Paulo. São Paulo: Edusp, 1996.

PORDEUS JUNIOR, I. *Umbanda*: Ceará em transe. 2. ed. Fortaleza: Museu do Ceará/Expressão Gráfica, 2011.

ROIPHE, A. *Forrobodó na linguagem do sertão* – Leitura verbovisual de folhetos de cordel. Rio de Janeiro: Lamparina/Faperj, 2013.

SALLES, N.R. *Rituais negros e caboclos*: da origem, da crença e da prática do Candomblé, Pajelança, Catimbó, Toré, Umbanda, Jurema e outros. 3. ed. Rio de Janeiro: Pallas, 1991.

SANTIAGO, J.P. & VAZ, M. *Zé Pelintra*: Sêo Dotô, Sêo Dotô! Bravo Sinhô! São Paulo: Madras, 2013.

VASCONCELOS, C.P. Entre representações e estereótipos: o sertão na construção da brasilidade. In: FREIRE, A. (org.). *Culturas dos sertões*. Salvador: Edufba, 2014.

VASSALO, L. *O sertão medieval* – Origens europeias do teatro de Ariano Suassuna. Rio de Janeiro: Francisco Alves, 1993.

VICTORIANO, B.A.D. *O prestígio religioso na Umbanda*: dramatização e poder. São Paulo: Annablume, 2005.

5
Catimbó-Jurema: narrativas encantadas que contam histórias*

Dilaine Soares Sampaio **

1 O universo do Catimbó-Jurema e a importância das narrativas encantadas

O Catimbó e a Jurema, em sua configuração atual, podem ser tomados como religiões afro-brasileiras, marcadas fortemente por suas origens indígenas, presentes inicialmente no nordeste brasileiro, em especial nos estados da Paraíba, Rio Grande do Norte e Pernambuco. No entanto, já são encontrados em todo o território nacional e também se encontram transnacionalizados, presentes em vários outros países como Portugal, Espanha, dentre outros (BURGOS, 2012; PORDEUS, 2009). O universo do Catimbó-Jurema tem

---

* Este capítulo não seria possível sem a colaboração de Eduarda da Costa Coelho e Rafael Trindade Heneine, que atuaram nos três Projetos de Iniciação Científica consecutivos, executados entre 2014 e 2017, pois grande parte das toadas que aqui serão apresentadas foram por eles coletadas. Temos hoje arquivadas mais de 70 toadas coletadas em quatro terreiros: Terreiro de Umbanda Acácio Valerí, Terreiro de Umbanda e Jurema Ogum Beira-Mar, Terreiro de Jurema Tenda do Caboclo Sete Flechas e Templo Religioso de Umbanda São João Batista. Meus sinceros agradecimentos aos meus orientados e às lideranças religiosas, aos terreiros e suas comunidades, que sempre estão abertos a nos acolher e aos estudantes que atuam nos projetos nossos e deles. Também devemos agradecer as entidades mestres e mestras da Jurema, que permitem o diálogo e que nos inspiram a compreender os muitos caminhos da espiritualidade.

** Doutora em Ciência da Religião pelo Programa de Pós-Graduação em Ciência da Religião (PPCIR) da Universidade Federal de Juiz de Fora (UFJF). Professora adjunta do Departamento de Ciências das Religiões (DCR) e do Programa de Pós-Graduação em Ciências das Religiões (PPGCR) da Universidade Federal da Paraíba (UFPB). E-mail: dicaufpb@gmail.com

despertado inclusive o interesse de estudiosos estrangeiros do campo da etnobotância (SAMORINI, 2016) em virtude da centralidade das plantas, também denominadas de "jurema", que são tidas como sagradas. Dessa forma, podemos entender o Catimbó e a Jurema como práticas religiosas que têm sua cosmovisão constituída a partir e em torno dessas plantas. Conforme José Flávio Pessoa de Barros, *Mimosa tenuiflora* é o nome científico da planta mais comumente conhecida como "jurema-preta". Sua sinonímia botânica e espécies afins estão no âmbito do gênero *Acacia jurema*. O autor retoma Verger (1995), pois em *Ewé: o uso das plantas na sociedade iorubá*, o pesquisador francês menciona seis espécies do gênero *Acacia* com diversos nomes iorubás (BARROS, J.F., 2011: 144; VERGER, 1995: 625-626). Diversos autores (MOTA, 2005; GRÜNEWALD, 2005; NASCIMENTO, 1997; SANGIRARDI JR., 1983) já detalharam melhor o aspecto botânico das juremas, demonstrando que as muitas espécies estão relacionadas a pelo menos três gêneros: *Mimosa*, *Acácia* e *Pithecelobium*. No cotidiano do povo juremeiro fala-se muito em seus nomes populares, a jurema preta e a jurema branca, que possuem usos distintos.

No que se refere à denominação ou a categorização do universo do Catimbó-Jurema, é preciso dizer que é um tanto complexa e os autores mostram pontos de vista um tanto distintos. Roberto Motta prefere falar em religiões afro-indo-europeias para as diversas religiões que estudou no Recife, incluindo o Xangô, a Umbanda, a Jurema etc. (MOTTA, 2005: 279). A influência indígena, por sua clareza, é inegável e, portanto, admitida por todos os autores que estudam o Catimbó-Jurema, até onde pude levantar. Assim, devido a sua atual configuração, a partir de nosso campo de pesquisa, as incluímos no universo das religiões afro-brasileiras, termo que com todas as controvérsias que carrega, ainda permanece o mais utilizado na bibliografia deste campo de estudos. A preferência pelo uso do termo unificado "Catimbó-Jurema" se dá pelo fato de melhor explicitar aquilo que encontramos nas pesquisas de campo. Neste universo do Catimbó-Jurema, há o uso pelos adeptos de ambos os termos, ainda que atualmente o vocábulo "Jurema" ou ainda "Jurema Sagrada" estejam sendo mais utilizados, há aqueles que fazem questão de serem denominados como "catimbozeiros", sendo, portanto, praticantes do Catimbó. Embora haja inúmeras controvérsias, os dados levantados permitem afirmar que a denominação "Catimbó" era a mais utilizada para as práticas mágico-religiosas presentes especialmente entre os indígenas do nordeste brasileiro ou ainda na região amazônica, como apontam alguns autores. Essas práticas mágico-religiosas, com grande foco na cura dos males da alma e do corpo, herdada dos indígenas, irão mesclar-se com o Catolicismo popular, com o Espiritismo, a Umbanda e o Candomblé, configurando-se no que se passará a denominar mais frequentemente, especialmente, a partir dos anos de 1960 e de 1970, de "Jurema" (GONÇALVES, 2014).

Em trabalhos anteriores (SAMPAIO, 2016: 153), já ressaltamos a importância de atentar para a polissemia da palavra "jurema". Utilizada nas "mesas de Catimbó", tratava-se da bebida ritual, feita a partir da tronqueira da árvore chamada jurema. Desde então denomina, além da bebida e da árvore, uma religião – a Jurema ou a Jurema Sagrada, como vem sendo chamada; o rito a ser realizado – Jurema de chão, Jurema batida, Jurema na mata etc.; uma cidade encantada, o "reino dos mestres", a dimensão espiritual; uma entidade, a cabocla Jurema, dentre outras significações. Os usos das várias plantas denominadas como "jurema" são múltiplos e, como bem já recordou Clarice Mota, não temos condições de afirmar como se deu o processo diaspórico da jurema. Pode ter vindo da África, ou até mesmo de Portugal, uma vez que há relatos de seu uso em beberagens tanto em rituais religiosos africanos quanto portugueses (MOTA, 2005: 235). Além das bebidas sagradas, e o uso do termo plural é proposital, tendo em vista que não se trata de uma única bebida, mas várias (GRÜNEWALD, 2005: 239), feitas a partir da planta com adição de outros ingredientes, possuindo assim diversos modos de preparo, dependendo da tradição de cada casa, ela é usada para fins curativos, chás, defumações, tombamentos[1] etc. Sua tronqueira é utilizada nos assentamentos das entidades nos *pejis* e em diversos outros procedimentos rituais. Como seu uso é muito antigo, pois remete ao período colonial junto às comunidades indígenas, suas formas de utilização foram se modificando amplamente, pois há um modo de

---

1. Referimo-nos aos denominados "tombos da Jurema" ou ainda as "feituras de Jurema". Em trabalho anterior, mencionei essa questão, quando expus a possibilidade de uma "candomblecização" da Jurema (SAMPAIO, 2016: 170). Tratam-se de rituais de iniciação que têm sido realizados nos terreiros da capital paraibana, em que o adepto é também recolhido, aos moldes do Candomblé. As entidades da pessoa são "assentadas" e desse modo se "faz a jurema". Entendemos esses ritos na perspectiva da "(re)invenção da tradição" (cf. HOBSBAWM, 2014) como parte da influência do Candomblé no universo do Catimbó-Jurema, uma vez que não temos relatos de "feitura", de "assentamentos de entidades" no contexto do Catimbó praticado pelo menos até os anos de 1970 e 1980. Ainda temos dificuldade de precisar quando os tombamentos ou feituras de Jurema se iniciaram; entretanto, o mapeamento feito por Gonçalves (2014) nos faz pensar que tais ritos são dos anos de 1980 para cá, com a chegada do Candomblé à capital paraibana.

uso no contexto indígena e outros modos de usos no contexto do Catimbó-
-Jurema. Dessa forma, o uso da planta transcende os espaços dos terreiros e
das comunidades indígenas, sendo utilizada também junto da *ayahuasca*, no
universo das religiões ayahuaqueiras, gerando o termo *juremahuasca* ou ainda no âmbito de experimentalismos contemporâneos feitos por *psiconautas*
(LABATE, 2000: 346, 349-350)[2].

No campo de estudos afro-brasileiros, o Catimbó-Jurema terminou bastante relegado enquanto um objeto de estudo. Devido à concentração das pesquisas nas tradições jeje-nagô, o interesse pelo Catimbó e pela Jurema mos-
trou-se tardio se comparado às demais religiões afro-brasileiras, pois embora
sua presença tenha sido notada nos denominados "Candomblés de Caboclo"
pelos autores pioneiros, passa, ainda assim, praticamente ignorada ou des-
percebida por esses autores (RAMOS, 2001; CARNEIRO, 1981; SALLES,
2010: 19)[3].

No Estado da Paraíba, a região de Alhandra é considerada como o "berço da Jurema" (SANTIAGO, 2008: 5); entretanto, apesar de alguns esforços
mais recentes já tenham sido feitos por alguns pesquisadores (SALLES, 2010,
2005; SANTIAGO, 2001, 2008; VALE & GONÇALVES, 2011; SAMPAIO,
2016), buscando recuperar a história da Jurema no Estado, trazendo uma caracterização do culto ou mostrando a questão da cura nos ritos de Jurema,
afirmamos que diante da riqueza e diversidade presente nesta religião, especialmente com as ressignificações e reelaborações feitas com a chegada,

---

2. O termo foi definido por Beatriz Labate como "um grupo de pesquisadores e estudiosos das
plantas que engloba pessoas com formações diversas, tais como químicos, botânico, micólogos
(estudiosos de fungos), psicólogos, historiadores, antropólogos, entre outros. Uma diferença
entre este grupo e os demais pesquisadores acadêmicos reside no fato de que os primeiros
possuem obrigatoriamente *forte conexão pessoal com o universo dos psicoativos*. Tais sujeitos defendem o conhecimento direto e insubstituível da vivência pessoal da experiência: as
pesquisas por eles produzidas são produto de suas experiências. Os psiconautas são, acima de
tudo, *experimentalistas,* conhecem profundamente enorme quantidade de substâncias (LABA-
TE, 2000: 340). Ainda segundo Samorini, o termo "psiconauta" parece ter sido cunhado pela
primeira vez pelo escritor alemão Ernst Jünger com um contraponto ao termo *Drogenforscher*,
ou seja, o especialista em drogas. Assim, na perspectiva de Jünger, psiconauta seria um "via-
jante pela psique". Samorini alerta para o espectro mais amplo de significados que envolve
atualmente o termo (SAMORINI, 2016: 105).

3. Para saber mais sobre os autores pioneiros no estudo do Catimbó-Jurema cf. SAMPAIO, D.S.
Catimbó e Jurema: uma recuperação e uma análise dos olhares pioneiros. *Debates do NER*,
ano 17, n. 30, jul-.dez./2016, p. 151-194. Porto Alegre [Disponível em http://seer.ufrgs.br/
index.php/debatesdoner/article/view/63469– Acesso em 11/04/2017.

na Paraíba, da Umbanda e do Candomblé, nos anos de 1950, 1960 e 1980, respectivamente (SANTIAGO, 2008: 3; GONÇALVES, 2014: 1-2), há ainda muito a ser explorado, especialmente no que tange ao seu aspecto mítico e simbólico, dimensão que recebeu ainda pouca atenção dos pesquisadores.

Assim como as demais religiões afro-brasileiras, o Catimbó-Jurema se constitui com base na oralidade, não havendo, portanto, um livro sagrado como em muitas outras religiões. Dessa forma, a história da religião é contada através das narrativas orais passadas ao longo do tempo, através das gerações. O saber oral, ou a tão mencionada "ciência da jurema" está nas histórias contadas, mas também nas histórias cantadas, onde o encanto se faz presente. Os cantos entoados nos rituais são frequentemente chamados de "toadas" ou ainda "pontos cantados", como se denomina também na Umbanda. Ou seja, as narrativas míticas da religião, de suas entidades, se fazem presentes nessas toadas. Se hoje temos clareza disso pelo desenvolvimento substancial feito nos estudos acerca do mito, vale ressaltar que não era esta a visão dos autores pioneiros do campo de estudos afro-brasileiros, de modo que facilmente se percebia a existência de uma "mitologia dos orixás", porém, ao Catimbó, era negada a existência de uma mitologia, como fez Bastide (1945), por exemplo (SAMPAIO, 2016: 169-170). Como em qualquer religião, não há dúvidas hoje de que há um rico corpo mítico presente no Catimbó-Jurema e é parte dele que pretendemos mostrar neste capítulo.

As toadas aqui apresentadas são fruto de alguns anos de pesquisa de campo realizada na capital paraibana. Desde o ano de 2014 temos trabalhado na recolha dessas cantigas, com o objetivo de compreender melhor a dimensão mítica do Catimbó-Jurema. Devemos deixar claro o nosso entendimento acerca do mito e de seu lugar no universo religioso. O aspecto mítico de uma religião pode ser visto como o sustentáculo dela através dos tempos, pois ele vai estar imbricado nas práticas rituais. O mito muitas vezes dita o rito, é por conta do mito, que também se implica com a questão da tradição, que uma determinada ação é feita de uma forma e não de outra. Para Eliade, o mito é um relato verdadeiro, pois se refere a realidades. "Os mitos revelam, portanto, sua atividade criadora e desvendam a sacralidade (ou simplesmente a 'sobrenaturalidade') de suas obras" (ELIADE, 2010: 11). Para o autor os mitos trazem sentido ao sujeito religioso, e a vivência deles implica uma experiência religiosa (ELIADE, 2010: 22). A sacralidade da árvore denominada Jurema é explicada mitologicamente, como veremos posteriormente através da análise das toadas. A partir do exposto nosso trabalho vai de encontro às perspectivas que tratam o mito como falsa ideia, fábula ou lenda sem credibilidade, que nem pode ser tomado como objeto de análise, fortemente presentes no século XIX, com muitos ecos mesmo no século XX. Devemos ressaltar ainda que as teorias clássicas ou mais conhecidas acerca do mito, como as de Mircea Eliade (2000, 2001, 2002a, 2002b), Claude Lévi-Strauss (1987, 2000), apenas para citar dois exemplos importantes, funcionam algumas vezes mais como um obstáculo a ser vencido do que como uma solução para aquilo que visualizamos e vivemos no trabalho de campo.

Assim, embora autores como Eliade e Lévi-Strauss tenham muito a nos ensinar, nos aproximamos mais das definições de narrativa mítica e nos inspiramos em James Clifford (2014), autor que aproxima a experiência etnográfica e a etnografia das narrativas literárias, ou ainda nos trabalhos mais recentes envolvendo a antropologia da *performance* (DAWSEY et al., 2013), que nos permite falar em "*performance* narrativa" (cf. SILVA, 2013). A partir dessas outras leituras optamos pela categoria de "narrativa encantada", ou seja, aquelas narrativas presentes nas toadas rituais, mas que não se conformam às noções de mito que se prendem a relatos cosmogônicos, ou ainda a relatos estruturados, mas narrativas que se movem, performaticamente, que contam algumas vezes as trajetórias das entidades num tempo que não é possível afirmar que é "primordial", mas simplesmente em um tempo outro que não se sabe nem se importa em saber qual é. A qualificação de "encantada" tem como objetivo trazer a categoria central presente nas muitas narrativas do povo da Jurema: o encanto, que envolve todo o aspecto mágico da religião. Encantadas também porque através do canto há uma relação dialética que é estabelecida entre os sujeitos que cantam, que entoam, que chamam as entidades do mundo encantado para se fazerem presentes e, dessa forma, o canto se encanta também porque evoca a dimensão encantada.

Outro aspecto muito interessante é perceber como a dimensão de encanto da Jurema transborda o espaço dos terreiros e se apresenta no imaginário popular nordestino, também através da música. Um bom exemplo é a *Banda Cabruêra*, com mais de dez anos de trajetória, tendo já se apresentado em vários países do mundo. Em uma de suas canções, chamada "Jurema", traz a dimensão mítica da sacralidade da planta ao afirmar: "A mimosa é sagrada, sua raiz é secular". Abaixo podemos ver a letra em sua integralidade:

Um grão de areia ver o mundo
Na flor silvestre, a celeste amplidão
Segura o infinito em tuas mãos
E a integridade do segundo

A mimosa é sagrada
Sua raiz é secular
É acácia encantada
Do povo tupinambá

E trovejou no céu lá da jurema
E trovejou no céu do juremar

Quer saber meu nome
Vai no pé da juremeira
Pisa na rama das onças
Me chamo tupinambá rei

E trovejou no céu lá da jurema
E trovejou no céu do juremar (grifos nossos)

Como se pode ver, a música mostra também a forte influência indígena na Jurema, bem como remete, de certa forma, às cidades encantadas da Jurema ao fazer menção ao "céu lá da jurema". A dimensão das cidades é parte substancial da mitologia juremeira, pois é o espaço imaterial, para além de nosso mundo, mas em constante contato com ele através das entidades. As narrativas míticas sobre as cidades são inúmeras e aparecerão frequentemente nas toadas, pois são os espaços sobrenaturais onde habitam as entidades mestres e mestras da Jurema. Os termos "mestre" e "mestra", no contexto do Catimbó-Jurema, são utilizados tanto para as pessoas que têm autoridade espiritual neste universo religioso quanto para as entidades que são cultuadas, que podem ser lidas, como aquelas bastante típicas da espiritualidade catimbozeira-juremeira. A música também remete a um caboclo, Tupinambá rei, outra entidade muito presente nos terreiros de Jurema.

É importante ressaltar ainda que a escolha de buscar a dimensão mítica do Catimbó-Jurema nos cantos rituais também é uma forma de valorizar e trazer à tona o canto tido como subalterno, amplamente desvalorizado, conforme já discutido por José Jorge de Carvalho, ainda no fim dos anos de 1990. O autor já atentava, naquele momento, para a pouca atenção dada à mística afro-brasileira, e consequentemente aos seus cantos (CARVALHO, 1998: 3-4). Na verdade, em texto mais recente, Carvalho (2003: 9) considera que o estudo da música em contextos rituais ainda é muito pouco explorado no Brasil. Os autores pioneiros dos estudos do Catimbó-Jurema se dedicaram, em alguma medida, a esses cantos, como o trabalho clássico de Mario de Andrade, *Música de feitiçaria no Brasil*, e *Meleagro*, de Câmara Cascudo. O escritor paulista, pioneiro, ainda que desejasse "dar uma alma ao Brasil", como colocou numa famosa correspondência com Carlos Drummond de Andrade, em 1924, em muitos momentos, dado ao "espírito de época", traz um olhar redutor dos cantos. Já o folclorista potiguar não tomou as cantigas como objeto, de modo que a atenção dada ao conteúdo e aos seus significados era mínima. Os olhares pioneiros, como já demonstrei anteriormente (SAMPAIO, 2016), são limitados, trazem as marcas de seu tempo, em que as religiões afro-brasileiras e, em especial, o Catimbó-Jurema, eram bastante desqualificadas socialmente e enquanto objeto de pesquisa. Consideramos que de lá para cá pouco se caminhou no sentido de um aprofundamento da importância das cantigas rituais enquanto fonte. Carvalho já demonstrou a importância de percebermos os cantos enquanto "textos religiosos" e alertou que "deveríamos dar crédito ao que dizem os textos dos cantos sagrados afro-brasileiros da mesma forma que damos crédito aos textos sagrados oriundos das chamadas grandes religiões letradas" (CARVALHO, 1998: 3). O autor, fazendo uso do olhar gadameriano, considera que entrar em contato com os cantos afro-brasileiros implica adentrar em seu *"corpus* místico-poético", e a partir disso acessar a mística afro-brasileira em sua expressão mais forte (CARVALHO, 1998: 3).

Para além do campo antropológico, mas em diálogo com ele, a etnomusicologia brasileira, em trabalhos recentes, trouxe questionamentos até mesmo para o termo "música", que traz consigo uma aparente neutralidade e por isso tem conduzido à redução de culturas tomadas como subalternas aos termos de outras vistas como superiores, normalmente aquelas que dizem respeito ao universo do "homem branco, heterossexual, descendente de europeus ocidentais e cristão" (ARAÚJO, 2016: 8-9). Desse modo, a inspiração nesses referenciais nos estimula ainda mais a recuperar os cantos rituais, produzidos no âmbito de populações afrodescendentes e indígenas ou relacionadas a elas, religiões, religiosidades que são habitualmente marginalizadas. Obviamente, o olhar aqui apresentado se constitui apenas em uma leitura possível das histórias contadas nos cantos, uma vez que a performatividade da narrativa não permite qualquer forma de cristalização ou perspectivas fechadas. A utilização de entrevistas realizadas ao longo desses anos nos permitiu trazer mais elementos sobre as possibilidades de leitura dos cantos; entretanto, elas tanto iluminam quanto limitam porque são evidentemente fruto de olhares de determinados juremeiros, em seus contextos, a partir do modo como veem a sua espiritualidade, a sua relação com as entidades que recebem e ainda o que entendem por tradição no âmbito de suas casas.

Iremos trazer, adiante, as toadas cantadas em louvação a jurema, bem como os pontos cantados para mestres e mestras, as principais entidades do panteão juremeiro. Esperamos mostrar, através desses cantos, como o povo juremeiro-catimbozeiro conta cantando a sua história.

2 Louvando a Jurema: cantos de louvação, abertura e fechamento de trabalhos

Nossas pesquisas de campo demonstram que podemos entender como cantos de louvação, ou ainda toadas, ou pontos, como chamados pelos adeptos, todos aqueles que evocam a jurema enquanto planta, mas não somente por seu aspecto botânico, mas justamente pelo que transcende dele, ou seja, como uma "planta de poder". São os cantos que irão trazer o seu significado simbólico, que remetem, por sua vez, à sua força, à sua ciência, à sua sacralidade, ao seu poder curativo e simbólico.

Os cantos de louvação tanto abrem quanto fecham os rituais de jurema. Por isso, seguindo a composição do rito, abriremos esta parte do texto com uma toada de abertura:

> Abre-te Jurema do rio de Jordão
> a barquinha de Noé, com um Sino Salomão
> Abre-te Jurema do rio de Jordão
> a barquinha de Noé, com dois Sino Salomão
> Abre-te Jurema do rio de Jordão
> a barquinha de Noé, com três Sino Salomão
> Abre-te Jurema do rio de Jordão
> a barquinha de Noé, quatro Sino Salomão
> Abre-te Jurema do rio de Jordão
> a barquinha de Noé, cinco Sino Salomão

Abre-te Jurema do rio de Jordão
a barquinha de Noé, com seis Sino Salomão
Abre-te Jurema do rio de Jordão
a barquinha de Noé, sete Sino Salomão[4].

A toada acima demonstra bem a influência do cristianismo no universo do Catimbó-Jurema. A menção ao Rio Jordão é extremamente frequente nas toadas, como já destacado por outros autores (SALLES, 2010: 119-120; VANDEZANDE, 1975: 54). O rio, localizado no centro do reino de Salomão e normalmente referenciado como o lugar onde Jesus foi batizado, está entre os principais espaços tidos como sagrado para o cristianismo, pois além da referência ao batismo de Cristo, foi o rio que os judeus atravessaram para chegar à terra prometida, conforme se pode ler nas narrativas bíblicas, no livro de Matheus e em outras passagens. A referência à barquinha de Noé remete à conhecida passagem do livro do Gênesis, no Antigo Testamento, que se refere à construção da arca de Noé na narrativa do dilúvio, que pode ser lida como uma forma de explicitar a antiguidade e a imemorialidade da jurema.

Já a menção ao "Sino Salomão", que seria o "selo de Salomão", é também muito comum, aparece em muitas toadas, e desde os autores pioneiros do campo de estudos do Catimbó-Jurema, como Mario de Andrade (1983), Câmara Cascudo (1978), Roger Bastide (1945), dentre outros, vem sendo objeto de registro, menções, mas ainda de pouca reflexão. Autores mais recentes (SALLES, 2010; NASCIMENTO, 2016), sempre retomando os clássicos, trazem também registros a partir de seus campos de pesquisa. Na verdade, somente essa questão da referência ao Rei Salomão pode tornar-se objeto de um outro texto, devido à riqueza da releitura desse simbolismo que é feita no universo do Catimbó-Jurema, especialmente recuperando as leituras feitas e os pontos recolhidos desde Mario de Andrade. Salles denominou esse conjunto de referências de "complexo de Salomão", que seria "formado pela própria entidade, pelas referências ao Rio do Jordão [...] e, sobretudo, ao Selo de Salomão, ou como dizem os juremeiros, Sino Salamão" (SALLES, 2010: 118-119). Se considerarmos todo o espectro que compõem as religiões afro-brasileiras, as referências ao Rei Salomão podem ser encontradas em outras modalidades,

---

4. Toada colhida e transcrita por Rafael Trindade Heneine, durante a vigência do Pibic 2016-2017, no Terreiro de Umbanda e Jurema Ogum Beira-Mar, que tem como líder religiosa Mãe Marinalva, uma das mais antigas lideranças do campo afro-brasileiro de João Pessoa.

como por exemplo nos cantos do Candombe mineiro, como bem mostrou o trabalho de Edimilson Pereira, em que "São Salomão" aparece junto de outros santos católicos:

> Ê, eu fui numa festa
> Na casa de São Salomão
> São Pedro gritava
> São João respondia
> São Sebastião sacode o balão
> É divera minha gente
> Essa festa é São Salomão
> Essa festa do Rosário
> É Deus que mandou (PEREIRA, 2005: 168).

Especialmente no que tange ao selo de Salomão, representado por dois triângulos equiláteros entrecruzados, formando a tão conhecida estrela de seis pontas, denominada também como hexagrama ou estrela de Davi, serão encontradas inúmeras referências em diversas religiões e espiritualidades; contudo, no campo afro-brasileiro, para além do universo do Catimbó-Jurema, o símbolo se faz presente também nas Umbandas, nas suas mais diversas linhas, mas particularmente na Umbanda esotérica, bem como é utilizado nas benzeções e rituais de cura no âmbito da religiosidade popular: "para curar quebrante, a estrela de davi é desenhada em volta da criança, riscando-se o chão com carvão virgem, tantas vezes quantas forem necessárias, até que se termine a reza" (GOMES & PEREIRA, 2004: 65-66). Pode-se ver, a partir desse relato, que o selo de Salomão não somente é invocado nos cantos como pode ser desenhado, seja do modo narrado acima, seja com pemba, como um "ponto riscado", utilizado tanto no âmbito das Umbandas como no universo do Catimbó-Jurema. Devido ao valor enquanto registro histórico, vale trazer a passagem de *Meleagro*, de Câmara Cascudo, onde o simbolismo da estrela é descrito no capítulo intitulado "Mau-olhado. Quebranto. Amuletos":

> ESTRELA: De cinco raios (Pentalfa) ou de seis raios (Hexalfa), ambas conhecidas como Selo ou Sinal de Salomão, Sino-salamão, sanse-limão em Portugal. São signos antiquíssimos, símbolos da ciência pitagórica, da Cabala. Aparece nos desenhos rupestres, nos túmulos, dintéis de porta, tímpano de Igreja, gravado, escavado, desenhado. Nenhum espírito maligno ousa aproximar-se do lugar onde exista o Sino-Salamão. Desenhavam-no na porta das casas para guardá-las. Defende os vivos e vorantes, livrando das alucinações. A Figa de-

fende mais o corpo. A Estrela é vigia do espírito, afastando as coisas terríveis que andam e voam nas trevas da noite. Os mais exigentes ensinam que o verdadeiro sinal de Salomão é a hexalfa feita com dois triângulos, visíveis no desenho. A literatura documental é vasta e dispensável neste verbete divulgativo.

Além de bastante interessante a descrição de Cascudo, é preciso dar razão ao autor no que tange à vasta literatura documental, porém no âmbito da magia europeia, que era o que folclorista tomava como foco, lendo inclusive o Catimbó como herdeiro majoritariamente desta e não como herança das populações indígenas e africanas (CASCUDO, 1975: 193-194). Já na parte final de sua obra, intitulada "Adendo", Câmara Cascudo traz nas últimas preciosas duas páginas e meia, com direito a foto, um nome instigante na história do Catimbó paraibano: Felinto Saldanha, um mestre catimbozeiro nascido em Serraria, na região do brejo paraibano e falecido nos anos de 1940, em Natal. Ao descrever a "ciência catimbozeira" desse mestre, nos mostra o uso do "Sino Salamão", como um amuleto defensivo.

Retomando a letra do canto recolhido de nosso campo de pesquisa, vale ainda mencionar a numeração dada ao "Sino Salomão". Como um canto de abertura, inicia-se do um e vai até o sete: "Abre-te Jurema do rio de Jordão/ a barquinha de Noé, com um Sino Salomão... Abre-te Jurema do rio de Jordão/ a barquinha de Noé, sete Sino Salomão". Já na toada que mostraremos abaixo, recolhida em outro terreiro, que se aproxima muito daquela que abrimos este item, a numeração referente ao "Sino Salomão" é invertida, porque se trata de uma "toada de saída" de fechamento dos trabalhos. A estrutura é muito semelhante, porém utilizada num momento ritual distinto:

> Veja-te Jurema do rio de Jordão
> barquinha de Noé, sete Sino Salomão
> Veja-te Jurema do rio de Jordão
> barquinha de Noé, com seis Sino Salomão
> Veja-te Jurema do rio de Jordão
> barquinha de Noé, cinco Sino Salomão
> Veja-te Jurema do rio de Jordão
> barquinha de Noé, quatro Sino Salomão
> Veja-te Jurema do rio de Jordão
> barquinha de Noé, com três Sino Salomão
> Veja-te Jurema do rio de Jordão
> barquinha de Noé, com dois Sino Salomão

> Veja-te Jurema do rio de Jordão
> barquinha de Noé, com um Sino Salomão
> Veja-te Jurema do rio de Jordão
> da boca dos senhores Mestres, e a bendita Conceição[5].

A partir do exposto é possível entender que as referências a Salomão remetem à ciência da Jurema, sendo a ciência de Salomão parte dela. Já o selo, que pode ser visto como signo e símbolo, foi e é usado como amuleto. Pode evocar proteção, poder, cura e, especialmente, operar como um símbolo mágico no universo do Catimbó-Jurema.

Nessa próxima toada, a sacralidade da jurema está relacionada à fuga de Jesus do Egito e, nesse processo, a árvore da jurema tê-lo-ia abrigado, junto de Maria. Vale ressaltar que embora a versão cristã para a sacralidade da jurema apareça nos cantos que serão abaixo transcritos, esta não é a única versão para explicar por que a jurema é sagrada, conforme já mencionei em trabalhos anteriores. Através de entrevista com juremeiros, outra versão que se tem, de caráter regional, remete aos tempos em que o Catimbó era perseguido pelas autoridades policiais em Alhandra, na Paraíba. Assim, para evitar que corpos de mestres juremeiros fossem incinerados, escondia-se e enterrava-se o corpo. Para que não se perdessem os corpos, plantava-se um pé de jurema em cima e a partir disso nasceram as muitas "cidades físicas" da jurema, que significa um espaço onde há as juremas dos mestres plantadas (SAMPAIO, 2016: 357-358).

A referência ao seu Zé, se deve à importância da entidade, como já bem analisada no capítulo anterior, de Lourival Andrade. São os muitos "Zés", nas suas multifacetadas formas; no caso da Jurema, aparecem habitualmente como entidades mestres:

> Jurema é um pau encantado
> É um pau de ciência
>
> que todos querem saber
> mas se você quer Jurema
> eu dou jurema a você
> mas se vocês quer ciência
> Seu Zé dá ciência a você

---

5. Toada colhida e transcrita por Rafael Trindade Heneine, durante a vigência do Pibic 2016-2017, Terreiro-templo Religioso de Umbanda São João Batista, que tem como líder religioso Pai Lindomar.

A jurema é pau santo
Onde Jesus descansô
Sô mestre em toda linha,
Sô mestre curadô.

Quando Deus andô no mundo
Na jurema descanso.
O segredo da jurema
Quem me deu foi o Sinhô.

Os galinho da jurema
Sua sombrinha formô.
Que cobriu a Jesus Cristo
Que era nosso Sinhô (ASSUNÇÃO, 2010: 80)

A versão mostrada foi transcrita da obra de Luiz Assunção, embora ouvimos com frequência em nossas pesquisas na Paraíba, mas muita das vezes com modificações ou cantada de modo abreviado como no formato abaixo:

Jurema, é um pau encantado, é um pau de ciência, que todos querem saber

Jurema, é um pau encantado, é um pau de ciência, que todos querem saber

Se você quer jurema, Jurema eu dou a você.

Se você quer jurema, Jurema eu dou a você[6].

A constante referência à ciência da Jurema é um aspecto muito forte e interessante das toadas porque remete a um saber, de outra ordem, que é passado de uma forma alternativa, completamente distinta da noção científica de "ciência"[7]. Como mostra a toada seguinte, a "jurema tem ciência", tem o seu saber, que é aprendido de muitos modos: diretamente com a planta, como os antigos mestres juremeiros faziam, segundo nossas narrativas de campo; com

---

6. Toada colhida e transcrita por Rafael Trindade Heneine, durante a vigência do Pibic 2016-2017, Terreiro-templo Religioso de Umbanda São João Batista que tem como líder religioso Pai Lindomar.

7. Nem mesmo na literatura acadêmica há consenso em torno da definição de ciência, e a própria cientificidade da ciência recebe questionamentos, como nos trabalhos de Bruno Latour (1996, 1997, 2007), ou ainda nos de Rubem Alves (2001, 2009), para citar dois exemplos. Quando nos referimos aqui à noção científica de ciência, pensamos na concepção clássica, a denominada de "ciência moderna".

as entidades mestres, em estado especial de consciência, através do "tombo da jurema" e entre os juremeiros, especialmente com os mais velhos, através da oralidade, do conhecimento passado de boca a ouvido. Não só a jurema, mas as muitas plantas que são utilizadas no universo do Catimbó-Jurema possuem a sua ciência e o seu saber próprio. No ponto cantado abaixo é interessante a comparação do modo de trabalho da Jurema e sua ciência, com a referência implícita à construção de uma casa de abelha, trazendo a dimensão do segredo e também do trabalho que não é visto, porém, feito:

> A Jurema tem ciência
> Só Jesus pode saber
> É como casa de abelha
> Trabalhar sem ninguém ver[8].

Como se pôde ver pelas toadas transcritas, os cantos de louvação a Jurema contam claramente a história dela, seus muitos percursos míticos, suas trajetórias, sua ancestralidade na perspectiva dos juremeiros. A sacralidade da planta é explicada, a importância do cristianismo no universo do Catimbó-Jurema é explicitada, contudo trata-se de um cristianismo completamente ressignificado. Podemos entender que a dimensão de ciência, com a qual estamos habituados a lidar, é desafiada pelo saber popular, é questionada em seus pressupostos, uma vez que outras ciências são possíveis, existem e podem dar ensinamentos que o saber científico que fazemos em âmbito acadêmico não pode.

3 Narrativas encantadas: cantando para mestres e mestras

Desde os trabalhos pioneiros de Andrade (1983), Cascudo (1978), passando pelos autores que se dedicam à temática desde os anos de 1970, como René Vandezande (1975) e Roberto Motta (2006, 2005), até os trabalhos posteriores à década de 1990, como Brandão e Nascimento (1998) e Salles (2010), dentre muitos outros autores que se poderiam mencionar, as entidades mestres e mestras são descritas, ainda que algumas vezes de modo sumário. A partir de suas trajetórias enquanto entidades, de vivências e experiências de outras

---

8. Toada colhida e transcrita por Rafael Trindade Heneine, durante a vigência do Pibic 2016-2017, Terreiro-templo Religioso de Umbanda São João Batista que tem como líder religioso Pai Lindomar.

vidas, é que os juremeiros nos fazem compreender as distintas hexis corporais vistas em cada incorporação. Muitas entidades mestres e mestras que vemos em terra hoje são espíritos de antigos mestres catimbozeiros, muitos deles famosos no âmbito da religião (SALLES, 2010: 123). Independente de incorporarem em homens ou em mulheres, as entidades mestres se apresentam habitualmente com chapéu de couro, que remete ao estilo dos cangaceiros, ou com chapéu de palha, usando também uma bengala. Já as entidades mestras, também utilizam chapéus de couro ou palha, porém num estilo mais feminino.

A maioria faz uso de bebida alcóolica quando está em terra, normalmente uma cachaça e, aqui, na Paraíba, apreciam muito a da marca Pitú, bastante popular e de preço acessível. Ao incorporarem, além de beberem e fumarem seus cachimbos, dançam, cantam, conversam, e dependendo da estruturação do rito, dão consultas e conselhos, embora algumas casas separem dias específicos para esta atividade. Suas trajetórias existenciais compõem as narrativas míticas do universo do Catimbó-Jurema e nos fazem compreender a *performance* corporal de cada mestre ou mestra, bem como suas preferências de atuação. Todavia, nem todas as entidades mestres e mestras gostam de falar de suas vidas anteriores. Quanto ao nome, a maioria das entidades possui uma espécie de apelido; algumas revelam também seus nomes completos, outras não.

A primeira toada que iremos transcrever é a do Mestre José da Barruada, que já vimos em terra muitas vezes e já tivemos oportunidade de conversar por mais de uma ocasião. Trata-se de um mestre prestigiado na casa onde trabalha, na verdade é a entidade "carro-chefe" deste terreiro. Segundo o juremeiro que o recebe, em outras vidas era um senhor negro, benzedor, rezador, devoto de Nossa Senhora da Aparecida, e também "gostava de tomar uma cachacinha"[9]:

> Sou o mestre, sou o mestre, sou o mestre da Jurema,
> Sou o mestre, sou o mestre, sou o mestre da Jurema,
> Venho afirmar meu ponto e firmar meu pensamento,
> Venho afirmar meu ponto e firmar meu pensamento.
> Sou o Mestre que vem da Jurema, que vem da encruza para trabalhar

---

9. Informações coletadas em entrevista realizada com Pai Beto de Xangô, por Rafael Trindade Heneine durante a vigência do Pibic 2016-2017.

> Eu venho desmanchando macumba, criando feitiço e limpando o
> Gongá
>
> Sou o Mestre que vem da Jurema, que vem da encruza para trabalhar
>
> Eu venho desmanchando macumba, criando feitiço e limpando o
> Gongá
>
> Até a Jurema, Até a Jurema, Até a Jurema[10].

Um primeiro aspecto que devemos observar no ponto cantado acima é a própria identificação da entidade enquanto mestre, ou seja, a demarcação de um lugar no mundo espiritual. Um mestre que atua na Jurema e que vem também da Jurema, uma das cidades encantadas, para poder trabalhar. Vem também da "encruza", porque possui atuações espaciais múltiplas e, além disso, é um lugar que possui um simbolismo muito forte nas religiões afro-brasileiras: cruzamento e possibilidades de caminhos diferentes, encontro, local de oferendas para as entidades, dentre outras possibilidades de significação. A toada traz uma perspectiva muito comum no universo do Catimbó-Jurema, mas também da Umbanda, que é a da espiritualidade como trabalho, o trabalho espiritual que se faz por uma multiplicidade de ações mágicas do mestre, como "desmanchar macumba", "criar feitiço" e "limpar o Gongá", que seria o altar utilizado nos terreiros, onde se colocam imagens das entidades e diversos objetos sagrados. Outra questão interessante é a afirmação do ponto como firmação do pensamento, ou seja, o canto para além de ser um chamado da entidade para o trabalho é também manifestação, expressão do seu pensamento enquanto mestre.

O ponto cantado seguinte é do Mestre Zé Pretinho, um mestre de Jurema muito popular. Veremos nele novamente a disposição para o trabalho, a presença das cidades encantadas enquanto um espaço espiritual e morada dos mestres que se "encantaram". Importante destacar a centralidade da categoria do "encanto" na cosmovisão juremeira. Os mestres não morrem exatamente, eles se "encantam". O encantamento é presença, é qualificador, é adjetivo, é verbo e substantivo. Espaços podem ser encantados, entidades se encantam e passam a ser encantadas ou ainda pode-se fazer um encantamento[11]. A men-

---

10. Toada coletada por Rafael Trindade Heneine, durante a vigência do Pibic 2016-2017.

11. Luís Filipe Cardoso Mont'mor, em sua dissertação de mestrado intitulada *Os planos encantados da jurema: Acais, tambaba, outras cidades e reinos em uma análise antropológica* tratou da centralidade do encanto na Jurema.

ção à cidade do Acais é muito recorrente, pois se trata tanto de uma cidade física quanto de uma cidade encantada da Jurema. Conhecido como "sítio do Acais", está localizado no município de Alhandra e é um espaço tido como sagrado pelos catimbozeiros e juremeiros, tendo sido inclusive tombado pelo Instituto de Patrimônio Histórico e Artístico da Paraíba – Iphaep[12]. A menção ao "portão" ou "portal" da jurema também é frequente e podemos entendê-la como um portão mágico, imaginário, da cidade encantada da Jurema:

> Eu venho da cidade do Acais, pra que mandou me chamar
> Abre o portão da jurema, pra Zé Pretinho passar
> Meu Mestre porque me diz, que aqui nessa mesa mandou triunfar
> Eu venho da minha cidade, tô pronto pra trabalhar[13].

Passemos agora às toadas das entidades mestras. Antes de tentarmos fazer leituras possíveis dos cantos, vale frisar que é perceptível em nosso trabalho de campo que as mestras não dispõem do mesmo prestígio dos mestres, uma questão de gênero que não conseguiremos aprofundar aqui. Além disso, as mestras são entidades que têm se complexificado com a influência da Umbanda devido à proximidade com as entidades Pombagira, o que ocorre não sem controvérsias entre os juremeiros. Há inclusive muitas críticas ao fato de que muitas mestras terminam cultuadas como Pombagiras, o que é considerado por juremeiros e juremeiras antigas, ou mesmo jovens, mas que vinculadas a casas que se colocam no "lugar da tradição", pela antiguidade e pela prática. Já vimos Pombagiras descerem dizendo que retornarão mestras, o que demostra que há, nesse contexto, uma hierarquia entre as entidades. A toada abaixo, cantada para chamar a entidade Mestra Ritinha, tem vários aspectos interessantes, pois nos conta a história de dor de uma mulher, uma narrativa muito rotineira, que desperta grande sentimento de identificação das juremeiras e de qualquer mulher que escute o ponto:

---

12. Inúmeras controvérsias envolvem o tombamento do sítio do Acais, que já sofreu transformações ao longo dos anos, e o espaço físico (que incluía as juremas plantadas, casas, a capela São João Batista etc.) já foi bastante deteriorado devido a diversas questões de ordem política, econômica e religiosa. Além de ser uma propriedade de origem indígena, nela viveu a famosa mestra juremeira Maria do Acais. Em trabalhos anteriores já tratei em maiores detalhes essa questão (SAMPAIO, 2016, 2015). Outros autores também já se debruçaram sobre o assunto (SALLES, 2004, 2010; CABRAL, 1997).

13. Toada coletada por Rafael Trindade Heneine, durante a vigência do Pibic 2015-2016.

Quando Deus andou no mundo
Uma luz lhe acompanhou
Eu não sabia que era ela
A dona do meu amor

Ela foi passada aos quinze anos
Dentro da rua da Guia
Eu vou lhe dizer seu nome
Ela se chama Mestra Ritinha

Ela foi pra sua mãe
Uma filha querida e adorada
Mas por não ouvir seus conselhos
Levou sete pexeiradas

As amigas lhe chamavam
Pro caminho da malícia
E no dia do seu enterro
Só quem foi, foi a polícia

Mas quando vinha o cortejo
Com aquele negro caixão
As despeitadas diziam
"Descansei meu coração"

O dia do seu enterro
Foi um dia de alegria
Todos os homens choravam
Todas as mulheres sorriam

A Jurema quando nasce
A ciência ela já traz
Eu só peço as filhas dela
Que obedeçam aos seus pais

Me sustente esse ponto e não deixe cair
Que Ritinha chegou, mas não é daqui[14].

---

14. Toada coletada por Eduarda Coelho durante a vigência do Pibic 2014-2015.

A toada narra a morte de Ritinha em vida anterior, antes de encantar-se como mestra de Jurema, quando foi "passada"[15], ou seja, morta aos quinze anos, na Rua da Guia, em Recife. Nesse momento a história contada na narrativa encantada se encontra com a história registrada em nossos trabalhos acadêmicos. A Rua da Guia, antes denominada Rua da Senzala Velha, localizada no entorno do Marco Zero no bairro do Recife antigo, um dos destinos turísticos principais da capital pernambucana, estava associada ao funcionamento da região portuária, entre os séculos XVI e XIX[16]. Não somente em Recife, mas em outras cidades portuárias brasileiras, as regiões próximas ao porto, por estarem afastadas dos espaços residenciais familiares, funcionaram como espaços de prostituição regulados por políticas sanitaristas (ALCOFORADO, 1999: 76-77). Assim, até as primeiras décadas do século XX, a região da Rua da Guia era ocupada por estrangeiros, prostitutas e comerciantes. Vale destacar que os espaços de prostituição no Recife antigo não eram homogêneos, como bem mostrou o trabalho de Alcoforado sobre a prostituição em Recife (1999). Nas avenidas principais, como a Marquês de Olinda e a Rio Branco, estavam os bordéis de luxo, frequentados pela elite recifense, que era atendida por prostitutas francesas, pelas denominadas "polacas" e por jovens expulsas pelas famílias burguesas pelo fato de terem perdido a virgindade. Já nas ruas da Guia e Bom Jesus ficavam as mulheres em piores condições e os

---

15. O uso deste termo é muito comum nos pontos cantados, não só nos dedicados aos mestres e mestras como nas toadas cantadas para as Pombagiras. Nas conversas com as entidades, este é o termo também usado, sempre que se vai tratar de uma narrativa de morte ou mesmo quando vai se anunciar uma morte futura.

16. Há alguns trabalhos sobre o Recife antigo a partir da perspectiva da representação das territorialidades urbanas (CAMPOS, 2002; LEITE, 2006). A presença desse espaço no imaginário recifense é muito forte, como demonstram várias passagens e obras de Gilberto Freyre, como o clássico *Sobrados e mucambos* (2006) e a menos conhecida *Assombrações do Recife velho*, obra emblemática do sociólogo também como "escritor" (FREYRE, 1987: 19). Para um exemplo recente, citamos o espetáculo itinerante "Pontilhados", que busca ler o Recife antigo pelo viés dos excluídos. No espetáculo, quando se chega à Rua da Guia, as atrizes interpretam as prostitutas, fazendo alusão à rua como espaço de prostituição, a beira do cais (ARAÚJO, 2016). Assim como o Rio de Janeiro, Recife passou pelo processo de "reformas urbanas" como parte do projeto de "modernização" do país, impetrado pelas elites brasileiras (CAMPOS, 2002; LEITE, 2006), entre finais do século XIX até as primeiras décadas do século XX, o que pode ser visto recuperando, p. ex., jornais da época (*Correio da Manhã*, 1911: 1). Assim como no Rio de Janeiro os "cortiços" foram demolidos, como aparece também na literatura (AZEVEDO, 1997), em Recife os "sobrados e mucambos" (FREYRE, 2006), também foram destruídos.

bordéis nelas situados eram frequentados por um público menos abastado, como marinheiros locais, pescadores, trabalhadores das docas, estivadores e pequenos vendedores. Era um espaço visto como a "escória da prostituição", mas percebido também como um espaço "de mulheres e pessoas de muita dignidade" pelos boêmios entrevistados por Alcoforado: "[...] A Rua da Guia foi meu espaço de humanização, não foi nem a Igreja nem o partido comunista" (ALCOFORADO, 1999: 81-82).

Atualmente, a Rua da Guia é um local importante para as religiões afro--brasileiras em Recife, particularmente para os juremeiros e as juremeiras que se reúnem nela por ocasião das edições da "Caminhada dos Terreiros de Pernambuco", justamente pelo simbolismo do lugar, entendido como um espaço frequentado por entidades mestres e mestras de Jurema durante suas vidas carnais (CAMPOS & RODRIGUES, 2013: 283).

Vale frisar ainda que a toada de mestra Ritinha se aproxima muito dos pontos cantados para as Pombagiras, que habitualmente narram o sofrimento e morte dessas entidades em outras vidas. O canto mostra também a disputa com outras mulheres, a relação com os conselhos de mãe não ouvidos, trazendo assim um ensinamento para os(as) jovens, em especial, para que ouçam os conselhos dos pais.

A próxima toada mostra bem a dimensão regional do Catimbó-Jurema, pois é um canto para chamar uma mestra de Jurema muito famosa na Paraíba que é a Joana Pé de Chita. Em vida passada terrena, foi uma mestra juremeira que se encantou posteriormente. A referência a Santa Rita ocorre por ser um município que faz parte da grande João Pessoa, local que podemos encontrar muitos terreiros de Catimbó-Jurema:

> Que linda cidade que é Santa Rita
> Que linda cidade que é Santa Rita
> Berço de nossa mestra Joana Pé de Chita
>
> Na Jurema Sagrada, ela foi coroada
> Na Jurema Sagrada, ela foi coroada
> E nessa cidade tornou-se encantada
> E nessa cidade tornou-se encantada[17].

---

17. Toada coletada por Eduarda Coelho durante a vigência do Pibic 2014-2015.

Através das toadas que transcrevemos buscamos apresentar um pouco das características das principais entidades do panteão juremeiro. As narrativas nos mostram que muitas capacidades espirituais das entidades mestras e mestres, especialmente no que tange a plasticidade, a *performance* ritual, a solução de problemas cotidianos dos adeptos advém, no âmbito da cosmovisão juremeira, de experiências adquiridas e acumuladas em vidas anteriores ou, como se diz no cotidiano dos terreiros, no tempo vivido como "matéria". Assim, as experiências vividas pelas entidades enquanto matéria se materializam nas tendas de Jurema, se fazem sentir ainda presentes, mas agora as entidades já estão libertas de tudo que passaram e justamente por isso podem realizar seus trabalhos espirituais.

4 O encanto narrado nas toadas: apontamentos finais

Nosso objetivo principal com este capítulo foi o de demonstrar como os cantos entoados nos rituais do universo do Catimbó-Jurema podem contar a história da própria religião, de suas entidades, trazendo sua cosmovisão, o seu mundo encantado, revelando claramente a riqueza da mitologia do Catimbó-Jurema. Na verdade, mais do que a dimensão mítica, a mística afro-brasileira pode ser emanada através dos cantos e, no caso aqui específico, a mística catimbozeira-juremeira se faz presente através das toadas.

Através do recorte que fizemos, apresentamos possibilidades de leituras para as narrativas encantadas contadas nos cantos. Todavia, sabemos da limitação deste recorte. O repertório musical do universo do Catimbó-Jurema é muito amplo e aqui trouxemos uma ínfima parte dele. Demos preferência às toadas de louvação da jurema e aquelas cantadas para evocar os mestres e mestras por serem, em nossa perspectiva, essenciais para o entendimento desse universo religioso. Todavia, se tomarmos para análise as toadas cantadas para os caboclos, para os exus, para os boiadeiros, marinheiros, pretos-velhos e pretas-velhas, no contexto do Catimbó-Jurema, podemos acessar as muitas ressignificações, trocas, ressimbolizações, releituras feitas pela influência da Umbanda. Há autores inclusive que leem o Catimbó-Jurema como a Umbanda nordestina, perspectiva que particularmente discordamos. Reconhecemos as interinfluências, as conexões, os imbricamentos, mas consideramos que são universos religiosos e espirituais distintos, uma vez que o Catimbó-Jurema guarda as suas peculiaridades. Foi essa peculiaridade que buscamos mostrar aqui, através dos cantos recolhidos e analisados.

Por fim, gostaríamos de registrar o quão profícuo se mostra o campo de estudos acerca do universo do Catimbó-Jurema, uma vez que sua constituição foi tardia, conforme mencionamos inicialmente, havendo ainda muitas questões a serem tratadas, como, por exemplo, a de gênero, relativa a atuação das entidades mestres e mestras; os processos de reinvenção, do que já denominamos como "candomblecização" do Catimbó-Jurema, precisam ser aprofundados; as conexões com o universo ayahuasqueiro e a própria dimensão mítico-simbólico requerem mais pesquisas. Portanto, os caminhos para os estudos do Catimbó-Jurema estão abertos para futuros pesquisadores que se permitirem "afetar-se", no sentido que nos mostrou Otávio Velho, pelo encanto da Jurema.

Referências

ALCOFORADO, E. *O anjo bom e o anjo mau* – Um estudo sobre identidade(s) prostitucional(ais) no Recife. Recife: Universidade Federal de Pernambuco, 1999 [Dissertação de mestrado].

ALVES, R. *O que é científico*. São Paulo: Loyola, 2007.

_____. *Filosofia da ciência*: introdução ao jogo e as suas regras. São Paulo: Loyola, 2000.

ANDRADE, M. *Música de feitiçaria no Brasil* [1933]. 2. ed. Belo Horizonte/Brasília: Itatiaia/INL/Fundação Nacional Pró-Memória, 1983.

ARAÚJO, M. Crítica: "Pontilhados" vê o Recife pelo povo da rua [Blog Terceiro Ato, 26 de fevereiro]. *Jornal do Commercio*, 2016 [Disponível em http://jc.ne10. uol.com.br/blogs/terceiroato/2016/02/26/critica-pontilhados-ve-o-recife-pelo-povo-da-rua – Acesso em 25/02/2018].

ARAÚJO, S. Prefácio – O campo da etnomusicologia brasileira: formação, diálogos e comprometimento político. In: LÜHNING, A. & TUGNY, R.P. *Etnomusicologia no Brasil*. Salvador: Edufba, 2016, p. 7-18.

AZEVEDO, A. *O cortiço*. São Paulo: Ática, 1997.

BARROS, J.F.P. *A floresta sagrada de Ossaim*: o segredo das folhas. Rio de Janeiro: Pallas, 2011.

BASTIDE, R. (1945). Catimbó. In: PRANDI, R. (orgs.). *Encantaria brasileira*: o livro dos mestres, caboclos e encantados. Rio de Janeiro: Pallas, 2011, p. 146-159.

_____. *Imagens do nordeste místico em branco e preto*. Rio de Janeiro: O Cruzeiro, 1945.

BRANDÃO, M.C.T. & NASCIMENTO, L.F.R. O Catimbó-Jurema. *Clio-Arqueológica*, n. 13, 1998.

BURGOS, A.B. *Jurema Sagrada*: do Nordeste Brasileiro à Península Ibérica. Fortaleza: Expressão Gráfica/Laboratório de Estudos da Oralidade-UFC, 2012.

CABRAL, E. Jurema Sagrada. *Cadernos de Ciências Sociais*, n. 41, 1997.

CAMPOS, H.Á. Refletindo sobre o papel das representações nas territorialidades urbanas: o exemplo da área central do Recife. *Geousp* – Espaço e Tempo, n. 11, 2002, p. 35-50. São Paulo [Disponível em http://www.revistas.usp.br/geousp/article/view/123640 – Acesso em 25/02/2018].

CAMPOS, R.B.C. & RODRIGUES, M.G. Caminhos da visibilidade: a ascensão do culto a Jurema no campo religioso de Recife. *Afro-Ásia*, n. 47, 2013, p. 269-291 [Disponível em http://www.scielo.br/scielo.php?script=sci_arttext&pid=S0002 -05912013000100008&lng=en&nrm=iso – Acesso em 25/02/2018].

CARNEIRO, E. *Religiões negras*: notas de etnografia religiosa – *Negros bantos*: notas de etnografia religiosa e de folclore. Rio de Janeiro/Brasília: Civilização Brasileira/INL,1981.

CARVALHO, J.J. A tradição musical iorubá no Brasil: Um cristal que se oculta e revela. In: *Série Antropologia*, n. 327. Brasília, 2003 [Disponível em: http://www.dan.unb.br/images/doc/Serie327empdf.pdf – Acesso em 15/11/2018].

_____. A tradição mística afro-brasileira. In: *Série Antropologia*, n. 238, 1998 [Disponível em: http://dan.unb.br/images/doc/Serie238empdf.pdf – Acesso em 15/11/2018].

CASCUDO, L.C. (1951). *Meleagro* – Pesquisa do Catimbó e notas da magia branca no Brasil. Rio de Janeiro: Agir, 1978.

CLIFFORD, J. *A experiência etnográfica* – Antropologia e literatura no século XX. Rio de Janeiro: UFRJ, 2014.

Correio da Manhã. Acontecimento de Pernambuco, 26 de novembro. Rio de Janeiro, 2011 [Disponível em http://memoria.bn.br/pdf/089842/per089842_1911_03782.pdf – Acesso em 25/02/2018].

DAWSEY, J.C.; MÜLLER, R.P.; HIKIJI, R.S.G. & MONTEIRO, M.F.M. *Antropologia e* performance: Ensaios Napedra. São Paulo: Terceiro Nome, 2013, p. 101-116.

ELIADE, M. *Imagens e símbolos*. São Paulo: Martins Fontes, 2002a.

_____. *Mito e realidade*. São Paulo: Perspectiva, 2002b.

_____. *O sagrado e o profano*. São Paulo: Martins Fontes, 2001.

_____. *Mitos, sonhos e mistérios*. Lisboa: Ed. 70, 2000.

FREYRE, G. *Sobrados e mucambos*. São Paulo: Global, 2006.

_____. (1955). *Assombrações do Recife velho* [1955]. Rio de Janeiro: Record, 1987.

GOMES, N.P.M. & PEREIRA, E.A. *Assim se benze em Minas Gerais*: um estudo sobre a cura através da palavra. Belo Horizonte: Maza, 2004.

GONÇALVES, A.G.B. Do catimbó ao candomblé – Circularidades nas religiões afro--brasileiras em João Pessoa. In: *Memorias* – Conferência Internacional de Antropologia 2010, 2012, 2014. Vol. 1. Havana: Instituto Cubano de Antropologia, 2014, p. 1-20.

GONÇALVES, A.G.B. & VALE, J.F.M. Rituais de Jurema e cura na cidade de João Pessoa. Anais do *XI Congresso Luso Afro-Brasileiro de Ciências Sociais*, 07-10/08/2011 [Disponível em http://www.xiconlab.eventos.dype.com.br/resources/anais/3/1307590258_ARQUIVO_RituaisdeJuremacoorrigggidd_1_.pdf – Acesso em 20/05/2013].

GRÜNEWALD, R.A. Sujeitos da jurema e o resgate da "ciência do índio". In: LABATE, B.C. & GOULART, S.L. (orgs.). *O uso ritual das plantas de poder*. Campinas: Mercado de Letras, 2005, p. 239-278.

HOBSBAWM, E. & RANGER, T. *A invenção das tradições*. São Paulo: Paz e Terra, 2014.

LABATE, B.C. *A reinvenção do uso da ayahuasca nos centros urbanos*. Campinas: Unicamp, 2000 [Dissertação de mestrado].

LATOUR, B. *Changer de société, refaire de la sociologie*. Paris: La Découvert, 2007.

_____. *Nous n'avons jamais été modernes* – Essai d'anthropologie symétrique. Paris: La Découvert, 1997.

_____. *La vie de laboratoire* – La production des faits scientifiques. Paris: La Découvert, 1996.

LEITE, R.P. Patrimônio e enobrecimento no Bairro do Recife. *Revista CPC*, vol. 1, n. 2, mai.-out./2006, p. 17-30. São Paulo [Disponível em http://www.usp.br/cpc/v1/imagem/conteudo_revista_arti_arquivo_pdf/rogerio_leite.pdf – Acesso em 25/02/2018].

LÉVI-STRAUSS, C. *Mito e significado*. Lisboa: Ed. 70, 2000.

_____. *Antropologia estrutural*. 4. ed. Rio de Janeiro: Tempo Brasileiro, [s.d.].

_____. *Antropologia estrutural dois*. Rio de Janeiro: Tempo Brasileiro, 1987.

MONT'MOR, L.F.C. *Os planos encantados da Jurema*: Acais, Tambaba, outras cidades e reinos em uma análise antropológica. João Pessoa: Universidade Federal da Paraíba, 2017 [Dissertação de mestrado].

MOTA, C.N. Jurema e identidades: um ensaio sobre a diáspora de uma planta. In: LABATE, B.C. & GOULART, S.L. (orgs.). *O uso ritual das plantas de poder*. Campinas: Mercado de Letras, 2005, p. 219-238.

MOTTA, R. A Jurema do Recife: religião indo-afro-brasileira em contexto urbano. In: LABATE, B.C. & GOULART, S.L. (orgs.). *O uso ritual das plantas de poder*. Campinas: Mercado de Letras, 2005, p. 279-300.

_____. Religiões afro-recifenses: ensaio de classificação. In: CAROSO, C. & BACELAR, J. (orgs.). *Faces da tradição afro-brasileira*. Rio de Janeiro/Salvador: Pallas/Ceao, 1999, p. 17-35.

NASCIMENTO, A.L.S. *A mística do Catimbó-Jurema representada na palavra, no tempo, no espaço*. Natal: UFRN, 2016 [Dissertação de mestrado].

NASCIMENTO, M.T.S. *O "Tronco da Jurema": ritual e etnicidade entre os povos indígenas do nordeste* – O caso Kiriri. Salvador: UFBA, 1994 [Dissertação de mestrado].

PEREIRA, E. *Os tambores estão frios* – Herança cultural e sincretismo religioso no ritual do Candombe. Juiz de Fora/Belo Horizonte: Funalfa/Maza, 2005.

PORDEUS, I. *Portugal em transe* – Transnacionalização das religiões afro-brasileiras: conversão e *performances*. Lisboa: Universidade de Lisboa/Imprensa de Ciências Sociais, 2009.

RAMOS, A. (1934). (1935). *O folclore negro do Brasil*. São Paulo: Martins Fontes, 2007.

_____. *O negro brasileiro* – 1º vol.: Etnografia religiosa. Rio de Janeiro: Graphia, 2001.

_____. (1935). *As culturas negras no Novo Mundo*. São Paulo: Nacional, 1979.

SALLES, S.G. *À sombra da Jurema Encantada* – Mestres juremeiros na Umbanda de Alhandra. Recife: UFPE, 2010.

_____. À sombra da Jurema: a tradição dos mestres juremeiros na Umbanda de Alhandra. *Revista Anthropológicas*, ano 8, vol. 15 (1), 2004, p. 99-122.

SAMPAIO, D.S. Catimbó e Jurema: uma recuperação e uma análise dos olhares pioneiros. *Debates do NER*, ano 17, n. 30, jul.-dez./2016, p. 151-194. Porto Alegre [Disponível em http://seer.ufrgs.br/index.php/debatesdoner/article/view/63469 – Acesso em 11/04/2017].

_____. Concepções e ritos de morte na Jurema paraibana. *Religare,* vol. 12, n. 2, dez./2015, p. 344-369.

SAMORINI, G. *Jurema, la pianta della visione* – Dai culti del Brasile alla Psiconautica di frontiera. Milão: Shake, 2016.

SANGIRARDI, JR. A.B. Jurema. In: *Os índios e as plantas alucinógenas*. Rio de Janeiro: Alhambra, 1983.

SANTIAGO, I.M.F.L. A jurema sagrada da Paraíba. *Qualitas Revista Eletrônica*, vol. 7, n. 1, 2008 [Disponível em http://revista.uepb.edu.br/index.php/qualitas/article/viewFile/122/98 – Acesso em 20/05/2013].

SILVA, R.A. *Performances* narrativas nos quilombos do Alto Vale do Ribeira. In: DAWSEY, J.C.; MÜLLER, R.P.; HIKIJI, R.S.G. & MONTEIRO, M.F.M. *Antropologia e* performance: Ensaios Napedra. São Paulo: Terceiro Nome, 2013, p. 101-116.

VANDEZANDE, R. *Catimbó* – Pesquisa exploratória sobre uma forma nordestina de religião mediúnica. Recife: UFPE, 1975 [Dissertação de mestrado].

VELHO, O. (1998). "O que a religião pode fazer pelas Ciências Sociais?" In: TEIXEIRA, F. (org.). *A(s) ciência(s) da religião no Brasil* – Afirmação de uma área acadêmica. São Paulo: Paulinas, 2001, p. 233-250.

6
Narrativa indígena e aspectos do perpectivismo de integração entre humanos e natureza
A guarda das tradições indígenas como bases para um *ethos* da preservação amazônica

*Manoel Ribeiro de Moraes Júnior**

Introdução

São ecoantes as diversas mobilizações em defesa da Amazônia. Contudo, os interesses são diversos, tais como: as preservações motivadas para a economia de crédito de capitais, salvaguardas da Amazônia como área estratégica de abastecimento hídrico-alimentício para os países ricos, reserva de recursos naturais com potencial mercadológico, produção de energia por propulsão hídrica etc. A preservação da Amazônia não pode ser imaginada como se ela fizesse parte de um ecossistema estático. Contudo, suas transformações dão sinais de que há evidentes atividades destrutivas. Destruição que é estranha às suas dinâmicas ambientais.

O processo histórico de antropização deflagrado nos últimos 400 anos está deixando sequelas atmosféricas, botânicas, zoológicas, hídricas e geológicas, que em conjunto aceleram as mudanças negativas no bioma Amazônia.

---

* Professor adjunto do Departamento de Filosofia e Ciências Sociais da Universidade do Estado do Pará (Uepa). Atua no Programa de Pós-Graduação em Ciências da Religião da Uepa e no Programa de Pós-Graduação em Currículo e Gestão de Escola Básica da Universidade Federal do Pará (Ufpa).

A degradação ambiental acontece quando a devastação botânica, a interferência degradante do relevo, a poluição hídrica e a deterioração da atmosfera intensificam-se conjuntamente. Essa onda de impactante devastação impede que a renovação do ambiente não seja mais cíclica e, dessa forma, a dizimação da vida seja notória.

Os assentamentos urbanos, a extração mineral e energética, a forma de produção agrícola e pastoril etc. não têm favorecido a manutenção do equilíbrio ecológico. A destruição ambiental é resultante da desproporção existente entre a capacidade de renovação ambiental e as crescentes demandas econômico-humanas de produção e extração. Por ainda não ter uma fonte não ambiental para suprir as necessidades humanas, o consumo de recursos naturais em ritmo acelerado vem deixando rastros de destruição. Mas não só a extração é nociva. A eliminação de materiais residuais na natureza vem eliminando o ciclo natural de nutrientes, fazendo que a vida tenha o seu ciclo progressivamente interrompido.

Nesse contexto dizimatório, o que significa a preservação da cultura ancestral indígena? A transformação das culturas indígenas e de seus respectivos mundos florestais em patrimônio cultural e também em áreas de proteção socioambiental é garantir para diversas gerações de humanos um modo de vida que proteja o ambiente e também que transmita saberes capazes de ensinar práticas saudáveis de alimentação, curas de males, valores de integração ambiental, valores humanos solidários etc. Neste texto, apresentaremos o modo como uma expressão cultural transforma a natureza em um espaço sagrado, fonte de vida e natureza. O povo *Huni Kuin* aprende pela ayahuasca que o ciclo da natureza deve conduzir a vida humana. Assim, a sabedoria para este povo que emana dos espíritos da floresta, da força de onde brota a vida, a saúde, a alimentação, a vitalidade.

1 A socialização autodestrutiva na Amazônia

No Brasil, o bioma Amazônia ocupa 4.196.943km enquanto conjunto de ecossistemas interligados pela Floresta Tropical Amazônica e também por toda a rede hidrográfica que constitui a bacia do Rio Amazonas. Certo é que muitas exclamações pela preservação da Amazônia são apelos dos quais as suas formas de condução implicariam numa mudança paradigmática nas formas de vida moderna ou pós-moderna que talvez exigissem de todos os moradores ou transeuntes hábitos que possam parecer insuportáveis por aqueles que não sejam amazônidas tão tradicionais.

Em dinâmicas éticas diferentes daquelas que podem ser entendidas como as de expressão cabocla[1] ou indígena na Amazônia[2], a cultura moderna e capitalista se guia por uma dinâmica de ação, agregação, lucratividade e desenvolvimento social de modo internacional, não local, por isso transcendente aos perspectivismos éticos. As produções e comercializações que guiam um modo de vida baseado em seus serviços e produtos exigem sacrifícios ambientais, trabalhista e comerciais em nome de corporações internacionais. O modo de vida será bem-sucedido se for precisamente regulado pela liquidez do capital e pela eficiência dos seus imperativos na regulação da extração, produção, circulação e das políticas de Estado, sobretudo daqueles que tenham altíssima dependência da arrecadação fiscal. Essa forma de vida passa a gerir uma ética desenraizada dos modos de vida locais e, assim, desconciliadas para com a natureza. E, seguindo esta dinâmica civilizatória que vai da extração local à lucratividade internacional, a Amazônia ingressa num processo civilizatório que exige de seus habitantes uma forma de vida pelo consumo continuamente autodestrutivo por romper com as dinâmicas ecológicas e também por sufocar as culturas que nelas estão interligadas autossustentadamente.

O crescimento econômico acontecido ao menos nos integrados elos da extração, produção, comercialização, lucratividade, emissão da lucratividade às corporações internacionais, oferta de créditos de capital internacional e controle das políticas de Estado, fazem que o modo de vida metropolitano surja como algo que force a natureza pelo ato da dominação que vise o desenvolvimento. Porém, essa dominação desenvolvimentista levou a humanidade a submeter à natureza uma relação inapropriada. Isso porque "ação humana" e "natureza" perdem a íntima relação que antes recheavam as éticas dos povos tradicionais. O atual modo vida marca uma ruptura de distanciamento entre a

---

1. HERALDO MAUÉS, R. O perspectivismo indígena é somente indígena? – Cosmologia, religião, medicina e populações rurais na Amazônia. *Mediações* – Revista de Ciências Sociais, 17, 2012.

2. VIVEIROS DE CASTRO, E. Os pronomes cosmológicos e o perspectivismo ameríndio. *Mana* [online], vol. 2, n. 2, 1996, [cit. 2017-11-15], p. 115-144 [Disponível em http://www.scielo.br/scielo.php?script=sci_arttext&pid=S0104-93131996000200005&lng=en&nrm=iso – Acesso em 11/03/2018].

subjetividade e a dinâmica interna da natureza, para que, imediatamente depois, o sujeito procure submetê-la (a natureza) a seu controle, através de uma intervenção instrumentalmente guiada. Nas palavras de Ricardo Barbosa, "o sujeito autônomo e idêntico a si mesmo se apropria da natureza externa na medida em que se esquece da presença da natureza em si mesmo" (BARBOSA, 1996: 48).

> A natureza desqualificada, afirmam eles, "torna-se a matéria caótica para uma simples classificação, e o eu todo-poderoso torna-se o mero ter, a identidade abstrata" (HORKHEIMER & ADORNO, 1985: 24).

O desdobramento da história da humanidade seria a arregimentação de um modelo de sociedade que se expandiria por meio do controle e extração da natureza. Porém, este controle e extração da natureza acontece com efeitos negativos para os próprios dominadores pelo que se esquecem que também são constitutivos da mesma natureza represada, extraída, industrializada, consumida e deteriorada. A integração da Amazônia à dinâmica econômica produtiva, extratora e comercial causará impactos ainda desconhecidos. Hidrelétricas, siderúrgicas, indústrias, pavimentações, extração pesqueira, devastação mecanizada e química para a produção agrícola e pecuária, trarão efeitos nocivos e um desenvolvimento financeiro com resultados ambientais autodestrutivos.

Para não regressar infinitamente aos ciclos históricos de ocupações degradantes na Amazônia, destaquemos duas: a imigração para o Norte visando a extração, produção e comercialização em grande escala da borracha e a Marcha para o Oeste visando a ocupação da Amazônia na era Vargas. Ambas aconteceram por resultados de políticas de Estado para integração socioeconômica da Região Amazônica. Contudo, é bom destacar que a integração acontecida não foi só para o protagonismo do desenvolvimento econômico nacional, mas também internacional. A existência abundante de recursos para incentivar uma grande escala de produção e lucratividade a partir da região tornaram atrativos altos investimentos para a circulação e produção mineral, agrícola, pecuária, mineral, energética etc., tornando a região integrada a dinâmicas da economia globalizado. O ritmo desenvolvimentista na Amazônia tem proporções financeiras maiores do que os benefícios que podem ser medidos pelos índices de desenvolvimento humano (IDH) ou de preservação ambiental.

2 Cultura e natureza amazônida: a gênese da identidade

2.1 A unidade entre as práticas sociais, simbólicas e ecológicas (Phillipe Descola)

No horizonte das ciências humanas contemporâneas, houve uma virada ontológica fundamental a partir da qual se entende que a forma axial de compreender a natureza a partir da distinção entre sociedade e natureza é uma modalidade entre muitas outras possibilidades. Muitas culturas, como as amazônidas, expressam seus mundos em consubstancialidade com a natureza, e com ela mesma compartilham interlocuções com animais, plantas, entes minerais, pois deles sabem suas linguagens, seus pensamentos, suas ações, suas ordenanças, suas orientações, seus encantos e espantos, suas previsões, seus agrados, seus caminhos, as curas, os males, suas repreensões, as alimentações, as dádivas e demais expectativas de inter-relações. Por conta desta diversidade de modos de vida, logo de saberes, as ciências humanas se impuseram a condição de participar compreensivamente da dinâmica significativa das comunidades estudadas para entender suas visões de mundo, seus critérios de ordenamento da sociedade, da vida e da natureza[3]. Desta forma, pode-se entender a partir das ideias de P. Descola que as realidades sociais estáveis estão associadas diretamente às formas ontológicas que num determinado grupo social faz uso para atribuir propriedades a si em associação aos entes da natureza.

Para melhor classificar tipos de relação entre cultura e natureza, P. Descola toma referência duas categorias husserlianas e também originárias da psicologia desenvolvimentista: a interioridade e a fisicalidade. Indo mais além das categorizações ocidentais e seus derivativos analíticos aplicados às sociedades não modernas para entender dimensão ontológica humano e natureza, seguem a seguinte disposição[4]: **1) Totemismo**. Um encontro e uma expectativa de interação entre um humano e uma alteridade (humana ou não) até aquele momento desconhecida e daí resulta uma interação na qual se trate o outro como quem tem as mesmas disposições de interioridade e realidade;

---

3. DESCOLA, P. Construyendo naturalezas – Ecologias simbólicas y práctica social. In: DESCOLA, P. & PÁLSSON, C. *Naturaleza y sociedade* – Perspectivas Antropológicas. México: Siglo XXI, 2001, p. 101-123.

4. DESCOLA, P. Além de natureza e cultura. *Tessituras*, vol. 3, n. 1, jan.-jun./2015, p. 7-33. Pelotas.

2) Analogismo. Quando o ego reconhece que o outro de si tem uma interioridade e fisicalidade distintas de si; **3) Animismo**. Quando a interioridade tem similaridades entre o eu e o outro, porém há um reconhecimento da diferença física entre eles; **4) Naturalismo**. Quando o "eu" entende que o outro de si tem a mesma fisicalidade, mas não a mesma interioridade. Estas são as quatro dimensões ontológicas com quais P. Descola organiza as formas sociocósmicas a partir de suas associações e concepções de pessoas e não pessoas[5].

Para Descola, a dimensão animista é a que mais ajuda a entender a cultura ameríndia na região amazônica. Cultura e natureza têm uma relação intimista, muito mais que uma afinidade eletiva que moviam os espíritos intelectuais do romantismo europeu. Para Descola, os nativos amazônicos mantêm um tipo de relação social com as plantas e os animais. Esta relação em que a cultura se estende a seres não humanos amplia em muito o campo das relações humanas a ponto de se admitir uma esfera muito mais ampla do que unicamente a dos seres humanos. Ao ampliar as relações intersubjetivas a entes não humanos, a cultura passa a estar dissolvida na natureza. Assim, as normas de uma comunidade local estão em associação a um universo de entes e fenômenos muito mais amplo do que se costuma admitir numa sociedade moderna.

2.2 Cultura, natureza e encantaria em Paes Loureiro

Para o poeta e crítico literário paraense João de Jesus Paes Loureiro, a poesia de encantaria tem uma afinidade eletiva com as mitologias ancestrais da Amazônia. Ambas habitam ensismemadamente o ambiente dos encantados, ou seja, da fundura incondicionada dos rios, lugar de onde emergem os deuses da cultura amazônica. As duas formas de narrativa representam um "mundo vivido" a partir do qual as cosmovisões encantam e associam a cultura a um Eu maior: a força vital da natureza. A linguagem e as ações no mundo (alimento, religião, saúde, festividades etc.) acontecem de maneira que a cultura esteja profundamente contida no mundo florestal.

> As encantarias amazônicas são uma zona transcendente que existe no fundo dos rios, correspondente ao Olimpo grego, habitada pelas divindades encantadas que compõem a teogonia amazônica. É dessa

---

5. Ibid., p. 12.

dimensão de uma realidade mágica que emergem para a superfície dos rios e do devaneio os botos, as iaras, a boiuna, a mãe do rio, as entidades do fundo das águas e do tempo. Penso que representam o maravilhoso do rio equivalente à poetização da história promovida pelo maravilhoso épico. Esses prodígios poetizam os rios, os relatos míticos, o imaginário, a paisagem – que é a natureza convertida em cultura e sentimento[6].

As poesias e as narrativas tradicionais agregam o ser humano à natureza, tornando seus saberes tradicionais em contínuo fluxo de identidade com as encantarias. O mundo natural tem "expressão simbólica de sentimento" e não de uma coisa externa à subjetividade humana. Não há uma manipulação da natureza para um fim específico, mas há ações reguladas por significações tradicionais que revelam um profundo sentimento de identidade e conciliação entre o humano e a natureza – da qual sua dimensão fundamental está nas funduras e não na consciência humana. Assim Afirma Paes Loureiro que o

> Ultrapassamento transcritivo do real e da poesia, as encantarias da Amazônia são uma espécie de linguagem de um outro ser irrompendo como um tronco antes submerso no imaginário do rio. É na encantaria que repousa o sentido daquilo que poderia ser, naquilo que é.

Seguindo as intuições de Paes Loureiro e estendendo as teses sobre poesia e mito das encantarias também para uma compreensão conceitual de outras práticas sociais, pois todas elas estão num mesmo sistema de valores, de cosmovisão, os mitos tradicionais regulam os códigos de ação, de modo que o estético e o real estão em integração significativa e vivencial. Bichos, plantas, rios, matas e outros entes têm relações de sabedoria, ameaça, saúde, parentesco, regulação das vontades, fertilidades, alimentação, e ademais sentimentos ligados à presença da vida. As narrativas tradicionais revelam uma relação do humano com a natureza sem a operação lógica do uso da natureza por utilização para um fim específico. Os entes da natureza ganham antropomorfismo e os humanos ganham integração, permeabilidade e presença encantada nos rios, nas matas e nos animais.

---

6. PAES LOUREIRO, J.J. *A poesia como encantaria da linguagem*. São Paulo: Escrituras, 2000, p. 267-278 [Obras Reunidas, vol. III].

> As encantarias, como o lugar dos encantados submersos nos rios da Amazônia, de certo modo, revelam a liberação da função não utilitária do rio, valorizando a relação deste com o imaginário, em detrimento das funções práticas e de uso que constituem a natureza imediata ou *material* do rio.
>
> Os homens passam pelo rio, usam o rio, trabalham no rio, alimentam-se do rio, navegam pelo rio, vivem no rio e morrem no rio. Todavia, pelo devaneio, percebem que há uma outra realidade que lhes estimula um estado de alma diferente, que lhes permite olhar e perceber esse rio de uma outra forma, plena de um mistério encantatório, magicamente real, capaz de fazer desse rio uma realidade simbólica sensível e que se revela como "uma finalidade sem a representação de um fim". Algo que corresponde a uma situação estetizada.

As narrativas tradicionais convertem (semioticamente) o humano e a natureza em uma realidade integrada transpersonalizada. Os agrupamentos humanos tradicionais da Amazônia e suas respectivas organizações, taxonomizações, hierarquias, forças e ciclos vitais são regidos não pela vontade subjetiva, mas pela vitalidade que a natureza impulsiona, manifesta. A relação do homem com o mundo botânico, zoológico e mineral não é a de uso, mas de mistério no qual a fundura natural e mítica da mata ou dos rios, expressões de vitalidade, coordenam o mundo humano e são fontes de significação dos seus modos de vida:

> Pela evidenciação da encantaria do rio, passa-se a ver o rio não como rio de uso, mas transformado em uma realidade mágica, a realidade de um mistério gozoso.

3 Narrativa indígena e seus perspectivismos ecoantropológicos

3.1 Uma experiência mítico-narrativa em torno da Ayahuasca

A palavra ayahuasca tem origem na língua indígena quíchua. "Aya" quer dizer pessoa morta, alma, espírito e "wuasca" significa corda, liana. O nome ayahuasca é designado à espécie botânica Banisteriopsis caapi (Spruce ex Griseb). Morton (Mapighiaceae), uma trepadeira, nativa do Brasil, com ocorrência no domínio fitogeográfico da Amazônia e distribuída nas regiões Norte e Centro-Oeste (http://floradobrasil.jbrj.gov.br). A planta é conhecida por apresentar alcaloides em sua composição química que produzem efeitos alterados no Sistema Nervoso Central (OLIVEIRA, 2002). Diferentes tribos indígenas amazônicas usam caapi na preparação de bebidas ritualísticas que recebem nomes variados: ayahuasca, caapi, yage, natem, dentre outros (SCHULTES, 1976). Segundo Bennet (1992), caapi é a planta alucinógena mais utilizada entre os Shuar, indígenas da região amazônica do Equador e Peru.

O uso ancestral da ayahuasca é uma prática bastante difundida entre comunidades indígenas majoritariamente presentes em países como Brasil, Bolívia, Venezuela, Peru, Colômbia e Equador (LUZ, P.F.L., 1996). A sua disseminação para uso não indígena aconteceu na época de ocupação do leste amazônico, sobretudo no final do século XIX e na primeira metade do século XX. A maior razão para a migração na região foi a exploração do látex para a produção da borracha. Antes da difusão do saber ritual e curandeiro das plantas ayahuasqueira em áreas e grupos não indígenas, seriam ao menos setenta e dois povos que faziam uso da beberagem. Entre muitos, destacaram-se os seguintes: 1) Achuar / Shuar (Jivaro); 2) Aquaruna (Jivaro); 3) Amahuaca (Pano) / sinônimos: Sayaco, Impetineri; 4) Anguteros (Tucano ocidental) / sinônimos: Ancutere, Pioje; 5) Aucas (Sabela) / sinônimos: Sabelas, Huaramis; 6) Awisin (Auishiri); 7) Banivas (Arawak); 8) Barasana (Tucano ocidental); 9) Bares (Arawak); 10) Campa (Arawak); 11) Canelos Quíchua do Equador (Quíchua); 12) Curijonas (Caribe) / sinônimo: Karijonas; 13) Cachinaua (Pano); 14) Cayapa (Chibcha); 15) Colorados do Equador (Chibcha); 16) Conibo (Pano); 17) Careguaje (Tucano ocidental); 18) Cubeo (Tucano oriental); 19) Culina (Arawak); 20) Chamicuro (Arawak); 21) Chasutinos (Munichi); 22) Chayahuita (Cahuapana) / sinônimos: Tschuito, Tsaawi; 23) Chébero (Cahuapana) / sinônimos: Jebero; 24) Chocó da Colômbia (Chocó); 25) Desana (Tucano oriental); 26) Emberá (Chocó) / sinônimo: Emperá; 27) Guajibos (Arawak); 28) Guanano (Tucano); 29) Hianakota-Umana (Caribe); 30) Huambisa (Jivaro); 31) Huitoto (Uitoto) / sinônimo: Uitoto; 32) Iguitos (Záparo); 33) Ingas (Quechua); 34) Isconahua (Pano) www.neip.info; 35) Jivaro (Jivaro) / sinônimo: Shuar; 36) Kabuvari (Arawak) / sinônimos: Cauyari, Cabuyari; 37) Kandoshi (Murato) / sinônimos: Murato, Romaina; 38) Kofan (Cofán)/ sinônimo: Cófan; 39) Lama (Quechua) / sinônimo: Lamista; 40) Macuna (Tucano oriental) / sinônimo: Makuna; 41) Mai huna (Tucano ocidental),

300

sinônimos: Orejon, Koto; 42) Makú (Makú); 43) Mandavaka (Arawak); 44) Marinahua (Pano); 45) Matsigenka (Arawak) / sinônimos: Machiguenga, Machigenga; 46) Mayoruna (Arawak) / sinônimo: Marígue; 47) Mazán (Yagua) / sinônimos: Masamae, Parara; 48) Menimehe (Tucano ocidental); 49) Noanamá (Chocó); 50) Amagua (Tupi); 51) Panobo (Pano); 52) Piapoco (Arawak); 53) Pioché (Tucano) / sinônimos: Pioje, Cionis; 54) Piro (Arawak); 55) Puinaba (Makú); 56) Quijos (Quechua); 57) Remos (Pano); 58) Santa Maria (?); 59) Santiagueño (Quechua); 60) Secoya (Tucano ocidental); 61) Sharanahua (Pano); 62) Shipibo (pano); 63) Sibundoy (Chibcha) / sinônimo: Kamsá; 64) Siona (Tucano ocidental); 65) Taiwano (Tucano ocidental) / sinônimo: Tciuana; 66) Tamas (Tucano ocidental); 67) Tanimuca (Tucano oriental); 68) Tarianas (Caribe); 69) Tatuyo (Tucano oriental); 70) Tikuna (Tucuna) / sinônimo: Tucuna; 71) Yagua (Yagua); 72) Zaparo (Zaparo); (LUZ, P.F.L., 1996).

As práticas indígenas de ritualidade ayahuasqueira variam entre as diversas tribos e, de modo mais amplo, ou com menos similaridades, entre as etnias. Ao se imergir sincronicamente nas práticas rituais das cantigas e das beberagens em torno da ayahuasca, pode-se observar que são expressões simbólicas e rituais de etnias com cosmovisões em que o ser humano e a natureza estão numa mesma disposição anímica. Desta forma, a bebida de poder ou sagrada, não é vista como um ente para um uso instrumental, um psicotrópico com uma finalidade específica; mas, sim, como um ente sagrado que hierofanicamente ensina, cura e eleva os humanos às verdades divinas – as verdades que criaram o universo. As verdades se incorporam em canções que, por vezes, são recebidas pelos nativos – são dádivas divinas. Essas canções passam a ser narrativas importantíssimas para a memória ritual e para sustentação das sabedorias que regem as ações de todos os membros da aldeia.

Na Terra Indígena *Kaxinawa* do Rio Jordão, habita o povo que se autodenomina *Huni Kuin*, de idioma *Hatxa Kuin*. Os ensinos assimilados nos ritos *Nixi Pae* (ayahuasca) são sedimentados em canções, ou *Huni Meka*. As canções *Huni Meka* são entoadas nas cerimônias da *Nixi Pae*. As *Huni Meka* são canções que dão sentido às forças, preparando assim os participantes para tudo aquilo que a beberagem sagrada revelará e desprenderá. Há três tipos de *Huni Meka*: cantos que evocam a força, os *Pae Txanima*; os cantos de miração, *dautibuya*; os cantos para atenuar a força, *Kayatibu*. Esses cantos são xamânicos. Segundo o conceito de Lévi-Strauss para xamanismo, pode-se

301

afirmar que as *Huni Meka* são canções que atuam na inter-relação entre o humano e o supra-humano. Por serem xamânicas, as *Huni Meka* ligam o humano ao divino e, ao mesmo tempo, têm o poder de curar aqueles que estão circunscritos no rito *Nixi Pae*.

3.2 A canção Puke Dua Ainbu

Puke Dua Ainbu

Nossa sabedoria, nosso espírito é do espírito da floresta; a gente tem espírito da floresta traduzido pelo nixi pae; é tudo vivo, tudo fica olhando, tudo escutando.

Puke dua ainbu / Eska wawa tiani / Yuxi buki tsauni / Txain puke duaken / Puke dua wawani / Xinã besua ketã / Xinã kain kirãpe / Min tae debuki / Tae debua tumbi / Himi nea ketã / Meken debuatumbi / Himi nea ketã / Eska wawatiani / Txain punke duaken / Ni banin banari / Banin bana putinin / Hai en hai ah / Hai en hai ah / Hai en hai ah / Hai en hai ah / Hai en hai ah / Hai en hai ah / Hai en hai ah / Hai en hai ah / Hai en hai ah / Hai en hai ah / Hai en hai ah / Hai en hai ah / Hai en hai ah / Hai en hai ah / Hai en hai ah

Hushu xinu mistinin / Tetxu penã beimen / Kaxka iki dakatã / Puke dua ainbu / Hanu beu waketã / Neu sheik nisa / Nisa shaki batabu / Bata tunã tunanen / Kere sheta ainbu / Mai buna bata / Bata tuna habixta / Keneni ainbu / Tae debu kirishun / Nanen kene nukuni / Kakã pixta keneya / Kuma kawa nanea / Sabi sabi dunutã / Hai en hai ah / Hai en hai ah / Hai en hai ah / Hai en hai ah / Hai en hai ah / Hai en hai ah / Hai en hai ah / Hai en hai ah / Hai en hai ah / Hai en hai ah / Hai en hai ah / Hai en hai ah / Hai en hai ah / Hai en hai ah / Hai en hai ah / Hai en hai ah / Hai en hai ah / Haux haux

Neste tópico não se fará uma tradução (por sentido) linear da canção. O que se fará é a busca do seu sentido ritual e cosmológico para a compreensão do sistema ontológico perspectivista dos *Huni Kuin*. Desta forma, *Puke Dua Ainbu* é uma canção de miração (*dautibuya*) no rito de beberagem, no rito da *Nixe Pae*. *Puke* é miração, *Dua* é o animal "quati" com quem se vai aprender verdades sagradas, e Ainbu é a luz de onde vem a miração. *Puke Dua Ainbu* é uma canção que em plena ritualidade da Nixe Pae, expressa uma cosmovisão em plenitude. Os ensinamentos e a cura que vêm da miração revela sempre uma cosmovisão em que o ser humano deve aprender. Esses ensinamentos ajudam mulheres e homens a se alinharem à natureza, aos seus ciclos, e, sobretudo, às leis divinas que o todo. Assim, afirma Ibã Huni Kuin, que é pela mestra *Nixe Pae* que a luz mostra as verdades da e também cura os males. A canção vai "dando sentido" à experiência com o todo. As sensações do efeito da ayahuasca são significadas, passo a passo, na canção. Sob os conceitos da ciência contemporânea, pode-se afirmar que corpo e símbolos vão se consubstanciando na experiência da beberagem.

> Himi é como chegando sangue, pregado no dedo. É sinal, miração que vem dentro do corpo. O espírito vem desde o dedo do pé, dedo grande, subindo tudo, miração, a luz, até onde chega, temash kutiri, a ponta da cabeça. Não tem onde ir mais. Já está seguindo, indo embora, diminuindo a força. Meke debua tunbi: miração que entrou no pé, também vai saindo no finalzinho do dedo.

Por isso, os efeitos da beberagem não podem ser considerados somente psicotrópicos, pois não é só uma sensação exclusivamente neurofisiológica, mas uma experiência ecológica, mental e coletiva. A ritualização ayahuasqueira.

A frase com que Ibã Huni Kuin antecede a recitação da PUKE DU AINBU é fundamental para a compressão do sistema ontológico do povo *Huni Kuin.*

> Nossa sabedoria, nosso espírito é do espírito da floresta; a gente tem espírito da floresta traduzido pelo nixi pae; é tudo vivo, tudo fica olhando, tudo escutando.

O aspecto ontológico animista dos *Huni Kuin* os apresenta numa profunda identidade entre natureza, cultura e subjetividade. A natureza não é distinta da cultura e nem das individualidades, tudo é natureza. Não há a submissão da natureza. O ser humano *Huni Kuin* procura receber sempre dos Espíritos da Natureza o modo de viver melhor em relação a tudo que há. Tudo tem alma, tudo tem sentido, tudo está num cliclo vital que engloba a existência humana. No sistema animista, o metabolismo humano está e deve estar integrado aos ciclos biogeoquímicos. Cada vez que o ser humano procura o sentido da vida e a cura dos seus males na natureza, ele descobre que, antes de mais nada, a sua própria humanidade é parte finita e englobada de uma realidade incomensurável, a natureza. A força que emerge da beberagem tradicional da ayahuasca não é a da autorrealização pessoal e nem mesmo do conforto subjetivo; pelo contrário, a ayahuasca ritualizada é uma busca pela integração com a vida ecológica, com tudo aquilo que torna possível uma existência não destrutiva. A dinâmica da cultura e dos corpos nas sociedades animistas acontece no sentido inverso do egoísmo e do conforto. A cultura indígena ayahuasqueira evita a introspecção dos desejos impulsivos de cada indivíduo, e interpõe a todos uma constante busca pelo sentido da vida para com a natureza. Por isso, afirma Viveiros de Castro, que

> o perspectivismo ameríndio conhece um lugar, geométrico por assim dizer, onde a diferença entre os pontos de vista é ao mesmo tempo anulada e exacerbada: o mito, que se reveste então do caráter de discurso absoluto. No mito, cada espécie de ser aparece aos outros seres como aparece para si mesma (como humana), e, entretanto, age como se já manifestando sua natureza distintiva e definitiva (de animal, planta ou espírito). De certa forma, todos os personagens que povoam a mitologia são xamãs, o que, aliás, é explicitamente afirmado por algumas culturas amazônicas. Ponto de fuga universal do perspectivismo cosmológico, o mito fala de um estado do ser onde os corpos e os nomes, as almas e as afecções, o eu e o outro se interpenetram, mergulhados em um mesmo meio pré-subjetivo e pré-objetivo – meio cujo fim, justamente, a mitologia se propõe a contar (VIVEIROS DE CASTRO, 1996).

Conclusão

O perspectivismo animista não impõe aos seres humanos uma desumanização e uma não autodistinção em relação ao humano e os entes da natureza. Pelo contrário. O perspectivismo põe a formação humana em busca do espírito fundante dos vegetais, dos animais, dos rios, das pedras etc. Num confronto, por exemplo, entre o humano e um outro ente natural que ameace a integridade do corpo da pessoa confrontada, o que se busca é a espiritualidade da ferocidade, do confronto, da corporeidade daquilo que confronta. A cultura perspectivista dos povos tradicionais ayahuasqueiros busca a integração com os espíritos da natureza, com as forças vitais que elucidam e organizam os ciclos da natureza – que é aquele que propicia inclusive a vida humana. O animismo indígena nos abre uma nova forma de ver a natureza. Por meio de saberes que emanam da beberagem, a natureza se revela como mundos de entes que ouvem, falam e se relacionam com sentido. Tudo no mundo deve ser preservado, pois tem um fundo humano. O fundo humano é o momento quando se consubstanciam o que há mais de animal e o que há de mais sapiencial. As ações humanas então são aquelas que acontecem mediante a pergunta profunda pelo sentido vital – sentido onde o ser humano é um ente no cósmico ciclo da natureza, da vida:

> Se tudo é humano, nós não somos especiais; esse é o ponto. E, ao mesmo tempo, se tudo é humano, cuidado com o que você faz, porque, quando corta uma árvore ou mata um bicho, você não está simplesmente movendo partículas de matéria de um lado para o outro, você está tratando com gente que tem memória, se vinga, contra-ataca, e assim por diante. Como tudo é humano, tudo tem ouvidos, todas as suas ações têm consequências (VIVEIROS DE CASTRO, 2010).

Referências

ADORNO, T. & HORKHEIMER, M. *Dialética do esclarecimento*: fragmentos filosóficos. 2. ed. Rio de Janeiro: Zahar, 1985 [Trad. Guido Antonio de Almeida].

BARBOSA, R. *Habermas e Adorno*: dialética da razão. Rio de Janeiro: Uapê, 1996.

DESCOLA, P. Além de natureza e cultura. *Tessituras*, vol. 3, n. 1, jan.-jun./2015, p. 7-33. Pelotas.

_____. Construyendo naturalezas – Ecologias simbólicas y práctica social. In: DESCOLA, P. & PÁLSSON, C. *Naturaleza y sociedade* – Perspectivas antropológicas. México: Siglo XXI, 2001, p. 101-123.

ELIADE, M. *O xamanismo e as técnicas arcaicas do êxtase*. São Paulo: Martins Fontes, 1998.

_____. *O profano e o sagrado*. São Paulo: Martins Fontes, 1992.

HERALDO MAUÉS, R. O perspectivismo indígena é somente indígena? – Cosmologia, religião, medicina e populações rurais na Amazônia. *Mediações* – Revista de Ciências Sociais, 17, 2012.

_____. *Padres, pajés, santos e festas* – Catolicismo popular e controle eclesiástico. Belém: Cejup, 1995.

Huni Meka: cantos do Nixi Pae. Rio Branco: Comissão Pró-Índio, 2007.

LÉVI-STRAUSS, C. *Antropologia estrutural.* Rio de Janeiro: Tempo Brasileiro, 2003.

_____. *O pensamento selvagem.* Campinas: Papirus, 1989.

LUZ, P.F.L. *Estudo comparativo dos complexos ritual e simbólico associados ao uso da Banisteriopsis caapi e espécies congêneres em tribos de língua Pano, Arawak, Tukano e Maku do noroeste amazônico.* Rio de Janeiro: UFRJ, 1996 [Dissertação de mestrado].

MATTOS, A.P. & HUNI KUIN, I. Por que canta o Mahku – Movimento dos Artistas Huni Kuin? *GIS (Gesto, Imagem e Som)* – Revista de Antropologia, vol. 2, n. 1, mai./2017. São Paulo [Disponível em http://www.revistas.usp.br/gis/article/view/128974 – Acesso em 15/11/2017].

PAES LOUREIRO, J.J. *A poesia como encantaria da linguagem.* São Paulo: Escrituras, 2000, p. 267-278 [Obras Reunidas, vol. III].

VIVEIROS DE CASTRO, E. Antropologia renovada. *Revista Cult*, n. 153, ano 13, dez./2010, p. 374.

_____. Os pronomes cosmológicos e o perspectivismo ameríndio. *Mana* [online], vol. 2, n. 2, 1996 [cit. 2017-11-15], p. 115-144 [Disponível em http://www.scielo.br/scielo.php?script=sci_arttext&pid=S0104-9313 1996000200005&lng=en&nrm=iso – Acesso em 11/03/2018].

WEBER, M. *Economia e Sociedade.* México: Fondo de Cultura Económica, 1944.

PARTE III

Narrativas nas religiões orientais e nas novas expressões religiosas

1
O gigante *Pangu*: mito de origem e autorreferenciação daoista

*Prof.-Dr. Matheus da Cruz e Zica**

I

Esse texto faz parte de um esforço maior do que os professores do Departamento de Ciências das Religiões e do Programa de Pós-Graduação em Ciências das Religiões da Universidade Federal da Paraíba têm empreendido no sentido de fazer avançar a área de Estudos em Religiões Orientais nos últimos anos.

Realizamos o "I Encontro Nordestino de Pesquisas em Religiões e Filosofias da Índia (Enperfi)", em 2012 e o "I Seminário de Pesquisas em Religiões e Filosofias da Índia e China", que ocorreu em 2014. Esse evento do ano de 2014 fomentou um dossiê especial de inauguração da revista acadêmica *Cultura Oriental*, iniciativa do *Grupo Padma de Pesquisas em Religiões e Filosofias Orientais*, vinculado ao PPGCR-UFPB.

Já no ano de 2015, o *Grupo Padma de Estudos e Pesquisas em Filosofias e Religiões Orientais*, através de sua Linha de Pesquisa *Xiu-Shen: Núcleo de Estudos e Pesquisas em Culturas do Leste Asiático*, com o apoio da Capes, realizou o "I Colóquio de Estudos Chineses". O referido Colóquio atraiu pesquisadores de diversas universidades brasileiras, bem como alunos de graduação e pós-graduação interessados em estudos orientais. As mesas do "I

---

* Professor do Departamento de Ciências das Religiões da Universidade Federal da Paraíba e do Programa de Pós-Graduação em História da Universidade Federal de Campina Grande.

Colóquio de Estudos Chineses" deram origem ao dossiê temático, intitulado "Religiões, filosofias e espiritualidades chinesas", publicado na edição 2015, vol. 12, da *Revista Religare*, do PPGCR-UFPB.

Nesse ano de 2018 está sendo lançado pela Editora Appris, de Curitiba, o livro *Daoismo, estéticas chinesas & outras artes*, obra organizada pelo autor desse texto. Com ela pretendemos trazer ao público reflexões de pesquisadores brasileiros que têm procurado vencer a enorme barreira historicamente construída entre "Ocidente" x "Oriente". Por que partilhamos da mesma condição humana, o legado de técnicas e estéticas acumulado no Leste Asiático por milênios agora desperta também o interesse dos que vivem em outros continentes. Talvez por que estariam nessas artes chinesas as bases para um redimensionamento do tecnicismo brutal pelo qual passamos ao longo do processo histórico da modernidade, e do qual parece ter se resultado um mal-estar generalizado em nossa civilização.

Nesse texto gostaria de ampliar a reflexão iniciada naquela obra, buscando avançar em relação à nossa compreensão sobre o domínio do universo mítico chinês. Na impossibilidade de analisar concomitantemente a enorme e plural diversidade de narrativas míticas provenientes das antigas tradições chinesas, procuramos escolher um que fosse bastante conhecido e que, por outro lado, guardasse características mais representativas da singularidade de certas visões de mundo exclusivamente desenvolvidas naquela porção do Leste Asiático. E chegamos ao "Mito do Gigante *Pangu*"[1], uma versão das origens do mundo comprometida com o arranjo conceitual daoista[2], sendo esta indubitavelmente uma organização teórica genuinamente chinesa.

---

1. Uma série de variações desse mito pode ser facilmente encontrada nas tradições orais das diferentes regiões da China. Ainda hoje *Pangu* é lembrado pelos chineses e frequentemente representado em desenhos e estatuetas como um humanoide peludo, com dois chifres e armado com um machado. Para esse trabalho escolhemos a versão estabilizada do mito pelo texto de Carmen Seganfredo (2013), já que está amparado por ampla pesquisa da autora em bibliografias atualizadas nacionais e estrangeiras sobre mitologias chinesas.

2. Tradição de pensamento e práticas chinesas que se articulam a partir da conformação da obra *Dao De Jing*, de *Laozi*. A primeira versão aproximada que temos tido contato hoje parece ter surgido no século IV a.C. O texto teria sido, em algum momento, dividido em duas partes, embora com as mesmas 81 seções que encontramos hoje (WATSON, 2002 [1993]: XIV). Decompondo o título teremos: *Lao* 老 (Velho), *Zi* 子 (Sábio), *Dao* 道 (Caminho), *De* 德 (Virtude ou Poder Moral), e *Jing* (Clássico). Para uma discussão mais aprofundada a esse respeito cf.: Boltz (2005), Cherng (2011), Kern (2005), Poceski (2013), Watson (2002) e Zica (2014, 2015).

310

Nosso argumento principal nesse capítulo é demonstrar que esse mito ao mesmo tempo em que procura dar explicações para as origens do ser humano e do mundo natural, acaba também por referendar tópicos importantes do ensinamento daoista ao fazê-los coincidirem com esses momentos fundadores de toda existência.

II

Segundo a lenda, o início era uma nuvem de gás e caos. A primeira gota d'água foi criada pelo deus *Jiang Ku*. O deus *Lang Da Zi* engole aquela gota, no entanto, e morre. Seu corpo se desmembra em 5 formas 五行 (*Wu Xing*): Metal, Madeira, Água, Fogo e Terra. Da interação entre esses elementos surge o gigante *Pangu*, o "antigo embrulhado".

E já aqui algumas coisas precisam ser pontuadas antes de prosseguirmos: do início da história já podemos depreender que durante os primórdios já existiriam deuses. Esses deuses não eram infalíveis. A morte de um deus proporcionou a vida concreta de *Pangu*. *Pangu* não foi criado por um deus perfeito. *Pangu* é produto do que resta da ousadia de um deus. Entre os deuses e esse primeiro ser concreto que foi *Pangu*, teriam existido inicialmente os cinco elementos 五行 (*Wu Xing*), ponto teórico fundamental da cultura chinesa há milênios, e argumento-chave para a visão de mundo daoista.

De acordo com o mito, *Pangu* assim que formado, habitava uma esfera de nebulosa escuridão, um gigantesco ovo negro. Flutuava em meio ao Nada. Tinha cabelos, barba e sobrancelhas desgrenhados, além de dois chifres. Hibernou no ovo durante 18 mil anos e durante esse tempo acumulou grande *Qi* 氣 (energia vital). Nessa altura o *Yin* 陰 e o *Yang* 陽 (representados pelo tigre – quatro patas na terra – e pelo dragão – asas ao ar) começam a reconhecer as diferenças entre si e a acreditar que suas forças não somente eram diferentes, senão que também opostas. Da briga entre os dois surgiram grandes alaridos que acordaram *Pangu*. O ser já teria acordado falando, dando ordem para que o conflito cessasse. A dualidade obedece momentaneamente e o colosso acaba não saindo da casca em que se encontra.

Até esse ponto do mito é preciso destacar a presença de outros elementos teóricos importantes do daoismo e que se transformaram em domínio comum da cultura chinesa em geral que são as noções de *Qi* 氣 (energia vital), e dos

311

pares de opostos *Yin* 陰 e *Yang* 陽. Também fica sugerida nessa narrativa a existência de uma gradação na ordem de surgimento de cada uma dessas figuras conceituais chinesas: primeiro o agregado dos **cinco elementos** 五行 (*Wu Xing*) que em um segundo momento produziu a **energia vital** *Qi* 氣, e dessa energia vital, em uma terceira ocasião, surgem as polaridades *Yin* 陰 e o *Yang* 陽 que se contrastam.

Igualmente importante pontuar é que o primeiro ser de existência não teria sido uno em plenitude, um todo coerente, mas sim perpassado pelo conflito interno. O gigante tenta administrar essa contradição, inicialmente com relativo sucesso ensinando, mesmo que ainda do interior do ovo, outra tópica fundamental do daoismo: a prática da meditação.

> Logo tudo era silêncio, e o gigante se sentiu outra vez tentado pelo sono... Foi desligando a mente, vazia de experiências, e se viu dividido entre o sono e a vigília. Sua imaginação lhe pregava peças em *flashes* de sonhos, ardis ilusórios de mundos irreais, atraindo-o ao império das trevas como um vampiro de charme diabólico, cheio de segredos e promessas de emoções na obscuridade. Foi quando o caótico útero lhe fez sentir algo que nada mais era do que uma profunda mensagem hipnótica vinda de lugar nenhum: – Durma... durma bem, Pangu. Somos um só, você e eu. Um só corpo e um só espírito. Somos muito próximos e estamos conectados pelo cordão umbilical da existência. É por isso que você está tão confortável e quente [...] (SEGANFREDO, 2013: 17).

Com a prática da meditação os daoistas pensam em atualizar e fortalecer essa sensação de unidade com o mundo que, segundo seus pressupostos, é a verdadeira condição da vida: tudo está conectado e o ego é uma ilusão. A ilusão de ser um ente isolado dos demais, de ser capaz de realizar grandes mudanças e governar os rumos do mundo ou de sua própria vida, esses seriam os grandes equívocos que trazem ansiedade e mal-estar porque estão contra o curso natural do *Dao* 道 (caminho).

Mas depois de *Pangu* meditar e apaziguar temporariamente os opostos, *Yin* 陰 e *Yang* 陽 recomeçam sua batalha, desta vez mais acirrada. O barulho foi de mil sinos e o gigante assim desperta, fazendo com que seus chifres fossem de encontro com o teto do ovo.

> Ao sentir forte pancada na cabeça, despertou de vez. Cada fibra de seu ser vibrou com intensidade, envolvendo-o num sentimento de entu-

siasmo que fez seu coração bater violento e apressado. – Estou vivo! – exclamou, e uma forte sensação de urgência, a urgência do nascimento, tomou conta de todo o seu ser (SEGANFREDO, 2013: 17).

Para um daoista esse seria o momento da grande ilusão. Quando se chega a afirmar: "Estou vivo!" Na visão de mundo daoista não existe um estado de somente vida ou de somente morte. A realidade da experiência é a própria concomitância vida/morte.

III

Mas o fato é que *Pangu* tem condições agora de se imaginar vivo. De modo instintivo se vale de uma grande lasca de jade e começa a investi-la contra a parede do ovo. Ao romper totalmente a casca *Yin* 陰 e *Yang* 陽 podiam agora se separar. A clara do ovo ascendeu e a parte mais concreta caiu. Quando isso ocorreu, como se o gigante se lembrasse dos conflitos entre *Yin* 陰 e *Yang* 陽, ficou meditando sobre o problema que seria se a terra formada pela casca quisesse subir ou o céu da clara de ovo descer.

> Sua missão de guardião da harmonia falou mais alto, e o gigante, temeroso de que os dois contrapostos se fundissem novamente, ajeitou o yang sobre a cabeça e fincou firmemente os pés sobre o yin, disposto a manter ambos apartados. Um suor frio correu pela espinha dos dois opostos. Gostavam de brigar, mas sua natureza complementar também os impelia a ficarem juntos.
>
> Para ajudar o gigante nesta hercúlea tarefa, surgiram de além do caos quatro animais sobrenaturais da Imortalidade e da Longevidade: a Tartaruga, o Qilin, o Dragão e a Fênix. Os dois primeiros sustentavam as patas bem presas ao solo, ajudando deste modo o gigante a manter a Terra no lugar, e os dois últimos voavam lá no alto, empurrando os Céus para cima (SEGANFREDO, 2013: 18).

Pangu se impõe assim grande responsabilidade, acreditando em um motivo para sua existência: proteger céu e terra um do outro, contando para isso com a ajuda de animais mitológicos e a tartaruga, um bicho de fato antiquíssimo. O mito aqui tenta também dar explicação para a antiguidade dos quelônios, animais que foram contemporâneos dos dinossauros e cujos cascos foram os suportes privilegiados para os primeiros registros da escrita chinesa, já encontrados até 8 mil a.C. A escrita em cascos de tartaruga foi amplamente utilizada para fins rituais até aproximadamente o segundo milênio a.C. Essas letras também passaram a ser registradas em ossos de animais, em aço e pedra, até chegar no momento áureo das estelas de bambu, verdadeiros "pergaminhos" do Leste Asiático. Estelas que mais tarde registrariam filosofias e mitos como esse de *Pangu*.

Depois de sair do ovo *Pangu* crescia a uma velocidade assustadora, e com seu chapéu celestial chegou até ao topo do céu chinês. E não deixa de ser importante de se ressaltar que essa imagem mitológica parece também oferecer uma justificativa para a origem do caractere *Tian* 天, céu. O caractere *Ren* 人 designa seres humanos regulares. É uma imagem clara, um ser sustentado em duas pernas. Já o caractere *Fu* 大, vai designar um grande homem. A imagem também é clara, um ser sustentado em duas pernas com *um traço* de distinção, com *algo* a mais. E aí chegamos ao caractere *Tian* 天, que designa céu. O traço de cima de *Tian* 天 parece remontar à antiga imagem de Pangu, o grande homem 大 que por sua capacidade excepcional chegou a alcançar o topo das alturas fazendo da abóbada celeste seu chapéu.

Quando sua cabeça chegou ao topo do céu chinês *Tian* 天, seus pés desapareceram de sua visão. "Foi ficando tão incomensuravelmente alto e distante de si mesmo que ao baixar os olhos não via de si mais nem o próprio umbigo" (SEGANFREDO, 2013: 19). Crescendo a cada dia muitos mil quilômetros, assim o fez até alcançar 18 mil anos. Foi nesse momento que disse de si para si: "Bem... está cumprida a minha parte. Consegui manter separados o Tigre [*Yin* 陰– quatro patas na terra] e o Dragão [*Yang* 陽 – asas ao ar]. Mas isso cansa" (SEGANFREDO, 2013: 19).

O cansaço do gigante provinha de sua luta por manter uma situação antinatural, por manter a separação entre *Yin* 陰 e *Yang* 陽, aqueles que em aparente conflito se destinam, na verdade, a viverem juntos. Além do cansaço, o resultado dessa situação forçada também trouxe como consequência para o grande ser o distanciamento de si mesmo. Pangu, em seu delírio de grandeza, residindo imaginariamente em *Yang* 陽, nas alturas de *Tian* 天, embriagado mentalmente com o suposto sucesso de suas ações, deixa em negligência sua parte de baixo, seu lado *Yin* 陰, igualmente fundamental para sua constituição.

IV

Seguindo o movimento cíclico sugerido pela imagem (☯), conhecida como *Taijitu* 太極圖 (Diagrama da Suprema Cumeeira) – antigo grande expoente da dinâmica dos opostos complementares presente na cultura chinesa –, o poder da meditação retorna a esse mito.

Pangu já havia acalmado a mente e apaziguado sua existência enquanto estava no ovo através da meditação, fazendo cessar por algum momento o conflito entre *Yin* 陰 e *Yang* 陽, conforme já foi afirmado nesse texto anteriormente. Nesse segundo momento, porém, a meditação aparece ainda com mais força. Depois de constatar seu cansaço tremendo e a tensão em seu pescoço, o gigante:

> Decidiu colocar as mãos em concha em frente ao abdômen, relaxou os músculos e fechou os olhos, concentrando toda a sua atenção nos movimentos de seu incomensurável corpo, na respiração abdominal, suave e silenciosa, tendo sempre em mente que o seu centro representava o eixo, o centro do universo. Concentrou, assim a energia vital e divina de seu qi, poderosa força criada em seu íntimo físico, para poder entender a si mesmo e ao mundo e internalizar o conhecimento dos opostos: céu e terra, alto e baixo, luz e treva, calor e frio, dentro e fora.
>
> Foi nesse estado plácido e sagrado que Pangu estabeleceu contato direto com o céu, a terra e as leis que governavam o seu caótico mundo. Isso o fez encontrar novamente o equilíbrio (SEGANFREDO, 2013: 19-20).

Um grande ensinamento das práticas corporais daoistas vai na direção de mudar a concepção de que o centro vital do ser humano estaria em sua parte superior, no cérebro ou no coração. O centro do ser estaria de fato no baixo-ventre, meio do caminho entre o extremo *Yang* 陽, do topo da cabeça, e do extremo *Yin* 陰, do solado dos pés. É nesse ponto do meio que se formam os genitais, poderosos órgãos que possibilitam a criação de novas vidas. Ali acontece o jogo dos genes dos ancentrais que constituem os seres. Uma mistura híbrida de dois entes que dá origem a um arranjo singular, com a aparência de unidade autônoma.

Isso explica, por exemplo, o alvo do *Seppuku* 切腹 japonês (literalmente Cortar 切 – *Sep*; Barriga 腹 – *Puku*), país extremamente influenciado pelo legado filosófico chinês: o sacrifício ritual, quando se apresenta a ocasião, consiste em exatamente cortar a barriga. Extinguir a vida a partir de onde ela surge, de onde mesmo ela emana.

Voltando-se para seu centro, não estando distante nem próximo demais de apenas uma de suas extremidades, o gigante pôde conciliar *Yin* 陰 e *Yang* 陽, apaziguando sua vida e alcançando o conhecimento. É como se tivesse retornado à paz inicial de quando esteve no útero do ovo, conectado a tudo pelo cordão umbilical da existência, sem as ilusões de que com o seu poder isolado faria uma grande diferença em relação ao curso já determinado pelo *Dao* 道. É como se nesse silêncio tivesse encontrado a constatação de que as atribulações que passou após o rompimento do ovo não fossem mais do que ilusões. Não foram momentos mais verdadeiros que esse encontrado no seio da meditação. Pelo contrário: foi com a respiração calma e a mente esvaziada que pôde encontrar o real.

V

Essa história mítica vai assim chegando ao fim. A tranquilidade alcançada pelo gigante prenuncia sua morte, que acontece ainda depois de muitas eras.

> Ao se extinguir, Pangu deixou ao mundo um respeitável legado:
>
> Do seu ventre originou-se a Montanha Central, e dos seus pés a Montanha Cardeal do Oeste;
>
> Do seu braço direito, a Montanha do Norte, e do seu braço esquerdo a Montanha do Sul;
>
> Do seu último suspiro originaram-se os ventos e as nuvens, enquanto que de sua voz foi feito o trovão;
>
> O seu olho esquerdo transformou-se no Sol, o direito na Lua, e de ambos surgiu o relâmpago;
>
> O seu sangue e suas lágrimas tornaram-se caudalosos rios e regatos, que correram profusamente por toda a terra;
>
> Seu copioso suor caiu trazendo ao mundo o orvalho e a chuva que nutre todas as coisas da terra;
>
> Os nervos do deus gigante tornaram-se sinuosas estradas, e os seus músculos se converteram em terras férteis;
>
> Seus cabelos e farta barba transformaram-se em prodigiosas e verdes florestas e bambuzais;

Sua pele se transformou no solo;

Seus ossos e unhas tornaram-se as Pedras da Eternidade, que formaram os minerais básicos;

Da sua medula e dentes vieram o jade, outras pedras sagradas e a pérola;

Do seu imundo casaco de peles surgiram parasitas, pulgas, bactérias e minúsculas mosquinhas que se espalharam pelo mundo. Levados pelo vento, estes se tornaram os ancestrais dos seres humanos e animais que surgiram e habitaram a Terra (SEGANFREDO, 2013: 20).

Pangu então foi um criador, sem que para isso tivesse que agir, já que foi a "morte de Pangu [que] deu então origem a todas as coisas existentes sobre a Terra (SEGANFREDO, 2013: 21). Nesse mito a morte dá origem à vida. Do mesmo modo que foi a morte do deus *Lang Da Zi*, cujo corpo etéreo se desmembrou em 5 formas五行 (*Wu Xing*): Metal, Madeira, Água, Fogo e Terra, a responsável por tornar possível a existência de *Pangu*. Aqui também a criação é fruto de uma associação espontânea do ritmo do *Dao* 道, e não tem nada a ver com a intenção de um ente. O *Dao* 道 que em sua potência cria sem agir é aquilo que permanece no ciclo ilusório de vida e morte.

Ao direcionar as origens dos seres humanos aos parasitas nauseabundos da imundice de um manto, talvez a visão daoista que preside a lógica interna dessa história nos quisesse ainda mais uma vez pregar outra última e importante lição: não elevemos nosso ego, nos lembremos da modéstia, de nossa incompletude. Nessas constatações residem a possibilidade de uma vida em harmonia.

Referências

BOLTZ, W.G. The Composite Nature of Early Chinese Texts. In: KERN, M. *Text and Ritual in Early China*. Washington: University of Washington Press, 2005, p. 50-78.

CHERNG, W.J. Introdução e comentários. In: LAOZI. *Dao De Jing*. Rio de Janeiro: Mauad X, 2011 [Trad. para o português: Wu Jih Cherng].

KERN, M. *Text and Ritual in Early China*. Washington: University of Washington Press, 2005.

LAOZI. *Dao De Jing*. São Paulo: Martins Fontes, 2002 [Trad. para o inglês: Burton Watson] [Trad. para o português: Waldéa Barcellos].

POCESKI, M. *Introdução às religiões chinesas*. São Paulo: Unesp, 2013.

SEGANFREDO, C. *As melhores histórias da mitologia chinesa*. Porto Alegre: LP&M, 2013.

WATSON, B. Introdução. In: LAOZI. *Dao De Jing*. São Paulo: Martins Fontes, 2002, p. VII-XVIII [Trad. para o inglês: Burton Watson] [Trad. para o português: Waldéa Barcellos].

ZICA, M.C. (org.). *Daoismo, estéticas chinesas & outras artes*. Curitiba: Appris, 2018.

_____. O Dao no século XXI: aspirações educativas em diálogo. In: GNERRE, M.L.A. & Possebon, F. (org.). *China Antiga*: aproximações religiosas. Vol. 1. São Paulo: Fonte 2015, p. 89-104.

_____. Laozi contextualizado: por uma compreensão histórica da produção do Dao De Jing e de suas apropriações posteriores. *Cultura Oriental*, vol. 1, 2014, p. 31-39, 2014.

2
Matsyendra Nāta: o pescador do yoga na mitologia hindu e tibetana

Maria Lucia Abaurre Gnerre*
Gustavo Cesar Ojeda Baez**

1 O poder do mito no contexto hindu

A proposta central de nosso capítulo é analisar uma narrativa mítica de origem hindu, que desenvolve um papel importante na tradição do Yoga e na tradição do Budismo *Vajrayāna*[1] do Tibete e Nepal. Trata-se do mito de *Matsyendra Nāta* considerado o primeiro grande mestre do Yoga, cujo nome em sânscrito significa literalmente "senhor dos peixes" (de *matsya* "peixe" e *Indra* "senhor"). Este nome se deve ao fato deste personagem mítico ter sido um "mestre dos peixes" ou um "mestre da pesca", numa alusão a sua profissão de pescador. E, segundo sua mitologia, o mestre *Matsyendra* recebeu seus conhecimentos de forma iniciática, diretamente do senhor *Śiva*, quando estava dentro da barriga de um peixe.

Para compreendermos melhor esta narrativa mítica e suas implicações simbólicas, faremos algumas considerações preliminares a partir de elementos presentes em sua tradição de origem, bem como sobre possíveis relações desta narrativa hindu com outras tradições mitológicas, em especial com a narrativa bíblica do Profeta Jonas.

---

* Doutora em História pela Unicamp. Professora adjunta do Departamento de Ciências das Religiões (UFPB).

** Doutor em Ciências Sociais pela Universidade Federal da Campina Grande (UFCG).

1. A respeito da tradição do Budismo *Vajrayāna*, cf. Gnerre e Brennand, 2013.

Antes disso, no entanto, é importante tecer algumas considerações de caráter teórico-conceitual a respeito da extensa tradição mítica da Índia. Mas, antes de tecermos nossas considerações, devemos observar um sinal de alerta para nosso próprio trabalho: toda e qualquer análise acadêmica de elementos mitológicos oriundos da tradição hindu está sujeita pelo menos a dois grandes "fatores de risco" que podem comprometer nossa compreensão e nossas hipóteses. Estes fatores, no entanto, podem também ser considerados como incentivos para nosso estudo. Afinal, são eles que tornam a análise de narrativas mitológicas da Índia ainda mais "instigantes", sobretudo no campo das ciências das religiões.

O primeiro fator de risco que se coloca quando nos propomos analisar a chamada "mitologia hindu" é a problemática que envolve o próprio conceito de "hinduísmo". Como nos lembra Gavin Flood (2014), o hinduísmo se caracteriza sobretudo por sua multiplicidade de tradições, e só emerge enquanto "unidade de crença" no olhar dos ingleses do século XIX. Ou seja, é também um construto da dominação britânica da Índia. No entanto, isso não significa dizer que o hinduísmo seria uma "invenção britânica", afinal os próprios praticantes do hinduísmo passam a se reconhecer em larga escala como hindus. Trata-se de uma denominação que, a partir do momento em que foi concebida no contexto colonial, encontra boa aderência entre praticantes indianos de diversas tradições shivaístas, vaishnavas etc. E justamente essa aderência social do termo passa a ser fundamental no contexto de formação da identidade nacional hindu (antes e depois de 1947), já que o hinduísmo, enquanto unidade conceitual que engloba um vasto conjunto de crença e de práticas, passa a servir de referência para a coesão social da Índia no momento de sua formação nacional.

Assim, há um conjunto de variadas narrativas míticas que podem ser compreendidas como parte constituinte desta identidade hindu, embora o próprio conceito de hindu não é algo coeso e fácil de ser delimitado. E estes mitos são fundamentais para a própria história social da Índia. Joseph Campbell (1994), em sua obra *Mitologia oriental*, afirma justamente que a história da Índia antiga só pode ser conhecida através de seus mitos. Dessa forma, podemos dizer que existe uma base mitológica relativamente comum para este vasto construto identitário hindu. E que os mitos operam neste contexto como um fator de coesão sociocultural. Porém, de toda forma, o próprio conceito de hindu permanece como uma categoria que transcende os discursos, e parece atuar de forma mais clara no âmbito das sensibilidades e das experiências sociais que tocam o indizível. E, talvez por isso, o mito tenha operado desde a Antiguidade como uma linguagem apropriada ao hinduísmo. Mas vale lembrar que no campo discursivo dos estudos acadêmicos sobre religiões estas esferas sensíveis e indizíveis das experiências humanas têm sido, via de regra, ainda um problema.

O segundo destes fatores que podem se apresentar como um problema no âmbito de estudos acadêmicos "ocidentais"[2] é a própria multiplicidade de mitologias as quais estamos nos referindo quando falamos de "mitologias hindus". O templo de Meenakshi Amã, em Madurai (no sul da Índia), com cerca de trinta e três mil deidades esculpidas em suas dependências, nos dá uma breve dimensão desta diversidade aterradora que se apresenta diante de nós quando nos aventuramos a discutir "mitologias da Índia"[3].

Mas afinal, por que a multiplicidade se constitui como um fator de risco para nossa compreensão? Ora, porque diante de tamanha diversidade mitológica hindu a atitude dos primeiros estudiosos ocidentais ainda no século XIX, como W.J. Wilkins (em sua clássica obra *Hindu Mythology, Vedic and Puranic*), teria sido justamente a busca por um ordenamento e classificação, de forma que tais ciclos míticos pudessem ser compreensíveis – dentro de determinados parâmetros – como pertencentes aos textos védicos ou aos textos purânicos (coleções textuais que vamos abordar mais à frente). O próprio autor, no entanto, nos faz um alerta no prefácio de sua obra:

> É necessária uma explicação sobre a classificação das divindades. Notar-se-á que alguns dos deuses que se descrevem como pertencentes à Era Védica aparecem sob o mesmo ou sob outros nomes nos Purānas. Enquanto outros, que seriam pertencentes à Era Purânica

---

2. Sobre o termo "ocidental", e também sobre o termo "oriental", vale lembrar que tanto oriente quanto ocidente são conceitos criados a partir da Europa, em momentos históricos específicos e com finalidades específicas. A ideia de oriente relaciona-se ao "outro", ao "diferente", enquanto ocidente significa, neste contexto discursivo, aquilo que "nos é familiar". Assim, ocidente e oriente não são de maneira alguma locais geográficos previamente existentes, mas sim construções sociais e discursivas criadas para diferenciar e classificar culturas e civilizações. A este respeito, temos a célebre obra de Edward Said (1996).

3. Para uma descrição do templo e sua mitologia, cf. http://www.culturalindia.net/indian-temples/meenakshi-temple.html – Acesso em 25/08/2017.

têm sua origem, rastreáveis de fato, com certa dificuldade em alguns casos, nos Vedas. Era uma prática comum entre escritores dos livros em períodos posteriores reivindicar uma remota antiguidade e a autoridade dos Vedas para as adições mais recentes ao Panteão. Em alguns casos, um epíteto, descritivo de uma das antigas divindades, é anexado com o nome de um posterior. E, por isso, o antigo e o novo estão ligados entre si. Os deuses védicos são aqueles cuja descrição se encontra principalmente nos Vedas, e cuja adoração foi mais geral na era védica; Os Purânicos são aqueles que são mais completamente descritos nos Purānas, e cujo culto foi mais geral na Era Purânica. Qualquer classificação muito rígida é impossível de fazer (WILKINS, 1900: 2 – tradução nossa)[4].

De forma ainda mais enfática que Wilkins (1900), os estudos contemporâneos deixam cada vez mais claro que nem sempre as mitologias hindus podem ser classificadas de forma clara e absoluta (o que, aliás, é uma característica da própria linguagem mítica) e alguns deuses vão sendo "repaginados" ao longo do tempo, e diferentes mitos vão sendo atribuídos às mesmas deidades. Assim, qualquer classificação definitiva e estanque de ciclos mitológicos no contexto indiano pode ser problemática. E, obviamente, a subordinação destes mitos a temporalidades históricas, enquanto forma de classificação, é também problemática, assim como a historicização de todos os antigos textos hindus.

Por outro lado, para começarmos a compreender esta vastidão de deuses e mitos que constituem o universo indiano, não podemos excluir de nossas análises o processo histórico de criação de tais mitologias – uma história tão antiga quanto a própria formação do hinduísmo. E, além da extensa temporalidade histórica através da qual se constitui aquilo que se convencionou chamar de hinduísmo, temos que pensar também nas diversas culturas que foram

---

4. Texto original: A word of explanation respecting the classification of the deities is called for. It will be noticed that some of those described as belonging to the Vedic Age appear under the same or other names in the Purānas; whilst others spoken of as belonging to the Purānic Age have their origin, traceable indeed with difficulty in some cases, in the Vedas. It was a common practice with the writers of the later books to claim a remote antiquity, and the authority of the Vedas, for the more recent additions to the Pantheon. In some instances an epithet, descriptive of one of the old deities, is attached as the name of a later one. And by this means the old and the new are linked together. The Vedic gods are those whose description is chiefly to be found in the Vedas, and whose worship was more general in the Vedic Age; the Purānic are those who are more fully described in the Purānas, and whose worship was more general in the Purānic Age. Any very rigid classification it is impossible to make (WILKINS, 1900: 2).

se amalgamando na Índia entre os estados do norte e do sul. Assim, quando nos referimos a uma mitologia hindu, estamos nos referindo a uma tradição milenar que engloba um enorme volume de narrativas pertencentes à literatura sânscrita (como aquela contida nos *Vedas*, nos *Purānas* e nos épicos como *Mahābhārata* e *Rāmāyaṇa*) bem como a antiga literatura Tamil, e outras tradições mítico-religiosas do sul da Ásia (como aquela que se desenvolve Bali, na Indonésia), bem como do Tibete e do Nepal.

No que se refere aos grandes ciclos que constituem o cerne da tradição sânscrita, temos reconhecidamente nos *Veda*, sobretudo no *Rig Veda* (ou *ṛg-veda*), um primeiro ciclos de deidades[5]. Segundo Campbell (2004), embora os textos védicos sejam considerados a base da civilização hindu, não vemos uma continuidade absoluta entre as deidades e os mitos védicos com deidades, mitos e conceitos que se desenvolvem posteriormente. Há uma ruptura mítica (entre os textos dos Vedas e a tradição posterior dos *Upaniṣad*) que serve de indício para a compreensão de uma mudança histórica e cultural nesta tradição. Mas, apesar de rupturas e "reinvenções" míticas serem facilmente percebidas ao longo da história da Índia, reiteramos o que dissemos anteriormente sobre o risco de classificarmos historicamente a mitologia indiana.

Em termos textuais, a grande mudança que direcionou praticamente todo o desenvolvimento filosófico indiano até os dias de hoje veio ao final deste período, encerrando a literatura dos *Veda*, nos textos dos *Upaniṣad* (c. 800 a.C.). Neste período final dos *Veda*, literalmente "Vedanta", ao mesmo tempo em que se observa a continuidade de um paradigma religioso que se mantém fiel às premissas da cultura dominante (exposta nas partes iniciais dos Veda), pode-se observar também o surgimento de uma crítica às premissas védicas tradicionais, e a emergência de movimento diferente, que desloca de um foco ritualístico para o da reflexão.

Nesse contexto, os *Upaniṣads* registram as primeiras especulações claras acerca da natureza da realidade. Essa transformação na espiritualidade hindu e a sobreposição do conceito de *Brahman* (o absoluto) a todos os outros deuses e mitos anteriores traz consigo também o retorno do sagrado feminino como forma de acesso ao próprio *Brahman*, o que inclui novamente o papel das deidades femininas como elementos centrais em diversos mitos. Esta emergência das mitologias relacionadas ao sagrado feminino pode ser

---

5. A este respeito da tradição védica, cf. Ferreira, Gnerre e Possebon (2013) e Loundo (2012).

observada com força nos textos dos *Purānas*[6] e tem seu auge no contexto do tantrismo da Índia medieval[7].

E, justamente em meio à extensa produção de textos tântricos (que se inicia por volta do século VII e tem seu auge por volta do século X d.C.)[8], podemos observar descrições do mito de *Matsyendra* que emergem em diversos textos, com pequenos detalhes diferentes[9], mas sempre estruturadas em torno de um mesmo cerne narrativo: a trajetória do pescador na barriga do peixe e seu processo iniciático. Entre estas narrativas tântricas, temos o *Śabaratantra*, um antigo texto onde *Matsyendra Nāta* é mencionado como sendo um dos quatro *Kāpālika siddhas*[10]. O *Śabaratantra* tem seu nome atribuído aos *Śabaras*, uma tribo indiana descendente dos australoides. A Baía de Bengala (o lugar onde o pescador *Matsyendra Nāta* teria vivido) foi o epicentro cultural desta tribo. E justamente lá se realiza no outono o *Śabarasatva*, um antigo festival dedicado à deusa Durga. Assim, o mito de *Matsyendra Nāta* pode ser compreendido no âmbito desta mitologia tântrica hindu, que tem no shaktismo uma de suas expressões fundamentais (BOLLE, 1971).

No entanto, como nos lembra White (1996: 4.666), devemos ter em mente também que o nome *Matsyendra*, assim como *Nāgārjuna*, não se refere a um

---

6. Enciclopédias populares criadas nos primeiros séculos do primeiro milênio d.C.

7. O conceito de tantra é polissêmico por excelência e abrange uma gama de significados. Para Gavin Flood (2006) a palavra *tantra* se refere a um "tear", ou uma "tessitura", e o radical *tan*, significaria literalmente "estender" ou "esticar", e estaria relacionado com Tanu, "o corpo". Ou seja, *Tantra* pode ser entendido como uma extensão, ligação ou continuidade entre o corpo e as dimensões mais sutis da existência. Por isso no contexto tântrico as práticas corporais ganham grande destaque no contexto das práticas espirituais indianas. Justamente por resgatar essa dimensão corporal da espiritualidade, ou seja, por se caracterizar como uma "espiritualidade do corpo", o tantrismo está intimamente relacionado a esta emergência do sagrado feminino. A este respeito, cf. Flood (2006), Gnerre (2013), Zica e Gnerre (2016). Além disso, o termo Tantra também designa uma coleção de textos que, em sua maioria, foi elaborada por membros das ordens mahayanistas que floresceram no norte da Índia, Tibete e Nepal entre os séculos VII e XIII. Estes textos da tradição budistas guardam os registros de boa parte destas práticas que teriam emergido no contexto hindu (ERNEST, 2014).

8. A periodização da produção dos textos tântricos é um assunto controverso, assim como a periodização da maioria dos textos antigos da Índia, Nepal e Tibete. Esta datação se baseia nas obras de Flood (2006) e Ernest (2014), mas alguns autores defendem a anterioridade desses textos.

9. A respeito de alguns desses textos e das suas diferenças e semelhanças narrativas, cf. White (1996: 466).

10. Os Kapalikas, ou portadores de crânios, configuraram como um grupo importante do Śivamismo medieval. A este respeito, cf. Feuerstein (2006).

único personagem histórico, mas pode ser entendido também como um título iniciático, concedido aos praticantes tântricos que atingiram graus elevados, tornando-se assim mestres através de suas práticas de transcendência tântrica. E sobretudo dentro da tradição do Hatha-Yoga – que se desenvolve totalmente articulada com os preceitos tântricos – esta figura de e *Matsyendra*, com toda sua carga de significados míticos, passa a adquirir um papel fundamental.

2 *Matsyendranath*: o fundador mítico do Hatha-Yoga indiano e o Mahāsiddha tibetano

Para melhor compreendermos o mito de *Matsyendra Nāta* e sua importância no contexto da tradição do yoga é importante lançarmos um breve olhar inicial sobre o desenvolvimento histórico desta tradição e suas conexões com o tantrismo. Em termos etimológicos, a palavra yoga deriva da raiz sânscrita *yuj* "ligar", "atrelar", "jungir". No período védico, yoga teria significado literalmente o ato de jungir os bois: ou seja, cangar, manter juntos os animais (FONSECA, 2009). Esta antiga acepção literal está também relacionada com o significado metafórico que o termo adquire posteriormente, já que o yoga pode ser entendido como uma forma de "cangar" a mente, de controlar pensamentos, e de "jungir" o eu individual, egoico, ao ser em si, ao eu supremo (GNERRE, 2011: 223).

Desta forma, o propósito original do yoga sempre esteve diretamente conectado com a busca humana pela realização de sua própria natureza. Ou seja, a busca por uma realização vivencial da dimensão do Ser, que transcende as fronteiras do Ego individual. É com este propósito que se instituem as diferentes disciplinas do yoga, que variam de acordo com os períodos históricos, mas que sempre se destinam a esse propósito central.

A história do yoga, como sendo reconhecidamente uma disciplina de transcendência, se desdobra desde o período dos *Upaniṣads*, e encontra seu ápice no período chamado de Clássico pelos estudiosos desta tradição, quando o yoga passa a ser reconhecido como sendo um dos seis *darśana*[11] da Índia.

---

11. Podemos traduzir *darśana* como "pontos de vista". Na prática se configuram como escolas religioso-filosóficas-ritualísticas da Índia, cada qual com seus pontos de vista aceitos pela ortodoxia bramânica.

O período do Yoga Clássico se inaugura quando *Patañjali*[12] produz uma compilação das técnicas de Yoga então existentes em seu texto *Yoga Sutra* (produzido por volta do século II a.C.). A partir deste período, o yoga passa a ser reconhecido como sistema filosófico e constitui-se como um dos seis sistemas de filosofia indianos ortodoxos (ou seja, aceitos pelo bramanismo, ao contrário do jainismo e do budismo). Diversos autores, apesar de enfatizarem a importância de *Patañjali* para inserção do yoga na filosofia indiana, também chamam a atenção para o fato de que ele não é criador desta filosofia, nem inventor de suas técnicas. O próprio *Patañjali* afirma, no início do Yoga Sutra, que não fez mais que compilar e corrigir. Ou seja, confirma-se a origem anterior do yoga (GNERRE, 2011: 227).

Dentre os caminhos yogues que vieram depois de *Patañjali*, muitos não adotaram sua metafísica dualista. Para *Patañjali* há uma distinção radical entre o espírito (*puruṣa*) e a natureza (*prakṛti*). A tradição posterior, e que representam diversos pontos de vista da tradição yogue, não apresenta esta concepção dualista de forma predominante. Esta nova visão do yoga, chamada de Pós-clássica pelos estudiosos ocidentais, pode ser vista nos *Yoga-upaniṣad* (designação também inventada), para textos escritos em várias épocas e diversas regiões geográficas (FEUERSTEIN, 2006: 322).

Esse conjunto de escolas e textos que constituiriam aquilo que veio a ser chamado de yoga pós-clássico é profundamente diversificado e abrange seitas *shaiva* (seguidores do Deus *Śiva*), ao norte e ao sul da Índia, que produzem os *Śiva Sutras*, adoradores do deus *Viṣṇu*, com sua visão vedântica de Deus como amor universal, o yoga dos *Puranas* e outras escolas que surgem na Índia neste período que se inaugura por volta do século VII d.C.

No entanto, talvez a mais importante das escolas do yoga pós-clássico, que abarca um período compreendido entre os séculos VII e XVII d.C., é o Hatha-Yoga. Trata-se de uma linha que representa as escolas ligadas à tradição do tantrismo que criam o "cultivo do corpo adamantino", e uma varie-

---

12. Segundo as narrativas hindus, *Patañjali* teria uma origem mitológica, sendo uma encarnação de *Ananta*, o rei milecéfalo das serpentes, que guarda tesouros ocultos na terra. Diz-se que *Ananta* tomou o nome de *Patañjali*, pois queria ensinar yoga na terra e caiu (*Pat*) sobre a palma (*añjali*) de uma mulher virtuosa. Assim, nesta narrativa mitológica, o sábio *Patañjali* seria um ser de mil cabeças, que simboliza a onipresença (FEUERSTEIN, 2005: 272). Além desta origem mitológica, não há nada que se possa afirmar sobre *Patañjali* com grande certeza. Mas supõe-se que tenha sido uma grande autoridade em yoga, chefe de uma escola de estudos e prática.

dade de posturas que tanto fascinam os praticantes da atualidade. Assim, para compreendermos os princípios que regem esta modalidade de yoga hoje mundialmente difundida, devemos começar pela análise do tantra-yoga medieval.

A tradição hindu associa a criação do Hatha-Yoga a *Goraksha Nāta*, e ao mestre deste, que era justamente *Matsyendra Nāta*. Conforme dissemos anteriormente, mestres teriam vivido em Bengala por volta da primeira metade do século X d.C. No texto do *Tantra-Āloka* o grande mestre tântrico *Abhinava Gupta* presta homenagem a *Matsyendra* como seu guru, o que significa que ele deveria ter vivido até a metade do século X d.C. (FEUERSTEIN, 2006: 465).

Matsyendra, além de ser reconhecido pelos *Kāpālika*, também teria sido um dos grandes ícones do movimento chamado "nathismo", ou seja, um ícone pertencente à linhagem dos *Nātha* (termo sânscrito que significa basicamente senhor, ou mestre). Assim, *Matsyendra Nāta* é uma designação que carrega dupla maestria em seu nome: além de ser da linhagem dos "mestres" do yoga, ele era também um "mestre dos peixes" ou um "mestre da pesca", numa possível alusão a sua profissão de pescador (FEUERSTEIN, 2006: 465).

A história mitológica diz que *Matsyendra* teria recebido os ensinamentos sobre o Hatha-Yoga diretamente do senhor *Śiva*, quando estava na barriga de um peixe, e o Deus narrava as técnicas para sua consorte *Uma*, num recinto especial no fundo do oceano. Só os peixes tinham acesso a este recinto, e *Matsyendra*, que havia sido engolido pelo peixe, recebe os ensinamentos de *Śiva*, enquanto sua esposa havia adormecido. *Śiva* depois reconhece-o como seu verdadeiro discípulo, e quando ele sai da barriga do peixe era já um mestre realizado (FEUERSTEIN, 2006: 466).

Nas páginas seguintes analisaremos esta narrativa mítica de forma mais detalhada. Antes disso, no entanto, gostaríamos de ressaltar a importância desta figura mítica para a própria história do Hatha-Yoga – disciplina da qual o "mestre dos peixes" é considerado fundador. Após se tornar um mestre realizado e voltar para a superfície, *Matsyendra* se dedica a passar adiante as instruções secretas que recebera de *Śiva* na barriga do peixe, mas sempre tendo o cuidado de escolher discípulos devidamente preparados para receber tais ensinamentos. Diretamente a *Matsyendra* são creditadas a composição de obras tântricas e de Hatha-Yoga como o *Kaulajñānanirnāya* ("A discussão do conhecimento relativo à Tradição Kaula"). Nestas obras estariam registrados algns desses ensinamentos recebidos diretamente do Deus-Guru *Śiva*.

O maior discípulo de *Matsyendra* foi *Goraksha*, que também tem uma origem mítica: seria o filho de uma camponesa, que certa vez implorou a *Śiva* para que lhe desse um filho. O Deus deu-lhe somente uma cinza mágica, que ela não comeu como deveria, mas jogou sobre um monte de esterco. Doze anos depois ela conta a história a *Matsyendra*, que rapidamente começa a revirar o esterco, e lá encontra um menino a quem chama de *Goraksha* ("Protetor das vacas"). Assim, os principais mestres do Hatha-Yoga estão diretamente vinculados a *Śiva* no imaginário Hindu. *Śiva* é o patrono da prática, e muitas linhas fazem reverência a essa divindade antes de começar suas práticas de posturas.

Goraksha, da linhagem dos Natas (por isso *Goraksha Nāta*), que viveu entre a segunda metade do século X e a primeira do século XI, é citado em vários textos como o criador do Hatha-Yoga (apesar das experiências anteriores de seu mítico mestre, *Matsyendra*). Há um texto, *Goraksha-Padhati* ("rastros de *Goraksha*") que teria sido escrito pelo próprio sábio, e talvez pela atribuição de um texto a ele, possamos compreender por que é considerado como efetivamente criador desta tradição. Em seu texto são explicados os princípios fundamentais do Hatha-Yoga (cf. FEUERSTEIN, 2006: 483)[13].

Entre seus principais textos da tradição do Hatha-Yoga que dialogam diretamente com o *Goraksha-Padhati*, temos o *Hatha-Yoga Pradipika* ("Luz sobre o Hatha-Yoga", manual clássico escrito por *Svatmarana Yoguendra* em meados do século XIV) e o *Gheranda Samhita* (coletânea de *Gheranda*). Toda essa tradição do Hatha-Yoga – que se constitui em torno de textos, práticas e iniciações que, em certa medida, perduram até a contemporaneidade –, tem em *Matsyendra Nāta* seu fundador mítico. Ainda hoje sua história mítica se confunde com a própria história desta tradição, no ponto exato em que a história cede lugar ao mito enquanto nativa privilegiada dos tempos originários. E uma das posturas do Hatha Yoga mais praticada e difundida até os dias atuais chama-se justamente *Matsyendrasana* (ou "postura do sábio Matsyendra"). Nessa postura o praticante exerce uma torção profunda do abdômen, numa possível alusão à expulsão do sábio das vísceras do peixe. Nessa postura também há um forte estímulo da famosa energia *kuṇḍalinī*, que também

---

13. O nome Hatha é geralmente explicado como a união do sol e da lua, a conjunção de dois grandes princípios ou aspectos dinâmicos do corpo: os polos *Śiva-Śakti*, a iluminação do corpo.

está diretamente associada à mitologia de *Matsyendra*, conforme veremos no terceiro item deste capítulo.

 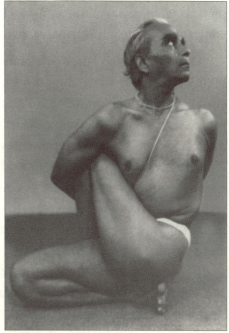

Figura 1 e 2: representação hindu de *Matsyendra Nāta* e o peixe, e o mestre BKS Iyengar na postura *Matsyendrasana*[14].

Além de sua grande repercussão para a formação da tradição do Hatha--Yoga entre os *Nathas* do norte da Índia, o mito de *Matsyendranath* também alcançou grande repercussão no vale do Nepal e no Tibete, onde *Matsyendra-nat* foi incorporado como um *avalokitesvara*[15] pelos praticantes do Budismo *Vajrayāna*. Há interessantes detalhes sobre o mito na tradição nepalesa na obra *Karunamaya: The Cult of Avalokitesvara-Matsyendranath in the Valley of Nepal*, na qual o autor John Kerr Locke (1980) nos apresenta um estudo da figura de Matsyendranātha, que segundo suas pesquisas teria sido reconhecido como um *siddha Vajrayāna* pelos budistas tântricos do Nepal.

---

14. Imagens disponíveis em https://www.pinterest.se/pin/345158758924764235/ [Acesso em 20/05/2017] e http://www.oriyi.org.uk/gallery14.html [Acesso em 20/05/2017].

15. Um Buda da compaixão na tradição Mahayna. A tradução resulta em algo como: "o senhor" (*ishvara*) que olha para baixo (*avalokita*).

329

Consideramos fundamental aqui compreender o significado e a importância da tradição dos *siddha Vajrayāna*, ou dos *Mahāsiddhas*, os grandes (*Mahā*) mestres (*Siddhas*), cujos feitos incríveis (muitos deles vinculados a práticas yóguicas-alquímicas[16]) são descritos tanto na Índia antiga quanto no contexto do Budismo *Vajrayāna*, tibetano e nepalês.

O próprio termo *"Siddha"*, como nos lembra White (1996: 57), é ambíguo, e pode ser atribuído a um grande número de escolas, seitas e tradições hindus e budistas desde o Período Gupta. Originalmente, o termo se referia a uma classe de semideuses: tanto no hinduísmo como no budismo os Sidhas eram seres que representavam uma interface entre o céu e a terra. Gradualmente, em sintonia com a própria emergência do tantrismo, surge a noção de que o nível dos Siddhas também poderia ser atingido por humanos comuns, através de práticas yóguicas como aquelas que emergem na Índia medieval. Ou seja, o termo *Siddha* tanto pode se referir a um semideus como a um "estado elevado" de existência, acessível também aos humanos, que se devotam às práticas yóguicas de forma ininterrupta. Assim, desde a Idade Média até a virada do século XIX para o XX[17], encontramos importantes relatos da existência desses Sidhas na Índia, no Nepal e no Tibete, onde estes são documentados de forma mais sistemática em tratados hagiográficos. Sobre a questão da "real existência" desses seres nessas tradições, escreve KAPSTEIN (2006):

> Para o historiador das religiões, os *Mahāsiddhas* representam um quebra-cabeça familiar. Embora as evidências históricas verificáveis dessas figuras sejam tão obscuras que a verdade e a lenda raramente podem ser separadas, sua realidade cultural é, no entanto, inegável. Comparadas ao mundo como miragens, os *siddhas* parecem desaparecer no ar frio sempre que procuramos abordá-los. Mas se continuarmos a nossa distância, tentando apenas compreender a maneira pela qual eles foram representados e as tradições que lhes são atribuídas na vida religiosa do sul da Ásia e no Tibete, eles apa-

---

16. Vale lembrar que tanto na Índia quanto na China temos o florescimento de uma rica tradição alquímica. A este respeito, cf. ELIADE (1979, 2010).

17. Há uma profusão de descrições de Siddhas ou yogues portadores de poderes superiores na obra *Autobiografia de um yogue*, de Paramahansa Yogananda, que narra justamente a presença desses seres na cultura popular da Índia na virada do século XIX para o XX.

recem quase como presenças viventes até hoje (KAPSTEIN, 2006, contracapa – tradução nossa)[18].

Segundo o autor, se por um lado a existência desses personagens tem uma difícil verificação histórica, por outro lado é inegável a sua realidade cultural, enquanto figuras cujas qualidades devem ser espelhadas pelos praticantes. Esta realidade cultural que garante a sobrevivência destes *Mahāsiddhas* pode ser verificada sobretudo nos Himalaias, onde historicamente se desenvolve um processo de "conservar", através de lendas e narrativas míticas, qualidades essenciais de cada um desses seres "iluminados". Analogamente a este processo de conservação das lendas dos *sidhas*, temos nos Himalaias um processo análogo de conservação de determinadas práticas e tradições tântricas indianas – que parecem ter preservado suas feições originais de forma mais fidedigna nos vales do Nepal e do Tibete, do que na própria Índia meridional. Não por acaso, segundo Feuerstein (2006), o registro mais detalhado desta tradição mítica que envolve a figura de *Matsyendranātha* se encontra nas hagiografias tibetanas dos 84 *Mahāsiddhas*, que são definidos da seguinte forma nas palavras de Tsem Rinpoche:

> Os 84 Mahasiddhas representam todos aqueles que, em uma única vida, alcançaram a realização direta dos ensinamentos do Buda. Suas histórias de vida representam o que eles realizaram e o que eles fizeram para os outros seres depois de obter a realização a partir de sua prática. Ao ler suas histórias sabemos que, através do esforço e da prática dos ensinamentos de Buda, nós também podemos ganhar a libertação. A vida desses 84 mahasiddhas tem um padrão semelhante [...] o "siddha a ser" experimenta algum tipo de descontentamento preliminar ou uma crise de vida que leva ao aparecimento do guru. O seu encontro pessoal com um professor espiritual revela-se um ponto de virada nas suas vidas. Os siddhas a ser recebem uma iniciação por seus respectivos gurus, e o guru lhes dará instruções

---

18. Texto original: For the historian of religions, the mahasiddhas pose a familiar puzzle. While the verifiable historical evidence of these figures is so obscure that truth and legend can seldom be separated, their cultural reality is nevertheless undeniable. Like the mirages to which they compared the world, the siddhas seem to vanish into thin air whenever we seek to approach them. But if we keep our distance, attempting only to understand the manner in which they were represented and the traditions attributed to them in the religious life of South Asia and Tibet, they appear almost as living presences even today (KAPSTEIN, 2006, contracapa).

habilmente. Isso geralmente é algo que eles podem colocar imediatamente em uso (TSEM RINPOCHE, [s.d.] – tradução nossa)[19].

Vale ressaltar que figuras centrais do budismo tibetano, como o próprio *Nagarjuna*, têm sua vida descrita entre nesta hagiografia dos 84 *Mahāsiddhas*. Assim, de acordo com estas narrativas hagiográficas, conforme descritas por H.E. Tsem Rinpoche, a história de *Matsyendranath* chamado de *Mīnapa* ou "Aquele engolido por um peixe" no Tibete será apresentada a seguir – de acordo com a nossa adaptação do texto, a partir da narrativa disponibilizada pelo referido lama.

A história começa com a imagem de *Mīnapa*, o pescador da Baía de Bengala sendo engolido pelo Leviatã, na forma de um grande peixe, enquanto ele estava no mar. No entanto, devido ao seu karma positivo, o pescador sobrevive e estabelece sua casa no ventre do grande peixe. Na verdade, ter sido engolido pelo Leviatã acaba se configurando como um evento de sorte para *Mīnapa*, pois, nas profundezas do mar, *Umadevi*, divina consorte de *Śiva Mahadeva* (grande Deus), havia construído uma ermida subaquática para *Śiva* para instruí-la em seu *dharma*.

O grande peixe passou a residir na vizinhança, permitindo a *Mīnapa* ouvir as preciosas palavras faladas por *Mahadeva* (*Śiva*) através das paredes de seu ventre. Não muito tempo depois, *Mahadeva* descobriu *Mīnapa* na barriga do Leviatã. Nessa época, ele já era um praticante fiel dos ensinamentos de *Śiva*. Depois da descoberta, Mahadeva tomou-o como um discípulo e deu iniciação a *Mīnapa*, que toma os votos, e começa um período de 12 anos de *sadhana*[20].

---

19. Texto original: The 84 Mahasiddhas represent all those who have, within a single lifetime, attained direct realization of the Buddha's teachings. Their life stories represent what they have accomplished and what they did for others upon gaining realization from their practice. By reading their stories, we know that through effort and practice of the Buddha's teachings, we too can gain liberation. The lives of these 84 mahasiddhas have a similar pattern... the siddha-to-be experiences some sort of preliminary discontent or a life-crisis leading to the appearance of the guru. Their personal encounter with a spiritual teacher turns out to be a turning point in their lives. The siddhas-to-be are given an initiation by their respective gurus, and the guru will skilfully give them instructions. This is usually something that they can put to immediate use. Este fragmento foi extraído do e-book: TSEM, Rinpoche (S/D): *Vajradhara with 84 Mahasiddhas*. Esta mesma narrativa dos 84 mahasidhas também se encontra no website oficial do lama: http://www.tsemrinpoche.com/tsem-tulku-rinpoche/buddhas-dharma/vajradhara-and-84-mahasiddhas.html – Acesso em 22/05/2017.

20. *Sadhana* é disciplina espiritual, que nesse contexto significa uma prática diária, ininterrupta, feita com repetição e devoção, segundo as instruções de um Guru.

No final do décimo segundo ano, o Leviatã foi capturado pelos pescadores. Quando sua barriga foi aberta, Mīnapa emergiu e contou a história de sua captura e iniciação. Depois disso, a multidão reunida passou a adorá-lo e fizeram uma grande festa ali mesmo, onde *Mīnapa* tinha emergido do mar. Contente, *Mīnapa* teria dançado e cantado esta canção:

> A fonte da minha magia é dupla;
> Ela surge da boa sorte que acumulamos
> A partir da virtude de minhas vidas passadas,
> E também de minha devoção constante
> Para os grandes ensinamentos que ouvi.
> Ah, meus amigos, que joia preciosa
> É a nossa própria mente (TSEM RINPOCHE, [s.d.]: 102-103 – tradução nossa)[21].

Depois de emergir da barriga do peixe, Mīnapa trabalhou para os outros de forma desinteressada, cultivando o *Karma* positivo, e passando adiante os grandes ensinamentos do *Sadhana* de *Śiva* durante quinhentos anos. Durante este tempo, ele veio a ser conhecido como *Vajrapada* ou *Acintapa*. Por fim, quando considerou que seu trabalho havia sido cumprido, ele se levantou do corpo rumo ao Paraíso das *ḍākinīs*[22] (TSEM RINPOCHE, [s.d.]: 103).

Figura 2: Mīnapa dançando sobre o peixe, em representação da hagiografia tibetana.
Fonte: TSEM RINPOCHE, [s.d.]: 102

---

21. Texto original: "The source of my magic is twofold; / It arises from the good fortune that accrued / From the virtue of my past lives, / And also from my steady devotion / To the great teachings I have heard. / Ah, my friends, what a precious jewel / Is one's own mind" (TSEM RINPOCHE, [s.d.]: 102-103).

22. Deusas ou deidades femininas do Tibete. Exercem um papel fundamental nas histórias de muitos *Mahāsiddhas*, sendo responsáveis por iniciações e conhecimentos esotéricos. A esse respeito, cf. Eliade (2010).

Vemos que a narrativa do mito na tradição tibetana recebe o acréscimo de alguns elementos importantes que merecem destaque: em primeiro lugar, vemos a associação do grande peixe com o "Leviatã", termo utilizado na versão em inglês escrita por Tsem Rimpoche. É interessante notar que o mestre tibetano utiliza aqui de uma denominação bíblica (referente a "monstro marinho") para descrever o animal oriundo da mitologia hindu. Nesta abordagem, não teria sido apenas um "grande peixe" a engolir Mīnapa, mas sim uma criatura monstruosa e mitológica. Em segundo lugar, esta narrativa acrescenta mais quinhentos anos ao mito – o período em que o discípulo fiel teria vivido após sua iniciação para transmitir aos humanos o ensinamento de seu amado mestre, *Śiva*. Nesse período, *Mīnapa* teria recebido ainda outra designação importante, que está relacionada a sua importância no caminho do yoga tântrico: *Vajrapada*, que pode ser traduzido literalmente como "caminho (*pada*) do diamante (*vajra*)" ou "passo do diamante". Ou seja, este novo nome faz alusão ao caminho da realização do corpo adamantino, a meta suprema da tradição do Hatha-Yoga, também diretamente relacionada ao budismo tântrico *Vajrayāna*, que também carrega o diamante em sua designação.

3 Análise do mito: o pescador herói arquetípico

A narrativa mítica da vida de *Matsyendra* ou Menapa nos traz diferentes possibilidades de interpretação, tanto no contexto do exoterismo tântrico tão difundido no norte da Índia, Tibete e Nepal, quanto no contexto mais geral de narrativas mitológicas que envolvem peixes e pescadores em outras matrizes religiosas e culturais. Faremos aqui considerações iniciais apenas no intuito de assinalar essas possibilidades interpretativas em ambos os níveis.

Em relação às conexões do mito de Matsyendra com os famosos "saberes exotéricos" que configuram a base das práticas tântricas, podemos ressaltar a conexão dessa narrativa mitológica com a própria energia *Kuṇḍalini Śakti*, um elemento fundamental da anatomia sutil do yoga tântrico.

A imagem tradicionalmente utilizada para representar a *Kuṇḍalini* é a de uma serpente de energia prânica, enrodilhada três vezes e meia ao redor do Chakra básico, o *Mūlādhāra,* o primeiro dos sete principais centros de energia do corpo humano, posicionados ao longo da coluna. É a tarefa central do yogue tântrico justamente "despertar" este poder serpentino, que deve ascen-

334

der pelo canal de energia situado ao longo da coluna, passando pelos demais centros de energia.

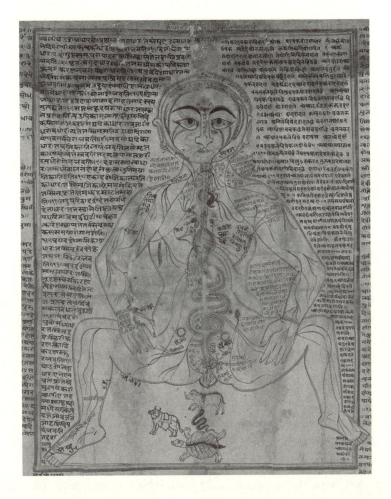

Figura 3: Representação indiana da anatomia do corpo sutil – século XVIII[23]. Nesta imagem é possível observar *kuṇḍalinī* representada como serpente em ascensão pelos cakras.

Na passagem seguinte, White (1996) discorre sobre as conexões mitológicas entre este poder da *Kuṇḍalini* e *Matsyendra*:

> De uma maneira curiosa, Matsyendra está duplamente conectado por seu nome à metade de baixo do corpo yóguico, o lugar onde

---

23. Título original: "Anatomical Body India, Gujarat 18th century, Ink and color on paper" [Disponível em: https://br.pinterest.com/pin/300756081344373992/ – Acesso em 23/05/2017].

335

a kuṇḍalinī está adormecida. No entanto, assim como o kuṇḍalinī dorme em um ponto de transição no jogo da manifestação e da reabsorção divina , também o sistema simbólico constituído em torno do nome de Matsyendra é ambivalente [...]. Matsyendra, aquele que foi engolido por um peixe (de onde deriva seu nome nessas fontes), emerge para o litoral depois de ter ouvido tudo [ou seja: todos os ensinamentos tântricos secretos que o deus Śiva passou a sua consorte]. É assim que o "histórico" Matsyendra torna-se o elo entre o divino e o humano na transmissão dos tantras e o fundador de numerosas tradições sectárias (WHITE, 1996: 223 – tradução nossa)[24].

Na concepção de Withe, a metáfora de Matsyendra representa a própria metáfora da *kuṇḍalinī* na tradição do yoga. Ou seja: assim como a *kuṇḍalinī* permanece como uma força adormecida e que deve ser "despertada" para "emergir" ao longo da espinha vertebral através da própria prática diária ininterrupta (*sadhana*), *Matsyendra* também permanece submerso por doze anos, e emerge a superfície quando sua própria prática já estava desenvolvida.

Esse mito traz em si mesmo uma metáfora do próprio propósito central do yoga: a emergência da consciência do absoluto *Brahman* (ou de *Śiva*) através da prática. No texto do *Gheraṇḍa Saṃhitā*, um compêndio de posturas e práticas do Hatha-Yoga tântrico, produzido por volta do século XVII, temos a seguinte afirmação: *ahaṁ brahma na cānyo'smi* ("eu sou *brahma* e nada mais" (GS 4-VII)). Este uso do pronome de primeira pessoa serve justamente para que toda distinção entre sujeito/objeto seja suprimida, e pode ser visto na tradição tântrica desde os textos como *Tantraloka*, de Abhinavagupta. É o que Flood (2006: 149) chama de "state of absolute I-ness", ou estado de absoluta "Eu-dade". Ou seja, nesse estado tudo é Brahman, e nada está fora dele, e o corpo também se insere nesta natureza divina. Porém, as vias de acesso para este corpo "divinificado" não são óbvias e dependem de práticas especiais.

---

24. Texto original: "In a curious way, Matsyendra is doubly connected, by his name, to the lowe half of the yoguic body, the place of the sleeping *kuṇḍalinī*. However, just as the *kuṇḍalinī* sleeps at a turnign point in the play of divine manifestation and resorption, soo too, the symbol system constructed around Matsyendra's name is ambivalent one [...]. Matsyendra, who was swallowed by a fish (whence his name in these sources), draws up to the shoreline and overhears everithing. It is in this way that the "historical" Matsyendra becomes both the link between the divine and human in transmission of the tantras and the founder of numerous sectarian traditions" (WHITE, 1996: 223).

Por isso, o chamado "corpo tântrico"[25] é codificado em tradições e textos específicos, muitos dos quais guardados de forma secreta entre escolas e linhagens de mestres-discípulos. No âmbito destas práticas, o praticante deve inscrever o corpo através de rituais e formas de interioridade ou ascetismo, e assim escreve a tradição no corpo. Tais práticas transformativas criam o corpo divino, preparado para a ascendência da energia *kuṇḍalinī* pela espinha dorsal do praticante. Conforme dissemos anteriormente, a *kuṇḍalinī* que repousa nas profundezas do primeiro cakra é chamada a emergir pelo canal central de energia vital (*suśumṇa-nāḍī*), análogo à espinha dorsal do praticante, atingindo a superfície luminosa dos cakras superiores e finalmente a morada (ou a consciência) de *Śiva* no *Sahasrāra* cackra (o sétimo cakra, representado por uma lótus de mil pétalas, no topo da cabeça).

Figura 4: "O corpo sutil e os chakras". Iconografia das montanhas do Punjab, norte da Índia (ca. 1850)[26].

---

25. Utilizamos aqui o conceito proposto por Flood (2006).

26. Disponível em https://br.pinterest.com/pin/87820261458653337/?lp=true – Acesso em 23/05/2017.

Assim, fica claro que este percurso de emergência da Kuṇḍalinī é análogo ao do próprio *Matsyendra*, que emergiu das profundezas do oceano já como um mestre realizado, ou seja, um mestre que através de sua prática (um *sadhana* de doze anos) teria chegado à superfície justamente nesse estado de não dualidade, já inserido na própria consciência não dual de *Śiva*.

Trata-se, essencialmente, de uma trajetória que vai da ignorância (*avidyā*) ao conhecimento (*jñāna*), das trevas à iluminação. Em termos de estrutura mítica, esse arquétipo da trajetória yóguica também encontra paralelos com a famosa estrutura mítica proposta por Joseph Campbell (1995) em sua obra *O herói de mil faces*.

No início de sua trajetória mítica, *Matsyendra* nos é apresentado em seu mundo cotidiano (iniciando a história como um pescador comum da Baía de Bengala), é engolido pelo grande peixe e embarca em sua jornada de aventura. Depois disso, em meio a esta jornada nas profundezas do oceano, conhece seu mentor (*Śiva*), e passa doze anos praticando na barriga do peixe – e aqui entendemos este como um período de purificação e transformação pessoal, no qual nosso herói é chamado a combater a própria ignorância (talvez seja ela o "grande peixe" que o envolve) para alcançar um estado de conhecimento. Depois disso, finalmente, o "herói" *Matsyendra* emerge do mundo inferior, da profundeza das águas, trazendo consigo seu "elixir" do conhecimento, que neste contexto é a própria prática de Hatha-Yoga.

Além de se conectar com essa estrutura mítico-heroica proposta com Campbell (1995), que encontra paralelos narrativos em mitos oriundos das mais variadas culturas, a narrativa de *Matsyendra* também se conecta de forma mais evidente com um mito específico da tradição judaico-cristã: a história do Profeta Jonas. Segundo o relato bíblico, Jonas é designado pelo Deus de Israel para ir à cidade de Nínive, capital da Assíria, para alertar seus habitantes sobre a crueldade de seus costumes em relação aos povos vencidos nas guerras (como decapitação e empalamento, p. ex.), e que tais costumes poderiam gerar a ira divina caso não se arrependessem num prazo de quarenta dias.

Jonas, no entanto, passa a temer por sua vida durante esta difícil missão, e resolve fugir da missão divina, indo na direção oposta do território assírio (a Bíblia fala que sua fuga seria em direção a Társis, na Península Ibérica). Mas, durante a viagem marítima, seu barco se depara com uma violenta tempestade, que só tem fim quando o próprio Jonas é lançado ao mar. Nesse momento ele é engolido por um "grande peixe" (Jn 1,17) e, no seu estômago, passa três dias e três noites. Nesse período o profeta sente-se em um estado de sepultamento e então se arrepende de sua decisão de fugir de um desígnio divino. Após se arrepender, Jonas finalmente é vomitado pelo "grande peixe" numa praia, e segue rumo a Nínive para cumprir sua missão. De forma similar à mitologia hindu/tibetana, Jonas é submetido à experiência de mortificação na barriga do peixe, levado às profundezas do oceano (com toda sua simbologia metafórica), e finalmente, após compreender sua missão, é liberado pelo peixe na forma de um homem consciente de sua missão divina e dos ensinamentos que deveria repassar ao povo assírio.

Considerações finais

Os estudos de mitologias comparadas, na tentativa de encontrar semelhanças entre diferentes tradições, podem incorrer no perigo de uma homogenização e uma des-historicização de tradições distintas. Sabemos que ao comparar elementos míticos oriundos de tradições hindus-tibetanas com elementos míticos de tradições bíblicas estamos correndo este risco. No entanto, nosso objetivo com esta comparação não foi o de afirmar que se trata de "um mesmo mito que se manifesta de diferentes formas em diferentes culturas", mas sim que, em diferentes culturas e tradições históricas, podemos registrar narrativas míticas com elementos análogos. Até porque, embora estas mitologias distintas apresentem elementos comuns que vamos analisar a seguir, vale destacar também toda esta gama de significados iniciáticos profundos que o mito adquire no contexto tântrico (onde a trajetória de *Matsyendra* é análoga à própria energia *kuṇḍalinī*) que não podem ser facilmente reconhecidos na narrativa bíblica. Feitas essas ressalvas, podemos destacar os referidos elementos comuns que habitam estas narrativas míticas do "homem engolido pelo peixe" em diferentes tradições.

O primeiro destes elementos que merece destaque é a própria figura do pescador como mestre apto a receber o ensinamento no fundo do mar. Temos em ambos os mitos a presença de pescadores arquetípicos, homens que pela própria natureza de seu trabalho enfrentam diariamente o oceano com todo seu potencial de catástrofes associadas à água. O trabalho da pesca desde a Antiguidade está associado à coragem e à entrega: em pequenas embarcações, completamente entregues à força brutal do oceano, lançam suas redes sem nenhuma certeza da presença de peixes. Justamente estes dois elementos – coragem e entrega – trazem a esta categoria de trabalhadores um potencial privilegiado de "heroicidade mítica".

O segundo elemento é o próprio peixe, que desponta como "veículo" de iluminação. O peixe em suas entranhas carrega o pescador em sua jornada de herói pelos mundos subaquáticos, faz uma conexão entre as profundezas do oceano e a superfície, e na mitologia hindu conhece a morada secreta do deus Śiva. A relação do pescador com o peixe mitológico, em ambas as tradições, é invertida no momento em que o pescador é pescado, e tem início sua jornada pelas profundezas oceânicas.

O terceiro elemento é o próprio processo de aquisição de uma sabedoria experiencial, que se consolida somente no momento em que o pescador completa seu ciclo de aprendizado, ou seja, torna-se efetivamente "um mestre" e pode vir à tona novamente (na tradição hindu, esta emergência ou subida do mestre corresponde à própria subida da energia *kuṇḍalinī*, conforme analisamos no item anterior). Assim, com base nesses pontos, temos um rico repertório mítico-narrativo, associado à trajetória do pescador que é pescado e "transformado" na barriga do peixe. Um repertório que, guardadas as ressalvas feitas anteriormente, encontra correspondência em tradições religiosas absolutamente distintas.

Referências

BOLLE, K.W. *The Persistence of Religion*: An Essay on Tantrism and Sri Aurobindo's Philosophy. Leiden, Netherlands: E.J. Brill, 1971.

CAMPBELL, J. *As máscaras de Deus* – Mitologia oriental. São Paulo: Palas Athena, 2004.

_____. *O herói de mil faces*. São Paulo: Cultrix/Pensamento, 1995.

ELIADE, M. *Yoga*: imortalidade e liberdade. São Paulo: Palas Athena, 2010.

_____. *Ferreiros e alquimistas*. Rio de Janeiro: Zahar, 1979.

ERNEST, Y.B. *Breve historia del budismo*. Madri: Nowtilus, 2014.

FERREIRA, M.; GNERRE, M.L.A. & POSSEBON, F. *Antologia védica*. João Pessoa: UFPB, 2011.

FEUERSTEIN, G. *A tradição do yoga*. São Paulo: Pensamento, 2006.

FLOOD, G. *Uma introdução ao hinduísmo*. Juiz de Fora: UFJF, 2014.

_____. *The Tantric Body* – The Secret Tradition of Hindu Religion. Nova York: I.B. Tauris, 2006.

FONSECA, C.A. *Bhagavadgita*: Canção do Venerável. São Paulo: Globo, 2009 [Trad. do sânscrito, prefácio e notas].

GNERRE, M.L.A. O corpo é um templo: história do corpo na tradição do Hatha-Yoga. In: SANTOS, J.M.L. (org.). *Religião, a herança das crenças e as diversidades de crer.* Campina Grande: EDUFCG, 2013.

_____. *Religiões orientais*: uma introdução. João Pessoa: UFPB, 2011.

GNERRE, M.L.A. & BRENNAND, I. A prática do dzochen e a tradição Vajrayāna no budismo tibetano. In: *Anais do 1º Simpósio Sudeste da ABHR*. Vol. 1. São Paulo: ABHR, 2013, p. 2.014-2.018.

KAPSTEIN, M. An Inexhaustible Treasury of Verse: The Literary Legacy of the Mahāsiddhas. In: LINROTHE, R.N. (ed.). *Holy Madness*: Portraits of Tantric Siddhas. Chicago: Serindia, 2006.

LOCKE, J. *Karunamya*: The Cult of Avalokitesvara-Matsyendranath in the Valley of Nepal. Kathmandu: Sahayogi Prakashan, for the Research Centre for Nepal and Asian Studies, Tribhuvan University, 1980.

LOUNDO, D. O ritual na tradição védica: abertura, pluralidade e teleologia. In: GNERRE, M. & POSSEBON, F (orgs.). *Cultura oriental*: língua, filosofia e crença. João Pessoa: Ed. Universidade Federal da Paraíba, 2012.

SAID, E. *Orientalismo* – O Oriente como invenção do Ocidente. São Paulo: Companhia das Letras, 1996.

TSEM,R.*The 84 Mahasiddhas*.E-book,[s.d.][Disponível em http://www.tsemrinpoche.com/tsem-tulku-rinpoche/buddhas-dharma/vajradhara-and-84-mahasiddhas.html].

WHITE, D.G. *The alchemical body*: Siddha traditions in medieval Índia. Chicago: University of Chicago Press, 1996.

WILKINS, W.J. *Hindu Mythology* – Vedic and Puranic. Calcutá/Londres: Thacker, Spink/W. Thacker,1900.

YOGANANDA, P. *Autobiografia de um yogue.* Rio de Janeiro: Sextante, 2006.

ZICA, M.C. & GNERRE, M.L.A. Índia "Ocidental", China "Tropical": uma "espiritualidade do corpo" como elemento propiciador de encontros culturais no Brasil. In: *Revista Horizonte*, vol. 14, n. 43, jul.-set./2016, p. 789-826. Belo Horizonte.

3
A orientalização das esperanças ocidentais: contracultura e Seicho-no-ie

*Leila Marrach Basto de Albuquerque**

O bom selvagem faz sonhar, desde Rousseau e Diderot até Melville e D.H. Lawrence, com um tipo de retorno ao seio materno do universo. Com efeito, desde as origens, a harmonia já está rompida, o ato de nascimento da humanidade corresponde a uma ruptura com o horizonte imediato. O homem jamais conheceu a inocência de uma vida sem perturbações. Há um pecado original da existência[1] (GUSDORF, G. Mito y metafísica).

É preciso, portanto, reconhecer que não é sem interesse e que não é inteiramente falso apresentar os retornos ofensivos ou defensivos do vitalismo como ligados às crises de confiança da sociedade burguesa na eficácia das instituições capitalistas[2] (CANGUILHEM, G. La connaissance de la vie).

---

* Cientista Social, mestre e doutora em Sociologia. Professora e pesquisadora da Universidade Estadual Paulista (Unesp) – Rio Claro.

1. El buen salvaje hace soñar, desde Rousseau y Diderot hasta Melville y D.H. Lawrence, en una suerte de retorno al seno maternal del universo. Em efecto, desde los orígenes, la armonia ya esta rota, el acto de nacimiento de la humanidad corresponde a una ruptura con el horizonte inmediato. Jamás há comocido el hombre la inocencia de una vida sin turbaciones. Hay un pecado original de la existencia (Tradução nossa, p. 14).

2. Il faut pourtant reconnaître qu'il n'est pas sans intérêt et qu'il n'est pas entiérement faux de présenter les retours offensifs ou defensifs du vitalisme comme liés à des crises de confiance de la société bourgeoise dans l'efficacité des instituitions capitalistes (Tradução nossa, p. 99).

Introdução

Este capítulo trata da presença de mitos nas narrativas constituídas pela chamada orientalização do universo ocidental, tomando como objeto a doutrina da Seicho-no-ie. Esta trata-se de uma das muitas expressões dos Novos Movimentos Religiosos, fenômeno concomitante à crise das igrejas e expressão da capacidade de modernização das religiões na modernidade. Uma das características mais marcantes deste fenômeno é a valorização das culturas orientais e, consequentemente, das suas religiões. Esta jornada para o Oriente, na verdade, teve origem em movimentos sociais e culturais que marcaram a segunda metade do século XX, denominados de Contracultura, de forte caráter transgressor. Nesse sentido, considero importante acompanhar as reflexões sobre a religião de Taniguchi de alguns traços do movimento contracultural, inclusive para apreciar melhor as diferentes apropriações do imaginário ocidental sobre o Oriente.

Ao abordar a presença dos mitos nas narrativas da Seicho-no-ie e também na utopia contracultural, neste estudo, quero considerá-los como um tipo de conhecimento e, como tal, destacar que conhecimentos são modos de edificação de mundos. Como o senso comum, a filosofia, a ciência, a arte e a religião, o mito faz parte do esforço coletivo dos homens para tornar o mundo humanamente significativo (BERGER & LUCKMANN, 1973). A distinção entre esses modos de conhecer é apenas um jeito de dar nomes a diferentes experiências cognitivas que ocorrem em íntima relação com a sociedade onde são produzidas e, certamente, tais experiências não são excludentes; aliás, podem se misturar. Assim, não tenho aqui a intenção de tecer avaliações epistemológicas de qualquer ordem, sobretudo aquelas baseadas na razão ou desrazão dos comportamentos humanos.

Estudiosos preocupados em definir narrativas míticas, como Mircea Eliade (1961), Roger Bastide (2006) e outros muitos, o fazem, via de regra e inevitavelmente, em relação a outros tipos de narrativas, como a histórica e a científica. Em relação à primeira, o que se destaca é a fixidez do mito frente à mudança histórica e, em relação à segunda, o caráter ilusório do mito, pela sua intimidade com as religiões, frente às certezas dos resultados científicos. Todavia, para aqueles que o compartilham,

> [...] o mito é considerado como expressão da *verdade absoluta*, porque se refere a uma *história sagrada*, isto é, uma revelação transu-

mana que ocorreu na origem do Grande Tempo, no tempo sagrado dos começos (*in illo tempore*). Sendo *real* e *sagrado*, o mito se torna *exemplar* e por consequência *repetível*, pois serve de modelo e, simultaneamente, de justificativa para todos os atos humanos (ELIADE, 1961: 19 – tradução nossa)[3].

Outro aspecto da noção de mito diz respeito à sua localização em sociedades tradicionais ou arcaicas. Neste caso, há o pressuposto de que o pensamento mitológico seria ultrapassado pela racionalidade própria das sociedades modernas. Essas comparações, obviamente, dizem muito do lugar de onde se está. Fala-se desde a modernidade identificada como uma sociedade e uma cultura que caminham em direção à superação dos conhecimentos tradicionais. Poderíamos dizer que a noção de mito, como num jogo de espelhos, reflete outros mitos: o do progresso, o da racionalidade moderna e o da certeza científica.

Sejam como expressão de um estágio da humanidade ou de um estado do pensamento, as reflexões sobre a consciência mítica, via de regra, se fazem dentro de um quadro de referência intelectualista, cujo horizonte é a razão e a lógica como pontos de chegada de uma filosofia da história eurocêntrica. Isso se deve, particularmente, às constantes associações do mito ao pensamento "primitivo", à religião e ao folclore que descaracterizam sua dignidade epistêmica para reafirmar a hegemonia do pensamento científico. Porém, os últimos quase cem anos mostraram que as religiões não desapareceram como se esperava, mas souberam se modernizar, inventando novas roupagens para as antigas faces do sagrado e, mais ainda, que muitas instituições seculares, como o mercado, a política e a ciência têm sua própria mitologia.

Como os mitos insistem em não desaparecer, eles permanecem nas sociedades modernas de forma fragmentária e dispersa, sem a plausibilidade que o seu substrato sagrado, destruído pela ciência, lhes conferia. A imagem que Bastide (2006: 98) oferece desse processo é eloquente:

> [...] se preferirmos outras expressões, menos poéticas, porém mais próximas da nossa linguagem, [a ciência] só logrou matar a

---

3. El mito es considerado como expresión de la *verdad absoluta*, porque refiere a una *historia sagrada*, esto es, una revelación transhumana que há tenido lugar en el alba del Gran Tiempo, em el tiempo sagrado de los comiezos (*in illo tempore*). Siendo *real* y *sagrado*, el mito se vuelve *ejemplar* y, por consecuencia, *repetible*, por cuanto sirve de modelo y, simultaneamente, de justificación para todos los actos humanos.

mitologia "culta", deixando-a perpetuar-se em estado "selvagem" e, por conseguinte, ainda mais passível de irromper dentro de nós com toda a sua fúria por estar agora *"incontrolada"*.

As narrativas míticas sempre se apresentam através de modelos mais ou menos consagrados como o Sábio, o Mestre, a Terra Prometida, a Criação, o Cavaleiro Redentor etc. Ou, de outro modo: certos modelos servem de suporte para processos de mitificação. Bastide (2006) sugere a ideia de uma estratificação dos mitos onde, nas camadas mais antigas, estariam os arquétipos de Jung que tanto inspiraram Eliade e, mais à superfície, estariam novos tipos de construções míticas. Enfim, parece que os mitos habitam as profundezas do nosso impulso para conferir sentido à existência, processo que nunca cessa ou se completa porque é provisório, e são sempre instados a se reinventar nas novas tramas da história.

Para lidar com a presença dos mitos nas narrativas da Seicho-no-ie, valho-me de material coletado em diversos momentos, entre 1976 e 2008, e que compõe os dados aqui apresentados. Durante esse período realizei entrevistas com adeptos brasileiros, fiz observação em reuniões e rituais diversos em diferentes cidades do Estado de São Paulo, frequentei a sede central desta religião na capital paulista, em suas inúmeras atividades, e também participei de vários retiros espirituais. Além disso, a farta bibliografia doutrinária presente em livros, folhetos, calendários e sites na internet completaram as informações obtidas em campo. Já para o movimento contracultural, apoiei-me na bibliografia específica sobre esse tema. Por fim, o referencial teórico se baseia em autores da Sociologia, da Antropologia e da História que tratam da religião, do sagrado e dos mitos.

Por que o Oriente?

A Seicho-no-ie tem um duplo sentido no Brasil, e até gostaria de dizer que são duas religiões: uma, voltada para a comunidade de japoneses onde desempenha funções de preservação do patrimônio étnico-cultural para os imigrantes e seus descendentes (CAMARGO et al., 1973), e outra, parte dos Novos Movimentos Religiosos atendendo aos adeptos brasileiros convertidos. São, pois, duas experiências religiosas. Enquanto religião restrita aos japoneses, sustentou valores tradicionais nipônicos como o familismo e a adoração ao imperador, e entre brasileiros apresenta técnicas de valorização de sucesso na sociedade moderna, sem abandonar, porém, seus valores tradicionais.

Então, é preciso saber por que uma religião de e para japoneses, que tinha tudo para se retrair com o desaparecimento dos imigrantes e a aculturação da sua descendência à sociedade nacional, apresentou crescimento expressivo a partir da década de 1960 graças aos novos seguidores agenciados entre brasileiros. Ora, este fenômeno não se restringe apenas à religião de Taniguchi. Religiões japonesas como a Igreja Messiânica, a Perfect Liberty, a Mahikari e o Zen-budismo, entre outras, mostraram processo análogo. Também outras tradições orientais passaram a ser procuradas pelos brasileiros, apenas para mencionar algumas delas temos a medicina indiana ayurvédica, as medicinas chinesas baseadas no conceito de yin-yang, como a acupuntura, as práticas corporais chinesa do Tai-chi-chuan e a indiana da ioga, e a alimentação macrobiótica, esta de origem japonesa. Assim, as expressões orientais que há mais de cinquenta anos comparecem no cenário cultural brasileiro, hoje se "despregaram" das suas origens no exterior ou nas comunidades de imigrantes e ganharam um mercado considerável como religiosidades, filosofias e terapias[4], nas suas formas "puras" ou sincréticas. Isso nos obriga, então, a considerar um contexto mais amplo e a tratar de um aspecto mais geral das religiosidades na sociedade contemporânea: a jornada para o Oriente desencadeada pelo movimento da Contracultura nos anos de 1950 e de 1960.

O movimento da Contracultura, que se iniciou nos Estados Unidos, se expressou através de uma variedade de temas contramodernos[5] como o ambientalismo, o pacifismo, a valorização da experiência espontânea, a crítica à ciência e à racionalização da vida, no sentido weberiano, e que impulsionaram a busca por fontes de conhecimento estranhas ao nosso quadro cultural,

---

4. Sejam como terapias, sejam como filosofias, essas práticas fazem parte de ou estão mescladas com preceitos religiosos nas suas culturas de origem.

5. O mundo ocidental já apresentou outras expressões de contramodernidade que são específicas e que olham criticamente para as consequências tecnológicas e morais das transformações históricas da modernidade, se voltando para uma vida comunitária, para outras tradições culturais, evocando uma natureza intocada ou mesmo recuperando suas próprias tradições pré-modernas, produzindo combinações e respostas originais, congruentes com as demandas em curso. Ensina BERGER, P.L. et al. *The homeless mind*: modernization and consciousness. Nova York: Vintage, 1974, p. 188: "Resistance to modernity and counter-modernizing movements and ideologies have been recurring phenomena in Western history of the last two or three centuries".

especialmente as chamadas orientais. Ora, das culturas distantes foram valorizadas as suas expressões religiosas como portadoras de saberes e fazeres que pudessem enfrentar as consequências da modernidade e gerar uma nova ordem social. As definições de realidade desse movimento encontram apoio em diversas concepções resistentes à racionalidade moderna como, entre outras, a psicologia de Carl Gustav Jung e de Wilhelm Reich e a cosmologia de Alfred North Whitehead. Jung, com seu conceito de inconsciente coletivo, forneceu as bases teóricas que relacionavam a experiência espontânea ao mito e aos símbolos; a liberação sexual vai encontrar apoio na relação entre sexualidade e política de Reich, já as ideias de campos de energia de Whitehead inspiram o modelo de interação entre o organismo humano e o ambiente. É importante destacar, neste movimento, a valorização das culturas do Oriente como modelos para outras disposições para o existir. O Zen-budismo, sobretudo a sua técnica de meditação e as artes da cerimônia do chá e da ikebana, as medicinas chinesa e hindu e diversas práticas corporais, ora são assimiladas a terapias e ora a psicologias (BELGRAD, 1998). Há, também, um forte interesse por fenômenos místicos, ocultos e mágicos da tradição ocidental.

Em síntese, na utopia da Contracultura se valorizaram a vida em comunidade e em harmonia com a natureza, as novas gestões do corpo e da mente, as experiências com os estados alterados de consciência através de meditações, substâncias psicoativas, dança, música, sempre concebidos como expressões de espontaneidade.

Esses esforços inspiraram variadas modalidades artísticas como a pintura expressionista, a dança moderna, a escultura em cerâmica, a escrita espontânea, o *jazz bebop* e, também, a terapia gestáltica de Paul Goodman e a crítica social dos *beats* à neurose social promovida pela Guerra Fria. Procuram-se despertar forças naturais, energias primordiais, vínculos espontâneos entre as pessoas, experiências humanas arquetípicas, intersubjetividade e holismo corpo-mente, que se acreditam preservados nas culturas das sociedades tradicionais. Sobre o poeta Allen Ginsberg, figura importante deste movimento, explica Roszak (1972: 133):

> Ginsberg é, desde o começo, um poeta de protesto. Entretanto, seu protesto não emana de Marx; flui, ao contrário, para o radicalismo extático de Blake. O tema jamais é algo simples como justiça social; as palavras e imagens fundamentais são as de tempo e eternidade,

loucura e visão, o céu e o espírito. A poesia não clama por revolução, e sim por um apocalipse; a descida do fogo divino. [...] tudo que ele escreve parece ser servido cru, da forma como deve ter saído da sua mente e da sua boca. Não há nunca sinal de um verso revisto; outro verso é acrescentado [...] como se rever significasse repensar e, portanto, duvidar e escamotear a versão inicial. [...] a intenção é clara: a falta de cuidado torna os poemas "naturais", portanto honestos. São coisa *real*, e não um artifício.

Nos anos de 1960 a Contracultura se expande com o movimento *hippie*, que abandona os temas do expressionismo abstrato e abraça os seus próprios, como a arte popular, o neodada e a ironia, mantendo, porém, aspectos importantes da herança espontânea.

Quero chamar a atenção de um aspecto desta cosmovisão que vai se ensaiando neste movimento da segunda metade do século XX: a sua proximidade de concepções vitalistas que, aliás, são próprias de muitas das fontes que alimentam a Contracultura. É como se essa cultura da espontaneidade expressasse um esgotamento do ser de Vontade, solitário, construído pela racionalidade moderna, para mergulhar em uma Ordem natural acolhedora, da qual ele faria parte e da qual ele tudo recebe.

Em síntese, a polifonia contracultural procura a volta a uma condição de pureza própria de um estado de natureza, anterior à cultura, e a construção de uma nova sociedade que preserve esse homem natural, em harmonia com o cosmo. O Oriente e toda a espiritualidade mobilizada reuniriam os atributos para a regeneração da modernidade. Não se trata, porém, de uma aventura escapista, mas de um misticismo voltado para o corpo, a terra e a alegria (ROSZAK, 1972). Então, mais uma vez os ocidentais iniciam a sua jornada para o Oriente, agora não mais como objeto exótico ou para colonizá-lo, mas em busca de cura para a sua própria civilização[6].

O movimento da Contracultura atingiu a maioria das sociedades modernizadas do Ocidente. No Brasil e em outros países da América Latina este movimento teve sua particularidade marcada pelos regimes ditatoriais. A Guerra

---

6. O quadro da Contracultura apresentado aqui é, certamente, resumido e incompleto, destacando sua presença nos Estados Unidos, bem como seus traços mais importantes para os argumentos deste capítulo. Ele aconteceu em diversos outros pontos do Ocidente e com repercussões próprias. Além disso, muitas outras influências culturais estiveram em jogo neste movimento, mas apresentá-las me afastaria dos objetivos deste capítulo.

Fria criou polarizações políticas e a Contracultura se viu estigmatizada pelos estereótipos daquela circunstância histórica: direita ou esquerda, capitalismo ou comunismo, a guerrilha ou o "desbunde".

Ao lado disso, ou por isso, parece haver um desprezo por parte dos intelectuais brasileiros pela Contracultura como um fenômeno cultural, social e político, e são poucos e recentes os estudos sobre esse período entre nós. Sustentam alguns que a nossa Contracultura se resumiu ao movimento tropicalista, deixando no anonimato muitas das suas outras expressões mais genuínas. Sim, o tropicalismo se encaixa bem como uma das suas expressões, mas como já afirmei em outra publicação, para a nossa Contracultura (ALBUQUERQUE, 2009: 7):

> [...] os anos entre 1960 e 1970 assistiram ao florescimento do Zen--budismo, da ioga, do tai-chi-chuan, das experiências com alucinógenos, das lutas marciais, da estética oriental como os jardins japoneses, da poesia hai-kai e da ikebana, das comunidades alternativas, da volta à natureza; todos eles componentes de primeira hora do movimento contracultural. Acrescente-se a isto a música de Raul Seixas e de George Mautner, o teatro junguiano de Fauzi Arap e as celebrações dionisíacas de Zé Celso.

Para retomar os objetivos deste capítulo, destaco que um dos legados desse amplo movimento é o que se costuma chamar de orientalização do universo religioso ocidental. No caso brasileiro, a comunidade dos imigrantes japoneses e seus descendentes foi a nossa fonte primeira deste processo.

A Seicho-no-ie

A Seicho-no-ie, conforme Albuquerque (1999), é uma expressão dos Novos Movimentos Religiosos tanto no Japão, onde nasceu em 1930, como no Brasil, quando chegou através das suas publicações em 1932, acompanhando os imigrantes nipônicos. Trata-se, portanto, de uma religião construída na modernidade, distante do contexto tradicional e arcaico atribuído aos mitos. Nesse sentido, suas características são peculiares e distantes dos traços fundamentais das religiões tradicionais.

A vida de Masaharu Taniguchi, seu fundador, é apresentada em um quadro fortemente dramatizado. Foi adotado por uma tia logo na infância, estudou em universidade, teve aventuras amorosas, desentendimentos familiares, perdeu a ajuda financeira que recebia e passou por dificuldades econômicas. Teve contato com várias correntes de pensamento e religiões, tanto ocidentais como japonesas. Sua trajetória como líder espiritual começou quando recebeu uma revelação divina, em 1929, e procurou, então, reunir recursos para criar uma revista, sendo por duas vezes assaltado. Porém, nova revelação insistiu que ele não esperasse e iniciasse o seu trabalho de "iluminação da humanidade", o que ocorreu em 1930 com a criação da Revista *Seicho-no-ie*.

Os princípios doutrinários da Seicho-no-ie têm origem no Budismo japonês, Xintoísmo, Cristianismo, crenças populares japonesas, Ciência Cristã, bem como na Psicanálise freudiana e na Filosofia idealista alemã. Elementos dessas fontes são reinterpretados segundo a estrutura ideológica do sistema familiar japonês tradicional, configurando um corpo doutrinário sincrético. Taniguchi, fundador da Seicho-no-ie, justifica o sincretismo de sua doutrina apresentando-a como uma "super-religião" que sintetizaria todas as demais religiões da humanidade para os tempos históricos atuais. Além disso, devo lembrar que, concomitantemente, a Seicho-no-ie também se autodefine como filosofia, o que em ambos os casos se mostra um recurso estratégico que evitaria conflitos dos seus seguidores brasileiros em relação às próprias crenças. Com este expediente não é exigida adesão estrita desses novos adeptos e muitos deles são enfáticos em afirmarem que os ensinamentos de Taniguchi os fez compreender melhor a religião que professam. Aliás, tais intenções estão presentes no diversificado material de divulgação da Seicho-no-ie, como no livreto explicativo:

> Existem pessoas que mesmo já sendo adeptas de uma religião e frequentando assiduamente suas atividades sentem-se muito bem e felizes ao entrar em contato com os ensinamentos da Seicho-no-ie, que por sua vez recebe, com muito amor e carinho, todas as pessoas sem nenhuma restrição (SEICHO-NO-IE DO BRASIL, [2000-?]: 7).

Outro recurso estratégico de que se vale Taniguchi é a aproximação com a ciência. Sabemos da posição hegemônica e prestigiosa de que desfruta o conhecimento científico no processo de modernização das sociedades e as incompatibilidades que apresenta com doutrinas e dogmas religiosos desde o Renascimento. Sensível a isso, a Seicho-no-ie se vale de analogias com noções do campo científico como recurso para transmitir sua doutrina.

De acordo com o que descobriu a Ciência moderna a "matéria" aparenta ser uma coisa consistente, mas na realidade ela é constituída por minúsculas partículas de energia sem consistência alguma, de natureza elétrica, chamada "elétron". O "elétron" em si não possui uma quantidade fixa de matéria, é uma "ondulação" ou um "remoinho" de energia, que varia a sua grandeza material segundo a velocidade. Em outras palavras, a Ciência moderna afirmou enfim que: "**A matéria é nada**, o que nela existe é unicamente movimento de energia" (TANIGUCHI, 1977: 72).

Esta representação da ciência em contextos sociais específicos da sociedade mais ampla asseguraria a extensão de suas virtudes para fora da comunidade científica, favorecendo aceitação e conferindo legitimação mesmo a conteúdos distantes da sua esfera, como os religiosos. Além disso, é importante chamar a atenção para um aspecto específico desta citação: a aproximação da noção de elétron à ideia de energia. A energia é um termo polissêmico, caracterizada como uma noção híbrida, que habita tanto o campo científico como cosmogonias religiosas e, assim, está aberta a diferentes definições, mais ou menos precisas, pois é concebida como espírito e também matéria (KESHET, 2010)[7]. Aliás, com esse expediente, a Seicho-no-ie enfraquece a histórica oposição entre a ciência e a religião, capitalizando para si os atributos positivos do conhecimento científico.

A imagem denominada de "Cristo Eterno", exposta logo na entrada da Sede Central da Seicho-no-ie na cidade de São Paulo, e também reproduzida na capa de muitas das suas publicações, reafirma bem alguns aspectos do seu sincretismo. Trata-se da figura de um oriental já idoso, com poucos e longos cabelos e uma igualmente longa barba branca, vestido com trajes característicos, que porta na mão esquerda um pergaminho, típico de pinturas japonesas, e tem o seu braço direito elevado apontando para o alto. Essas características obviamente configuram a aparência do sábio taoista, que condensa em si a imagem de um filósofo, mas também a de um sacerdote. Porém, no alto de sua cabeça paira uma auréola própria dos santos católicos.

---

7. Tratei desse aspecto da ideia de energia em ALBUQUERQUE, L.M.B. Energia: categoria de mediação entre a ciência e a religião. In: *Simpósio Nacional da Associação Brasileira de História das Religiões*, 2015. Juiz de Fora. *Anais...* Juiz de Fora: ABHR, p. 1.508-1.516 [Disponível em http://www.abhr.org.br/plura/ojs/index.php/anais/article/viewFile/865/745 – Acesso em 15/10/2015].

A Seicho-no-ie foi profundamente marcada pelo contexto histórico do Japão e desenvolveu-se paralelamente ao fascismo japonês e à ideologia do caráter divino do Japão e o seu centro divino, o imperador. Essa circunstância se reflete no seu "Movimento para Iluminação da Humanidade", atividade voltada para realização do Paraíso Terrestre que, partindo do Japão, ordenaria toda a humanidade em relação ao seu centro divino. Assim se expressa Taniguchi (1974: 36):

> Quando se forma um Estado com determinadas características, projeta-se inicialmente, no mundo das ideias, a IDEIA do Estado, e os diversos elementos são agrupados na forma dessa IDEIA, e finalmente constitui-se o Estado fenomênico. Se no plano do fenômeno (este mundo material) vem mantendo-se há mais de dois mil anos a atual forma do Estado japonês, que tem como elemento unificador um imperador de uma única dinastia, é porque existia por trás a IDEIA que assim determinou que fosse.

O quadro doutrinário da Seicho-no-ie repousa sobre algumas premissas que norteiam o comportamento dos adeptos brasileiros, a saber: a ideia de Jissô, o pressuposto de que a mente inconsciente acumula ilusões e a necessidade do agradecimento e do pensamento positivo constantes.

O eixo dos ensinamentos de Taniguchi encontra-se na ideia de que o homem é perfeito na sua essência, designada de Jissô, assim definido: "[...] a realidade perfeita criada por Deus, a verdadeira essência, a natureza verdadeira do ser, ou o aspecto verdadeiro e perfeito do homem" (TANIGUCHI, 1977: 7). As experiências penosas tais como doença, miséria, desamor etc. seriam ilusórias e fruto da mente inconsciente. Para atingir o estado de felicidade que lhe é imanente, o homem precisa reordenar o seu modo de pensar e ver-se como filho de Deus e perfeito. Ensina Taniguchi (2008):

> Este mundo é repleto de sabedoria, amor, Vida, provisão e harmonia de Deus. Nós, que nascemos neste mundo de Deus, somos todos filhos de Deus. Portanto, somos originalmente repletos de saúde e recebemos do Pai tudo o que nos é necessário. [...] Mesmo nas horas sombrias, devemos afirmar que vemos a claridade, e mesmo sentindo dor, devemos dizer que sentimo-nos bem, para mudar o estado mental com o poder da palavra. Com isso, a sensação sombria acaba dando lugar à boa disposição, e a dor é substituída pela sensação agradável.

A Seicho-no-ie afirma que as projeções negativas da mente poderiam ser abolidas com algumas técnicas, como o agradecimento e o elogio permanentes a tudo e a todos. Além disso, os seus seguidores são estimulados a desenvolver pensamentos positivos e a manter sempre uma atitude otimista frente às vicissitudes da vida.

Essas ideias se apoiam no pressuposto de que a mente humana é composta de 5% de consciente e 95% de inconsciente, e neste último estariam acumulados os resultados dos nossos pensamentos. Os pensamentos negativos aí reunidos se projetariam na existência, impedindo que a verdadeira realidade, ou seja, o Jissô, se manifeste. Assim, a Seicho-no-ie oferece inúmeros procedimentos onde o agradecimento pode ser praticado, como nas orações para cura de doenças, para o perdão, para solucionar problemas financeiros e nos seus inúmeros rituais.

Um aspecto importante desta religião, e que ela compartilha com outras expressões dos novos movimentos religiosos, é a concepção de salvação. A salvação se traduz em uma vida feliz, sucesso nos negócios, boa saúde, harmonia familiar, enfim, na realização das metas sociais vigentes. Esta disposição se sobrepõe às questões da salvação *pós-mortem*. Ensina Taniguchi (1977: 29-30):

> As pessoas que pensam que a ida a tal mundo paradisíaco seja possível somente após a morte, estão enganadas, pois a nossa vida no "Mundo do **Jissô**" (verdadeiro mundo criado por Deus), vive agora mesmo uma vida de sublime *pureza* e total liberdade. Isso é verdadeiro. A essência da nossa vida vive sempre (e agora também) no "Mundo do **Jissô**" – Mundo da Existência Absoluta – de inteira liberdade [...].

É significativo, também, mencionar que o processo de conversão doutrinária à Seicho-no-ie é acompanhado de uma conversão corporal pela assimilação de gestos típicos da cultura japonesa, como o cumprimento com as mãos justapostas e o inclinar da cabeça. Em outras palavras, as corporeidades nipônicas se tornam prestigiosas pela via da religião.

Este conjunto de ideias, técnicas e procedimentos forma a teodiceia da Seicho-no-ie apresentada aos brasileiros. As teodiceias são edifícios de legitimação religiosa das experiências penosas e das prazerosas. A dor, física ou mental, a pobreza, as guerras, as catástrofes naturais, as privações, as doenças e a morte configuram-se em fenômenos anômicos que ganham sentido e plausibilidade nas explicações religiosas – as teodiceias – que integram tais fenômenos numa ordem de significado mais ampla. Mas não apenas o sofrimento, também a riqueza, a saúde, o sucesso e a felicidade precisam ser justificados e ganhar sentido nas teodiceias, e assim elas o fazem. Berger (1985: 65), inspirado na Sociologia da Religião weberiana, explica:

> Os fenômenos anômicos devem não só ser superados, mas também explicados – a saber, explicados em termos do nomos estabelecido na sociedade em questão. Uma explicação desses fenômenos em termos de legitimações religiosas, de qualquer grau de sofisticação teológica que seja, pode chamar-se teodiceia.

O lastro vitalista

Pode-se afirmar que o Ocidente assistiu, na segunda metade do século XX, a chegada de uma vigorosa onda de "energias" proveniente de concepções vitalistas presentes nas terapias, religiões, artes, filosofias e demais expressões culturais vindas do Oriente e de tradições culturais pré-modernas. De início, eram os descontentes da modernidade que procuraram inspiração, forças, abrigo e modelos nessas culturas distantes da nossa, esperando com isso resgatar o que seria genuíno no humano, antes da cultura e da técnica, para refazer o mundo sem as rupturas que a modernidade impôs com a natureza, com os afetos, com os corpos e com as mentes. Era um movimento de resistência pela transgressão. Daí a tradição e a religião como escudos contra o materialismo e a hegemonia da razão dos modernos.

A disseminação dessas ideias para os diversos setores da sociedade ganhou novas nuanças e deu origem a especializações como os novos movimentos religiosos, as terapias alternativas, a ecologia, os partidos políticos ambientalistas, os ensaios para a invenção de novas normas éticas e os experimentos epistemológicos em busca de "novos paradigmas". Nesse processo, a transgressão é rotinizada, se institucionaliza e, consequentemente, se enfraquece, mas as concepções vitalistas permanecem mais ou menos presentes, como um substrato comum em muitas daquelas expressões e ligando-se a outros conjuntos de valores.

Seja como filosofia, religião ou medicina, o vitalismo atravessa a história desde Hipócrates até nossos dias, explicitamente ou nas profundezas das visões de mundo. Canguilhem (1985) fala em vitalidade do vitalismo. As suas palavras descrevem o que seria o "espírito" do vitalismo: "O vitalismo é a expressão da confiança do vivente na vida, da identidade da vida consigo mesma no vivente humano, consciente de viver"[8] (CANGUILHEM, 1985: 86 – tradução nossa).

Tsushima et al. (1979) identificam concepções vitalistas em muitas expressões dos novos movimentos religiosos japoneses, inclusive na Seicho-no-ie, e podemos observar que este traço se mantém nas suas expressões brasileiras. O vitalismo tem as suas noções de sujeito e de realidade[9] construídas sobre as bases das sociedades agrárias, tais como são as sociedades tradicionais e pré-modernas. Trata-se de uma cosmologia que considera o cosmo vivo, harmonioso, portador de energias e origem de toda vida, retratando a íntima relação do homem com a natureza, própria dessas sociedades. O homem, por sua vez, participante deste cosmo, viveria em harmonia com esta fonte de vida – a Vida Original. Assim, o universo tem um caráter benéfico de onde brotam todas as coisas vivas e para onde retornarão e serão reunidas. Tsushima et al. (1979: 142 – tradução nossa) explicam:

> O cosmo é considerado como um corpo vivo ou uma força vital com fertilidade eterna, algumas vezes é percebido como uma divindade. Neste último caso a divindade é vista tanto como a fonte da qual toda vida emana como a fonte que alimenta toda vida. Mesmo quando o cosmo é considerado uma divindade, isso é coerente com a visão de que "o cosmo é vida"[10].

Esta concepção é claramente oposta ao modelo da ciência moderna que opera rupturas no sujeito e no mundo, e também entre ambos, como requisitos para os seus processos de purificação epistemológica. O seu método, ou o seu

---

8. Le vitalisme c'est l'expression de la confiance du vivant dans la vie, de l'identité de la vie avec soi-même dans le vivant humain, conscient de vivre.

9. Considero noções de sujeito e de realidade os atributos do sujeito mobilizados e os aspectos da realidade selecionados no ato de produzir conhecimento e definidos por diferentes epistemologias, cf. ALBUQUERQUE, L.M.B. *Sujeito e realidade na ciência moderna*. São Paulo: Annablume, 2003, cap. 1.

10. The cosmos is regarded as a living body or a life force with eternal fertility, sometimes it is perceived as a deity. In the later case the deity is looked on both as the source from which all life emanates and the source which nurtures all life. Even when the cosmos is thought to be a deity, there is consistency with the view that the cosmos is life.

rito, obriga a uma distância entre o homem que conhece e o mundo a ser conhecido, que deve ser mantida sob o risco de traição e condenação. Coerentemente, a divindade ou o cosmo da tradição judaico-cristã comporta um Deus legislador e à parte do mundo e do homem, este marcado pelo pecado e pela culpa. Contra esta visão pessimista, Tsushima et al. (1979: 144 – tradução nossa) explicam que, para os vitalistas, "O Ser sagrado é, portanto, pensado como um ser maternal que nutre afetivamente todas as coisas, em vez de controlá-las e governá-las"[11].

A cosmologia vitalista compreende o ser humano como parte do universo e manifestação da Vida Original, cuja energia promove crescimento constante e ilimitado. E, ao compartilhar desta força vital, sua natureza seria pura, perfeita e divina. Além disso, por esses benefícios, o homem tem a obrigação de agradecer à Vida Original responsável pelo seu desabrochar e desenvolvimento. A concepção de salvação dessas religiões é intramundana, voltada para o aqui e o agora desta vida, definindo-se como felicidade no dia a dia, prosperidade e longevidade. Assim, as imperfeições são explicadas pela desarmonia com a Vida Original e pelo esquecimento do homem de sua ligação com esta fonte de energias. "Subjacente à visão vitalista de salvação há uma confiança otimista na possibilidade de restauração do estado vital originalmente imaculado; e disto emana a grande energia acessada para lutar contra as dificuldades no mundo como ele está agora"[12] (TSUSHIMA et al., 1979: 147 – tradução nossa). Enfim, as bases morais desta tradição valorizam um estilo de vida natural e espontâneo, voltado para gratidão, honestidade e sinceridade, distantes de ascetismos de qualquer espécie.

Ao longo da sua inserção na sociedade brasileira, a Seicho-no-ie soube adaptar-se com desenvoltura às mudanças políticas e sociais por que o país passou, dando destaque a aspectos específicos do amplo leque de temas da sua doutrina e abraçando outros que emergiram como questões no cenário brasileiro, como o aborto, o ambientalismo e a velhice.

---

11. The religious Being is thus thought of as motherly being who affectionately nurtures all things, rather than controlling and ruling over them.

12. Underlying the vitalistic view of salvation is an optimistic confidence in the possibility of restoring the originally unsullied vital state; and this emanates the great energy acceded to struggle against difficulties in the world as it now is.

Diante deste quadro, é possível identificar tanto na Contracultura como na Seicho-no-ie a presença de concepções vitalistas nas suas respectivas narrativas. E, mais ainda, ambas insatisfeitas com a modernidade traçam caminhos diferentes para sobreviver a ela, apropriando-se modelos de outras tradições como insubordinação, no caso da Contracultura, e para reafirmá-la, no caso da Seicho-no-ie. Em ambos observamos um processo de recriação cultural do vitalismo.

Vestígios de mitos

Quero de início destacar a importância das dualidades que percorrem a Contracultura e a Seicho-no-ie: Oriente – Ocidente, Tradicional – Moderno, Espírito – Matéria, e lembrar que esses pares mobilizam os movimentos sociais da segunda metade do século XX. Eles indicam um lugar, um tempo e uma disposição cultural como fontes regeneradoras na história e inspiram a construção de utopias onde podemos encontrar vestígios de forças míticas.

O Oriente é apropriado em plena vigência da experiência pós-colonial. Essa circunstância histórica muda a grade de valores com que os povos orientais são caracterizados, e o imaginário ocidental inverte o sentido negativo de atraso cultural que foi atribuído ao oriental. O Oriente e o oriental são, agora, revestidos de religiosidade, intuição, vida simples, sabedoria, encantamento, enfim, qualidades valorizadas que devem ser preservadas e procuradas pelas sociedades que as perderam. O "atraso" cultural seria a salvação.

O Oriente invocado neste movimento é, evidentemente, genérico e impreciso geográfica e historicamente – China, Japão ou Índia – do qual se ignoram sua política, sua economia, sua cultura, sua sociedade, suas guerras, seus crimes e valorizam-se sua religião, seus mitos, seus símbolos e tudo aquilo que o distinguiria de um Ocidente também reduzido ao seu materialismo, às suas guerras e à sua ciência irresponsável. Oriente mítico, representação do Ocidente.

A noção de Oriente evoca, portanto, qualidades positivas. Com esses ingredientes o Oriente é procurado como fonte de regeneração das sociedades contemporâneas e de recuperação da felicidade pelos modernos. As viagens ao Oriente em busca de iluminação e de outros estados alterados de consciência dos contraculturais de primeira hora poderiam ser entendidas como rituais para acesso a um espaço sagrado. Já a centralidade do Japão, de onde irradiaria a nova ordem mundial e a divindade do seu imperador são, entre brasileiros, ressignificadas no âmbito de um Oriente encantado e sábio, provedor de recursos para a salvação. Tanto no movimento da Contracultura como na Seicho-no-ie, a salvação é para ser vivida aqui e agora. No primeiro caso fundando um novo contrato social e, no segundo, usufruindo das benesses da ordem social vigente obtidas por meio dos ensinamentos de Taniguchi.

A tradição, o passado remoto e a ancestralidade ganham novos sentidos no âmbito desse processo de orientalização das esperanças ocidentais, como um tempo a ser recuperado, genuíno, prenhe da pureza original da humanidade, sem o pecado da cultura e da história. Um tempo primordial, um tempo encantado.

Assim, as representações do Oriente fornecem matéria-prima para a construção de um tempo e um espaço míticos que teriam preservado qualidades, substâncias e energias que o Ocidente havia perdido ou se esquecido ao entrar na história. No e pelo Oriente o Ocidente se redimiria, voltaria a participar de um cosmo pleno de forças vitais genuínas e regeneradoras. Com tais recursos, a ciência, um conhecimento da realidade entendido como incompleto, perderia espaço para a cosmologia vitalista, expressão de uma ordem natural harmoniosa e equilibrada, da qual o homem faz parte. Também os recursos fornecidos pelas tradições culturais do Oriente ensinam ao ocidental a resgatar suas competências, perdidas com os abusos de uma cultura tecnocrática. Atualmente, este aspecto se apresenta através dos inúmeros expedientes da autoajuda.

É importante chamar a atenção para a presença do vitalismo como fonte para os mitos que percorrem tanto a Seicho-no-ie como a Contracultura e sua forte presença nos movimentos religiosos e sociais da segunda metade do século XX. O seu núcleo central é a ideia de energia, imanente à existência, que abarca o homem e o mundo, habita o cosmo e o mantém vivo e equilibrado. Em algumas das suas expressões ao longo da história, a ideia de energia comporta um substrato religioso, em outras esse substrato é abandonado, mas, ou permanece como um fantasma, ou, mais recentemente, é ressignificado no âmbito das psicologias e da biomedicina. Com efeito, Canguilhem (1985) afirma que o vitalismo é vago, nebuloso e incerto, o que lhe favorece ressignificações em diferentes campos do conhecimento e em diversas circunstâncias.

A concepção de Jissô pode ser compreendida dentro desta perspectiva, pois ele é essa energia, ao mesmo tempo cósmica e sagrada, mas que deve ser animada através de uma reeducação do comportamento que envolve consciente, inconsciente, agradecimento e elogios.

Em outros casos, como nas diversas experiências da Contracultura, a procura de uma expressão espontânea da vida, da restauração de vínculos entre o homem e o ambiente compreendidos em uma perspectiva holista, comporta a confiança em uma cosmologia vitalista protetora e equilibrada, inspiradora de modelos para outra ordem social, que condena a hegemonia da razão tecnocrata.

Por fim, o Mestre Masaharu Taniguchi, fundador dessa super-religião que conteria os ensinamentos de todas as religiões do passado, ao atender ao chamado de um anjo, como um líder carismático que cumpre a sua vocação (WEBER, 1979), conduz o Movimento para a Iluminação da Humanidade que despertaria a natureza divina de todas as pessoas. Chamo a atenção para dois aspectos desta missão: primeiramente, a palavra iluminação que, sendo um termo budista, difere bastante da ideia de salvação cristã e mais uma vez evoca o Oriente como um lugar especial e uma experiência também especial, fora do cotidiano, mas vivida no aqui-agora. Em segundo lugar, a figura do mestre que atualiza saberes ancestrais e perenes para, mais uma vez, como tantos outros já tentaram fazê-lo, salvar a humanidade. A missão salvífica de Taniguchi partiria do Japão, centro dinâmico e ordenador do mundo, morada do imperador, divino descendente da deusa Amaterazu, para reunir toda a humanidade em uma só família, de acordo com o modelo tradicional japonês.

Considerações finais

Como afirmei no início deste capítulo, entendo os mitos como modos de conferir sentido às experiências humanas, que comportam suas próprias noções de sujeito e de realidade, organizando-as em uma narrativa plausível. Os habitantes do mito são entidades, lugares, tempos e qualidades poderosos, sagrados, especiais, e também unidimensionais e exemplares, fornecendo modelos de conduta para as dimensões profanas da existência, seja individual, seja coletiva. Remetem a universos encantados, do qual o homem participa e ao qual ele tem acesso através de cuidados rituais. O rito narra o mito, ou é o seu método[13]. A cosmologia vitalista, as representações de um Oriente espiritualizado, as experiências de participação na divindade e de comunhão com a natureza, os novos comportamentos individuais, as propostas de reinvenção da sociedade e de salvação da humanidade, as meditações, orações e outros estados especiais e as esperanças proporcionadas por todas as energias mobilizadas desde que se instalou esse mal-estar na modernidade apresentam, mais ou menos acentuadamente, vestígios de uma apreensão mítica da realidade.

As reflexões que apresentei ao longo deste ensaio destacaram aspectos selecionados da Seicho-no-ie e do movimento da Contracultura, como exemplos da forte onda orientalizante que atinge o Ocidente desde a metade do século XX, com vistas a atender o propósito deste artigo: identificar aspectos míticos nas suas narrativas religiosas. Quero acrescentar que o interesse pelas culturas e religiões orientais, e também pelas tradições esotéricas e místicas do Ocidente, na segunda metade do século XX, se deu de modo diversificado na sociedade brasileira, de acordo com variáveis de caráter social e cultural e percorrendo os caminhos da adesão religiosa e do interesse acadêmico, com nuanças variadas. Além disso, conteúdos da tradição oriental têm sido apropriados de modo seletivo por religiões de matriz africana e também por algumas expressões do pentecostalismo, passando por ressignificações compatíveis com os seus corpos doutrinários.

Os estudos sobre a consciência mítica, especialmente os fenômenos aqui analisados, remetem a algumas questões importantes de ordem conceitual. Refiro-me à forte associação da noção de mito às sociedades tradicionais, arcaicas e primitivas, presente em muitos dos estudos históricos e antropológicos. Tendo como ponto de partida uma comparação com o animal, que permanece preso ao seu horizonte material, isto é, natural, o mito é considerado a primeira expressão da constituição da consciência humana. Devido à sua indefinição instintiva e à sua abertura para o mundo, o homem precisa construir a sua própria natureza, a cultura e, consequentemente, o mito faria parte da sua passagem da natureza para a cultura, seria o primeiro passo para a constituição da consciência humana. Assim explica Gusdorf (1960: 15 – tradução

---

13. Certamente esta breve tentativa de caracterização do mito e do rito está condicionada aos modelos de interpretação próprios da modernidade, que separa sujeito da realidade, homem da natureza, como categorias de análise. Impossível fugir do próprio tempo em nome de uma posição onisciente.

nossa), "A consciência mítica permite constituir uma envoltura protetora, em cujo interior o homem encontra seu lugar no universo"[14].

Deste ponto de vista já se considerou que a sua presença na modernidade se deveria a sobrevivências de outros tempos e que seriam eliminadas com o avanço da racionalidade científica que seria objetiva e suas narrativas tratariam do real e não de fantasias. Ora, o mito tem "dado notícias" ao longo da história. Então, em vez de exorcizá-lo com outros mitos, talvez fosse possível considerar uma outra perspectiva e pensar essa associação com o tempo de um outro modo, e no lugar de conceber o mito como próprio das sociedades arcaicas, reconhecer que, na atividade de exteriorização do homem no seu empenho de construção da realidade (BERGER & LUCKMANN, 1973), o mito propicia a ordenação do mundo, mas também aponta para experiências que são perenes, pois a ordem é precária; o caos sempre ameaça a ordem. Quando o novo se instala ou quando a ordem é rompida ou ameaçada e se mobilizam esforços para retomá-la, se constroem narrativas inspiradoras de situações ordenadas, das quais o mito é uma das suas expressões. Mas não só nessas situações-limite. O caos sempre espreita a história e a experiência mítica é uma entre diferentes tentativas de recuperar um mundo ordenado. Diz Gusdorf (1960: 14 – tradução nossa): "[...] o mito conservará sempre o sentido de apontar para a integridade perdida, de uma intenção restitutiva"[15]. A sua presença em movimentos transgressores ou conservadores oferece um horizonte de possibilidades de recuperação de um nomos com sentido, de cosmização do mundo. É, pois, mais uma experiência antropológica do que pré-histórica, embora acompanhe o homem desde lá. Assim, antes de representar uma etapa a ser cumprida ou uma sobrevivência de tempos remotos, o mito se faz presente na história por sua promessa de ordem, pois a desordem assombra os homens desde que juntos passaram a fazer um mundo para si. Enfim, as manifestações do imaginário mitológico no interior do tempo histórico seriam a expressão de uma estabilidade sempre desejada, mas nunca obtida de uma vez por todas.

---

14. La conciencia mítica permite constituir una envoltura protectora, en cuyo interior el hombre encuentra su lugar en el universo.

15. El mito conservará siempre el sentido de apuntar hacia la integridad perdida, de una intención restitutiva.

Referências

ALBUQUERQUE, L.M.B. Hair: Paz e Amor! *Revista Nures,* n. 12, mai.-ago./2009, p. 1-9 [Disponível em http://www.pucsp.br/nures/Revista12/nures12_Leila.pdf – Acesso em 20/06/2015.

_____. *Seicho-no-ie do Brasil*: agradecimento, obediência e salvação. São Paulo: Annablume/Fapesp, 1999.

BASTIDE, R. A mitologia moderna. In: *O sagrado selvagem e outros ensaios*. São Paulo: Companhia das Letras, 2006.

BELGRAD, D. *The Culture of Spontaneity*: Improvisation and the Arts in Postwar America. Chicago: The University of Chicago Press, 1998.

BERGER, P.L. *O dossel sagrado*: elementos para uma teoria sociológica da religião. São Paulo: Paulinas, 1985.

BERGER, P.L. & LUCKMANN, T. *A construção social da realidade* – Tratado de Sociologia do Conhecimento. Petrópolis: Vozes, 1973.

CAMARGO, C.P.F. de et al. *Católicos, protestantes, espíritas*. Petrópolis: Vozes, 1973.

CANGUILHEM, G. *La connaissance de la vie*. Paris: J. Vrin, 1985.

ELIADE, M. *Mitos, sueños y misterios*. Buenos Aires: Compañia General Fabril, 1961.

GUSDORF, G. *Mito y metafisica*: introducción a la filosofia. Buenos Aires: Nova, 1960.

KESHET, Y. Energy Medicine and Hybrid Knowledge Construction: The Formation of New Cultural-Epistemological Rules of Discourse. *Cultural Sociology*, vol. 5, n. 4, 2010, p. 501-508, 2010 [Disponível em http://cus.sagepub.com/content/5/4/501 – Acesso em 15/06/2015.

ROSZAK, T. *A contracultura*: reflexões sobre a sociedade tecnocrática e a oposição juvenil. Petrópolis: Vozes, 1972.

Seicho-no-ie do Brasil. São Paulo: Gabinete de Marketing, [200-?].

TANIGUCHI, M. A sabedoria divina latente do ser humano. *Revista Fonte de Luz*, 2008 [Documento não paginado] [Disponível em http://www.sni.org.br/exibe_noticia.asp?id=115 – Acesso em 19/06/2015].

_____. Para assimilarmos Deus. *Acendedor*, vol. 13, n. 93, 1977. São Paulo.

_____. *Simei no Jisso* [A verdade da vida] – Genesis. São Paulo: Igreja Seicho-no-ie do Brasil, 1977.

_____. A era da decadência moral. *Acendedor*, vol. 10, n. 60, 1974. São Paulo.

TSUSHIMA, M. et al. The vitalistic conception of salvation in Japanese New Religions: an aspect of modern religious consciousness. *Japanese Journal of Religious Studies*, vol. 6, n. 1-2, mar.-jun./1979, p. 139-161 [Disponível em http://www.nanzan-u.ac.jp/SHUBUNKEN/publications/jjrs/pdf/95.pdf – Acesso em 21/06/2015].

WEBER, M. *Economy and society.* 2 vols. Berkeley: University of California Press, 1978.

4
Mito e rito: elementos para o agenciamento do transe na UDV

*Rosa Virgínia Melo**

Introdução

A bebida conhecida como *ayahuasca*[1], nomeada vegetal ou hoasca no Centro Espírita Beneficente União do Vegetal, conduz a presente discussão antropológica acerca da elaboração central à teleologia religiosa, a burracheira, ou seja, a totalidade do efeito desejado da bebida. Parto de uma análise do efeito pretendido da bebida sacramentada como produtor de mediações que acionam operações entre química e simbologia e entre cosmologias arcaica e moderna. Enfatizo serem essas mediações eficazes ao processo de adesão pela classe média, estrato social onde atualmente a religiosidade experimenta sua mais expressiva expansão.

A cocção preparada com a folha *Psichotria viridis* e o cipó *Banisteriopsis caapi*, ou no vernáculo chacrona e mariri, contêm, respectivamente, o alcaloide dimetil-triptamina (DMT) e os betacarbolínicos harmina, harmalina e tetrahidroharmina. Os alcaloides do cipó inibem a atuação da monoaminaoxidase (MAO) produzida no organismo humano que anula os efeitos tóxicos da DMT da folha, quando ingerida oralmente. Assim, ambas as substâncias operam transformações no corpo humano.

---

* Doutora em Antropologia pela UnB.

1. Palavra quéchua que significa cipó dos mortos ou dos espíritos.

A análise parte de mito e rito como elementos do agenciamento do uso da bebida que inclui transformações corporais e psíquicas, bem como suas representações, e procura realçar a elaboração de operações metonímicas que pousam sobre um profundo estado de embriaguez. A discussão busca, portanto, compreender o movimento entre química do corpo, êxtase, comunicação ritual e disciplina do comportamento, assim como as possibilidades de negociação de indivíduos com verdades doutrinárias e seus lugares socialmente avaliados na ordem religiosa. Sabemos que os sistemas simbólicos só se tornam concretos através da ação, e na União do Vegetal (UDV) o ato de expressão verbal é uma força potencializadora das elaborações rituais.

Conhecida como uma "religião da floresta", a UDV tem, em sua formação histórica, uma constituição híbrida entre três espaços socioculturais doadores de significado à constituição do transe: o seringal amazônico, Porto Velho e o centro-sul do Brasil. Enquanto os dois primeiros elementos constituem o primeiro momento da instituição, quando o fundador ainda era vivo, o terceiro momento inicia-se em 1972, um ano após a morte do Mestre Gabriel.

A UDV foi oficialmente fundada em 1961 no seringal Sunta, na fronteira da Bolívia com o Estado de Rondônia, norte do Brasil. O percurso religioso de José Gabriel revela, desde a Bahia, sua terra natal, a manipulação de forças extraordinárias (FABIANO, 2012). Em Porto Velho "trabalhou" como ogã em terreiro afro-brasileiro e em mesa de cura nos seringais da Bolívia e de Rondônia, quando incorporava entidades (BRISSAC, 1999; GOULART, 2004; MELO, 2010). A fundação da UDV representa uma ruptura, mesmo que ambivalente, com seu passado afro-indo-brasileiro, e a instauração de um transe centrado em sua figura messiânica (MELO, 2011).

No início dos anos de 1970, durante a ditadura militar, jovens de classe média provenientes de famílias cristãs, não raro identificados com a contracultura, o teatro, movimentos políticos de esquerda, mochileiros, estudantes etc., partiram de São Paulo e Brasília em busca de experiências incomuns, em viagens descritas sob tons de aventura aos estados do Acre e Rondônia para conhecer o chá ancestral (LODI, 2004). Na bagagem trouxeram de volta relatos de experiências espirituais decorrentes da relação com a bebida "misteriosa". Esses jovens, hoje em idade madura, compõem, juntamente com indivíduos "das origens", os "caboclos" da Amazônia, os altos cargos hierárquicos da instituição religiosa cuja sede encontra-se em Brasília, DF.

Os fundadores dos núcleos da UDV nas grandes capitais brasileiras participam de camada socioeconômica diversa daquela que se reunia no Acre e em Rondônia no período inicial do grupo, formada predominantemente por indivíduos semialfabetizados, ex-seringueiros tornados trabalhadores urbanos que experimentavam uma acelerada transformação da cultura rústica onde viviam.

O encontro entre classes sociais distantes uma da outra, com a classe economicamente proeminente colocando-se sob doutrinação daquela menos favorecida, é uma união que tensiona a tradicional divisão de classe entre grupos com interesses conflitantes. Os homens de cultura rústica, fundadores e doutrinadores da União do Vegetal, com suas experiências na floresta, exerceram encanto e autoridade sobre os jovens viajantes dos anos de 1970 que receberam os primeiros como mestres, numa inversão dos lugares sociais da sociedade brasileira.

A produção do transe udevista, a burracheira, dá-se num processo de reinvenção e rearticulação de sentidos com o intuito de compor um todo legitimado (MONTERO, 1994). A presente discussão objetiva também compreender a tensão produtiva suscitada por heranças múltiplas doadoras do significado do uso da ayahuasca nesse grupo, constituído através de ressonâncias entre sistemas e códigos diversos (CARNEIRO DA CUNHA, 1998).

A cosmologia do transe na UDV comunica relações sedimentadas nessa rede de códigos comunicativos diversos permeada por aporias intelectuais e contradições existenciais (GASBARRO, 2006: 75). O hibridismo entre os saberes organiza-se hierarquicamente, dependendo do contexto, entre os elementos da mística da floresta, uma moral ascética burocratizada e característica da moralidade cristã. A multiplicidade dos códigos não constituem problema para os adeptos, nomeados "sócios", que apontam em leituras do rito e do mito, propriedades que ora unem, ora separam ações institucionais e espirituais. Esse é um pensamento que nos permite aludir às modernas, subjetivas e variáveis negociações do adepto diante de separação e continuidade entre o que foi postulado como operação religiosa por excelência: o instituinte da mística e os instituídos do significado (BASTIDE, 2006).

Os dados da análise foram coletados em etnografia realizada entre os anos de 2006 e 2008, a qual fundamentou minha tese de doutorado[2]. O modelo

---

2. Para maiores detalhes da pesquisa e relações com a cúpula institucional, cf. Melo, 2010; Labate e Melo, 2013.

ritual tomado como referência é o das "sessões de escala"[3], que se realizam no primeiro e terceiro sábados de cada mês em cada "núcleo" ou "unidade administrativa", como é chamado o espaço de atividades do grupo. A seguir, valho-me da capilaridade entre mito e rito para discutir a relação entre os códigos diversos da mística e da institucionalidade.

O mito

A História da Hoasca é tida como a história que conta o que há de mais importante no conhecimento da doutrina. Evoluir nesse conhecimento significa a ascensão na hierarquia espiritual[4] da instituição. Conhecer essa e outras narrativas da UDV mobiliza o sócio autoidentificado como alguém que "quer saber a origem das coisas". O conselheiro, para obter o "grau de mestre", faz um "concurso", ou seja, é submetido à critérios de avaliação de sua conduta pessoal e institucional e, caso aprovado, vai para a fase final, onde narra, em sessão, a História da Hoasca. Se bem-sucedido na *performance* ritual, "recebe" a camisa com a Estrela bordada no peito em sessão subsequente. Sabe-se que, além da História da Hoasca, um mestre deve dominar certos procedimentos litúrgicos como "abrir" e "fechar" uma sessão, mas é na *performance* da narrativa da origem do vegetal e das reencarnações do Mestre que será definida a ascensão do conselheiro.

Nas entrevistas e conversas realizadas durante a etnografia, suspendi a ênfase no valor antropológico do mito e perscrutei a recepção da assertiva ritual de sua historicidade. As percepções dos sócios a esse respeito foram variadas. Observei como afirmações de verdades desprovidas do que a ciência moderna define como verdade objetiva eram percebidas num grupo de burocratas, jornalistas, terapeutas, acadêmicos, médicos, ou seja, entre membros da "classe média afluente" do núcleo[5] onde concentrei minha observação, no Distrito Federal.

---

3. Há outras modalidades de sessão: a instrutiva, comemorativa, extra, de acerto e do quadro de mestres.

4. O quadro de sócios é formado por sócio e sócio do corpo instrutivo. Esse é subdividido em corpo do conselho e quadro de mestres.

5. Núcleo ou unidade administrativa, formado pelo templo e demais benfeitorias como cozinha, berçário, plantio dos vegetais chacrona e mariri, casa de preparo do chá etc.

A variedade de posições dos informantes quanto à historicidade do mito não é ritualmente partilhada, e pode ser sintetizada como segue: há aqueles empenhados em confirmar a historicidade do relato, propondo outros registros temporais que não os oficiais; mais comumente afirmaram estar "examinando" a questão. Para outros, se ela é importante porque ensina valores, o fato de ser verificável ou não, é irrelevante. Para uma parcela menor, a História da Hoasca é um mito e o Mestre Gabriel um grande xamã capaz de sintetizar a religiosidade brasileira.

O mito de origem da UDV narra o percurso do chá na Terra, intrinsecamente associado à história do caminho espiritual do fundador. É contada em sessões comemorativas, abertas aos visitantes, ou a critério do mestre que conduz a sessão. Foi gravada[6] na voz do Mestre Gabriel, divide-se em quatro partes e é entremeada por trechos de algumas chamadas[7] de abertura que contam a história de personagens da cosmologia udevista, marcada, em geral, por transformações recíprocas entre espíritos de humanos e não humanos.

* * *

Antes do dilúvio universal havia um Rei chamado Inca que governava com sabedoria, graças aos conselhos de sua misteriosa Conselheira Hoasca, que tudo sabia. Um dia Hoasca morreu e o Rei, desconsolado, sepultou-a. Nasceu na sepultura de Hoasca uma árvore que o Rei julgou ser Hoasca, assim denominando-a. Fez um chá da folha da árvore e o deu de beber ao seu marechal Tiuaco, na tentativa de que este descobrisse os segredos da Conselheira. Sentindo a presença de Hoasca, Tiuaco não resistiu e morreu. Foi sepultado ao lado da Conselheira do Rei, onde nasceu um cipó. O reinado, após a morte de Rei, virou uma tapera.

---

6. A doutrina enfatiza a transmissão oral do conhecimento, mas as sessões podem ser gravadas pela instituição. É proibida a circulação no grupo, mas a gravação é vendida em feiras em Porto Velho e me foi ofertada como dádiva do campo por uma sócia.

7. Chamadas são cantos devocionais realizados à *capela*, semelhantes aos realizados nos cultos afro-indo-brasileiros: Pajelança Cabocla (GALVÃO, 1955), Candomblé da Bahia (BASTIDE, 1961), Mesinha de cura amazonense (GABRIEL, 1985) e Jurema nordestina (ASSUNÇÃO, 2006), que acionam a presença de seres espirituais.

Muito tempo se passou e Salomão, Rei da Ciência, ouviu a história do Rei Inca e de sua Conselheira e foi, acompanhado de seu vassalo Caiano, ao encontro das sepulturas. Encontrou lá nascidos árvore e cipó, reconheceu-os como Hoasca e Tiuaco. Salomão anunciou a união do vegetal e clamou: "o mariri nos dará força e a chacrona nos dará luz", conforme canta a chamada da União.

Salomão ensinou a Caiano os mistérios da natureza divina, a Minguarana. Fez um chá dos vegetais e, com palavras imperiosas para que se encontrasse com os poderes de Hoasca, ofereceu-o a Caiano. Caiano bebeu o vegetal, sentiu a força de Hoasca aproximar-se, começou a sufocar e, conforme ensinamentos de Salomão, "chamou" por Tiuaco, "o grande rei no salão do vegetal". Caiano aprendeu também a acessar os segredos da natureza divina, condicionado pelo poder contido no pedido, capaz de abrir-lhe os encantos da Minguarana. Assim Caiano tornou-se "o primeiro hoasqueiro".

Tempos depois, o espírito de Caiano, que é o mesmo do Rei Inca, retornou no Peru, com o nome de Iagora, a quem "todos chamam na hora da necessidade". Iagora é um imperador indígena nascido depois de Cristo e que "chama" por Jesus e pela Virgem da Conceição. Conhecido como Rei Inca porque contava a história do Rei Inca e de sua Conselheira Hoasca, Iagora foi degolado por discípulos que se revoltaram e seguiram pelo mundo, originando os "mestres de curiosidade", desprovidos de "conhecimento".

O retorno do espírito em sua quarta encarnação aconteceu na Bahia, e José Gabriel, homem simples do povo, desloca-se para o seringal amazônico e "recorda-se" de sua "missão": a de "equilibrar o vegetal". Torna-se Mestre, abre "o oratório com o divino Espírito Santo", e esclarece que oratório é para orar, explicar, falar o que é preciso. Ensina que, quando precisamos, chamamos: "eu chamo Caiano, chamo *burracheira*". Gabriel ensina, mas não chama, porque "Caiano sou eu, a *burracheira* é eu..." Ao fim da narrativa tem-se, na voz do Mestre: "*burracheira* quer dizer força estranha, é por isso que eu não tenho *burracheira*... porque eu sou a *burracheira* e não existe coisa estranha para mim..."

Uma interpretação do mito

Vemos que a Conselheira e o marechal do Rei, respectivamente Hoasca e Tiuaco, preexistem em relação aos componentes da bebida, uma vez que folha e cipó são gerados por seres espirituais, reatualizando o princípio cosmológico da preeminência do espírito sobre a matéria. O chá nomeado vegetal, enquanto fonte de "conhecimento", configura transformações e uniões sucessivas: o mistério esotérico da sabedoria feminina de Hoasca transmutada na folha da chacrona, de onde provém a "luz"; o marechal Tiuaco, um misto de conhecimento indígena fundido à assimilação da autoridade militar de um marechal, transmutado no cipó mariri, fonte de "força".

A Conselheira e o Marechal simbolizam a química dos componentes da bebida: Hoasca deu vida à folha responsável pelo efeito visionário que, na doutrina, é o princípio feminino, a "luz"; Tiuaco é, traduzido como princípio masculino, a "força". Tiuaco é um personagem com função dupla, pois sua presença é condição para a atuação do poder de Hoasca, além de contribuir com sua "força", termo metáfora do alcaloide betacarbolínico do cipó, responsável pelo efeito intenso "na matéria", entre eles o de *purga* do chá, simbolizada como "limpeza".

Na lógica mítica, quando o vegetal é preparado, os componentes espirituais de folha e cipó recebem significados doados por Salomão, demiurgo e catalisador, pois "Salomão é a chave da União", posto que o vegetal supõe algo além da "luz e da força", que são a "sabedoria" e o "conhecimento" aí atrelados. Portanto, para além da química, da pura experiência ou da mística, é fundamental o preceito normativo doado por Salomão a Caiano, o que internamente diferencia a UDV daquilo que é nomeado como "curiosidade", um conhecimento incompleto, externo à instituição.

O termo "curioso" surge entre caboclos do Baixo Amazonas em referência ao trabalho de parteiras, sobre quem se afirmava possuir "um 'conhecimento' que os doutores não possuem" (GALVÃO, 1955: 121). A "curiosidade", como a magia, pode ser entendida como uma categoria que indica poderes de manipulação de forças não articulados sob ordem sistematizada, sendo antes um poder gerido de modo anárquico e, conforme se diz na UDV, "pode ir para qualquer lugar". Nesse sentido, a superioridade do conhecimento udevista sobre a "curiosidade" dos "caboclos da floresta" ou curandeiros dá-se numa reedição de um pensamento ocidental classificatório que destitui a magia de princípios éticos (DOUGLAS, 1986).

Na terceira encarnação, o espírito do Mestre retorna no Peru, como o Rei Iagora, um ameríndio; todavia parte da conquista cristã, pois é imbuído dessa lógica que ele insere na chamada da Minguarana a referência à Virgem da Conceição e a Jesus. Iagora é morto por seus súditos, que então rompem a unidade, "criam força" e não seguem a "força criadora", referência aos "curiosos", seguidores de uma espiritualidade outra e distantes do "alto espiritismo" com o qual a irmandade se identifica. O "alto espiritismo" foi-me explicado enquanto um "autoespiritismo", propiciador de "autoconhecimento". Em algumas circunstâncias de campo foi enfatizado que o autoespiritismo não se relacionava ao "baixo espiritismo" utilizado no campo religioso como categoria acusatória (MAGGIE, 1977; ORTIZ, 1978; GIUMBELLI, 1997).

A "curiosidade" é talvez o mais claro dos conflitos projetados no mito e opõe-se à "Ciência de Salomão", gerando efeitos classificatórios entre a instituição e grupos não tributários de um "conhecimento" delimitado por uma essência do social como forma de oposição ao profano (DOUGLAS, 1986), um uso "não doutrinado do vegetal", gerido de modo anárquico.

A quarta encarnação do Rei Inca acontece na Bahia, e José Gabriel vem com a missão de "equilibrar" o vegetal. Gabriel inclui na narrativa de origem: "eu vim abrir o oratório com o Divino Espírito Santo", enfatiza o "caminho reto" como qualidade cristã de sua missão e a importância da oralidade na transmissão do conhecimento divino. A cristianização dessa prática religiosa mágica pode ter sido influenciada pela forte presença de missões evangelizadoras pentecostais na fronteira com a Bolívia nos anos de 1940 e 1950, onde vivia Gabriel.

O Rei Inca, Caiano, Iagora e Gabriel são "destacamentos" do mesmo espírito, mas os três últimos são distintos do primeiro porque beberam o vegetal e tornaram-se Mestres. Enquanto o Rei Inca dependia dos conselhos de Hoasca, os demais "destacamentos" desse espírito passaram, graças a Salomão, a ter acesso direto à fonte de conhecimento, exercendo sobre ela um poder. A História da Hoasca chega ao fim com a afirmação de Gabriel de ser, ele próprio, a *burracheira*. Aí percebemos como Gabriel e *burracheira* guardam relações metonímicas que não estavam presentes em Caiano e Iagora. É esta a revelação de que os poderes do vegetal devem-se à presença do espírito do Mestre no chá, espírito que consubstancializa várias entidades.

A identificação de Salomão como o Rei da Ciência entre seringueiros ayahuasqueiros na Amazônia brasileira é também reconhecida no Santo Daime na forma de uma estrela. No Brasil, o Rei Salomão é uma entidade muito conhecida nas giras da Jurema nordestina, o Catimbó (ASSUNÇÃO, 2006), compondo um dos elementos comuns à tradição do transe mediúnico afro-indo-brasileiro e às matrizes urbanas da ayahuasca brasileira. O campo nativo parece fazer a associação do Rei Salomão com a tradição maçônica, por vezes replicada em trabalhos acadêmicos. Contudo, Mestre Gabriel, segundo contemporâneos, "trabalhava" dando consultas mediúnicas no seringal, e em Porto Velho era ogã do terreiro de Chica Macaxeira, precursora da tradição afro-brasileira do Tambor de Mina na capital de Rondônia, norte do Brasil (BRISSAC, 1999).

A penetração do rei bíblico nos cultos mediúnicos, os quais não têm o livro sagrado dos cristãos como cânone de seus conhecimentos, pode ser compreendida pelo conteúdo bíblico do livro de Salomão, que apresenta a magia babilônica e caldeia, demonstrando uma sabedoria não cristã de Salomão (SACHS, 1988), atribuição que Le Goff (1999) encontra em registros acerca do Rei dos Judeus. Dessa forma, entende-se o sentido do autor de três textos bíblicos, *Eclesiastes*, *Cântico dos Cânticos* e do Livro da *Sabedoria*, como figura fundamental para o vasto conteúdo religioso que José Gabriel elaborou para formar a UDV.

Na Bíblia, é possível encontrar passagens caras ao entendimento do mito udevista, oferecendo pistas do tipo de relação entre Salomão e Hoasca, a misteriosa Conselheira do Rei Inca. Ao final do *Cântico dos Cânticos*, dois versos figuram como apólogo: um homem regozija-se por ter uma videira, sua esposa, que vale mais do que a melhor vinha de Salomão (Ct 8,11-12), forma alegórica e que remete à embriaguez contida no contato com um conhecimento antropomorfizado em forma de mulher.

Aquilo que Salomão obteve do espírito feminino tornado sua esposa e conselheira (Sb 7,14), nos leva ao que possuía Hoasca, traçando um paralelo entre ambas as entidades femininas, fontes produtoras de líquidos embriagantes. Hoasca é o princípio da sabedoria, sua antropomorfização, assim como a esposa de Salomão, a ele ofertada por Deus. O Rei Inca não teve o privilégio de possuir sua conselheira, ela era um outro, dele apartada. Com a posse de figuras femininas por Salomão, em ambos os mitos, rei e sabedoria tornam-se uma coisa só, como diz o Rei da Ciência "[...] saí à sua procura a fim de possuí-la em mim" (Sb 8,18). Esse "conhecimento" que o faz rei inclui religião e Estado, mas tem como fonte a mística contida em uma mulher videira, ou seja, os "mistérios" de uma natureza percebida como feminina, em estreita relação com a figura masculina significada como expressão da Lei, da Sabedoria e da Justiça.

O poder do Rei Inca de governar com sabedoria se deve ao "conhecimento" de Hoasca, mulher misteriosa que nomeia o objeto sacramental. Assim, tanto Salomão quanto o Rei lembram-nos o que afirma Weber (1974), para quem o reinado é uma consequência do heroísmo carismático. Aqui, o carisma advém de uma natureza feminilizada na videira e em Hoasca, fonte extraordinária de conhecimento, que uma vez apropriada pelos reis Salomão e Inca, os faz governantes e vitoriosos. Na UDV, o poder religioso de Salomão comunica uma ordem instituída que parece dizer que aos homens cabe completar o conhecimento iniciado pelas mulheres, o que sugere uma relação inextricável, porém hierarquizada[8], entre Natureza e Conhecimento. Assim, a passagem dos poderes e dos mistérios de Hoasca é exclusiva para os sócios do sexo masculino, únicos a alcançarem o "grau" de mestre na União do Vegetal. O caráter de verdade do mito justifica a exclusão das mulheres ao "grau de mestre", acrescido da função valorativa da conselheira como apoio ao mestre.

O rito

O adepto durante o rito veste uma camisa verde-floresta cujo bolso esquerdo carrega a distinção nele bordada, sinal do "lugar" de cada um na estrutura hierárquica. Os homens vestem calça branca e as mulheres calça ou saia longa cor de laranja, todos com meias e sapatos baixos brancos.

O cenário ritual dispõe-se ao redor de uma mesa ornada por um arco numa das cabeceiras, de onde fala o mestre "dirigente da sessão". No arco da mesa está escrito ESTRELA DIVINA UDV UNIVERSAL e falar sob ele é posição daquele que conduz a sessão, lugar conferido ao discípulo da "sessão Instrutiva" capaz de ligar-se à força que vem do alto, "o poder", e transmiti-lo em palavras, configurando um canal da "luz que orienta, vem de Deus e é para todos". Uma vez aberta a sessão, seja o discípulo do sexo masculino ou feminino, sob o arco ele é chamado de mestre e, a rigor, sob pronome masculino. É esperada uma *performance* firme e tranquila, habilidade no controle dos pensamentos

---

8. Cf. Reichel-Dolmatoff (1976) acerca do mesmo princípio no mito Desana de origem do yagé.

durante a burracheira, conhecimento da doutrina, escolha das palavras corretas na transmissão dos ensinos, disposição em atender às perguntas do sócio e saber o que pode, ou não, ser dito.

Atrás do arco da mesa, a linha de cadeiras encostadas à parede é ocupada por sócios de distinta responsabilidade espiritual, destinada quase sempre aos membros "graduados", aqueles que foram "convocados" aos "degraus" da instituição e que vão constituir uma espécie de "fio de ligação", corrente invisível em apoio ao "andamento da sessão".

As cadeiras da mesa são preenchidas por sócios não implicados no suporte efetuado pelo "fio" atrás do arco, mas também conferem distinção. Espera-se do discípulo que é convidado ou obtém permissão para aí sentar-se, que saiba comportar-se devidamente. As demais cadeiras que preenchem o salão podem ser preenchidas por sócios de qualquer categoria hierárquica e pelos "visitantes".

Pontualmente às 20h o mestre assistente anuncia com voz firme: "todos de pé para receberem o vegetal". A responsabilidade do Assistente é estar atento aos mínimos detalhes da sessão para garantir seu andamento.

O vegetal é distribuído em fila hierarquicamente organizada, dos mestres aos "visitantes". A ingestão da bebida sacramentada segue a ordem hierárquica de recebimento, primeiramente aqueles que participam da sessão "Instrutiva", ou seja, os sócios "convocados" e com "grau espiritual" mais elevado. A mão direita que segura o copo na altura do ombro precede a invocação "Que Deus nos guie no caminho da luz, para sempre, sempre amém Jesus". Em seguida bebem "os demais", ou seja, o Quadro de Sócios[9] e os não sócios, sob a mesma invocação. Após a "distribuição do vegetal", um sócio previamente escolhido anuncia: "*Meus irmãos, peço a atenção dos senhores para um conjunto de documentos que regem a União do Vegetal*", e inicia a leitura de trechos dos documentos institucionais, sendo seguido por outro, de hierarquia superior, que executa a "explanação" do conteúdo lido. Essa fase tem duração média de 25 minutos e nela constam instrumentos de orientação na sessão e fora dela.

O texto lido recorta o Estatuto e o Regimento Interno do Centro Espírita Beneficente União do Vegetal. A leitura em sessão sublinha aspectos da rela-

---

9. Como são chamados, genericamente, todos os membros, porém, os que compõem o "quadro", são os que estão na base da cadeia hierárquica.

ção entre sócios e entre estes e a instituição, bem como alguns pontos expressivos da cosmologia acerca do Mestre e dos "mistérios" da bebida. Finalizada leitura e explanação dos documentos, parte obrigatória das sessões de escala, um silêncio absoluto domina o salão, quebrado pela voz do dirigente que entoa a sequência de "chamadas de abertura", realizada por um período médio de 15 minutos, dependendo da ênfase no silêncio entre uma chamada e outra.

A sequência das chamadas tem início com o *Sombreia, Estrondou na Barra* e *Minguarana*. A *Chamada do Sombreia* fala da "sombra" que vem com a "luz", referência ao lado negativo do ser, a ser revelado pela luz divina. *Estrondou na barra* reporta-se à força da figura mítica de Tiuaco, "o grande rei no salão do vegetal", marechal do Rei Inca, consubstancializado no cipó, mariri. A *Minguarana* é a natureza divina que, mediante o pedido do mestre dirigente da sessão, concede àqueles que ainda não alcançaram a condição de "entrar", o poder de "ver" os "encantos". Mestre Gabriel, ao narrar a História da Hoasca, explica essa chamada. Esclarece que, quando ele a realiza, não está chamando, mas sim ensinando "como se chama quando se precisa, ensinando àqueles que ainda não têm esse direito", como acedê-lo, conhecendo e pedindo da fonte. Ouve-se, em meio a essa invocação, uma sequência de versos a respeito de Jesus e a Senhora Mãe Santíssima, cobrindo todos com seu manto e, por fim, o oratório é aberto "com o Divino Espírito Santo".

O dirigente da sessão levanta-se, caminha no sentido anti-horário, o "sentido da força", e segue perguntando aos presentes mais próximos à mesa: "como vai o irmão (irmã)? Tem luz? Tem *burracheira*?" O efeito da sequência de perguntas, respondidas de modo positivo, é o de "ligar a força". "Aos que não perguntei pergunto agora: Têm luz, têm *burracheira*?" O mestre senta-se em sua cadeira e faz a Chamada do Caiano, o "primeiro hoasqueiro", invocado para clarear seus "caianinhos" e dar-lhes "grau".

A chamada subsequente atende a um princípio hierárquico particular face às demais, indicando sua importância. A Chamada da União deve ser feita pelo mestre Representante do núcleo, seja ele dirigente ou não, exceção feita quando a sessão é dirigida por um mestre superior[10] a ele. Essa é a chamada, anteriormente citada, da união do mariri e da chacrona, o "rei da força" e a

---

10. Mestre Central, Mestre Geral Representante ou Mestre do Conselho da Representação Geral (os que já ocuparam a Representação Geral) ou do Conselho da Recordação.

"rainha da luz". A fase inicial da sessão é concluída com a chamada da Guarnição. O primeiro verso indica reconhecimento e solicitação, em momento ritual de avanço dos efeitos da bebida: "Meu primeiro mestre é Deus, o segundo é Salomão, autor de toda ciência, nos dê vossa guarnição".

As chamadas de abertura são obrigatórias, e no desenrolar da sessão outras são "feitas". A sequência não é aleatória, percebida como via de acesso à "evolução espiritual do discípulo dentro da sessão", termo que atende ao ciclo reencarnacionista diverso do carma hindu por corresponder aos princípios da moral cristã.

O ritmo da sessão cresce em efervescência sob os cânticos *à capela* e suas elaborações imagéticas de uma natureza encantada, aspecto valorizado na experiência do sócio e que devem ser complementados, conforme a doutrina, pelos supostos normativos relativos à consciência e ao comportamento. É dever do adepto buscar "ter a ciência de si", e não o encontro com o espírito dos outros, encarnados ou desencarnados, portanto também diverso do espiritismo kardecista. Contudo, essa exortação autocentrada, frequente no rito, não elide o valor das "chamadas" que acionam "o batalhão espiritual" do Mestre, as figuras míticas solicitadas a auxiliar no andamento da sessão, devido às suas propriedades curativas (BRISSAC, 1999; GOULART, 2004).

Músicas instrumentais reproduzidas no dispositivo sonoro também preenchem a sequência do ritual quando o fenômeno auditivo é capaz de transformar-se em miríades de imagens e cenários imprevisíveis.

A estética exuberante das chamadas contrasta com a fase subsequente, expressa em linguagem pedagógica relativa aos ensinamentos morais que permeiam o jogo de pergunta e resposta que ocorre nas sessões. Por volta das 21h o mestre dirigente anuncia que a sessão está aberta a quem quiser "chamar, falar, perguntar, é só pedir a licença".

A pergunta deve ser efetuada de pé, e ao fim retorna-se à posição inicial. A temática pode referir-se às chamadas realizadas, e se uma História tiver sido narrada na sessão, sua compreensão deve ser privilegiada na elaboração das perguntas. Há frequentemente interrogações existenciais, caras aos princípios da doutrina. A escolha das palavras pronunciadas no salão vale muito, demonstra conhecimento do poder atribuído à imagem sonora.

O emprego de formas indesejáveis de pronunciamento oral é corrigido pelo dirigente e a pergunta deve ser refeita, pois a "burracheira é guiada pela palavra", conforme a doutrina. Carregada de "mistério", o discípulo deve "examinar" a palavra e compreender seu verdadeiro significado. O sistema simbólico atribui concretude à imagem sonora, transformando-a em ação, e seja a palavra racionalizada dos documentos institucionais, seja a palavra encantada das chamadas, o ato de expressão verbal é uma força potencializadora das elaborações rituais (MUNN, 1976; LEENHARDT, 1979; TAMBIAH, 1985).

"Mestre, o que é obediência?", questionamento recorrente sob o qual respostas gravitaram em torno da seguinte orientação: na vida, a pessoa está sempre obedecendo a algo, importante saber a que, ou a quem se está obedecendo. De um lado está a imperfeição que gera dor e sofrimento, do outro a recompensa advinda do "caminho reto".

A "caminhada espiritual" efetuada na burracheira carrega a obrigação de discípulo em "refletir sobre si, quem ele é de verdade". Para ver-se, segundo a doutrina, a pessoa deve começar pelo círculo familiar e pelas relações de amizade. O tripé ideológico "trabalho, família e religião" pontua vínculos afetivos sólidos como prioridade para o desenvolvimento do ser no mundo.

Não obstante os preceitos de moralidade cristã, a bebida é habitada pelo mestre fundador. Expressivo desse conhecimento é a noção de que a intensidade da burracheira fica "a critério do mestre", pois "ele dá o que a pessoa merece e aguenta receber". Isso explicaria o arbítrio do fundador em negar burracheira a quem, por resistência pessoal, não se deixar "examinar". De outro modo, a ausência de burracheira é por vezes entendida como "engano" daquele que, por ansiedade em ver repetida uma burracheira vivida, não tem sensibilidade para perceber o que está naquele momento sendo "alcançado".

"Vamos meus irmãos, vamos perguntar... a sessão quem faz somos nós", "o grau da sessão é nossa responsabilidade", ouvi em ocasiões de "alto tempo de burracheira" no salão, quando o dirigente estimula a audiência a participar do jogo de pergunta e resposta. Chamadas são invocadas para responder, acrescentar, enriquecer uma explicação, seja ela do campo mítico ou cotidiano. O mestre Dirigente entoa ele mesmo as cantigas ou solicita que alguém o faça, e há quem peça licença para "fazer uma chamada", que deve ser seguida por alguns segundos de silêncio, pois a "força" continua "circulando pelo salão do vegetal".

Se o assunto tratado for esgotado, faz-se possível uma outra linha de questionamentos, e como pausa ouve-se música, de melodia suave, sob escolha do mestre Dirigente. As músicas populares autorizadas na sessão passam pelo crivo baseado no "mistério da palavra", de preferência cantadas em português e que aportem mensagens existenciais positivas e belas imagens, no intuito de manter o "grau espiritual da sessão".

Frequentemente o mestre recusa resposta a uma pergunta acerca de chamadas ou Histórias, e justifica que tal assunto só pode ser tratado na sessão Instrutiva devido ao cuidado necessário com a "memória", termo de acepção iniciática referente à recordação da caminhada do espírito no mundo, sob os ensinamentos do Mestre e conducente ao "conhecimento de si". O discípulo deve aguardar a "próxima sessão do grau", a Instrutiva ou, no caso de ser membro do Quadro de Sócios, continuar "examinando" até chegar ao "lugar" de alcançar a resposta.

A ilusão, o vício, o engano e o erro são temas frequentes de perguntas e dos testemunhos voluntários ou solicitados pelo mestre, como também o são a paciência, a confiança, o trabalho e sobretudo a família. "Melhorar" é "evoluir espiritualmente", possível através da busca da "consciência", a "ciência de si". "Pra União o que é certo é certo e o errado é o errado, o certo não pode ser errado". A doutrina incita à "firmeza no pensamento" sublinhando a importância da diluição de dúvidas pelo conhecimento do que seja o bem e o mal.

A abordagem de assuntos práticos e administrativos anunciados pelos responsáveis inicia o encerramento da sessão. A secretária encarregada posta-se ao lado da mesa e lê um texto escrito em linguagem burocrática a respeito de pronunciamentos do Centro como também as eventuais advertências, rebaixamentos, afastamentos ou recondução de sócios ao seu "lugar" na hierarquia.

Por volta das 23:30h começa o encerramento, com o anúncio de que é chegada a hora de todos sentarem-se eretos, balançarem a cabeça e abrirem os olhos porque é hora de "despedir a força". Em seguida, aquele que dirigiu a sessão caminha pelo salão no sentido horário, inverso ao da "força", e, aos mesmos a quem se reportou no início da sessão, pergunta:

"Como está o irmão? Como foi a burracheira" – "Bem, graças a Deus". "Foi boa" são as respostas rituais. Em seguida diz: "a todos que eu não perguntei, pergunto agora: Como foi a burracheira?", e a audiência responde "foi boa". Essa sequência "despede a força", e a Minguarana vai levando as mirações e a burracheira.

O discípulo que fez a explanação anuncia a cobrança do "dízimo", valor não estipulado a ser pago por aqueles que vomitaram no salão e destinado a custear a compra do material de limpeza, não incluído no valor da mensalidade do sócio. Alguns discípulos levantam-se e depositam pequenos valores monetários no recipiente que jaz sobre a mesa.

Seguem alguns minutos de intervalo e aos cinco minutos antes da meia-noite ouve-se a sineta e todos retornam ao salão em postura de respeito e silêncio. É entoado o "Ponto da Meia-Noite" que ressalta a passagem do tempo e a chegada de um novo dia. Alguns avisos ainda podem ser dados nesse momento, e em seguida o mestre fecha o oratório com o Divino Espírito Santo – Um lento e marcado "A-Deus" encerra a sessão.

O transe udevista e seus códigos comunicacionais

De acordo com alguns contemporâneos do fundador, no início dos anos de 1960 Mestre Gabriel operou uma ruptura simbólica com seu passado afro-indo-brasileiro (BRISSAC, 1999; FABIANO, 2012), e negou a veracidade da incorporação por ele experimentada, de entidades como Sultão das Matas, Truveseiro e Flor de Aurora, dizendo estar usando essa comunicação para atrair a mentalidade mais baixa daqueles que só assim poderiam compreender seu poder.

A comunicação nos termos da incorporação mediúnica durante o início da organização do ritual no seringal é justificada porque os primeiros discípulos das encarnações anteriores do Mestre Gabriel teriam se desgarrado e ido por outras searas espirituais, e só assim o Mestre poderia resgatá-los das "veredas". O êxtase orientado pela doutrina da "evolução espiritual" vem resgatar aqueles que seguiram por outros caminhos e que estariam aptos a reconhecer o verdadeiro Mestre que os chama para uma "consciência de si" e do autocontrole, condições para a ascensão nos "degraus" da ordem estamental. É possível entrever, nessa passagem, uma redução da ênfase na cura do corpo, em favor da cura do espírito, em uma empresa religiosa identificada com os conceitos de evolução e progresso, sob os quais se legitima.

O termo "espírita", que na história da religiosidade brasileira era associado pelo discurso médico a anomalias mentais e criminalidade (GIUMBELLI, 1997), transita entre kardecistas e umbandistas e é utilizado como identificação do adepto da UDV. Contudo, a União separa-se de ambas as tradições espíritas por não conceber a incorporação no seu quadro doutrinário, onde o encontro, "na consciência com a dimensão do Mestre" é uma ascensão do espírito na direção de si próprio, definida pela categoria de "concentração mental".

Da influência indígena no sentido do transe tem-se uma característica do efeito da bebida que o percebe como um poder de comunicar-se com forças invisíveis, fazendo-as trabalharem sob sua orientação. O xamanismo provê uma passagem de poder entre os dois mundos, do xamã e do cosmo. Na UDV, a passagem entre os dois mundos é operada primeiramente pelo mestre Dirigente da sessão, que recebe as emanações do Mestre, e num segundo momento pelos demais, de acordo com o "grau", alcançado mediante os princípios de "lugar espiritual", ilustrado na chamada da Minguarana, onde disciplina e poder visionário se relacionam. Hegemônico, esse não é um ponto pacífico entre alguns sócios que entendem ser direta sua relação com o Mestre, independente do reconhecimento instituído pelo "grau". De todo modo, a clivagem hegemônica que coloca o mestre Dirigente sob emanações do mestre fundador como mediação necessária ao caráter religioso do transe é um aspecto divergente do conceito de xamanismo e vegetalismo.

Portanto, a relação supostamente xamânica do "povo da floresta", comumente associada à UDV, deve ser relativizada no todo sincrético e hierárquico, autoidentificado como milenar e vinculado à tradição monoteísta judaico-cristã" (FABIANO, 2012). A expansão da UDV pelo Brasil e pelo mundo acrescenta às características afro-indo-brasileiras cristianizadas a influência da Nova Era e a chamada Nova Consciência Religiosa na composição que, de modo não uniforme, dialogam num campo denominado "espiritualista" e sua orientação no sentido de um "autoconhecimento".

A construção da *burracheira* ao longo da expansão udevista ilumina um transe permeado pelo encantamento de uma mãe divina e um mestre que trabalha na consciência do adepto, e ao mesmo tempo destaca uma representação do valor da individualidade e seus regimes de verdade. Se o livre-arbítrio cristão é mediado por uma interioridade em relação com o amor de Jesus, na UDV, a relação inextricável entre o objeto comungado e o guia espiritual é a fonte da sistematização da conduta necessária ao "autoconhecimento" como "chave" da "evolução espiritual". Nesse cenário ergue-se uma estrutura de base hierarquizante, que afirma não ter interesse em meros "bebedores de chá", posto que o êxtase fundamenta uma certa metafísica e moralidade individual socialmente organizadas. A metonímia entre êxtase e disciplina é um pilar institucional que abre espaço para metas pessoais de ascensão.

A UDV traz em suas veias a marca do desejo por ascensão e reconhecimento dos primeiros discípulos, operários da capital do Estado de Rondônia, que nos anos de 1960 incorporam elementos da organização militar e estatal no ritual e hierarquia do grupo. Essa simbologia será reforçada durante o processo de aceleração institucional a partir de meados dos anos de 1980, com a entrada de integrantes provenientes da classe média afluente dos grandes centros urbanos e que rapidamente galgaram postos de comando institucional.

Na cosmologia nativa, a purificação gradual do sujeito religioso corresponde à ascensão institucional do sócio, simbolizado na categoria do "grau", através do qual são traçadas continuidades entre lugar espiritual e lugar social do adepto no grupo estamental.

A adoção de alguns aspectos de uma moral conservadora, internamente identificada como uma moral "cabocla", por uma maioria de classe média urbana, porta o valor do "caminho reto", próximo a um cristianismo de face pentecostal, notório pela oferta de mecanismos de regulação moral. Essa noção institui-se pelos valores da abstinência e da constância expressos sobretudo pela injunção da heterossexualidade, do trabalho, da constituição e manutenção da família nuclear. Esses são ações fundamentais à máxima do objetivo religioso da instituição, a "evolução espiritual", através da qual homens e mulheres ascendem espiritual e institucionalmente de modo assimétrico, pois, como vimos, o acesso ao sagrado corresponde à hierarquia do "grau" de mestre, interditado às mulheres.

Defendo que o transe, ou o êxtase udevista, nos termos ideais deve ser compreendido dentro de uma lógica onde a transformação física e psíquica ancora-se numa lógica que opera a experiência mística sob tonalidade religiosa. O vegetal, enquanto instrumento direcionado a uma racionalidade moral burocraticamente organizada, promove o "autoconhecimento" como forma "evoluída" de contato com forças extraordinárias, ou seja, carismáticas. Assim, a burracheira torna-se um loquaz instrumento religioso constituído de encantamento, racionalidade e subjetividade, cuja teleologia comunica, numa operação complexa que se faz una, valores de uma moralidade articulada entre o encantamento, o religioso, a burocracia estatal e a subjetividade, sintetizando esferas de poder diversas.

À guisa de conclusão: êxtase e moralidade

A materialidade psicoativa do sacramento ayahuasqueiro impõe alguma reflexão face o efeito psíquico que atua e é transformado a partir dos elementos que organizam o ritual e dão sentido ao sacramento. Misticismo cósmico e psicodelia são expressões de um conhecimento firmado na natureza e passível de apropriação, assim como a Conselheira Hoasca, e requerem os direcionamentos necessários do aprendizado espiritual, artefato da sociedade e ditados por Salomão. Em ambos repousa o sagrado, que formam um conjunto de convenções capaz de criar energia necessária para uma estrutura religiosa.

Dessa continuidade requerida entre êxtase e conhecimento é comum, em diversos contextos de uso da ayahuasca no Brasil, afirmações que "o chá facilita". Aquilo que é facilitado é o sentido atribuído ao sacramento, natureza e cultura. A experiência com a bebida recobre um sem-número de experiências que escapam à doutrina, mas devem, de algum modo, com ela dialogar. É parte do contexto extraordinário a percepção de ser atravessado por uma força inteligente, algo que toma conta do corpo e da mente, alterando o que o sujeito conhece de si e do mundo. A partir dessa percepção transformada, de fortes sensações imprevisíveis e oscilantes entre o medo, a beatitude, o amor e a morte, descortina-se uma via de comunicação desconhecida, mas que pode ser, de modo facilitado, recoberta pelas verdades instituídas.

As falas sobre a experiência da burracheira, quando atenuadas em seu conteúdo doutrinário, assemelham-se ao êxtase no contato com o sagrado reverenciado em diversas culturas (BASTIDE, 1961, 1975; LÉVI-STRAUSS, 1989; ELIADE, 2002) como revelação, uma hierofania, portanto. Desse cenário etnográfico apresentaram-se conteúdos nem sempre de fácil discursividade, intensamente emotivo e recobertos por elaborações cognitivas.

A historicidade acerca do uso dessa, como de outras "plantas de poder" em sistemas cosmológicos (FURST, 1976), nos faz considerar, seguindo a relação natureza e cultura nos termos simbólicos (LÉVI-STRAUSS, 1991; TAVARES & BASSI, 2014), que a intensidade do possível efeito da bebida na mente humana pode relacionar-se à análise de seu sentido, não nos termos de uma homologia, mas de uma potência contida na relação entre afeto e aprendizado.

A miríade de possibilidades de traduções culturais que recobrem o efeito visionário da ayahuasca, sejam elas mais ou menos xamânicas, afro-brasileiras ou cristianizadas, nos remete à substância como um artefato cultural propício à construção de verdades religiosas, notável como uma cocção de duas plantas, propícia a aprender a aprender (MELO, 2010; CALÁVIA, 2014).

Chamo atenção à existência de conteúdos emotivos da experiência como possivelmente suscitada pela bebida, cuja ação nos neurotransmissores aponta para sua relação com os humores e afetos e que tem na ordenação cosmológica uma sobredeterminação que impacta a percepção dos saberes aí relacionados. O uso crescente e diversificado da ayahuasca interroga o olhar antropológico no que toca a materialidade da beberagem, ou seja, as possibilidades do efeito químico no organismo humano e a diversidade de suas elaborações simbólicas. A relevância da função orgânica, intensamente física e afetiva recoberta pela linguagem doadora de sentido é um movimento através do qual é possível observar "como funciona" e "o que faz" o uso do psicoativo operar de uma certa maneira no que diz respeito aos processos orgânico, emotivo e institucional.

O êxtase na UDV é primeiramente uma experiência interna ao sujeito que, ao tornar-se adepto, adere, mais ou menos, a uma dinâmica social construída em torno do sentido pessoal, moral e social do sacramento. Através do sentido atribuído à bebida sacralizada faz sentido pensar a metonímia entre o efeito da química e valores sociais. Nesse cruzamento temos um exemplo de como a constituição gradual do percebido forma-se concomitantemente nos sistemas sensorial e de classificação, submetidos aos critérios de relevância do grupo, conforme preconizado por Mauss (2003).

A adesão ao discurso religioso que orienta o sentido do uso de um psicoativo favorece a correspondência entre elementos químicos, mentais e institucionais na condução da percepção de sujeitos engajados em projetos de conduta de vida pessoal e de fortalecimento institucional (DOUGLAS, 1986).

Conjugada em diferentes interpretações sob suas diversas linha de uso, os ritos da ayahuasca têm repetido uma linguagem em termos sobrenaturais, destacando a relação do imaginário do homem com a natureza e desta com a sociedade.

A química do chá tem a capacidade de alterar a consciência e, amparada em comunicações rituais, moldar comportamentos. A atuação da ayahuasca, caracterizada pela abertura aos sentidos, sensações e imaginário, portanto inopinada e diversa, opera como uma liga no processo de simbolização religiosa, estabilizando a intensidade da experiência visionária sob preceitos doutrinários.

Os desdobramentos da combinação entre intensidade e estabilidade ou regozijo e temáticas graves da existência (DURKHEIM, 1996: 418) que compõem o rito hoasqueiro, são centrais ao processo de adesão idealmente realizada pelo cumprimento dos desígnios da entidade posta no "grau", um sistema de divisão social do trabalho baseado na relação sacralizada entre espiritualidade, responsabilidade e poder. O sistema que organiza o êxtase através do critério hierárquico do "grau" prevê formas de estabelecer a preeminência de um estilo de pensamento (DOUGLAS, 1986) que se vale de uma miríade de sensações provocadas pela interação da química da beberagem com o organismo humano e que toma forma social. É essa combinação que opera uma transformação na percepção do adepto, conduzindo-o a uma moralização da conduta individual, condicionante do seu lugar na classe estamental da ordem religiosa.

Referências

ASSUNÇÃO, L (2006). *O reino dos mestres*: a tradição da jurema na umbanda nordestina. Rio de Janeiro: Pallas.

Bíblia Sagrada (1982) – Cântico dos Cânticos; Eclesiastes; Sabedoria. São Paulo: Ave Maria.

BRISSAC, S. (1999). *A estrela do norte iluminando até o sul* – Uma etnografia da União do Vegetal em um contexto urbano. Rio de Janeiro: Museu Nacional/UFRJ [Dissertação de mestrado].

CALÁVIA (2014). Foreword: Authentic ayahuasca. In: *Ayahuasca Shamanism in the Amazon and beyond*. Nova York: Oxford University Press.

CARNEIRO DA CUNHA, M. (1998). Pontos de vista sobre a Floresta Amazônica: xamanismo e tradução. *Mana*, 4 (1), p. 7-22. Rio de Janeiro: Museu Nacional.

CEBUDV (1989). *União do Vegetal Hoasca*: fundamentos e objetivos. Brasília: Centro de Memória e Documentação/Sede Geral.

DOUGLAS, M. (1986). *How Institutions Think*. Nova York: Syracuse University Press.

ELIADE, M. (2002). *O xamanismo e as técnicas arcaicas do êxtase*. São Paulo: Martins Fontes.

FABIANO, R. (2012). *Mestre Gabriel*: o mensageiro de Deus. Brasília: Pedra Nova.

FURST, P. (1976). *Alucinógenos e cultura*. México: Fondo de Cultura Económica.

GABRIEL, C. (1985). *Comunicações dos espíritos*. São Paulo: Loyola.

GALVÃO, E. (1955). *Santos e visagens*. São Paulo: Companhia Editora Nacional.

GASBARRO, N. (2006). Missões: a civilização cristã em ação. In: MONTERO, P. (org.). *Deus na aldeia*: missionários, índios e mediação cultural. São Paulo: Globo.

GIUMBELLI, E. (1997). *O cuidado dos mortos*: acusação e legitimação do espiritismo. Rio de Janeiro: Arquivo Nacional.

GOULART, S. (2004). *Contrastes e continuidades em uma tradição amazônica*: as religiões da ayahuasca [Tese de doutorado] [Disponível em http://www.bibliotecadigital.unicamp.br/document/?code=vtls000320969].

HERTZ, R. (1980). A preeminência da mão direita: um estudo sobre a polaridade religiosa. *Religião e Sociedade*, n. 6, p. 99-128.

LABATE, B. & MELO, R. (2013). The UDV religion, science and academic research. *Anthropology of Consciousness,* vol. 24, n. 2, p. 214-227.

LEENHARDT, M. (1979). *Do Kamo*: person and myth in the Melanesian world. University of Chicago Press.

LE GOFF, J. (1999). *Saint Louis*. Rio de Janeiro: Record.

LÉVI-STRAUSS, C. (1991). "A eficácia simbólica". In: *Antropologia Estrutural*. Rio de Janeiro: Tempo Brasileiro.

_____ (1989). "Os cogumelos na cultura". In: *Antropologia Estrutural Dois*. Rio de Janeiro: Tempo Brasileiro.

LODI, E. (2010). *Relicário*: imagens do sertão. Brasília: Pedra Nova.

MELO, R. (2011). A União do Vegetal e o transe mediúnico no Brasil. *Religião e Sociedade*, 31 (2), p. 130-153. Rio de Janeiro.

_____ (2010). Beber na fonte: adesão e transformação na União do Vegetal [Tese de doutorado] [Disponível em http://bdtd.bce.unb.br/tedesimplificado/tde_busca/arquivo.php?codArquivo=6804].

MONTERO, P. (1994). Magia, racionalidade e sujeitos políticos. *Revista Brasileira de Ciências Sociais*, n. 26, p. 72-90.

MUNN, H. (1976). Los hongos del lenguaje: In: HARNER, M. *Alucinógenos e chamanismo*. Madri: Labor.

REICHEL-DOLMATOFF, G. (1976). O contexto cultural de um alucinógeno aborígene – *Banisteriopsis Caapi*. In: COELHO, V. (ed.). *Alucinógenos e o mundo simbólico* – O uso de alucinógenos entre os índios da América do Sul. São Paulo: Edusp, p. 59-103.

SACHS, V. (1988). As Escrituras Sagradas e as Escrituras da Nova Cosmologia. In: FERNANDES, R. & DaMATTA, R. (eds.). *Brasil & EUA*: religião e identidade nacional. Rio de Janeiro: Graal, p. 159-175.

TAMBIAH, S.J. (1985). The magical power of words. *Culture, Thought and Social Action. Cambridge:* Harvard University Press, p. 17-59.

TAVARES, F. & BASSI, F. (2013). Efeitos, símbolos e crenças – Considerações para um começo de conversa. In: *Para além da eficácia simbólica* – Estudos em ritual, religião e saúde. Salvador: Edufba.

WEBER, M. (1999). *Economia e Sociedade*. Vol. 2. Brasília: Unb.

_____ (1974). *Ensaios de sociologia*. Rio de Janeiro: Zahar [Ed. de H. Gerth e C. Wright Mills].

5
Os mitos e os surgimentos dos deuses
A ressignificação de Eurínome pelo neopaganismo

Silas Guerriero*
Fábio L. Stern**

Introdução

De onde vêm os deuses? Para a Ciência da Religião, a natureza dos deuses está vinculada em seu enraizamento às culturas e à história dos povos. Não há uma preocupação ontológica, o que caberia muito mais aos adeptos das diferentes matrizes religiosas e também à Teologia, mas sim com a compreensão de como os seres divinizados se configuram ao longo do tempo, e como guardam intrínsecas relações com a história social e as pessoas concretas. Claro que, nesse sentido, há inúmeras chaves de análise, sejam aquelas provenientes da Psicologia da Religião, preocupadas se os deuses seriam ou não projeções da psique, das Ciências Sociais, onde os deuses responderiam a funções sociais específicas, ou até mesmo por parte das Ciências Cognitivas, que percebem os deuses como resultados da maneira como nosso cérebro pensa e da formação das nossas consciências. Para todas essas abordagens, os seres divinizados são personagens que aparecem nos mitos, nas suas mais diferen-

---

* Doutor em Antropologia, professor do Programa de Pós-Graduação em Ciência da Religião da PUC-SP.

** Mestre e doutorando em Ciência da Religião (PUC-SP).

tes formas. Todavia, o importante é compreender que as narrativas míticas são sempre polissêmicas, e nisso é que estão guardadas suas fontes de riquezas.

Não se trata, nos limites deste capítulo, de buscar os fundamentos teóricos dessas diferentes correntes metodológicas utilizadas pela Ciência da Religião. Nossa preocupação é expor algumas indagações acerca do surgimento dos deuses e seus vínculos com as narrativas míticas para, posteriormente, podermos lançar um olhar mais acurado a um exemplo específico: o processo de ressignificação da deusa Eurínome entre os praticantes do neopaganismo. Acreditamos que esse caso pode iluminar nossa perspectiva analítica.

Os mitos e seus deuses

Difícil dizer quando surgiram os primeiros mitos. Muito provavelmente, a ideia mais aceita é que tenham surgido com os primeiros seres humanos. Cabe aqui uma pequena digressão acerca do que podemos chamar de ser humano. Para todos os efeitos deste capítulo, e para abreviar uma discussão que não caberia nesse momento, estamos entendendo por surgimento de seres humanos aquele momento em que o *Homo sapiens* começou a simbolizar. Esse momento foi denominado por alguns estudiosos como o do surgimento da cognição, ou, em outras palavras, da simbolização humana ou explosão cultural (MITHEN, 2002).

É consensual, no campo dos estudos de religião, que os mitos devem ser compreendidos com os rituais, momentos em que as narrativas míticas passam efetivamente a serem vividas e interiorizadas pelo grupo social (GEERTZ, 1978). De fato, os mitos estão vivos à medida que fazem sentido para um determinado povo, e vivem quando são reatualizados, de maneira formalizada e repetitiva, através dos rituais (ELIADE, 1972). Mas é perfeitamente possível pensar que os rituais já existiam muito antes do surgimento do processo de simbolização. Afinal, os animais praticam rituais, embora seja importante ressaltar que não se tratam de rituais carregados de simbolismo; estes sim uma exclusividade do *sapiens*.

Não temos registros orais desse momento de explosão cognitiva, nem muito menos registros ágrafos das possíveis linguagens praticadas nos nossos primórdios. O máximo que podemos conseguir são registros no campo da arte, evidências de confecção de ferramentas e de sepultamentos dos nossos ancestrais. Convém ressaltar que esses elementos estavam intimamente correlacionados, não existindo as divisões entre os diferentes campos como existem hoje (arte separada da vida social, vida social separada da religião, religião separada da política etc.). Muito provavelmente, pela explosão cognitiva, as coisas começaram a ganhar significados para além de sua denotação imediata, surgindo então os mundos ilimitados, tornados possíveis pela simbolização. Este momento já foi datado em 30 mil anos atrás, tempo das famosas pinturas em cavernas encontradas no sul da Europa. Pesquisas mais recentes, no entanto, jogam essa data para muito tempo atrás, a partir do encontro de evidências dessa simbolização no sul da África há mais de 80 mil anos. No primeiro caso, temos uma manifesta tentativa de relacionar o surgimento do humano moderno, aquele que simboliza, ao mundo europeu. A segunda hipótese faz muito mais sentido, pois a origem do *sapiens* está efetivamente na África. As descobertas genéticas corroboram essa segunda hipótese na medida em que sabemos hoje, pelo mapeamento genético, que somos todos originados de um pequeno grupo africano (CAVALLI-SFORZA, 2003). Isso explicaria a similaridade, e universalidade, de muitas das características humanas, como a linguagem, a simbolização, a arte, a música e os mitos.

Muito provavelmente os mitos têm suas origens nesse momento, um começo de construções de relatos simbólicos que possibilitariam a ampliação dos mundos interiores. Alguns estudiosos vão apontar o êxtase xamanístico como origem dos contos míticos. Até mesmo as pinturas encontradas em cavernas seriam expansões, para fora da mente do xamã, de seus mundos interiores. No entanto, seguindo a linha da polissemia dos mitos, podemos pensar em outras possibilidades.

Vamos tomar como exemplo a construção de uma ferramenta, elemento importantíssimo para a sobrevivência de um grupo humano. Na medida em que esses pioneiros do mundo simbólico conseguem ir além do imediatismo da fabricação e uso de uma ferramenta, seus potenciais para criar uma solução mais adequada para os problemas ao redor, como os da sobrevivência, ganham contornos ilimitados. É isso que vemos nos achados das ferramentas utilizadas por esses primeiros pensadores no sul da África. Com novas soluções, a chance de sobrevivência do grupo se amplia de maneira extraordinária.

Lembramos, aqui, que o uso de ferramentas não é uma exclusividade humana, e muito menos de outros hominídeos, como o *erectus*, o *heidelbergensis* ou o *neanderthalensis* (NEVES; RANGEL Jr. & MURRIETA, 2015). Hoje sabemos que muitos animais também utilizam ferramentas. Mas a grande diferença do humano moderno está no fato de que, entre os outros animais, as ferramentas permanecem praticamente iguais – e principalmente limitadas – por extensos períodos. É o caso do machado de pedra do *Homo erectus*, uma enorme revolução para a época, mas que permaneceu inalterado por mais de um milhão de anos. Com o *sapiens*, tudo mudou. Muito rapidamente podemos pensar numa nova ferramenta, mais eficaz. E temos feito isso desde então. Não paramos de aprimorar nossas ferramentas, nossos instrumentos de extração dos elementos, nossas formas fundamentais para nossa sobrevivência. Haja vista, tornamo-nos uma espécie animal extremamente vitoriosa. Avançamos por todo o planeta (e até fora dele), e vencemos muitos de nossos inimigos (como os neandertais, p. ex.).

Esses mundos do imaginário não se limitaram à fabricação de ferramentas. Foram aplicados às diferentes dimensões humanas, como à noção de parentesco, à vida social, e também aos mundos para além da materialidade imediata, aquilo que podemos entender como mundos religiosos. As sepulturas passam a ser mais ricamente ornamentadas e carregadas de objetos – possivelmente de seus mortos. Resta uma indagação óbvia: Por que fazer uma sepultura, se não a partir da possibilidade de existência de mundos que vão muito além desse imediato? No entanto, essa sabedoria toda precisava ser guardada, perpetuada e, principalmente, transmitida às futuras gerações.

É aqui que entram os mitos. Conforme afirma Walter Burkert (2001), os contos, e entre eles os mitos, são excelentes para guardar informações. Para esse pensador, "os mitos não são de ordem pessoal, mas sim geral, ou seja, uma propriedade comum de um grupo ou tribo que ajuda a constituir a sua consciente identidade grupal" (BURKERT, 2001: 86). Além dessa afirmação do mito como constituidor de consciências, o autor afirma que os mitos são fáceis de serem lembrados (BURKERT, 2001), servindo, assim, como elemento estruturador de sentidos. As experiências são guardadas mais facilmente quando contadas numa história plena de elementos significativos. Além disso, gostamos quando um mito é recontado. Quando compreendemos um conto, "podemos memorizá-lo com facilidade, reproduzi-lo e inclusive reconstruí-lo a partir de elementos incompletos" (BURKERT, 2001: 91). Podemos remontar um mito – ou melhor dizendo, todo um conjunto de sabedoria – a partir de elementos fragmentados e incompletos. Em outras palavras, um mito é um excelente guardião do saber de um grupo. Aquele conhecimento nascido no interior de uma mente individual é, agora, propriedade de todos. Se este for um saber necessário para uma melhor adaptação ao meio e à sobrevivência, o grupo ganha enormemente com isso. Podemos até pensar que as sepulturas são formas de manter vivos, no seio do grupo, aqueles sábios que eram os grandes contadores das narrativas, os guardiões dos mitos. Pode ser até que esses mortos se tornaram personagens dos mitos, algo muito facilmente encontrado nas religiões que cultuam os antepassados.

Burkert estava preocupado em descobrir as raízes da religião. Ou seja, a partir da constatação de que não há sociedade, atual ou remota, que não apresente elementos religiosos, buscou compreender quais seriam os princípios naturais do pensamento e comportamento religioso, entre eles os mitos. Essa ideia é bastante provocativa e interessante, principalmente vinda de um mitólogo. Veremos, mais adiante, como outros pensadores, vindos de áreas de conhecimento distintas, corroboram essa mesma tese. Por ora, é importante guardar a ideia de que as narrativas míticas têm fundamentos muito mais profundos na natureza humana. Tal fato permite pensar na universalização dos mitos e também na unidade de muitos dos componentes estruturantes dessa forma de linguagem.

Um desses componentes, e que nos interessa particularmente, é a presença dos heróis e demais personagens míticos, todos eles entidades que podemos caracterizar como metaempíricas, pois vão para além das realidades imediatas e materiais. Mesmo um ancestral acaba recebendo conotações metaempíricas, pois permanece vivo e presente no seio da comunidade, mesmo que numa outra dimensão. Essa é uma das características mais importantes para compreender os seres míticos e os seres divinizados em geral. Além disso, todos eles apresentam características humanas. No caso dos antepassados, tal fato se mostra bastante evidente. Em outros casos, essa semelhança pode estar mais distante, mas sempre são seres antropomorfizados.

Como os mitos são construções coletivas, podemos dizer que os heróis e demais personagens são criações a partir do imaginário humano que estabelecem íntima relação com o contexto sociocultural ao redor. Essa característica é importante de ser ressaltada, pois permite pensar nas ressignificações que os deuses e outros seres míticos adquirem com o passar do tempo. Esse é o caso de Eurínome, que veremos mais à frente.

Outra característica importante ressaltada por Burkert diz respeito à hierarquia estabelecida pelos mitos. As mitologias apresentam um grau de imperatividade absoluta sobre os mortais. É total o sentimento de dependência aos deuses e de obrigação de obedecer ao que é colocado (BURKERT, 2001). Essa autoridade do mito garante sua própria eficácia como guardião do saber. Para o autor, a dependência dos humanos frente aos deuses é uma maneira de fazer sentido (BURKERT, 2001). Ao concentrar a atenção numa autoridade básica, imperativa, a religião e o mito estabelecem uma ordem no caos. Para tanto, os personagens míticos precisam estar acima de nós e portarem uma aura de superioridade não comum e extraordinária. Ficamos, portanto, submissos às hierarquias impostas pelos mitos. Longe de significar nossa falta de liberdade, essa característica garante que as coisas sejam realizadas da forma como devem ser, que o mundo continue a ser um local seguro e acolhedor, e que aquela estratégia de sobrevivência, que pode ser uma caçada ou a cura de uma determinada doença, continue surtindo efeito.

Para Burkert, os mitos são indubitavelmente prerrogativas humanas, mas estão relacionados a uma realidade biológica que perpassa toda a espécie (BURKERT, 2001). Assim, podemos perceber esta forma narrativa em diferentes sociedades e línguas. O que muda de um lugar para outro são os conteúdos, as mensagens a serem transmitidas. Mas, conforme Burkert, os humanos são naturalmente faladores. Mais ainda, somos contadores de histórias. Com isso, nossos antepassados podem ter se utilizado dos mitos como forma de manutenção e transmissão de conhecimento, como dito anteriormente, resultando que aqueles grupos que melhor aplicaram essa estratégia tivessem enormes ganhos no *handicap* evolucionário. Aos poucos, essa característica passou a se propagar, tornando o mito e os deuses elementos universais da nossa espécie.

De onde surgem os deuses?

A compreensão sobre a religião, e tudo o mais que a envolve, não pode mais se limitar apenas ao campo das ideias e dos aspectos mentais. Religião é um campo extremamente complexo. Sem dúvida há componentes psicológicos e sociológicos envolvidos, e sem eles não podemos entender a formulação de um mito, a encenação de um ritual, e a devoção de crentes e fiéis. Também, é claro, os estudos teológicos, realizados a partir de uma verdade considerada revelada, são parte importante dessa compreensão. Poderíamos estender imensamente essa lista, mas não podemos deixar de lado as contribuições que vêm das pesquisas do campo das Ciências Cognitivas. O que o cérebro (ou ao menos o que conhecemos sobre ele atualmente) pode nos dizer acerca dos deuses? Essa é uma pergunta que instigou autores em diferentes campos de estudo: antropólogos e psicólogos evolucionistas, filósofos, biólogos e vários outros.

Todd Tremlin, um desses provocativos pensadores, sintetizou em seu livro, *Minds and Gods*, a contribuição que vem a partir das Ciências Cognitivas para a compreensão da natureza dos deuses. Para ele, a compreensão da origem, composição e persistência da religião e dos seres sobrenaturais requer uma compreensão de como a mente humana se desenvolveu (TREMLIN, 2006). Dessa maneira, segundo esse autor, o que somos hoje, em termos religiosos, remete-se a uma história muito mais longa do que em geral gostaríamos de imaginar, e tem tudo a ver com a maneira como nosso cérebro funciona. Para ele, duas ferramentas da mente humana que nos auxiliam a compreender a religião são o Dispositivo de Detecção de Agentes (ADD, na sigla em inglês), e a Teoria da Mente (ToMM) (TREMLIN, 2006). Sem essas poderosas ferramentas teríamos sofrido muito mais com o ataque de predadores, e talvez tivéssemos enfrentado a extinção.

O Dispositivo de Detecção de Agentes permitiu (e continua agindo assim) identificar criaturas e também pessoas que cruzassem nossos caminhos. Do ponto de vista evolutivo, estar sempre alerta e pensar que há um ser à espreita é melhor do que ignorá-lo, mesmo que estejamos errados. É melhor acharmos que há um predador ou inimigo e fugir do que não ligar para isso e sermos pego. Entretanto, muitas outras coisas passam a ser confundidas por nossa mente com seres viventes, como por exemplo o barulho do vento movendo os arbustos. Isso aumentou nossas chances de sobrevivência, e ao longo do processo evolutivo moldou nosso cérebro com essa poderosa ferramenta de detecção de agentes.

Essa capacidade se complementa com a Teoria da Mente. Trata-se da habilidade que temos de imputar estados mentais a outros. Esse mecanismo foi essencial para o aperfeiçoamento da complexidade da vida social. Entender o que se passa na cabeça dos outros e poder prever suas ações foi fundamental, pois permitiu a cooperação entre membros de um grupo e também a possibilidade de anteciparmos os movimentos de uma possível presa. Temos novamente, aqui, um enorme ganho de sobrevivência, pois a chance de êxito nas caçadas aumentou consideravelmente.

Esses dois mecanismos, já existentes em nossa mente desde tempos bastante remotos, passaram a influenciar o pensamento mitológico, quando este começou a surgir a partir da explosão cognitiva e da simbolização. Esses mecanismos de sobrevivência teriam nos capacitado a atribuir a agentes imaginários, que pensariam semelhantemente a nós, muitos fenômenos inexplicáveis. Esses seriam, portanto, os personagens das narrativas míticas. Entram nessa categoria todos os seres que podemos chamar de metaempíricos, como as divindades, os fantasmas, os demônios, e até mesmo os espíritos da natureza. Junta-se a isso o papel fundamental dos mitos que vimos anteriormente, e temos nas narrativas um poderoso instrumento que nos diz, entre outras coisas, o que é importante, o que faz sentido, em que direção agir, e como deve ser nosso comportamento moral, contribuindo para o sucesso social e a sobrevivência do grupo.

Convém retomar uma afirmação anterior sobre a imperatividade dos mitos. Os seus personagens, embora assemelhados a nós – o que permite uma ligação estreita e até afetiva –, precisam também ser maiores e superiores a nós. Essa antropomorfização permite pensar que, em alguma maneira, eles são semelhantes e têm qualidades humanas, mas também possuem poderes, capacidades e faculdades que ultrapassam e quebram as regras básicas da existência humana mundana.

Steven Mithen (2002) reconhece que muitas dessas capacidades já estavam em nossos ancestrais. O tamanho grande do cérebro do *sapiens* arcaico e de seus antecessores, bem como de seu primo neandertal, não possuía ainda a capacidade de simbolização. Para Mithen, o cérebro dos grandes primatas cresceu como resposta evolutiva à demanda por inteligência social. Tanto que outros hominídeos (e vários grandes símios modernos) que tiveram cérebros grandes também possuíam a capacidade de reconhecer rostos, a empatia, a propriocepção (ou capacidade de percepção do corpo), o luto, rituais, e o uso de ferramentas, embora em formas menos sofisticadas do que as encontradas nos humanos modernos.

Com a explosão cognitiva – que, ao que tudo indicam as evidências, surgiu num pequeno grupo africano como resposta à adaptação climática – tudo mudou de figura. A mente humana ganhou novos mundos. Com a simbolização não há limites para o imaginário. A capacidade de sobrevivência foi ampliada, a ponto que todos os demais agrupamentos de hominídeos então existentes (*sapiens*, neandertais, *erectus etc.*) sofreram extinção, mas prevaleceram os descendentes desse pequeno grupo de simbolizadores. A nosso ver, a imaginação simbólica e os mitos tiveram papel fundamental nesse processo.

Mithen denomina esse momento como uma explosão não apenas no sentido da ampliação desses mundos, mas porque as fronteiras que separavam as diferentes inteligências se romperam, e, uma vez misturadas, deram origem ao pensamento abstrato e à fluidez cognitiva em nossa espécie (MITHEN, 2002). Passamos a criar mundos, e esses universos imaginativos nos possibilitaram encontrar soluções criativas frente aos mais diversos desafios para a sobrevivência. Ao misturar esses mundos, passamos a ir além dos significados imediatos dos objetos. Nasciam os símbolos.

A partir do momento em que o *Homo sapiens* começou a simbolizar, o mundo passou a receber valores, a se ampliar. Mas a capacidade de simbolizar qualquer coisa poderia levar a um relativismo total, inútil do ponto de vista social. Sendo assim, para que esses valores sejam comunicáveis, eles precisam ser absolutizados. Sem a capacidade de estabelecer absolutos, esse mundo enaltecido se despedaça, e os valores não se sustentam na comunidade. Aqui, novamente, realçamos o papel dos mitos e sua imperatividade.

Nas narrativas míticas estão constantemente presentes duas formas naturais de se pensar, fruto daquelas duas estratégias cognitivas discutidas anteriormente, que surgiram na explosão simbólica: o animismo (relacionado ao Dispositivo de Detecção de Agentes) e o antropomorfismo (relacionado à Teoria da Mente). O natural aqui se refere à compreensão de Boyer (2001) sobre a propagação da religião entre os seres humanos, configurando essa característica universal já apontada. A hipótese desse antropólogo evolucionista considera que se a religião não desaparece é porque, no fundo, ela faz parte da nossa natureza. Ou seja, o pensamento religioso vai ao encontro da maneira normal de pensarmos. Faz mais sentido aos seres humanos, e nos auxilia a lidar melhor com a realidade do que pensar por outras formas.

Embora seja comum se referir ao termo "animismo" como as formas de religião que atribuem espírito a tudo – o que aqui não é o caso –, *grosso modo* animismo significa atribuir vida ao que objetivamente não tem vida. Guthrie (1993) defende que o animismo não repousa em nossa incapacidade de diferenciar nossos pensamentos do mundo exterior, como foi muitas vezes identificado, mas sim em uma dificuldade real de distinguir o que é vivo do que não é. Animar o mundo ao redor é uma estratégia da percepção.

No cotidiano, os seres humanos usualmente animam e antropomorfizam ao mesmo tempo. Todavia, o animismo e o antropomorfismo não são sinônimos. Guthrie (1993) cita exemplos de independência do animismo e do antropomorfismo. Quando falamos que um carro "ronca" como um gato, estamos praticando o animismo sem o antropomorfismo. O carro não é vivo, mas atribuímos a ele uma característica de ser vivo para explicá-lo. Já quando conversamos com nosso bichinho de estimação praticamos o antropomorfismo sem animismo. Nosso gatinho, cachorrinho ou peixinho dourado é um ser vivo, portanto animado. Não estamos animando algo inanimado (GUTHRIE, 1993).

Os deuses são uma ilustração desse processo mental. O que é importante, eles sabem. Portanto, estão um passo além. Por isso, quando o sujeito entra em contato com essa divindade, pode negociar ter acesso a esse conhecimento, o que será vantajoso na caça, na previsão da chuva, nos relacionamentos sociais etc. (WRIGHT, 2012). É por isso que os contadores dos mitos ou sacerdotes possuem tanto poder em uma sociedade.

De acordo com Boyer (2001), o modo como lidamos com a sociedade se reflete no modo como lidamos com as divindades. Os deuses não são pessoas comuns, mas são *como* pessoas comuns; ou seja, eles funcionam como pessoas comuns. Nesse sentido, antropomorfizamos nossos deuses. Se em nossas interações sociais se percebem os limites que se têm sobre a intencionalidade das pessoas, os deuses têm total acesso ao que os outros estão pensando. O mais importante para os seres humanos, por conta de nossa história evolutiva, são as condições de interação social: quem sabe o que, quem não sabe o que, quem fez o que para quem, quando e para quê.

A ressignificação de um mito: o caso de Eurínome

Uma vez explanado sobre o mecanismo da formulação das narrativas míticas, convém agora pensar em seus conteúdos. Os mitos são narrativas em que não podemos procurar uma lógica racional, discursiva. Mas eles têm grande poder de explicação e sistematização da realidade. O conteúdo dos mitos, de maneira simbólica, figurada, alegórica e metafórica, diz muito sobre a realidade concreta do grupo que o mantém vivo. A Antropologia, assim como a Psicologia Analítica e a Ciência da Religião, sempre se preocuparam em compreender os mitos nessa direção. Nossa hipótese aqui é que, uma vez compreendida a formulação dos mitos e de seus personagens metaempíricos, podemos compreender melhor a própria construção, nascimento, desaparecimento ou transformação dos mitos. Tudo leva à direção da compreensão desse mecanismo básico da natureza humana com a realidade concreta e vivida dos seres humanos.

Embora tenhamos a tendência a perceber os mitos como narrativas atemporais e, portanto, imutáveis, essa não é a regra. Os mitos se modificam, não apenas em suas formas narrativas, mas também em seus significados e leituras. A grande maioria dos mitos não possui uma versão escrita. E as narrativas orais, mais do que as grafadas, tendem a uma diversificação constante. Por isso, é difícil localizar a origem de um mito e sua forma primordial.

Jack Goody foi um antropólogo que atentou muito à questão da oralidade, da escrita e suas interferências nos mitos (GOODY, 2010). Nessa medida, esse autor se preocupou em perceber as lógicas por detrás das mitologias através de uma abordagem mais cognitiva, diferente da tradição antropológica – seja funcional ou estruturalista. Ao estudar um mesmo mito do povo LoDagaa, de Gana, em diferentes períodos, Goody percebeu que os mitos estão sempre sendo recitados de maneira distinta conforme o momento vivido (GOODY, 2010). Em sua tese, afirma que aquilo que pode ser percebido no caso de um povo oral, como os LoDagaa, pode ocorrer também com os mitos escritos, como é o caso da mitologia grega. Um mesmo mito, agora escrito e, assim, mais limitado em sua capacidade de transformação, pode adquirir diferentes interpretações ao longo da história. No caso do mito de Édipo, Goody afirma que "já não estamos analisando um mito puramente grego, mas um mito que foi despido, desnudado de seus componentes temporais específicos e apresentados, nesse seu caso reduzido, como sendo quase universal" (GOODY, 2019: 13).

Esse é propriamente o caso do exemplo selecionado: a deusa Eurínome, tal como cultuada pelos adeptos da wicca. Chama à atenção de qualquer observador a conotação dada pelos adeptos dessa religião a uma deusa que na

Grécia era, originalmente, uma personagem mitológica secundária, mas agora passa a ser referida como sendo superior até mesmo a Zeus. O mito, conforme contado pelos wiccanos, narra Eurínome como a criadora do universo, que, descontente com a ascensão do patriarcado, ausenta-se da Terra para governar a distância, a partir das estrelas, deixando que os deuses masculinos (Crono, e eventualmente Zeus) assumissem o trono olímpico (MARASHINSKY, 1997; WALKER, 1983, 2002; PRIETO, 2003).

Para os adeptos, como é verdadeiro em qualquer religião que estudarmos, esse culto é visto como histórico e fatual. No entanto, um estudo acadêmico mais apurado aponta a outra direção. Trata-se de uma deusa pouco conhecida e pouco citada pelos estudiosos de mitologia grega, indicando que seus atributos modernos não condigam com o papel de Eurínome na Grécia antiga. O que teria levado, então, ao esvanecimento desse culto, e por que passou a ter tanta importância na wicca?

Grande parte das poucas produções acadêmicas existentes sobre o culto a Eurínome possui forte viés feminista e pró-paganismo, que talvez não estejam em sintonia com o que, de fato, ocorria na Antiguidade. O exemplo mais ilustrativo disso é Barbara Walker, autora que escreve sobre antropologia cultural, mitologia, religião e espiritualidade, mas sempre partindo da (e tentando reforçar a) teoria das matriarcas neolíticas pré-indo-europeias, muito popular entre acadêmicos inclinados ao movimento da Deusa, do qual falaremos melhor mais à frente. Suas obras *Dicionário dos Símbolos e Objectos Sagrados da Mulher* (WALKER, 2002) e *The woman's encyclopedia of myths and secrets* (WALKER, 1983), que retratam Eurínome como uma divindade superpoderosa, a deusa de tudo, a criadora do mundo, são produções que aludem muito pouco a textos clássicos, pautando-se em bibliografias neopagãs ou em literaturas modernas como suas principais referências.

Tendo em vista a tendência da wicca e do neopaganismo em atribuir valores e sentidos diferentes aos deuses antigos em resposta a necessidades contemporâneas de seus adeptos[1], há de se levar em consideração a hipótese de que o mito usado hoje pelos neopagãos pode ser uma invenção moderna,

---

1. Citando apenas dois exemplos, há o caso de Arádia e de Lilith. Para maiores informações sobre Arádia, cf. Leland (2000). Para saber mais sobre como o feminismo recriou em Lilith a primeira mulher de Adão, cf. Dame, Rivlin e Wenkart (1998).

talvez uma resposta às necessidades do movimento da Deusa. Nossa preocupação, aqui, volta-se para a investigação dos percursos pelos quais esse mito emergiu no neopaganismo, com Eurínome assumindo a função de criadora do universo. Para tanto, fizemos uma revisão integrativa, recorrendo tanto a textos êmicos do neopaganismo quanto a textos clássicos da mitologia grega que contêm passagens sobre a deusa Eurínome.

Eurínome nos textos clássicos

Os cultos aos deuses da mitologia grega estão distribuídos, principalmente, em três períodos históricos principais da Grécia: o período antigo, que segue do século VIII AEC[2] ao século VI AEC; o período clássico, do século V AEC ao século IV AEC; e o período helenístico, que vai do século III AEC ao século I AEC, quando os romanos conquistaram a Grécia. Embora cada um destes seja importante à compreensão do desenvolvimento de variações nos mitos existentes na religião grega, como nosso interesse não repousa na evolução da Eurínome clássica, não vamos dar foco às variações desses períodos.

Grosso modo, podem-se identificar duas narrativas principais nos textos clássicos figurando uma personagem chamada Eurínome. A primeira versão, presente em Homero (2012)[3] e Hesíodo (1995)[4], descreve Eurínome como filha de Tétis e Oceano, uma titânide e uma das mais velhas oceânides. Essa Eurínome é a mãe das Cárites, deusas menores, regentes das graças. Na segunda narrativa, Eurínome é a esposa de Ofíão, o titã que foi o primeiro governante do Monte Olimpo. O mito modermo de Eurínome, utilizado pelos neopagãos, traz mais similaridades com essa segunda versão.

Alguns autores, como Brandão (2008), tendem a tratar os dois mitos como referentes a uma única personagem. Contudo, a existência dessas duas variações pode ser um indício de que havia duas deusas distintas com o mesmo nome na Grécia. Além disso, essas variações míticas também poderiam ser

---

2. Em reconhecimento e conformidade pela busca por neutralidade no campo da Ciência da Religião, preferiu-se utilizar a sigla AEC (antes da Era Comum) e EC (Era Comum) como alternativas laicas às siglas a.C. e d.C.

3. Original do século VIII AEC.

4. Original do século VIII AEC.

apenas derivações históricas do culto a uma mesma deidade. Como é impossível nos certificarmos disso, quer sejam a oceânide e a consorte de Ofião a mesma personagem mitológica, tratar-lhes-emos como entidades separadas. No entanto, reconhecemos a possibilidade de que tais distinções reflitam regionalismos ou apenas períodos diferentes do culto para uma mesma deusa.

Mas independente da versão estudada, citações sobre Eurínome são quase inexistentes nos clássicos. A Eurínome esposa de Ofião é citada por nome em apenas três obras clássicas: na *Argonáutica* de Apolônio (RHODIUS, 1912)[5], na *Dionisíaca de Nonnus* (1940)[6], e na *Biblioteca* de Pseudo-Apolodoro (APOLLODORUS, 2010)[7]. Menções nesses textos, contudo, são mínimas. A única conclusão possível é que, como esposa de Ofião, Eurínome foi a rainha consorte do Monte Olimpo. Mas o casal foi destronado e lançado ao oceano por Crono[8]. Uma quarta obra, a *Alexandra* de Licófrão (LYCOPHRON, 1921)[9], diz que Zeus está ocupando o trono que originalmente foi de Ofião, e que a própria mãe de Zeus foi quem depôs a ex-rainha desse trono. No entanto, a *Alexandra* não diz o nome da ex-rainha. Pelo contexto, especula-se que possa ser Eurínome, visto que narrativa semelhante aparece na Argonáutica (RHODIUS, 1910).

Quase não existem registros sobre cultos históricos a Eurínome. A única referência conhecida vem de Pausânias (1824)[10], que apresenta Eurínome como a deusa dos charcos, mangues e banhados, descrita como metade mulher e metade peixe, aprisionada por correntes douradas – atributo bem distinto do seu culto neopagão moderno, mas que faz sentido se considerarmos que ela é vista como uma oceânide na literatura clássica. Em Arcádia, no encontro dos rios Neda e Límax, Pausânias presenciou a existência de um templo erguido a Eurínome. No entanto, ele não pôde visitar o templo, pois só era aberto um dia do ano, quando aconteciam as festividades.

---

5. Original do século III AEC.

6. Original do século V EC.

7. Original do século II EC.

8. Na *Argonáutica* (RHODIUS, 1910), a narrativa diz que Ofião foi destronado por Crono e Eurínome por Reia.

9. Original do século III AEC.

10. Original do século II EC.

É recorrente, na obra de Pausânias, o culto a deuses acorrentados. "As correntes eram um modo de controlar a força terrível de uma deusa com caráter ctoniano, que poderia castigar duramente a comunidade se assim quisesse" (OLMO, 2003-2005: 84 – tradução nossa)[11]. Eurínome é uma titânide, e titãs são associados às forças destrutivas da natureza. Não somente isso, seu culto só foi atestado na região do Peloponeso, uma das poucas onde se atestam cultos históricos aos titãs em toda a Grécia antiga.

O surgimento do neopaganismo

Para Hanegraaff (1996), toda vertente do neopaganismo deriva, virtualmente, de uma única religião chamada wicca, criada no Reino Unido na década de 1940, cujos praticantes se descrevem comumente como bruxos modernos e praticam magia como rito religioso. Para os wiccanos, o que foi condenado como bruxaria pelo catolicismo medieval era, na verdade, uma religião anterior e muito mais profunda que o cristianismo. Na tentativa de restabelecê-la no mundo moderno, há uma ação consciente em tentar reinventar práticas do folclore rural europeu pré-cristão à realidade contemporânea, essencialmente urbana.

A história da wicca, contudo, remonta a eventos bastante específicos que merecem ser destacados. Suas raízes mais antigas são identificadas na insatisfação do Romantismo frente ao forte desencantamento provocado pelo Iluminismo na Europa. "Na Idade Média os diabos eram uma realidade que todos aceitavam sem questionar. Agora, as sombras haviam sumido; a luz do dia era comum e tornava tudo certo e claro. E os românticos olharam para trás nostalgicamente" (RUSSELL & ALEXANDER, 2008: 151). Por isso, diferente das clássicas oposições magia/ciência ou magia/religião, a crença neopagã em magia não se apresenta como um reflexo de um povo pouco desenvolvido, mas justamente como uma objeção consciente de seus praticantes ao cientificismo exacerbado de sua sociedade (HANEGRAAFF, 1996).

As primeiras reinterpretações da bruxaria como uma religião pré-cristã, perseguida na Idade Média, são oriundas de várias reinterpretações românticas

---

11. No original, "las cadenas fueran un modo de controlar la fuerza terrible de una diosa con carácter ctónico, que podría castigar duramente a la comunidad e así se lo propusiera".

dos eventos da Inquisição. Russell e Alexander (2008) citam algumas obras que foram marcos à construção desse pensamento. Para esses autores, houve várias manipulações de documentos antigos, visando forjar a existência de um culto histórico de bruxas, organizado desde o século XIV, conferindo crédito à ideia de que a bruxaria poderia ter sido uma antiga religião, anterior ao cristianismo, que subsistiu durante a Idade Média apesar da perseguição católica.

No ápice do Romantismo, no século XIX, o interesse cada vez mais popular pelas bruxas levou muitos estudiosos a produzir publicações que procuraram resgatar essa possível existência de um culto feminino voltado à fertilidade. Crenças em uma sociedade matriarcal, anterior ao patriarcado cristão na Europa, têm origem nesse período (BACHOFEN, 1992), e continuaram presentes na wicca e muitas vertentes posteriores de neopaganismo. Ainda que esse matriarcado primordial nunca tenha sido academicamente confirmado, Adler (2006) foi muito precisa ao ressaltar a irrelevância da existência real de um matriarcado histórico para a prática e cosmologia dos adeptos do neopaganismo. Para uma wiccana feminista, ouvir falar de colégios antigos de sacerdotisas, exclusivos para mulheres, quer tenham existido ou não, produz um evento significativo e possivelmente transformador, organizador de sua visão de mundo.

Os primeiros estudos antropológicos – notadamente a obra de George J. Frazer (1894) – empreenderam a busca por uma unidade nos mitos. Tais estudos influenciaram diretamente muitas obras nas quais posteriormente a wicca viria buscar a legitimação de suas crenças (p. ex., Frazer, Campbell, Gimbutas, Walker etc.), gerando noções de que originalmente a religião europeia foi o culto a uma Grande Deusa, ou de que todas as lendas de heróis, de qualquer lugar do mundo, compartilham uma mesma estrutura narrativa. Duas dessas obras merecem especial destaque por terem sido fundamentais ao posterior nascimento da wicca e justificarem boa parte de sua estrutura mítica e ritualística até hoje.

O primeiro livro, *Aradia*[12], foi escrito em 1899 por Charles Leland, um ocultista que declarava ter recebido de uma mulher misteriosa manuscritos em uma viagem que fez à região da Toscana, na Itália. Seu livro seria baseado

---

12. Traduzido no Brasil como *Arádia: o evangelho das bruxas*, em 2000, pela Editora Madras.

nesses textos, os quais apenas ele mesmo supostamente teve acesso. A obra descreve uma religião de bruxas, passada por linhagem familiar, que descende dos etruscos. Esse grupo cultuaria primordialmente uma messias chamada Arádia (motivo do nome do livro), a filha da deusa Diana com Lúcifer, que foi enviada ao nosso mundo para ensinar aos camponeses a arte da bruxaria, para que, assim, eles pudessem se defender da opressão do clero medieval (LELAND, 2000)[13].

O segundo livro foi escrito após a arqueóloga Margaret Murray ter sido forçada a abandonar seu trabalho por conta das pressões da Primeira Guerra Mundial. Num primeiro momento, Murray trabalhou como enfermeira, mas acabou ela própria adoecendo. Com isso, buscou convalescência em Glastonbury, onde entrou em contato com as lendas arturianas, de onde tirou a inspiração para escrever *The witch-cult in Western Europe*[14], publicado em 1921. Esse livro apresentou uma teoria, hoje desacreditada, de que o que foi entendido como bruxaria durante a Idade Média era, na verdade, uma religião pagã que cultuava um deus chifrudo chamado Jano, cuja morte anual e retorno à vida simbolizam as estações do ano. Segundo a autora, essa religião era real, e era organizada em grupos de treze pessoas que se reuniam em segredo (MURRAY, 2003)[15].

Quando a wicca foi fundada oficialmente por Gerald Gardner, muitos de seus rituais eram cópias literais dos livros de Leland e Murray. Além disso, influências do hermetismo, de thelema, do rosacruzianismo, do espiritismo e da maçonaria – todos grupos nos quais Gardner participou – também podiam ser notadas (PEARSON, 2005; RUSSELL & ALEXANDER, 2008). Lançando-se como a religião das bruxas, a wicca consistia no culto a um casal de deuses: uma deusa feminina e um deus masculino, chifrudo e regente da natureza como o deus Jano do livro de Murray. Os oito rituais mais importantes foram chamados de *sabás*[16], e os ritos menores foram chamados de *esbás*[17]; palavras que também foram retiradas diretamente da obra de Murray.

---

13. Original de 1899.

14. Traduzido no Brasil como *O culto das bruxas na Europa Ocidental*, em 2003, pela Editora Madras.

15. Original de 1921.

16. Em inglês, "sabbats".

17. Em inglês, "esbats".

A grande busca de Gardner por fama e visibilidade midiática fez da wicca uma religião que rapidamente se difundiu pela Inglaterra e Alemanha. Em menos de uma década, já existiam duas vertentes: a wicca original, fundada por Gardner, e a wicca alexandrina, reelaborada por Alex Sanders em oposição à proibição de integrantes homossexuais na wicca gardneriana (PEARSON, 2005; ADLER, 2006; RUSSELL & ALEXANDER, 2008).

A wicca foi levada em 1962 à América por Raymond Buckland, e acabou por involuntariamente fomentar uma profusão de vertentes, originando vários novos movimentos neopagãos, muitos dos quais passaram a não mais se reconhecer ou se identificar com o título "wicca" (ADLER, 2006; RUSSELL & ALEXANDER, 2008). Dentre essa miríade de novos movimentos promovidos, o movimento da Deusa, que surgiu na década de 1970, é o mais importante para entendermos a ressignificação que Eurínome sofreu na modernidade.

De acordo com Pearson (2005), o movimento da Deusa é especialmente fruto da militância das feministas Starhawk e Z. Budapest, embora Adler (2006) cite também outras personalidades, como Mary Daly, Morning Glory Zell e Morgan McFarland. Segundo Hanegraaff (1996), o movimento da Deusa consiste no culto matrifocal à Deusa como uma resposta feminista ao viés de gênero das grandes religiões monoteístas, além do combate ao patriarcado, que muitas vezes é entendido simplesmente como sinônimo para o cristianismo institucionalizado.

No início da década de 1970, Budapest mesclou à sua espiritualidade o ativismo feminista, fundando a wicca diânica, o primeiro ramo neopagão exclusivo para mulheres (ADLER, 2006). Mais tarde, publicou o livro *The feminist book of light and shadows*, que recebeu uma reedição ampliada em 1986 sob o título de *The holy book of women's mysteries*. Segundo Pearson (2005: 9.730 – tradução nossa)[18], "o livro era uma reformulação da já disponível wicca gardneriana, que excluía todas as menções aos homens e deidades masculinas e incluía seus próprios rituais, feitiços e conhecimentos".

Com Starhawk, o movimento da Deusa se consolidou, graças à grande popularidade de seu livro *The spiral dance*[19] (STARHAWK, 2003), publicado

---

18. No original, "the book was a reworking of available Gardnerian Wicca, which excluded all mention of men and male deities and included her own rituals, spells, and lore".

19. Traduzido no Brasil como *A dança cósmica das feiticeiras*, em 2003, pela Editora Gaia.

em 1977 e até hoje o maior *best-seller* neopagão do mundo. Na obra, Starhawk misturou os ensinamentos que recebeu durante seu período de iniciação na wicca com seu ativismo ecofeminista, difundindo mundialmente a ideia dominante de que a wicca é a religião da Deusa.

Conforme discutiremos, esses eventos foram cruciais ao ressurgimento do culto a Eurínome e sua ressignificação moderna.

Eurínome no neopaganismo

Conforme vimos na seção anterior, durante o século XIX inúmeras obras de estudiosos de mitologias buscaram pela religião original da Europa, que se acreditava ser o culto a uma Grande Deusa primordial. Quando Robert Graves publicou, em 1948, o livro *The White Goddess*[20], o poeta estava em conformidade a essa visão de mundo, embora essa teoria estivesse começando a ser refutada no campo da Antropologia e da História.

A obra, um ensaio sobre as origens da poesia, apresenta releituras bastante criativas das mitologias europeias, defendendo a existência da Deusa Branca, uma deidade lunar que regeria o nascimento, o sexo e a morte, e da qual todas as deusas da Europa seriam derivadas. Foi nessa obra que a principal ressignificação do mito de Eurínome apareceu pela primeira vez, onde Eurínome protagoniza um mito de criação, supostamente pelasgo, perdido no tempo.

De acordo com a recriação proposta por Graves, no início dos tempos Eurínome se ergueu nua do caos, separando o céu do mar para que pudesse repousar seus pés. Dançando sobre as ondas, surgiu por trás dela um vento, que ela transformou na serpente Ofião. Sua dança deixou a serpente excitada, que se enrolou em suas pernas, engravidou-a. Assim, Eurínome se transformou em uma pomba e botou um ovo, no qual Ofião se enrolou sete vezes. Por fim o ovo chocou, e dele surgiu tudo o que existe. Mas Ofião reivindicou a autoria da criação para si, irritando Eurínome. Então, a deusa pisou sobre sua cabeça, arrancou-lhe com um chute os dentes e o baniu para as cavernas escuras. Depois disso, Eurínome criou os planetas, delegando um casal de titãs para cuidar de cada um deles (GRAVES, 1952, 2008).

---

20. Traduzido no Brasil como *A Deusa Branca*, em 2003, pela Editora Bertrand.

Em uma nota de rodapé, Graves (2008) admitiu que esse mito é uma restauração própria, assumindo que sua principal inspiração parte da *Argonáutica* de Apolônio (RHODIUS, 1912)[21]. Mas como Apolônio não aborda Eurínome em momento algum de sua obra com tamanha riqueza de detalhes, Graves declarou, então, que a parte faltante do mito

> [...] se encontra implícito nos Mistérios Órficos, podendo ser restaurado, como acima, a partir do Fragmento berossiano e das cosmogonias fenícias citadas por Philo Byblius e Damascius; a partir de elementos cananeus da história hebraica da Criação; a partir de Higino [...]; a partir da lenda beócia dos dentes do dragão [...]; e a partir da arte ritual primitiva (GRAVES, 2008: 31).

Diversas personagens mitológicas foram amalgamadas a Eurínome de Graves. Destas, a maior parte constituía deusas pouco conhecidas. Dentre as mais populares, identificam-se a deusa romana Carna e a titânide cretense Reia. Das mais obscuras, ressaltam-se uma suposta deusa pomba sumeriana chamada Iahu, e a grega Euriánassa (GRAVES, 1952, 2008).

Apesar do caráter evidentemente criativo dessa releitura, o mito de Graves foi popular entre muitos estudiosos da mitologia grega, e em especial aqueles alinhados ao movimento da Deusa. Na década de 1980, quando Ernst Beltz reinterpretava os primeiros livros bíblicos, ao dizer brevemente que Javé suplantava os deuses gregos por conter em si os atributos de Zeus, Posídão e Hades, os três deuses principais, o teólogo assumiu que essa tríplice era originalmente formada por três mulheres: Eurínome no papel de Zeus, Euríbia no lugar de Posídão, e Eurídice no de Hades (BELTZ, 1983). Beltz não referencia, em lugar algum de sua obra, de onde retirou essa informação, que não figura nas obras de Graves. Porém, a tríplice Eurínome-Euríbia-Eurídice voltaria a ser citada como fatual por Barbara G. Walker (2002)[22].

Com isso, Eurínome começou a perder cada vez mais seus atributos marítimos originais, assumindo um aspecto cada vez mais celestial. A iconografia contemporânea de Eurínome reflete isso. A primeira pintura de Eurínome que se tornou mundialmente famosa foi criada por Hrana Janto em 1992 para ilustrar o *Llewellyn's Goddess Calendar,* retratando-a como uma mulher jovem,

---

21. Original do século III AEC.
22. Original de 1988.

magra, de pele branca e cabelos escuros. Janto pintou Eurínome vestida com uma túnica curta, similar às vestes de Ártemis, e a retratou alada, dançando sobre as nuvens. Posteriormente, essa mesma pintura seria relançada em *O oráculo da Deusa*.

Figura 1: A Eurínome alada de Hrana Janto
Fonte: *O oráculo da Deusa* (MARASHINSKY, 1997).

O oráculo da Deusa é o responsável por propagar grande parte do simbolismo de Eurínome na wicca e no neopaganismo. Sua associação ao êxtase, originalmente feita por Marashinsky (1997), continua a aparecer em livros e publicações neopagãs posteriores, servindo de modelo às sacerdotisas modernas de Eurínome. Também deve ser ressaltado que nem Marashinsky nem Janto reproduziram em Eurínome as características lunares da Deusa Branca de Graves. Como resultado, embora alguns autores neopagãos ainda reconheçam nela uma deusa lunar – dos quais podemos citar Paul (1998) como exemplo –, a maioria dos wiccanos atuais não a vê mais como uma deusa da lua.

A relação que Graves apresenta entre a suposta deusa sumeriana Iahu e os ritos babilônicos históricos de fertilidade efetuados na primavera levariam Mirela Faur, na década de 1990, a deduzir que o dia 21 de março, o equinócio da primavera no Hemisfério Norte, seria o dia sagrado de Eurínome. Quando Faur elaborou seu *Diário da Grande Mãe*, ela incluiu a data festiva na obra (FAUR, 1996). Posteriormente esse diário foi transformado no livro *O anuário da Grande Mãe* (FAUR, 2001), lançado e distribuído pela maior editora esotérica do Brasil. Graças à popularidade da editora, a obra atingiu os neopagãos brasileiros e a data se espalhou.

Também na década de 1990 Claudiney Prieto iniciava-se na wicca feminista de Morgan McFarland, adaptando a tradição original, em inglês, à realidade brasileira, criando por fim uma tradição própria, chamada wicca diânica do Brasil, no início da década de 2000. Das 70 deusas principais que eram cultuadas em sua tradição, Prieto selecionou 58, escrevendo sobre elas em seu livro *Todas as deusas do mundo*. Dentre as escolhidas, Eurínome foi descrita como "cultuada entre os gregos como uma deusa criadora antes da ascensão dos deuses olímpicos" (PRIETO, 2003: 130).

Todos os autores supracitados nessa seção foram de importância à leitura que Prieto deu a Eurínome nesse livro. Enquanto *O oráculo da Deusa* descreve Eurínome como a deusa do êxtase, Prieto ampliou esse atributo, ao passo que Eurínome passou a ser vista como a deusa do orgasmo. A iconografia alada de Janto também levou Prieto a considerar Eurínome uma deusa do elemento Ar, em oposição às obras clássicas, que a descreviam como uma oceânide. Prieto também reinterpretou a iconografia de Pausânias, substituindo a metade peixe da obra clássica por um rabo de cobra, declarando que "nesta forma, Eurínome do mar era considerada a mãe de todos os prazeres" (PRIETO, 2003: 129). Por fim, enquanto no mito de Graves ela baniu Ofião às cavernas escuras, o mito apresentado por Prieto conta que o banimento foi para o reino do Tártaro.

Considerações finais

Como reflexos da vida humana, os deuses não nascem por acaso. Mas a origem dos deuses em uma cultura, no geral, é algo muito distante, perdido em séculos. É por isso que o caso de Eurínome é emblemático ao cientista da religião, porque permite notarmos o nascimento de uma divindade no neopaganismo, algo não facilmente observado em outros contextos.

Conforme Hanegraaff (1996), é peculiar ao neopaganismo que grande parte de seus aderentes possuam Ensino Superior. Dessa forma, muitos textos da wicca e do neopaganismo, segundo os interesses e conveniência de seus autores, dialogam com a Antropologia, a Psicologia, a História, a Arqueologia, a Sociologia e outras Ciências Humanas. Isso obscurece, muitas vezes, a percepção de que o que ali está sendo narrado é uma criação moderna, sem sustentação historiográfica anterior.

No entanto, embora Geia seja a Grande Mãe primordial no panteão grego histórico, sua passividade e submissão nos mitos clássicos não condiziam com os ideais feministas que emergiam no neopaganismo e na wicca da década de 1970. O mito de criação apresentado na *Teogonia* (HESÍODO, 1995)[23] precisava ser substituído por outro melhor, com a deusa exercendo um papel mais poderoso e independente, tal qual se desejava pelas sacerdotisas feministas. Assim, o neopaganismo buscou preencher essa função mitológica com Eurínome, e a construir produções que assegurassem esse novo papel.

Com a visão da época creditando à Grande Deusa o culto primordial, a tríade Zeus-Posídão-Hades também "deveria" ter sido originalmente feminina. Como Eurínome já havia sido colocada como a deusa grega primordial por Graves, parece que Beltz possivelmente elencou outras duas personagens com o nome parecido na mitologia e criou a "tríplice matriarcal" Eurínome-Euríbia-Eurídice. Mas ainda que Eurídice tenha, em seus mitos históricos, relações com o Hades, ela não é descrita como uma deusa, mas como uma ninfa. Não apenas isso, Eurínome e Euríbia possuem, ambas, origens marítimas. Por que só Euríbia ficou com os atributos de Posídão? Para que a estrutura funcione, parece que Beltz simplesmente desconsiderou essas questões. As personagens simplesmente assumiram os papéis necessários.

---

23. Original do século VIII AEC.

Quando Graves utiliza elementos evidentemente não gregos para completar as funções de seu mito, permite a conclusão de que a originalidade de seu mito sobre Eurínome repousa em sua própria criatividade, e não no fato dessa narrativa ser primordial. Graves assumiu que seu mito só pôde ser "restaurado" na estrutura da Deusa Branca graças à incorporação de mitologemas oriundos de tradições alienígenas ao helenismo.

Dada a naturalidade da construção de narrativas míticas e deuses, erradicada, como vimos, na própria natureza humana, os grupos sociais vão elaborando, ao longo da história, diferentes mitos. Muitos mitos sofrem transformações e ganham novos significados a partir de interesses específicos e momentâneos. O importante é perceber que fazem sentido e permanecem vivos no imaginário dos adeptos das diferentes religiões. Esse é o caso da mitologia da deusa Eurínome entre os neopagãos. Somente uma capacidade inata como a descrita na primeira parte deste capítulo poderia fazer com que um mito grego antigo, já morto no sentido em que não há agrupamentos humanos que o vivenciam e o consideram vivo, passa a ser reinterpretado a partir de conveniências locais. Não fosse a capacidade humana de construir narrativas míticas e deuses, essa ressignificação seria tida apenas como uma brincadeira pueril.

Todavia, todas essas transformações e ressignificações, as quais aqui apontamos eventos históricos que levaram a elas, são indiferentes do ponto de vista dos fiéis. Os adeptos do neopaganismo que veem em Eurínome uma deusa suprema não estão preocupados se seu mito é moderno ou antigo. Isso não diminui o potencial transformador que essa deusa tem àqueles que nela acreditam e a cultuam. Também não ignoramos as plasticidades e porosidades dos mitos. Não é porque na Grécia antiga o culto de Eurínome era de um jeito que, necessariamente, ele deveria continuar igual dois milênios depois, no neopaganismo. Mas no presente caso, essa ressignificação apresenta-se de forma muito brusca, contrastando com outras religiões, nas quais as transformações de seus mitos aparentemente são mais lentas e suaves.

Referências

ADLER, M. *Drawing down the Moon*: witches, druids, Goddess-worshippers, and other Pagans in America. Nova York: Penguin, 2006.

APOLLODORUS. *Apollod?rou tou ath?naiou biblioth?k?*: Bibliothèque d'Apollodore l'athénien. Charleston: Nabu, 2010.

BACHOFEN, J.J. *Myth, religion and mother right*: selected writing of J.J. Bachofen. Princeton: Princeton University, 1992.

BELTZ, E.W. *God and the gods:* myths of the Bible. Londres: Penguin, 1983.

BOYER, P. *Religion explained*: the evolutionary origins of religious thought. Nova York: Basic Books, 2001.

BRANDÃO, J.S. *Dicionário Mítico-etimológico da Mitologia Grega*. Vol. I, A-I. 5. ed. Petrópolis: Vozes, 2008.

BURKERT, W. *A criação do sagrado* – Vestígios biológicos nas antigas religiões. Lisboa: Ed. 70, 2001.

CAVALLI-SFORZA, L.L. *Genes, povos e línguas*. São Paulo: Companhia das Letras, 2003.

DAME, E.; RIVLIN, L. & WENKART, H. (orgs.). *Which Lilith?* – Feminist writers re-create the world's first woman. Lanham: Rowman & Littlefield, 1998.

ELIADE, M. *Mito e realidade*. São Paulo: Perspectiva, 1972.

FAUR, M. *O anuário da Grande Mãe* – Guia prático de rituais para celebrar a Deusa. São Paulo: Gaia, 2001.

_____. *Diário da Grande Mãe 1996*. Brasília: Forças Ocultas, 1996.

FRAZER, J.G. *The golden bough:* a study in comparative religion. Nova York: MacMillan, 1894.

GEERTZ, C. *A interpretação das culturas*. Rio de Janeiro: Zahar, 1978.

GOODY, J. *O mito, o ritual e o oral*. Petrópolis: Vozes, 2012.

GRAVES, R.R. *O grande livro dos mitos gregos*. São Paulo: Ediouro, 2008.

_____. *The white Goddess:* a historical grammar of poetic myth. 3. ed. Londres: Faber and Faber, 1952.

GUTHRIE, S.E. *Faces in the clouds*: a new theory of religion. Oxford: Oxford University, 1993.

HANEGRAAFF, W.J. *New Age religion and Western culture*: esotericism in the mirror of secular thought. Leiden: E.J. Brill, 1996.

HESÍODO. *Teogonia*: a origem dos deuses. 3. ed. São Paulo: Iluminuras, 1995.

HOMERO. *Ilíada*. São Paulo: Montecristo, 2012.

LELAND, C.G. *Arádia*: o evangelho das bruxas. São Paulo: Madras, 2000.

LYCOPHRON, A. In: CALLIMACHUS & LYCOPHRON. *Callimachus*: Hymns and Epigrams, Lycophron and Aratus. Londres: William Heinemann, 1921.

MARASHINSKY, A.S. *O oráculo da deusa*. São Paulo: Pensamento, 1997.

MITHEN, S. *A pré-história da mente*: uma busca das origens da arte, da religião e da ciência. São Paulo: Unesp, 2002.

MURRAY, M.A. *O culto das bruxas na Europa Ocidental*. São Paulo: Madras, 2003.

NEVES, W.; RANGEL Jr. & MURRIETA, R. (orgs.). *Assim caminhou a humanidade*. São Paulo: Palas Athena, 2015.

NONNUS. *Dionysiaca*. Cambridge: Harvard University, 1940.

OLMO, M.C.C. Diosas y culto en Arcadia: los santuarios arcaizantes figalos – Arys: antigüedad, religiones y sociedades. *Huelva*, vol. 6, 2003-2005, p. 77-90.

PAUSANIAS. *The description of Greece*. Vol. 2. Oxford: Oxford University, 1824.

PAUL, H. *The astrological Moon*: aspects, signs, cycles and the mythology of the Goddess in your chart. York Beach: Samuel Weiser, 1998.

PEARSON, J.E. Wicca. In: JONES, L. (org.). *Encyclopedia of religion*. Vol. 14. 2. ed. Farmington: Thomson Gale, 2005, p. 9.728-9.732.

PRIETO, C. *Todas as deusas do mundo*. São Paulo: Gaia, 2003.

RHODIUS, A. *The Argonautica*. Cambridge: Harvard University, 1912.

RUSSELL, J.B. & ALEXANDER, B. *História da bruxaria*. São Paulo: Aleph, 2008.

STARHAWK. *A dança cósmica das feiticeiras*. São Paulo: Gaia, 2003.

TREMLIN, T. *Minds and Gods* – The cognitive foundations of religions. Oxford: Oxford University Press, 2006.

WALKER, B.G. *Dicionário dos Símbolos e Objectos Sagrados da Mulher*. Lisboa: Planeta, 2002.

_____. *The woman's encyclopedia of myths and secrets*. São Francisco: Harper Collins, 1983.

WRIGHT, R. *A evolução de Deus*. Rio de Janeiro: Record, 2012.

CULTURAL
Administração
Antropologia
Biografias
Comunicação
Dinâmicas e Jogos
Ecologia e Meio Ambiente
Educação e Pedagogia
Filosofia
História
Letras e Literatura
Obras de referência
Política
Psicologia
Saúde e Nutrição
Serviço Social e Trabalho
Sociologia

CATEQUÉTICO PASTORAL
Catequese
  Geral
  Crisma
  Primeira Eucaristia

Pastoral
  Geral
  Sacramental
  Familiar
  Social
  Ensino Religioso Escolar

TEOLÓGICO ESPIRITUAL
Biografias
Devocionários
Espiritualidade e Mística
Espiritualidade Mariana
Franciscanismo
Autoconhecimento
Liturgia
Obras de referência
Sagrada Escritura e Livros Apócrifos

Teologia
  Bíblica
  Histórica
  Prática
  Sistemática

REVISTAS
Concilium
Estudos Bíblicos
Grande Sinal
REB (Revista Eclesiástica Brasileira)
SEDOC (Serviço de Documentação)

VOZES NOBILIS
Uma linha editorial especial, com importantes autores, alto valor agregado e qualidade superior.

VOZES DE BOLSO
Obras clássicas de Ciências Humanas em formato de bolso.

PRODUTOS SAZONAIS
Folhinha do Sagrado Coração de Jesus
Calendário de mesa do Sagrado Coração de Jesus
Agenda do Sagrado Coração de Jesus
Almanaque Santo Antônio
Agendinha
Diário Vozes
Meditações para o dia a dia
Encontro diário com Deus
Guia Litúrgico

CADASTRE-SE
www.vozes.com.br

EDITORA VOZES LTDA.
Rua Frei Luís, 100 – Centro – Cep 25689-900 – Petrópolis, RJ
Tel.: (24) 2233-9000 – Fax: (24) 2231-4676 – E-mail: vendas@vozes.com.br

UNIDADES NO BRASIL: Belo Horizonte, MG – Brasília, DF – Campinas, SP – Cuiabá, MT
Curitiba, PR – Fortaleza, CE – Goiânia, GO – Juiz de Fora, MG
Manaus, AM – Petrópolis, RJ – Porto Alegre, RS – Recife, PE – Rio de Janeiro, RJ
Salvador, BA – São Paulo, SP